한 권으로 읽는
조선 인물 실록

朝鮮人物實錄

한 권으로 읽는

조선 인물 실록

김형광 지음

SIA 시아

인물 탐구의 매력

필자는 20대 초반 한때 주변 인물들을 면밀히 관찰하여 그 성품이나 특성과 행동 양태를 분석하고 기록하는 습관이 있었다. 그 내밀한 의도는 뒤늦게 철이 들면서 자신의 부족함을 스스로 인식하게 되어 타인에게서 볼 수 있는 장점을 배우고자 하는 발상에서 출발했었다.

그러나 어떤 의미에서든 자신의 모자람을 인정하고 그것을 보완하기 위해 타인의 장점을 교본으로 삼으려 했다는 것은 자아성찰의 결과로 볼 수 있기 때문에, 젊은 날의 그러한 모습이 지금에 와서 생각해도 자못 기특하기까지 하다.

그 후에 더 나이가 들어서도 그때만큼 진중하게 인생의 문제를 고민하였던 적이 없었으므로 더욱 그러하다. 사실 그때 그러한 생각은 인생의 본질적인 문제에 한동안 깊이 몰두한 가운데 이루어졌기 때문에 더욱 주목하게 된다. 그 시절 고민하며 집착하던 화두는 대충 이런 것들이었다.

인생은 어디에서 와서 어디로 가는 것일까?

세상을 창조하고 주관하는 절대자로서의 신은 존재하는 것일까? 절대적 주관자가 이 세상을 창조하였다면 모든 것이 그의 계획대로 진행되는 것일 텐데, 피조물인 인간의 노력이 어떤 의미가 있는 것일까?

누구나 한번쯤 빠져 봄직한 본연의 문제들에 관한 것으로 당시에는 그러한 내면적 방황을 '자유의지의 존재'라는 나름대로의 깨우침으로 벗어날 수 있었다. 그런데 요즈음 이 글을 쓰기 위해 자료를 준비하면서 자꾸 그 시절이 젊은 날의 초상으로만 가볍게 여기기에는 아쉬운 상념으로 떠오르는 것은 무슨 까닭일까? 만각(晚覺)의 후회스러움인지, 다시 한 번 비슷한 유형의 작업을 하게 되는 감회 때문인지 복잡한 심사가 간단없이 교차되기까지 한다.

아무튼 인물에 대한 탐구는 그 자체가 묘한 매력을 갖게 하는 작업이며 자신을 개선 발전시키는 계기로 작용한다. 또한 미래에 대한 희망 섞인 기대감과 자신이 나아가야 할 진로를 제시해 주기도 한다.

이 글을 쓰게 된 것도 독자들이 필자와 같은 느낌과 생각을 가지고 삶을 개척하는 데 도움이 되었으면 하는 바람에서이다.

국가 환난의 극복을 위한 실마리

이 글의 또 다른 목적은 어렵고 고통받는 국가 사회적 현실에 즈음하여 이 질곡에서 벗어날 수 있는 방안을 우리 선조들의 삶에서 살펴보기 위함이었다.

필자는 오늘날 우리에게 닥친 국가적 위기에 대한 원인과 해결의 열쇠를 경제 현실에서만 찾아서는 그 해답을 구할 수 없다고 생각한다.

즉, 사회 정의에 대한 왜곡된 인식과 이 시대의 올바른 인간형을 창출하지 못한 가치 혼란의 문제를 포함하여 사회 구조 전반에 걸쳐 잘못된 상태가 중첩되어 발생한 현상으로 판단하고 접근해야만 제대로 된 해결책을 모색할 수 있다고 믿는다.

따라서 이 상태를 극복하려면 근본적인 치유 과정이 필요하다고 본다. 그렇지 않으면 당장은 어떻게 모면할 수 있을지 모르지만 문제의 해결이 되지 않은 상태로 남기 때문에 또다시 어려움에 처할 수밖에 없을 것이다. 그러면 우리 사회의 문제는 무엇일까? 현재의 일반적 시각으로 관찰하여서는 도무지 답이 나오지 않는다. 그러나 지금의 가치 개념과 조금 떨어진 관점이나 시대를 기준으로 바라보면 문제의 본질을 확연히 알 수 있다.

사물을 관찰할 때 조금 거리를 두고 보면 전체적으로 조감하기 쉬운 것과 같은 이치이다. 이에 따라 우리 선조들의 삶을 살펴보면 현재 우리가 사는 모습이 무언가 잘못되었다는 것을 금방 느낄 수 있다.

혹자는 선조들의 구태의연한 삶의 형태가 지금과는 맞지 않는 가치라고 매도할지 모르지만, 세대와 지역을 초월하는 인류 보편적 가치 기준은 분명히 존재하는 것이며 이 기준에 따라 보면 우리들의 모습과는 확연히 다른 선조들의 삶이 올바른 길이라는 것을 알게 될 것이다.

역사 연구의 가치

따라서 선조들이 살았던 모습을 찬찬히 살펴보면 오늘의 문제를 해결할 수 있는 방안도 제시받을 수 있으며, 우리의 삶이 지향하여야 할 방향도 결정할 수가 있다. 굳이 독자의 몫으로 남겨두어야 할 부분을 미리 적시하여 언급하는 것은 이 책을 단순히 옛날이야기 수준에서 보지 않고 관점을 가지고 읽어주었으면 하는 욕심 때문이다.

역사 연구의 의미 자체도 옛 사람의 궤적을 통하여 우리가 살아갈 바를 밝히려는 데 그 일단의 목적이 있는 것 또한 사실이 아니겠는가? 즉, 과거의 사실이 내일의 내 모습을 반영해 놓은 것일 수도 있다는 인식이 역사를 알려고 하는 참 의미라고 생각한다. 어차피 역사는 동상이형의 모습으로 반복되기 때문에 어제의 교훈에서 내일의 실수를 줄여나가면서 예측할 수 없는 미래를 살아갈 오늘의 사람들에게 올바른 방향타가 되기 위한 것이 역사의 존재 가치이다. 또 평면적 사실 그 자체보다 그 시절 사람들의 실제 행농과 선택의 과정을 반추해 보는 것이 오늘을 사는 지혜에 충실한 도움이 되는 것도 사실이다. 더 나아가 왜 그러한 사건들이 발생하게 되었는가 하는 배경 관찰과 그때 그 인물들이 왜 그러한 길로 들어서게 되었던가 하는 이유에 대한 탐색도 중요하다.

따라서 인물 탐구는 역사 연구에 있어서 중요한 의미를 가지는 것이며, 역사 전개의 전 과정이라고 볼 수 있기 때문에 천착하여 매달릴 가치가 있는 것이다. 특히 조선은 우리 민족의 정신이 정착되었던 시기이므로 지금 우리의 모습을 비추어 볼 수 있는 좋은 거울이면서, 살며 지켜야 할 바를 알게 하는 나침반이 될 수 있다.

부디 이 글을 통하여 독자들도 삶의 새로운 지표를 설정하는 계기가 되길 바라며 사랑하는 두 아들에게 선물로 남기는 심정으로 졸고이나마 세상에 내놓으려 한다.

모락산 기슭 우거에서
김형광

차 례
CONTENTS

왜 조선을 주목해야 하는가

　지금의 우리와 다른 선조들의 참모습은 어떤 것들이었을까? 이 글에서 쓰고 싶었던 내용이 바로 그 물음에 대한 해답이다. 오늘날 가치가 전도된 상태에서 비뚤어진 환경임을 자각하지도 못하고 살아가는 우리들이 찾아가야 할 참된 길을 선조들의 삶에서 찾아보자는 것이다.

　조선의 인물을 탐구하다 보면 지금의 우리와는 확연히 다른 가치관을 가진 인간상을 만나게 된다.

　구체적으로 확인할 수 있는 몇 가지를 살펴보면 다음과 같다.

　첫째가 멸사봉공의 자세이다. 조선의 사람들은 철저히 자신을 뒤로 미루고 대의를 위해 사는 것을 중요시했다. 이러한 정신은 비단 지도층뿐 아니라 민초들의 사고 체계에도 다 같이 들어 있었다.

　자기를 앞세우는 경우를 도리에 어긋나는 일이라고 멸시하였으며, 공의에 합당하게 행동해야 사람 취급을 받았다.

　지도층은 항상 솔선수범하는 것을 덕목으로 알았으며, 일반인에 비해 사회적 책임이 과중되는 것을 당연하게 생각하였다. 이른바 노블레스 오블리주(Noblesse oblige) 사조가 조선시대에 이미 사회적 공감대로 존재하였던 것이다.

　또 자신의 힘으로 일을 처리하지 않고 유력자의 지원을 받는 것을 수치로 여겼다.

요즘처럼 여기저기 줄을 대서 비호 세력으로 삼으려는 행위를 소인배의 협잡으로 치부하였다. 유력자와 가깝게 지내는 인물을 소위 '정치 잘한다'는 식으로 능력이 있는 것처럼 생각하는 지금의 사고와는 정반대의 가치 개념이라고 할 수 있다. 오히려 그러한 행위는 사회기강과 질서를 해치는 악행으로 철저히 경계하였다. 하지만 조선도 그와 같은 건강한 가치 개념이 와해되어 가면서 붕괴의 과정을 겪었다. 따라서 이러한 관점에만 국한시켜 보더라도 현재의 문제가 무엇이며 어떻게 해야 해결될 수 있는지 잘 알 수 있다.

수단과 방법을 가리지 않고 개인의 이익만을 추구하는 세태를 당연시하다 못해 바람직한 인간 모형으로 인정하는 현실이 비리와 부정부패를 낳고 이것이 오늘의 모든 문제의 근본 원인이라고 보았을 때, 그 해결의 방안은 명약관화해진다. 즉, 왜곡된 가치관을 바르게 정립시키는 작업이 모든 것에 선행되어야 하는 것이다.

봉공의 대상도 군주나 국가에 대한 맹목적 충성심을 의미하는 것이 아니라 백성의 생활 안정과 국가의 안녕 질서에 있었다. 아무리 군왕이라 할지라도 백성을 불안하게 한다면 타도의 대상이지 봉공의 대상이 될 수는 없었다.

두 번째는 사회봉사의 정신이다. 배운 자의 우선하는 도리가 나라와 사회에 대한 헌신이라고 생각했다. 관직에 나가는 것 자체를 자신의 영달보다는 남을 위하는 일로 생각하고, 자신의 이익을 위해 자리에 연연하는 것을 선비의 수치로 여겼다. 설사 잘못이 없더라도 자신에 대한 부정적인 여론이 생기는 것 자체를 처신의 부족으로 알고 흔쾌히 물러나는 것을 당연하게 생각했다.

또 물러나서도 편안히 자기 보신만 취하는 것이 아니라 무엇인가 사회를 위한 기여를 하려고 부단히 노력하였다. 이것을 독특한 의리라는 개념을 통해 형상화하였으며, 당연히 지켜야 할 의무로서 사회에 대한 봉사를 최고 덕목으로 생각하였다. 의리라고 하니 인간적인 측면으로 오해할 수 있는데, 개인끼리의 관계를 상정하는 것이 아니고 국가 사회에 대한 참된 도리를 의미하였다. 오히려 공의를 위해서는 개인적 정분을 끊는 것을 참된 의리라고 보았다.

여기서 또 하나 지적할 수 있는 것은 조선의 사람들은 사회적 약자를 보호하려는 자세에 투철했다는 점이다. 자기를 희생하면서도 남을 구제하는 것을 군자의 모습으로 간주하였으며, 병자를 보면 이해관계와 친소를 떠나서 간호하고 도와주는 것을 미덕으로 여겼다.

따라서 부를 쌓아두고 구휼에 임하지 않는 것을 대표적인 부덕으로 보았던 것이 당시의 정상적인 사대부들의 생각이었다. 요즘의 각박한 세태와는 확실히 다른 생활 모습을 가지고 있었던 것이다. 노인이나 부녀자와 어린아이를 우선 보호 대상으로 보았던 것도 당시로서는 당연한 사고였다.

세 번째로는 남을 다스리기에 앞서 스스로의 수양을 우선했다. 제대로 준비되지 않은 상태에서 세상에 나가는 것을 경계하였으며, 설사 어린 나이에 과거에 합격해도 스스로 공부가 부족하다고 생각하여 즉시 관직에 나가지 않고 한동안 더 학문에 정진하기도 하였다.

군왕이라 할지라도 교화되지 못한 악덕 군주는 교체할 수 있다는 혁명적 사고마저 존재하던 사회가 조선이었으며, 실제 그러한 경우가 현실화되기도 하였다.

항상 정치의 근본을 지도층이 바로 서는 것에서 찾았으며, 군왕과 대신들이 솔선수범을 치도의 기본으로 삼았다.

또, 정학일체의 정신에 따라 관직이나 정치 일선에 있을 때도 책에서 손을 떼는 법이 없었다. 공무에 바빠서 학문 연구를 등한시한다는 것은 인정되지 않던 사회였던 것이다. 그래서 정치가이자 학자이며 문인이자 관료였던 것이 일반적인 형태였다.

또 임금을 포함하여 공직자들이 업무 문제 이외에도 함께 모여서 진리와 치도의 탐구에 항상 매진하였다. 일종의 학문에 대한 공동 연구가 공식적으로 진행되었던 것이다. 이렇게 조선은 전 사회적으로 위에서 아래에 이르기까지 항상 공부하는 분위기가 팽배한 사회였다. 다만, 그 연구의 대상이 성리학적 가치관에만 집중되어서 다양하지 못했던 폐단은 있었다. 그리고 다스림의 근본을 민생 안정에 두었다는 점을 주목해야 한다. 조선 하면 고루한 문제에나 집착했을 듯싶지만 정치의 실상은 항상 민생 문제에 초점이 맞추어져 있었다.

즉, 어떻게 하면 백성들을 배부르게 먹일 수 있는가 하는 문제에 대해 항상 고심했다. 요즈음의 정치가들이 눈여겨보아야 할 대목이라고 아니할 수 없다. 또 하나 중요시하여 보아야 할 점은 자신이 배운 학문을 실제 생활에서 그대로 이행하는 것을 신념으로 생각했다는 것이다. 지식 따로, 말 따로, 행동 따로 가는 요즈음의 부박한 지식인의 모습과는 확실히 다른 점이다. 자신의 생각과 배운 바를 실천하지 않는 경우에는 절대로 인정받지 못하던 사회가 조선이었다.

네 번째로는 근검절약하고 청빈한 자세를 강조했다는 점이다.

안빈낙도를 즐겨 하였으며 한 몸 누울 수 있고 찬바람 막을 수 있는 곳에 조석 끼니만 영위되면 더 이상 욕심내지 않는 것을 덕으로 알았다. 사치와 낭비를 질 낮은 처신으로 보았으며, 사회적 규찰 대상으로까지 삼았다. 부지런히 일하고 절약하는 것을 미덕으로 생각하였고, 부정한 방법으로 재물을 모으는 것은 용납할 수 없는 부덕이었다.

또 자기를 내세우기보다는 겸양하고 사양하는 것을 군자 된 도리로 생각했다. 항상 나아갈 때와 물러설 때를 신중히 생각하여 남의 비난을 받지 않도록 조심하였다. 반면에 모두가 인정할 수 있는 명분을 강조하였으며, 남이 인정하지 않는데도 스스로 앞서나가 일을 도모하는 것을 경박한 처신으로 보았다.

그 명분이라는 것도 대의에 기초한 것이 아니면 인정받지 못하였으며, 자기가 믿는 명분에 따라 첨예하게 대립하기도 하였다. 즉, 개인의 이해에는 겸양으로 자신을 감추는 것을 미덕으로 알았지만 대의를 도모하는 일에는 명분으로 옳다면 절대 물러서지 않았다. 매사에 자기 이익만을 추구하고 사회적으로 큰일에 대해서는 적당히 타협으로 얼버무리는 요즘의 세태와는 분명히 큰 차이가 있다. 물론 타협하는 자세가 그르다는 것은 아니다. 오히려 지나치게 자기 입장만 고수하는 대결의 자세보다는 조화로운 세상을 구현한다는 차원에서 일층 바람직한 모습일 수 있다.

그러나 순전히 문제를 덮어버리기 위해 원칙 없는 얼버무리기 식의 타협은 합리적 해결이 아니라 야합이라고 보아야 한다. 우리 시대가 미봉의 야합만 있을 뿐 진정한 해결의 타협은 없는 게 아닌가 걱정이 될 뿐이다.

조선의 인물들은 이런 측면에서는 철저하게 기본 원칙을 너무 지키려고 한 것이 탈이라면 탈이었다. 이상과 같이 종합적이나마 이 책에 등장하는 조선 인물들의 삶에 대한 자세를 적시하여 보았는데, 이에 대하여 조선시대에는 모두 완전한 인격체들만 살았다는 얘기인가 하고 의문을 가지는 사람들도 있을 것이다. 물론 모든 사람들이 그렇게 반듯한 삶을 살았던 것은 아니다. 다만, 그 시대의 일반적 가치가 그러한 삶을 존중하였으며, 최고의 덕목으로 알았다는 점을 얘기하고 싶다.

새 시대를 열어간 선도자 **이성계**

▶ **태조 이성계**를 빼놓고 조선의 인물을 기술할 수는 없을 것이다.

새로운 왕조를 창건한다는 것은 사실 그 자체만으로도 범인으로서는 이루기 힘든 큰일이며, 하나의 민족사에 있어서도 큰 획을 긋는 대사건으로서 그 시대를 살았던 많은 사람들의 삶에 지대한 영향을 끼쳤기 때문에 그 의미는 실로 크다고 할 수 있다.

혹자는, 외침으로 인한 흥망성쇠가 아니라면 국가 권력층 내의 정권 이동은 설사 그것이 한 나라의 멸망과 생성에 관한 것이라 하더라도 일반 민중과는 상관이 없는 권력층의 부침 이상의 큰 의미는 없다고 낮춰 보기도 한다.

하지만 아무리 왕조 사회라 하더라도 새 나라의 창건은 그 시대 전반에 걸쳐 새로운 가치 체계 및 이념을 정립하므로, 그 실체적 내용에 있어서는 일반 백성의 생활에도 일대 변화가 없을 수 없다.

따라서 새 왕조의 가치를 창건 이후 사회상의 발전이 그 시대 사람들의 삶에 순기능적으로 역할을 하였는지를 기준으로 판단할 때 조선은 중기 이후의 시대적 부패상이나 지나친 유교적 고집에도 불구하고 성공한

창업으로 이해되어야 한다.

아무튼 이성계는 우리 민족 마지막 왕조의 시조로서 중요한 의미를 가지는 인물이며, 특히 혼란기에 정세를 장악하고 새 시대를 연 인물로서 충분히 주목할 만한 대상이다.

전란 속에 뜬 별

이성계는 고려 27대 충숙왕 4년(1335년)에 화령부(현 영흥)에서 아버지 이자춘과 어머니 최씨 사이에서 차남으로 태어났다.

자는 중결이고 호는 송헌이었는데, 왕위에 오른 후 이름을 단(旦)으로 바꾸면서 자도 군진(君晉)으로 고쳤다.

그의 선조는 원래 전주 사람으로 고조부 이안사 대에 간도지방인 남경으로 들어가 원의 지방관으로서 기반을 닦기 시작했는데, 이안사의 아들 이행리에서부터 이춘, 이자춘에 이르기까지 원의 지방 관리인 천호 정도의 벼슬을 하였다.

이 시기는 원의 쇠퇴기로서 고려 조정은 배원 정책의 기조가 높았었고, 급기야 공민왕 5년(1356년)에 고려가 쌍성총관부를 공략할 때 쌍성의 천호로 있던 이자춘이 내응하여 쌍성을 함락시킴으로써 지금의 함흥지방 이북을 고려가 탈환하는 데 절대적인 공을 세웠다.

이것이 계기가 되어 이성계 집안이 고려의 중앙 정계에 발을 들여놓게 되었고, 공민왕 10년(1361년)에는 이자춘이 삭방도 만호 겸 병마사로 임명되어 지금의 함경도 지방인 동북면 일대의 군사권을 장악하게 되었다. 이때 형성된 기반이 이성계가 고려 조정에서 성장할 수 있는 정치적 토양으로 작용하였다.

그러나 이성계가 아버지의 후광이나 군사적 물리력만을 배경으로 중앙 정계에 진출한 것은 결코 아니다. 그것은 그가 고려 말의 혼란기에 있었던 수많은 전란을 통해 빼어난 전공을 세웠기 때문에 가능했다.

그러므로 이성계는 난세를 맞아 자신의 길을 열어간 대표적인 인물이라고 할 수 있을 것이다.

아버지를 도와 쌍성총관부를 공략한 것부터 강계지방 만호 박의의 난(1361년), 홍건적 침입(1362년), 원의 나하추 침입(1362년), 최유와 원군(元軍)의 침입(1364년), 동북면 삼선·삼개의 난(1364년), 왜구 토벌(1380년), 여진족 호발도의 침입(1382년) 등에서 보여준 발군의 전공이 그를 고려 정계에서 확고부동한 지위로 격상시켜 주었다.

아무리 상승장군이라 하더라도 출전한 모든 전장에서 승리한다는 것은 개인의 무예도 물론이려니와 전략적 능력도 뛰어나야 하므로, 이 점만으로도 이성계의 비범함은 의심할 여지가 없다.

그에게 패해 겨우 목숨만을 부지했던 원나라 장수 나하추가 후일 탄복하기를 "이자춘이 자기 아들 자랑을 천하에 늘어놓아 비웃기를 그지없었는데, 직접 상대해 보니 과연 허명이 아님을 알게 되었다."고 술회하였다는 일화만 보더라도 무장으로서 이성계의 능력이 뛰어났음을 알 수 있다. 그 외에도 개인적인 무예의 출중함에 대한 수많은 예화가 전해지고 있는데, 특히 활을 잘 쏘아서 명궁 소리를 들었으며 완력도 세어 화살촉도 배[梨]만한 크기의 것을 사용하였다고 한다. 그런데 그 화살은 장사로 이름났던 그의 아버지조차도 사용할 수 없는 물건이라며 버린 것을 주워서 사용한 것이라고 하니, 그의 용력은 미루어 짐작할 수 있다.

그는 완강한 체력을 타고난 데다 어려서는 사냥을 통하여 육체를 단련하였고, 수많은 전투를 거치면서 임기응변이나 정확한 판단력, 그리고 전략적 사고를 습득하였다.

유연한 정치 감각

어느 시기에나 두각을 나타내는 사람은 질시하고 경계하는 무리에게 공격의 대상이 되기 마련인데, 이성계가 하찮은 지방 군벌세력 출신이면서도 고려 정계에서 큰 탄핵 없이 자신의 입지를 굳혀나갔던 것을 보면 그의 정치적 능력도 뛰어났음을 알 수 있다.

즉, 고려 말이 크고 작은 전란의 와중에서 뛰어난 무인을 사장시킬 수 없었던 현실적 요인도 무시할 수 없겠으나 그의 인간적 처세 능력도 무예 못지않게 탁월하였음을 알 수 있다.

그는 특히 강골한 무인이면서도 적을 만들지 않는 융화적 인물이었기 때문에 결정적 시기에 그와 적대적 관계에 섰던 최영이나 정몽주 등과도 정치적 입장 차이로 반대 세력이 되었을 뿐 그 이전에는 어떤 기록에도 서로 반목하였다는 내용을 발견할 수 없다.

또한 주목해야 하는 점은 무반이면서도 일찍이 조준, 권근, 정도전 등 신진 사대부들과의 교류를 통하여 지지 세력을 넓혀갔다는 것이다.

물론 세력가를 통하여 자신의 입지를 굳히려는 무리들이 이성계의 주변에 모여든 것으로 볼 수도 있지만, 같은 무인도 아니고 기존 권력가들도 아닌, 어찌 보면 그 시대의 개혁 추구 세력인 신진 유학자들과 교분을 쌓아간 점은 그의 탁월한 시대정신이나 정치적 감각을 확인할 수 있는 일면이다.

물론 이성계 자신도 변방 세력이고 신진 사대부들도 그 시대 상황에서는 자신들의 뜻을 세울 수 없다는 공통적 소외 의식으로 인해 자연스럽게 감정적 유대가 생겼을 것이다. 그러나 인간 대 인간의 연대라는 것이 입장의 유사성만으로 쉽게 이루어질 수는 없는 것이고, 서로를 인정해 줄 수 있는 동렬적 사고의 흐름이 있어야 가능하다.

그리고 신진 유학자들과의 교류는 그가 고려 정계의 중심 세력이 되기 이전부터였기 때문에 정치적 결합을 통한 상호 이해 충족이라는 측면과 함께 동지적 의기투합으로 보는 것이 타당하다. 또한 일생 동안 정신적 지주로 삼았던 불교에 대해 배타적인 사상을 지닌 인사들과의 결탁은 그가 개인적 신앙관을 초월하여 시대적 필요를 이해한 탁견의 소유자였음을 잘 알게 하는 대목이다.

고려 말은 불교계의 지나친 횡행으로 그 폐단을 척결하지 않고서는 사회 개혁을 이룰 수 없는 상태였기 때문에 개인의 믿음과는 다르게 배불주의자들의 당위성을 인정하는 자세를 가진 것인데, 이는 보통 사람으로서는 취하기 어려운 일면임에 분명하다.

어쨌든 이성계는 수많은 전공을 통해 스스로 자신의 운명을 개척하면서 시대의 필요성을 꿰뚫어 보아, 그때까지는 장외 세력이었던 개혁적 인사들을 포용하여 결정적 시기에 대업을 이루는 계기를 만들어낸 것이다.

고려의 외교 실패

고려 말 원의 쇠약기에 주원장이 한족의 국가인 명을 창건하자, 그동안 지나친 원의 내정 간섭에 불만을 갖고 있던 고려 조정은 배원의 기치를 높이면서 신흥하는 명나라와 친선관계를 도모하였다. 그러나 고려와 명의 관계에 악영향을 미치는 사건들이 계속 돌발하는데, 그 하나가 친명 배원주의자이던 공민왕 시해사건(1374년)이었다. 이는 공민왕 말년의 정신적 파행에 기인한 궁중 내 살인 사건이었지만, 중원쟁패 과정에서 원과 막바지 대치를 하고 있던 명나라로서는 미묘한 시기에 발생한 이 사건으로 고려 조정을 의심하게 되었다. 거기에다가 공민왕 시해사건 두 달 뒤인 우왕 원년 11월에 환국하던 명사(明使)를 고려 호송관이 살해하고 북원으로 도주하는 사건이 발생하자 양국 간에는 극도의 긴장이 조성되고 말았다.

고려는 명의 의심을 해소하기 위한 외교적 노력을 하면서도 북원과의 관계도 계속 유지하여 명의 압력을 견제하려 했기 때문에, 이에 불만을 가진 명은 더욱 고려를 압박하였다.

이에 따라 배원 일색이던 고려 조정도 친원과 항명 세력으로 갈라져서 대립하게 되었고, 명의 지나친 조공 요구와 압력이 거세지자 점차 명나라에 대한 불만의 목소리가 높아졌다. 그런데 고려에서 이처럼 배명 분위기가 높아지는 시기에 명은 한술 더 떠서 철령 이북을 요동에 귀속시키겠다며 한층 고압적인 자세를 취하고 나왔다.

철령 이북은 원래 고려의 땅으로서 원이 강점하고 있던 것을 공민왕 때 겨우 회수한 것이므로 고려의 입장에서는 수용할 수 없는 요구였다.

이에 고려 조정은 명에 교섭 사절을 보내는 한편, 명의 자세가 확고한 것을 확인하자 결국 철령위 설치의 전진기지인 요동(정료위)을 공격할 계획을 세웠다. 이렇게 양국의 관계가 무려 충돌 단계로까지 치달아 가는 과정에서 명에 대한 고려의 대처에 몇 가지 오류를 지적할 수 있다.

첫 번째가 외교 능력의 미흡성이다.

외교 사절의 살해는 오늘날에도 전면전을 고려할 만큼의 중대 사안인데, 하물며 국제 관계에 대한 규범이 아직 정립되지 않고 무력 쟁탈이 당연시되던 그 시절에 피해 당사국의 보복적 조치는 충분히 예상할 수 있는 것이었다. 더구나 상대가 강대국일 경우 강경하고 무리한 요구를 할 수 있는 여지가 충분히 있다는 것을 인지하고 대비했어야 했다.

또한 살해 주범이 사신을 호송하던 고려 관리이고 사건 후 명의 주적(主敵)인 북원(北元)으로 도피한 사실만으로도 고려에 대한 명의 의심과 강경한 조치는 예견되고도 남았다. 따라서 명분상으로도 불리한 사안이고 힘이 지배하던 시대임을 고려하면 고려 조정은 더 충분한 해명과 외교적 해결에 진력했어야 했다.

더욱이 명사가 살해된 곳인 개주참이 고려가 회복한 고토였는데 이 지역이 일국의 사신이 살해될 정도로 치안이 부재한 상태였음을 은근히 공박한 일면도 있었다.

즉, 요동에서 철령까지를 힘의 공백 지역으로 몰아세워 자신들이 70개의 참을 세워 통치하겠다는 것이므로, 고려는 명분과 현실에서 모두 불리한 입장에 처할 수밖에 없었다. 그러나 과연 명이 철령 이북의 땅을 실제로 복속시킬 의도가 확고하였겠는가에 대해서는 의문이 생긴다.

공식적으로 통고 절차를 거쳤으므로 확실한 실행 의지가 있었다고 볼 수 있으나, 그 후 고려가 회복한 땅을 조선의 영토로 인정한 명의 자세로 비추어 볼 때 당시의 명의 태도는 고려 조정 길들이기의 일환일 가능성도 있었다고 생각된다.

그리고 중국에서는 전통적으로 요동 이동 지역을 오랑캐의 땅으로 치부하여 중원으로의 편입에 대한 뜻이 그리 강하지 않았으며, 당시는 북원과의 막바지 대치 상황에 있었기 때문에 아무리 작은 나라라고 하지만 고려와의 무력 충돌도 내심 원하지 않고 있었다고 보아야 할 것이다.

따라서 고려가 외교적 방법을 십분 이용했다면 해결의 실마리가 아주 없지는 않았을 것이다.

두 번째로 지적할 수 있는 점은 당시의 국제 관계에서 힘의 이동을 정확히 읽어내지 못한 고려 조정의 무능함이다.

당시 원의 세력은 명에게 계속 밀려 북쪽의 척박한 지역에서 겨우 명맥만을 유지하고 있는 상태였는데도 고려는 원의 패망을 예견하지 못하고 관계를 계속 유지하여 명의 의심을 더욱 사게 되었다. 이는 일견 원을 통해 명을 견제해 보려는 중립외교의 자세처럼 보이지만, 이미 원은 지는 해였으므로 일찍이 이를 간파하여 명과의 관계 정립을 외교 정책의 주축으로 삼았어야 했다.

세 번째로 중요한 실책은 당시 고려가 강대국인 명과의 무력 대결을 불사할 정도로 결코 안정적이지 못하였다는 점을 간과한 것이다.

당시는 누적된 말기적 증상이 민생을 괴롭히고 있는 가운데 국토의 남부 지역은 왜구가 창궐하고 있었고, 북쪽은 전쟁에 대비한 성을 수축하는 데에 시달리고 있었다. 더구나 왕이 개인적 향락과 전쟁 준비 독려를 이유로 서해도 지방의 출입이 잦아 이를 시중드는 것만도 벅찬 데다 농번기에 전국적으로 군사를 소집하기까지 하자 자연히 원성이 높을 수밖에 없었다.

또한 우왕은 정벌 반대의 소리가 커지자 강경 무인과 친위 세력 중심으로 정벌 계획을 비밀리에 수립하여 전쟁을 위한 총화 체제가 안 된 상태에서 무리하게 출병을 하였다. 이런 상황에서 정벌 반대 세력의 중심인 이성계를 군사력이 거의 총동원된 출병의 주요 지휘관으로 삼았던 것이 결국 화를 자초하고 말았다.

위화도 회군

어쨌든 우왕 14년(1388년)에 요동 정벌의 북은 드디어 울리게 되었다. 고구려와 발해 이후 중원 공략을 포기했던 이 땅에 사는 민족의 마지막 거병이 시기적으로 암울한 분위기 속에서 이루어지게 된 것이다.

이는 민족정기의 차원에서 볼 때 자존의 발로이기는 하지만, 앞서 언급한 대로 당시 현실로서는 무모한 발상일 수도 있는 것이어서 결과적으로는 이성계의 권력 획득과 조선 창업을 위한 역사적 무대 장치가 되고 말았다.

그동안 명의 무리한 공물 요구와 갖가지 트집에 시달리던 고려는 백년 만에 회복한 고토를, 원나라에 속해 있던 지역이었으므로 자신들이 다시 지배하겠다는 명의 강압에 공분하여 출병을 강행한 것이다. 하지만 현실적 견지에서는 산적한 내부 불안으로 인해 힘에 겨운 결정이었다는 것을 출병 당시 상황만으로도 충분히 짐작할 수 있다.

그때 우왕은 표면적으로 정벌 계획을 은폐하기 위해 사냥을 한다며 해주 백사정으로 떠났다. 명에 대해서는 위장 전술일 수 있지만 내부적으로도 당당히 공표할 정도로 의사 결집이 되지 않았다는 반증이다.

정벌 계획을 공식적으로 발표하지 않으면서도 우왕은 전면전에 대비하여 문화찬성사 우현보에게 개경을 지키게 하고 왕실 가족들은 한양 산성에 옮겨 머무르게 하였다.

내부적으로 이미 정벌을 결정하고 개경에서 3월 중순에 평양으로 출발한 우왕은 그해 4월 1일에 봉주에 이르자, 그동안 최영 등 강경파들과 암암리에 계획하였던 정벌의 뜻을 이성계 등에게도 통보하였다.

이에 이성계는 지금까지와 마찬가지로 현실론을 내세워 반대하였지만, 왕의 입장에서도 이미 출병의 뜻을 세우고 그곳까지 왔는지라 돌이킬 수도 없는 상황이 되고 말았다.

결국 출병은 기정사실이 되었으며, 이에 따라 우왕은 곧바로 평양으로 이동하여 전국의 군사를 집결케 하고 압록강에 부교를 설치하도록 하여 진군의 채비를 재촉하기에 이르렀다.

정벌군의 지휘부로는 최영을 팔도도통사로 임명하여 평양에서 정벌군을 통독하게 하고, 실병력 지휘는 좌군도통사 조민수와 우군도통사 이성계에 의하여 절제를 받도록 하였다.

이때 최영은 직접 병력을 통솔하여 현지 지휘를 하려고 하였지만, 우왕이 자기 주변에 남아 있기를 권하여 실제 출진하지 않았는데 그 후의 사태 진전을 보면 이것이 결정적 실수였다.

이때 총병력은 군사가 좌우군 합쳐 3만 8,830명, 겸속이 1만 1,634명으로 5만 명이 조금 넘었고 말이 2만 1,681필이었는데, 통칭 10만 군이라고 불렀다.

정벌군 병력은 4월 18일에 평양을 떠나 5월 7일에 드디어 압록강 가운데 있는 위화도에 진을 치게 되었다.

실록에 의하면 여기까지 오는 동안 탈주병이 끊이지 않는 등 정벌군의 사기가 크게 저조하였다고 하는데, 조선 창건을 미화하기 위한 의도가 개재되어 있었다는 점을 감안하더라도 당시의 출병이 강군과 정병으로 잘 준비된 상태가 아니었던 것만은 분명하다.

더구나 압록강 부근에 큰비가 내려 도강을 위한 부교가 떠내려가고 물에 빠져 죽는 자까지 발생하자 이성계는 다시 그 유명한 4불가론을 내세워 정벌의 무리함을 호소하는 상소를 올렸다. 그러나 우왕과 최영은 이 의견을 묵살하고 내관인 김완을 파견하여 진군을 재촉하기만 하였다. 이렇듯 진군이 압록강에 가로막혀 지체되고 있었고 출병군 상하 모두 정벌 의지 또한 극도로 미흡한 가운데 진중에서는 불안한 소문이 퍼졌다.

이성계가 이미 친병을 대동하고 동북면으로 철군을 시작했다는 것이 다. 이 소문에 따라 출병군의 사기는 더욱 떨어졌고 진중 민심까지 뒤숭 숭하게 되자, 결국 회군 여부의 최대 변수였던 좌군도통사 조민수마저 회군에 동조하게 되었다.

그 후 출병군 제 장수를 모두 회유한 이성계는 5월 22일 마침내 군사 를 되돌려 역사적인 회군을 하게 되었다.

회군 시작 이틀 뒤에 성주 온천에 가 있던 왕에게도 이 소식이 전해지 자 왕 일행은 황망히 자주, 평양, 중화를 거쳐 29일 이른 새벽에 허겁지 겁 개경으로 환궁하였는데, 이때 왕을 따른 병력은 겨우 50여 명에 불과 했다. 또, 출발할 때에는 한 달 가까이 걸린 길을 5일 만에 돌아왔으니 그 때 왕의 낭패감은 눈으로 보는 듯하다.

이성계의 회군 병력도 6월 1일에 개경에 이르러 숭인문 밖 산대암에 진을 친 다음 우군은 유만수가 지휘하여 숭인문 쪽으로, 좌군은 선의문 으로 진격하게 하였다. 그러나 최영의 수성군에게 밀려서 성 안으로 진 입을 못하자 이성계가 직접 전군을 총지휘하여 마침내 왕궁의 담까지 헐 고 들어가서 끝까지 왕을 보위하고 있던 최영을 붙잡아 사태를 마무리지 었다.

애초에 수성군은 회군 병력에 비해 수적으로 열세하여 회군 시점에서 이미 대세는 결정된 것이나 마찬가지였다. 이는 고려 조정이 군사력을 동원하면서 자체 수비 병력을 등한시하였기 때문에 정벌군이 반란군이 되었을 때 속수무책일 수밖에 없었던 것이다.

결국 동원 가능한 병력 대다수를 출병시킬 수밖에 없었던 것이 당시의 현실이었다고 보면 무리한 감행이었다는 비난을 면할 수가 없는 것이다.

회군 세력이 정권을 완전히 장악한 후 최영은 고봉현으로 귀양을 가고 합포, 충주 등으로 이배되었다가 참수되었고, 우왕은 강화도로 쫓겨난 후 잠시 왕위를 계승한 그의 아들 창왕과 함께 사사(賜死)됨으로써 사실상 고려 왕조는 종언을 고하게 되었다.

결국 위화도 회군은 인간 이성계를 이해하게 해주는 역사의 결정적 장치일 뿐만 아니라, 한 인물이 역사의 주인공이 되는 과정에서 준비되었던 묘한 전환점이었다.

그러한 상황의 연출은 인간이 어찌할 수 없는 역사의 몫이며, 우리는 그때까지 스스로를 만들어가는 인간의 모습과 결정적 순간에서의 선택이 그 후의 인생에 어떠한 결과를 가져오는지를 볼 수 있을 뿐이다.

그러한 갈림길에서의 선택은 전인격적인 체취의 발로이자 이해의 가치를 넘어 사건 전후에 대한 정확한 판단력에 기초하지 않으면 불가능하기 때문에 역사적 사건을 결정한 이성계를 후세들이 높이 평가하는 것이다.

즉, 역사적 인물 가운데 생존 시의 뛰어난 업적으로 평가받는 사람도 있으나 이성계는 판단의 비범함으로 인하여 더욱 우리의 주목을 받는 인물이다.

요동 정벌의 허실

여기에서 이성계가 요동 정벌을 반대하는 근거로 제시한 소위 '4불가론'의 의미와 회군 과정에서 보여준 태도를 통해 회군의 성격과 이성계의 인물됨을 되짚어 보자.

4불가론이라는 것은 첫째, 작은 나라로서 큰 나라를 공격하는 것은 위험하다는 것이고 둘째, 농사철이자 더운 여름에 군사를 움직이는 것은 시기적으로 부적절하고 셋째, 군사력을 총동원하여 원정하면 왜구가 빈틈을 노려 기승을 부릴 것이며 넷째, 장마철을 맞아 활의 아교가 풀리고 군사들이 질병에 걸릴 것도 염려된다는 내용이었다.

첫 번째 사유는 사대주의적 발상으로 볼 수도 있으나 당시 고려의 국력으로는 명과 군사적으로 대적하기 어렵다는 현실적 진단으로 이해될 수 있으며, 나머지 사유들도 민생과 군사적 측면에서는 일단 납득이 가는 지적이다.

그렇다면 일견 무리하게 보이는 정벌 계획을 우왕과 최영은 왜 강행하여 화를 자초했을까. 왕은 차치하고라도 최영까지도 우매하고 비현실적 인물로 치부하지 않는다면 당시에 처해 있던 정치적 입장의 차이에서 그 답을 찾을 수 있다. 즉, 최영 등은 정권 책임자였고 이성계는 아직까지 권력의 중심에서 비켜 있었으므로 정책 결정에서 자유스러울 수 있었다는 점이다.

다시 말하면, 당시 정권 책임자는 국가 보위 차원에서 극도로 예민한 문제인 영토 분쟁에 대해 어떤 결과로든 책임을 감당해야 하는 입장이었다는 것을 이해해야 한다. 따라서 명의 압력이 아무리 심하다고 해도 힘 한번 쓰지 못하고 백년 만에 겨우 회복한 고토를 선선히 내어놓을 수는 없었기 때문에, 명의 의사가 철회되지 않는 한 정면 대응을 해서라도 국토를 수호해야 했었다. 그리고 이성계는 아직까지 최종적으로 책임져야 할 자리에 있지 않았기 때문에 현실적 입장에서 반대할 수 있는 여지가 있었던 것이다.

또한 최영의 무장으로서의 강인함과 이성계의 무인이면서도 유연한 태도의 차이도 간과할 수 없는 점이다.

실제 당시 정권 실세들이 명의 압력에 굴복하여 철령 이북의 땅을 명에 넘겨주었다 해도 영토를 지키지 못했다는 이유로 반대 세력에 의해 공격을 받고 실각될 수 있는 것이 정치 현실이기 때문에 당시 정권 실세들의 입장에서 요동 정벌은 어찌할 수 없는 막다른 선택이었던 셈이다.

앞에서도 지적했던 대로 외교적 해결 방법을 모색하는 것이 버거운 무력 대결보다는 바람직하지 않았나 하는 점은 후세의 입장에서 거론할 수 있을 뿐이다.

아무튼 위화도 회군은 국내외적 정세와 제 세력의 정치적 현실 및 양 세력 대표인물의 개인적 성향 등이 복합되어 역사의 무대에서 어쩔 수 없는 대반전의 전주곡이 되었다.

다음으로 회군이 준비된 쿠데타인가, 아니면 피할 수 없는 상황에서 돌발적으로 발생된 사건인가 하는 점을 살펴보자. 결론적으로 말하면 당시 상황을 살펴보았을 때 애초부터 권력을 탈취할 목적으로 계획한 사건은 아닌 것으로 보인다.

먼저 출정군의 서열을 볼 때 이성계는 독단으로 주요 결정을 내릴 수 있을 만큼의 위치가 아니었고, 회군으로 권력을 장악할 의도가 처음부터 있었다면 출정 전후를 통해 끝까지 반대하기보다는 출정에 동조하는 체 하였다가 병력을 장악할 기회를 노렸을 것이다.

그러므로 이성계로서는 본의 아닌 북정 길에서 물리적 난관에 부딪히자 압록강을 건널 수도 없고 철군의 간청 또한 받아들여지지 않았기 때문에, 진퇴양난의 상황에서 기민하게 반전의 기회를 포착하여 출정군의 주도권을 장악하고 비상수단으로서 회군을 결정한 것으로 보아야 한다.

마지막으로 회군 과정에서 이성계가 취한 행동들에서 이성계의 인물됨과 성향을 미루어 확인해 보자. 회군 결심 후 이성계는 제 장병들의 의향을 떠보기 위해 요동 정벌을 포기하고 본거지인 동북면으로 돌아가려 한다는 소문을 냈었는데, 그때 제일 먼저 조민수가 허둥지둥 달려와 굴복을 하고 결국 전군의 동조까지 이끌어낸 사실을 보면 그가 뛰어난 용맹과 함께 임기응변의 지모까지 갖추고 있었다는 점을 알 수 있다. 즉, 이성계는 정세의 변화를 자기에게 유리한 쪽으로 활용하는 데 능했다.

또한 회군 과정에서 명분상으로도 자신에게 불리하지 않도록 신중을 기하였는데, 반역을 도모한다는 오해를 사지 않기 위하여 개경까지의 회군 도중에 왕의 일행과 마주쳐 충돌하는 일이 없도록 속도를 조절하여 움직였다.

이와 같이 회군 전 과정을 조감해 볼 때 이성계는 무인으로서의 능력뿐 아니라 정치적 역량도 뛰어난 것은 물론 신중 침착한 성격의 소유자였다고 판단된다.

불행한 말년

이성계가 새 왕조를 열고 수창궁에서 즉위한 날이 1392년 7월 17일이었는데, 이때 그의 나이 이미 58세로 왕위에 나서자마자 세자를 서둘러 책봉해야만 했다.

이성계는 8명의 아들을 두었는데, 첫 번째 부인인 신의왕후 한씨 소생으로는 방우, 방과, 방의, 방간, 방원, 방연 6명이 있었고, 두 번째 부인인 신덕왕후 강씨 소생으로는 방번과 방석 두 형제가 있었다.

당시는 지방 관리들이 고향이나 근무지에는 향처를 두고, 중앙에서 기거할 때는 경처를 두는 풍습이 있었다. 이성계에게는 젊어서 혼인한 한씨는 향처, 두 번째 부인 강씨는 경처인 셈이다.

그런데 한씨는 이성계가 즉위하기 전 해에 이미 죽었기 때문에 강씨가 결국 왕비로서의 영광과 역할을 고스란히 안게 되었다.

원래 강씨는 황해도 곡산 사람으로 그녀의 아버지인 강윤성은 그 지방 대부호였는데, 이성계가 사냥 길에 곡산 땅에 들렀다가 강씨 집에서 하룻밤 유숙한 것이 인연이 되어 두 사람이 혼인하게 되었다. 본디 강씨는 미모도 뛰어났을 뿐 아니라 강윤성의 외동딸로서 그녀의 아버지가 이성계의 경제·정치적 후원자 역할을 해주었기 때문에 이성계의 사랑이 자연히 각별하였다.

이렇게 말년까지 살갑게 같이 지낸 강씨에 대한 사랑이 깊었던 때문인지, 아니면 노년에 본 자식이 더 사랑스러웠는지 이성계는 장성한 전처 소생들보다 후처 소생들에 대한 애정이 더 깊었다.

이런 상황에서 세자 책봉 문제가 대두되자 강씨는 자기 자식 중에서 왕위를 잇게 할 욕심으로 이성계를 졸랐고, 이성계도 내심 그렇게 하고 싶은 생각이 간절하였다.

다만, 적장자 승계라는 전통에도 벗어나고 개국에 있어 신의왕후 소생 왕자들의 공이 컸던 터라 결정은 못하고 공론에 부치려 했지만 이미 중신들도 이성계의 뜻을 눈치채고 있었다.

이때 신덕왕후와 정치적 이해를 교감한 인물이 정도전이었다. 강씨는 자신의 소생으로 왕위를 잇게 하기 위해서 이성계의 최측근이자 실권자인 정도전의 도움이 필요했고, 정도전은 정도전대로 자신의 이념인 재상 중심 왕도정치를 실현하기 위해서는 자기 고집이 정립된 성인이며 강성

지향적인 신의왕후 소생보다는 나이 어리고 부드러운 성격의 막내 왕자 방석이 세자가 되는 것이 더 유리하다고 판단하였다.

이렇게 왕과 왕비, 그리고 당시 실권자의 심중이 일치하여 결국 태조가 즉위한 다음달 8월 20일에 11세의 방석이 세자로 책봉되었다.

그러나 불합리한 세자 책봉은 당연히 한씨 소생 왕자들의 불평을 불러왔고, 그중에서도 개국에 가장 공이 컸던 방원의 불만은 이루 말할 수 없을 정도였다.

그렇지만 이미 결정된 이상 어찌할 수 없이 세월은 흐르고, 태조 5년(1396년) 8월 13일에 강씨는 자기 아들이 왕위에 오르는 것을 보지도 못한 채 위장병의 악화로 세상을 뜨게 된다.

애지중지하던 강씨가 죽자 이성계는 애모의 정이 간절하여 정사에도 관심을 잃고 지내는 양이 마치 고려 공민왕이 그의 왕비 노국공주가 죽었을 때의 모습과 흡사했다.

이성계는 강씨에게 신덕왕후라는 시호를 내리고, 지금의 정동 근처에 장사를 지내고는 그곳을 정릉라고 불렀다. 또, 능 옆에는 흥천사라는 절을 짓고, 중들을 거처시켜 향불이 꺼지지 않게 모시도록 하였다.

이 흥천사 이후 조선은 왕실의 능에 절을 같이 짓고 중들로 하여금 수호하게 하는 것이 관습처럼 되었는데, 이 같은 절을 조포사(造泡寺)라고 한다.

그 후 태조 7년(1398년) 8월 13일에 이성계의 애도 속에 강씨의 대상을 마치자 이성계는 상심의 골이 깊었던지 덜컥 자리에 눕고 말았다. 자리에서 일어나지 못한 채 13일이 지났는데도 왕의 병세가 더욱 악화되자 세자는 왕의 침소에서 직접 병수발을 하고, 모든 왕자와 근친들은 만일을 대비하여 근정전 밖의 한 장소에서 대기하게 되었다.

이때 정도전 일당이 왕의 전처 소생 왕자들을 모두 제거하여 어린 세자의 후일을 도모하려 한다는 소문에 노심초사하던 방원이 먼저 기습 공격하여 정도전, 남은, 심효생 등을 척살하고 이복동생인 방번, 방석과 매제인 이제까지 죽이니 이것이 1차 왕자의 난이다.

이성계는 이 사실을 보고받고 경악과 분노에 휩싸였으나 결국 어쩔 수 없이 둘째 아들 방과를 세자로 다시 세웠다(장남 방우는 고려를 멸망시킨 아버지가 못마땅하여 해주 수양산에 들어가서 완전히 세상을 등지고 있었다). 그러나 그는 정사에 뜻을 잃고 있다가 그 다음해 9월에 왕위를 방과에게 물려주고 상왕으로 정치 일선에서 아예 물러나 버렸다.

왕위에서 물러난 지 2년 후에 넷째 아들 방간이 지중추부사 박포의 선동으로 난을 일으키고 또다시 골육 간에 권력 쟁탈전이 일어나는 것을 보고는 세상사 자체에 환멸을 느껴 금강산을 거쳐 아예 고향인 동북면으로 들어가서 환궁하지 않았다.

그 후, 방원이 그 형에게서 왕위를 넘겨받아 등극하자 방원은 부자간의 불목에 대한 백성들의 시선도 부담스럽고 이성계의 노환도 걱정이 되어 이성계가 평소 신임하던 창녕부원군 성석린을 보내서 겨우 그를 환궁시킬 수 있었다. 그러나 이성계의 울분은 아직 가시지 않아 태종 2년(1402년) 11월 밤에 홀연히 대궐을 떠나 소요산에서 잠시 머물다가 함주로 가서 다시 칩거하고 말았다.

야사에 의하면 이성계는 이 시절 태종이 문안사를 보내면 모두 죽여서 돌아온 사람이 없었다고 한다. 아무 소식이 없는 사람을 '함흥차사(咸興差使)'라고 부르는 연유가 여기에서 비롯된 것이다.

이즈음, 안변 부사 조사의가 난을 일으키기도 하여 이성계가 외지에서 거처하는 것 자체가 말썽의 소지가 되었기 때문에 방원은 이성계가 왕사로 존경하던 무학을 보내서야 겨우 그를 대궐로 돌아오게 할 수 있었다.

천하를 호령하고 새 왕조를 창건한 이성계였지만, 그의 말년은 이토록 고독하고 고통스러운 나날들이었다.

젊은 시절에 그 뛰어났던 판단력도 나이가 들자 흐려졌는지, 아니면 늘그막에 얻은 아들을 사랑하는 마음만이 앞선 것인지, 장성한 전처 소생들을 모두 제치고 계비 소생의 막내아들을 세자로 책봉하는 우를 범하여 비극의 씨앗을 스스로 뿌리고 말았다.

어쨌든 인생을 안온히 정리해야 될 노년에 밀어닥친 비극은 그에게 엄청난 고뇌와 허탈감을 안겨주었다.

그는 결국 젊어서부터 신앙으로 믿어왔던 불교에 더욱 몰입하여 궁전 내에 덕안전을 새로 짓고 그곳에서 염불 삼매로 하루하루를 살다가 태종 8년(1408년) 5월 24일에 74세를 일기로 말년의 한을 삭이지 못한 채 눈을 감았다.

그는 결국 모든 것을 이루고 난 후 방심을 한 것인지, 사리를 벗어난 한순간의 잘못된 선택으로 애꿎은 자식들 간의 살육극을 자초하고 자신은 말년을 오욕으로 고통 받다가 삶을 마감했다.

정도전 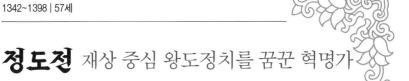 재상 중심 왕도정치를 꿈꾼 혁명가

▶ 　　　정도전은 뛰어난 정치가이자 전략가이면서도 조선조에서는 부정적인 존재로 치부된 비극적 인물이다.

그는 조선 개국 과정의 수많은 개혁 작업을 주도하고 신왕조의 기반을 공고히 하는 데 앞장섰지만 인생 절정의 순간에 그의 포부를 채 마무리하지도 못하고 정치적 입장이 달랐던 이방원 일파에게 제거됨으로써 조선시대 내내 반역의 원흉으로 매장되고 말았다.

그가 여말·선초 혼란기에 새로운 시대를 이끌어 내는 작업을 능동적으로 수행할 수 있었던 것은 무소불능이라고 할 만큼 각 방면에 두루 소양이 깊었기 때문이기도 하지만, 무엇보다 냉철한 현실 인식 감각이 다른 누구보다도 탁월했기 때문이다.

그는 국가적 이해에 따라서는 어떤 정책도 얼마든지 변경할 수 있다는 융통성 있는 현실주의적 사고로 행동하였는데, 그 대표적 사례가 초기의 친명주의에도 불구하고 조선 건국 후 요동정벌 계획을 추진했던 점이다.

또한 그는 일찍이 천민 지역에서의 귀양과 긴 유랑생활을 통하여 백성들의 고통을 직접 목격하고는 백성을 잘살 수 있게 하는 것이 가장 올바른 정치의 방향임을 자각하고 윤리적 기준을 바탕으로 한 재상 중심의 왕도정치를 이상향으로 지향하였다. 그런데 이것이 그의 독주를 의심하고 왕권 강화 의지가 상대적으로 강했던 이방원에 의하여 몰락하게 되는 요인으로 작용하였다.

불우했던 초기 관료 시절

정도전은 고려 28대 충혜왕 3년(1342년) 경북 영주에서 밀직제학 형부 상서를 지낸 정운경의 장남으로 태어났다. 자는 종지이고 호는 삼봉이었으며 본관은 봉화였다.

그는 장성하여 부친의 친구이자 대유학자인 목은 이색의 문하에 들어가서 수학하였는데 정몽주, 윤소종, 박의중, 이숭인 등과 동문으로 교유하였다.

그는 어려서부터 명철하여 주위의 주목을 받았고, 특히 경서와 성리학에 능통하였다.

성품은 자신의 생각을 숨기지 못하는 양성적(陽性的)인 면이 강하고 날카로우면서 불같은 일면이 있어 항시 주위의 저항과 공격을 받기 쉬웠는데, 그는 스스로 이 점을 인정하면서도 평생을 투지와 용기로 일관하며 살았다.

또한 무슨 일이든지 좌고우면하지 않고 끝까지 관철하는 강인한 태도를 가져서 스승이었지만 훗날 그와 정적이 되어 날카롭게 대립한 이색도 이 점을 높이 평가하여 "도전이는 항상 할 일을 다하지 못함이 없고, 어떤 일도 두려워 피하지 않는다."고 칭찬하였다.

그는 20세가 되던 해인 공민왕 11년(1362년)에 진사시에 급제하여 관직 생활을 시작했는데 우왕 2년(1375년)에 명을 협공하자는 협상을 하기 위해 북원의 사절이 오자, "선왕이 사남(명)정책을 세웠으니 사북(원)은 불가하다."고 끝까지 반대하다가, 당시 실권 세력인 친원파의 미움을 사 회진현(전라도 나주 관하의 천민지역)으로 유배되고 말았다.

이와 같은 그의 태도는 공민왕의 유지를 이어받자는 뜻도 있었지만, 원명 교체기의 국제 정세를 꿰뚫어 본 일면이 강하다.

아무튼 정도전은 이 귀양살이부터 10여 년 이상 불우한 시절을 보내야 했는데, 유배에서 풀린 후에도 삼각산 아래에서 초막을 짓고 제자를 가르치며 독서로 세월을 보냈다. 이 시절의 고심이 얼마나 심했던지 자신의 호를 고생하며 지냈던 삼각산의 모양을 본따서 삼봉(三峰)으로 바꾸기까지 했다.

그 무렵 절치부심하며 10여 년의 세월을 유랑생활로 보내던 정도전은 정치판에서 뜻을 세우려면 자신을 강력히 지원해 줄 힘이 필요하다고 판단하였다. 그리하여 떠오르는 실세로 여겨지는 이성계의 휘하로 들어가서 재기를 모색하게 되었다.

이렇게 암중모색의 세월 속에서 때를 기다리던 정도전에게 드디어 기회가 왔다. 우왕 10년(1384년)에 정몽주가 성절사로 명나라에 가게 되면서 동문수학한 정도전을 서장관으로 추천하여 전교부령으로 수행하면서 관계에 복직하게 된 것이다.

그 후 외교 임무를 성공적으로 수행하고 귀국한 뒤 성균좨주 지제교로 얼마 동안 있다가 외직으로 나가기를 스스로 청하여 남양 부사로 봉직하면서 지방 관리로서 민생을 직접 경험하고 선정을 베풀기도 했다.

그리고 지방관 생활 얼마 후인 우왕 14년(1388년)에 이성계의 추천에 의해 성균관 대사성으로 중앙 관계에 일약 복귀하면서 드디어 그의 생애

중 가장 화려한 시기를 펼치게 되었다.

그로서는 일생일대의 최고 후원자인 이성계를 도와서 여말의 개혁과 조선의 개국 과정에서 최대의 역할을 하게 된 것이다.

여말 정치 투쟁의 선봉에 서다

위화도 회군 후 그 주도 세력은 폐가입진(廢假立眞)의 논리로 우왕과 창왕을 폐하고 공양왕을 옹립하였으나 아직도 구가(舊家) 세력들이 잔존하고 있는 상태에서 이성계 동조 세력과 구신들의 알력이 마지막 정점을 향하여 치닫고 있었다.

병권은 이성계가 완전히 장악하여 실권적 지위를 행사하고 있었으나, 아직도 고려 조정은 구신과 세속들이 대부분 남아 있어 오히려 이성계 세력은 수적으로 열세에 있으면서 군사력의 중심인 이성계에 의해 서로 견제되는 묘한 대치 상황이 계속되었다.

특히, 전제와 군제 개혁은 양 세력 간에 첨예한 이해와 실권의 향방이 결정되는 사안인 만큼 충돌이 심했지만, 결국은 무력을 가지고 있던 이성계 측의 의도대로 관철되었다.

하지만 이 과정에서 양 세력 간의 반목이 극에 달하였음은 물론, 군제 개편은 이성계파 내부에서도 시기와 반목을 싹트게 하였는데 특히 이방원이 정도전을 질시하고 의심하게 된 원인이 되기도 하였다.

하여튼 양 세력의 극한 대립 와중에서 공양왕은 구신 세족(勢族)과의 관계를 단절하지 못하고 엉거주춤한 상태에서 이성계가 휘하 세력들의 무리한 요구를 제압하지 않고 오히려 방관, 조장한다는 불만을 갖게 되었다. 또한 이성계는 이성계대로 공양왕이 자신의 도움으로 왕위에 올랐으면서도 자신을 의심하고 개혁 추진에 적극적이지 않은 데에 불만을 품어 양자 사이의 틈은 점점 벌어지고 있었다.

결국 이성계는 이런 상황에 대한 불만의 표시로 사직을 시사하고 평주 온천으로 가 전격 은둔하고 말았다.

하지만 이성계의 이러한 태도는 실제 은퇴 의사라기보다 자신의 정치 방향에 걸림돌이 되고 있는 왕과 구신 세력들에 대한 일종의 위협성 경고였다. 그러나 유일한 힘의 중심인 이성계의 사직으로 공백이 생기자, 구파는 이성계 세력을 집중 탄핵하여 일시적으로 조정에서 몰아낼 수 있었는데, 이때 정도전도 봉화현으로 두 번째 유배의 길을 가게 되었다.

당시 구파 세력은 이성계파의 개혁 정책을 비방하고 그 순수성을 훼손할 목적으로 정도전 등 신진 정객들의 대부분이 사대부 직계가 아닌 비천한 신분 출신인 것을 집중 공격하여, 개혁 추진의 의도가 자기들의 천근(賤根)을 숨기기 위해 본주(本主)를 제거하려는 불순한 음모에서 출발하였다고 몰아붙였다.

결국 정도전은 '가풍이 부정하고, 주관이 확실하지 못하여 관직에의 등용이 부적합한 인물'이라는 이유로 탄핵되어 직첩과 공신녹권이 회수되고 일가족이 폐서인(廢庶人)되는 화를 당하게 되었다.

그러나 이러한 상태는 결코 오래가지 못하였다. 그것은 힘의 중심이 이성계에게 있었고, 이성계의 은둔이 실제 의사가 아니었기 때문이다.

하지만 구파 세력은 은둔하고 있던 이성계가 때마침 낙마까지 하여 장기 칩거가 불가피해지자 이 기회에 눈엣가시 같은 이성계 휘하의 신진 정객들을 모두 제거하기 위하여 유배간 이들을 극형에 처하라는 주청을 득달같이 강화하게 된다.

이에 더 이상의 은둔과 방관은 자기 세력의 완전한 몰락을 자초하게 된다고 판단한 이성계 일파는 이방원이 선두에 나서서 구파 최후의 보루인 정몽주를 선죽교에서 격살하고 구신 세력을 무력으로 제압하여 정국의 일대 반전을 불러왔다.

이로 인해 고려 조정은 이성계 세력이 완전 장악하게 되었고, 정도전도 유배에서 풀려 복직하게 되어 정계의 중심으로 다시 진입할 수 있었다.

사실 공양왕도 이성계의 위세를 믿고 사사건건 분란을 야기하며 고분고분하지 않은 신진 사류에 반감을 가지고 유배 조치는 하고도 정작 이성계를 의식해 극형에 처하지 못하고 있었으나, 이성계의 공백이 장기화될 조짐이 보이자 구파 세력에 동조하여 이들을 죽이려는 의사까지 있었다.

하지만 이방원의 거사로 상황은 다시 반전되고 정도전 등은 죽음의 위협과 유배에서 풀려나게 되었던 것이다.

이때 정도전을 사지에서 구해내는 계기를 만들었던 이방원이 후에 정도전을 도륙하는 입장에 서게 된 것은 역사의 아이러니라고 하지 않을 수 없다.

결국 이성계 일파가 전제 개혁을 통하여 구파의 경제적 기반을 무너뜨리고 군권을 장악한 후에 정권까지 틀어쥐게 되자 왕은 완벽히 유명무실화되어 버렸고, 급기야 고금에도 없는 군신 간의 동맹을 추진하여 연명하려 하였지만 이성계 일파는 대비의 명을 빌려 왕을 폐하고 이성계가 왕위에 오르니, 이로써 고려 왕조는 종언을 고하고 조선의 개국이 이루어지게 되었다.

신왕조 기반 형성 주도

1392년 7월에 마침내 475년간 34대 왕까지 이어지던 고려 왕조가 망하고 조선이 건국되었으나, 급격한 변동으로 인한 민심의 이반을 염려하여 얼마간은 고려의 국호와 제도를 그대로 답습하였다.

그러나 새로운 왕조 탄생의 정당성을 확보하고 그 기반을 확고히 하기 위하여 각 분야의 개혁이 잇달았으며, 그 중심에는 언제나 다재다능한 식견과 특유의 돌파력을 가진 정도전이 있었다.

이때부터 이방원에게 죽임을 당하게 되는 왕자의 난까지의 6~7년이 정도전으로서는 최고의 절정기이자 자신의 경륜을 현실 정치에 펼쳐나갈 수 있었던 황금기였다.

사실 정도전은 큰 세력이 없고 빈한한 가정에서 태어나 어려서는 경제적 고충이 극심하였으며, 20세에 출사한 후 내외 관직에 12년간 봉직했으나 주요 직책은 거의 맡지 못하였다. 그나마 강경한 배원 주장 때문에 당시 친원 세력 위주의 구신 세력에 의해 탄핵을 받아 10여 년을 유배 및 유랑생활로 보냈었다.

42세인 1383년에 겨우 이성계의 막하에 들어감으로써 재기의 발판을 마련했으나, 위화도 회군 후에도 구파 세력과의 권력 투쟁에서 항상 선봉에 서게 되자, 견제와 질시를 집중적으로 받아 또다시 유배되는 등 청장년기에는 결코 평탄하지 않은 삶을 살았다.

50대에야 비로소 자신의 역량을 도모할 수 있는 위치에 서지만, 권력 투쟁의 와중에서 신왕조를 창건한 중심인물이면서도 자신이 만든 왕조에 들어와서 비명횡사한 불행한 인물이 되고 말았다.

그러나 그는 조선 창건 후 죽기까지의 짧은 기간 동안 도저히 한 사람의 능력으로 이루어 냈다고는 믿어지지 않는 불꽃같은 업적을 남겼는데, 실로 놀랍다는 말 외에 달리 표현할 길이 없다.

그는 우선 새 왕조의 백년대계를 위한 기틀을 마련하는 작업에 즉각 착수하였다. 제일 먼저 강병 정책을 추진하기 위해 중국 역대의 병법을 참고로 하여「오행 진출기도」, 「강무도」 등을 지어서 군사를 조련케 하였다.

외교 방면에 있어서도 개국에 따른 사은사로 명나라에 다녀왔고, 여진족과의 불손한 관계를 의심하는 명의 시비에 대하여 해명의 표문을 작성하는 등 발군의 노력을 기울였다. 또한「문덕곡」, 「수보록」, 「몽금척」 등 창업의 어려움과 수성의 지난함을 일깨우는 악곡을 지어 왕조의 귀감을 삼게 하는 것은 물론, 국가의 제도와 운영의 근본이 되는『경국전』을 제정하였으며, 이것은 이후 조선의 기본 법전으로 이행되었다.

그뿐 아니라 조야에 역사의 위중함을 각성시키기 위해『고려사』 37권을 편찬하였고, 지방 행정 방법을 기술한『감사요약』을 만들어 지방 행정의 근간을 마련하기도 하였다.

그리고 중앙 관료들의 임무와 위병 및 감사 제도에 이르기까지 행정의 지침을 정한『경제문감』을 저술하였고, 새 도읍지를 무학과 함께 한양으로 정하고 궁궐을 실제로 설계한 후, 그 아름다움을 찬양한「신도팔경시」까지 지어 송축하였다 하니, 정도전의 무소불능한 능력은 찬탄의 대상이 되지 않을 수 없다.

그 외에도 당시 명망가들의 필적과 시문을 채집하여 만든『국초군영진적』, 척불론의 이론적 근거를 제공한『불씨잡변』도 그의 작품이었으므로 그의 학문적 소양은 가히 짐작되고도 남는다.

국방 정책에 있어서도 독보적 능력을 발휘하여 동북면 도 선무순찰사 시절에 군·현의 지계를 결정하고 성곽을 수리하게 하는 것은 물론, 참호까지 파게 하여 국경지대의 안보태세를 강화하였고 이미 독자적 진법까지 창안한 것으로 보아 군사 전략가로서의 자질 또한 뛰어났음을 알 수 있다.

도무지 그 능력의 한계를 짐작할 수 없을 정도로 다방면에서 건국의 기초를 세우는 작업을 쉬지 않고 선도해 나갔던 셈인데, 그가 없었다면 신왕조의 출발이 과연 순조롭게 진행되었을까 하는 의심이 들 지경이다.

동서고금을 통하여 그와 같이 다방면에 능통한 천재를 찾기가 쉽지 않기 때문에, 그에게 예비된 시간이 조금만 더 길었으면 하는 아쉬움이 깊게 남는다.

그의 이러한 독보적 성과는 천성적으로 명민함을 바탕으로 한 것이지만, 40대에 이르기까지 불우한 시절에 자학에 빠지지 않고 수많은 독서와 사색으로 능력을 다져나갔기 때문이다.

정도전을 통해서 한 인간이 좌절의 질곡에서 그것을 오히려 자기 연단의 시간으로 활용하여 인생의 성취를 이루어 낸 과정을 볼 수 있으며, 이러한 삶의 태도는 그 시절 지식인들에게는 일반적인 것이었고, 더 나아가 뿌리 깊은 우리 민족의 성향이라 할 수 있다.

그러나 세상사 모든 일이 양면을 가지고 있는 것처럼 정도전이 자신의 뛰어난 능력으로 각 방면에서 대단한 업적을 만들어 내고는 있었지만, 시각을 바꿔 보면 다른 사람들의 참여 폭을 억제시키고 독단적 업무 수행의 일면도 있었기 때문에 이에 대한 질시와 견제의 분위기가 당연히 조성되었다.

역사는 천재 한 사람의 독주를 용납하지 않는 냉혹함을 가지고 있어서 정도전에 비해 다른 사람들은 소외감을 느끼게 되었고, 결국 그것이 일면의 원인으로 작용하여 비참한 죽음에 이르렀던 것이다.

사실 정도전은 타고난 성품 자체가 날카롭고 투쟁성이 강하며 타협적이지 못했다. 그의 이 같은 천성은 정치적 기반의 차이에서 비롯되기는 하였지만 스승인 이색과 반목 대립하는 결정적 요인이 되었고, 고난의 출발이 되었던 첫 번째 유배의 사유도 외교 현실을 직시한 주장이기는 하지만 조정에서 원사의 영접 책임을 자신에게 맡기려 하자 "그렇다면 나는 원사의 목을 베든지 잡아서 명나라에 압송하겠다."고까지 말하는 그의 극렬성에 기인한 바 크다고 할 수 있다.

또한 여말에도 구파 세력과의 권력 투쟁에서 항상 반대파를 공격하는 데 앞장섰으니, 당연히 주위에 많은 적을 만들게 되었다.

비극적 최후

조선 개국 후 우호적 관계를 유지하던 명나라로부터 태조 6년에 보낸 정조(正朝)표전에 예의에 벗어나는 어구가 있다는 시비로 표문 작성자를 압송하려는 요구가 있었다.

명 태조 주원장은 외모에 대한 콤플렉스가 상당히 강했는데, 표문의 어디엔가 그의 자존심을 상하게 하는 문구가 있다고 대로하여 외교 갈등이 발생한 것이다.

명은 이 문제를 가지고 주원장이 사망할 때까지 조선을 괴롭혔는데, 급기야 표문 작성자로 정도전을 지목하여 잡아 보내라고까지 하였다.

조선은 이 문제의 해결을 위해 수십 명의 사신을 보냈지만, 명은 해명 사신을 오히려 구속하고 유배시켜 돌려보내지 않기까지 하는 횡포를 부려서 사신으로 갔다가 돌아오지 못하는 이가 십수 인이 넘을 정도였다고 한다.

이렇게 사태가 해결의 기미 없이 악화되자 조선 조정도 상하 모두 분격하게 되었고, 정도전은 마침내 과거에 자신이 그렇게도 반대했던 요동 정벌을 건의하였다.

이렇게 급격한 분위기 속에서 정도전은 중앙 관료들을 군관뿐 아니라 문관에 이르기까지 자신이 만든 「5진도」로 훈련시키고 지방에도 훈도관을 파견하여 강습시킨 후 순군천호를 보내서 진법 훈련 정도를 감찰케 하여, 진법에 무능한 자는 절제사와 상대 장군이라도 처벌하는 등 출병 준비를 강화하게 되었다. 더구나 효율적 군사력 통제를 위하여 고려조 이후 권문세가의 관행으로 굳어진 사병제도를 폐지하여 관군으로 편입시키려는 정책을 추진하였다.

상황이 이렇게까지 진행되자 그동안 정도전의 독주로 실권에서 소외된 인사들의 불만이 현재화되었고, 그나마 힘의 배경인 사병들까지 존속시킬 수 없는 처지가 되자 반대파들은 정도전에 대한 극도의 반감을 표출하였다.

그중에서도 이방원의 위기의식이 가장 컸다. 사실 이방원의 입장에서는 개국의 최대 공로자인 자신을 제쳐두고 이성계가 계비 강씨 소생의 막내 방석을 세자로 책봉하여 불만이 많을 수밖에 없었고, 그 배경에 재상 정치를 꿈꾸는 정도전이 있다고 여겨 평소에도 정도전에 대한 감정의 골이 깊은 상태였다.

게다가 사병까지 철폐된다면 완전히 끈 떨어진 신세가 되고 말기 때문에 이방원으로서는 돌파구를 모색하지 않을 수 없는 상황이었다. 그러던 차에 공교롭게도 태조 7년(1398년) 8월 13일에 이성계가 덜컥 병으로 자리에 눕게 되었다.

이방원은 이성계가 건강체이기는 하였으나 당시로서는 적지 않은 나이(64세)이고 보니 회복하지 못하고 죽기라도 한다면 왕위는 자연히 세자인 방석이 잇게 되고, 지금도 무소불위인 정도전은 왕의 대부로서 그 권한을 아무도 제어할 수 없는 존재가 되어버린다는 판단이 서자, 또 한 명의 희대의 야심가인 그는 드디어 정적을 제거하기 위한 칼을 들게 되었다.

전해지는 이야기에 의하면 당시 어떤 점쟁이가 "세자의 이복형들 중에는 왕이 될 천명을 타고난 인물이 많다."고 하자, 이 말을 들은 정도전이 "그런 자가 있으면 모두 제거해 버릴 것"이라고 했다는데, 이를 풍설로 전해 들은 이방원은 더욱 경계를 하였고 그러던 차에 왕의 와병은 극도의 위기감을 불러일으켰던 것이다.

역사는 승자의 기록이기 때문에 그대로 모두 믿을 수는 없지만, 실록에 의하면 정도전 측에서 왕의 사후 어린 세자에게 걸림돌이 될 수 있는 이복 왕자들을 제거하려고 했기 때문에 이를 눈치챈 이방원이 정당방위 차원에서 선제 기습 공격을 한 것이라고 한다.

소위 '공소의 난' 또는 '무인정사'라고 불리는, 조선 건국 초의 피비린내 나는 살육극을 실록에 나오는 내용으로 요약하면 다음과 같다.

태조가 병으로 자리에 눕자 정도전, 남은, 심효생 등은 왕의 병이 위급함을 기회로 삼아 왕자들을 궐내에 불러들여 죽이기로 작정하였다.

드디어 운명의 8월 26일, 왕의 안위를 걱정하며 왕자와 근친들은 근정전 밖의 한 별채에 모이게 되었다. 그러나 위험한 정보를 미리 전해 들은 이방원은 민씨 부인의 흉복통을 핑계로 잠시 사저로 나가 만일의 사태에 대비하고 다시 궐내로 돌아오자, 왕의 병이 급박하니 왕자들은 시종 없이 단신으로 대궐로 입시(入侍)하라는 전갈이 왔다.

이때 이미 밤이 되어 불을 켜야 하는데, 궁문에 불이 없는 곳이 여러 군데 있어 지척을 분간하기조차 어렵자 방원의 의심은 더욱 확고해졌다. 결국 부랴부랴 형들을 불러내서 자신이 파악한 사태를 설명하고 급히 궁을 빠져나와 미리 연통이 되었던 이숙번의 무리와 조영무, 처남인 무질 형제 등과 합류했으나 전체 병력 수는 기병 10명, 보병 9명에 불과했다.

이때는 이미 개인의 군권을 회수한 지도 10여 일이 지나서 동원할 수 있는 병력도 많지 않았거니와 사전에 충분히 준비된 거사가 아니었으므로, 병장기도 방원의 처인 민씨가 만일을 위해 숨겨놓았던 것들로 겨우 충당할 수 있었다.

사실 그대로를 믿는다면, 방원은 궁지에서 결사적인 마지막 주사위를 던진 것이다. 그러나 위기를 감지하고 칼을 빼 들었지만 무엇부터 해야 할지 몰라 우왕좌왕하다가 이숙번의 제의로 일단 정도전 일행이 모여 있는 것으로 확인된 송현 근처 남은의 소실 집으로 몰려갔다. 그곳에 이르자 그 이웃집 세 채에 불을 지르고는 매복해 있다가 정도전 일행이 놀라서 뛰쳐나오자 그대로 척살해 버렸다.

심효생, 장지화 등은 현장에서 맞아 죽었고 정도전은 이웃집으로 달아나 숨었지만 잡혀 와서 결국 목이 잘렸고, 남은도 당시에는 겨우 도망을 하였으나 또한 잡혀서 주살되었다.

방원은 그 밤 동안에 자신의 적이 될 만한 인물을 모두 제거한 후 자신의 이복동생인 방번·방석 형제까지 참살하였다.

태조에게는 사태가 다 끝난 후에 정도전 일파가 정비 소생 왕자와 근친을 해치고 국권을 찬탈하려고 하여 미리 고하지 못하고 해결한 것으로 보고하였다.

참으로 허무하고 어이없는 파국이라고 아니 할 수 없다.

정도전이 제거된 이유

정도전이 정말로 방원 등 정비 소생 왕자들을 제거하려 했는지는 알수 없으나, 권문세가의 무장을 해제시키는 과정에서 불만이 증폭되고 왕의 와병으로 의심의 기운이 정국을 짓누르고 있는 상황에서 실제로 병권을 장악하고 있던 정도전이 그리도 허술하게 대비하였다는 것은 의아스럽기까지 하다.

더구나 당시가 요동 정벌을 위해 군사 조련에 박차를 가하던 비상시국이었던 점을 감안하면 더더욱 납득이 되지 않는다. 이는 결과론이기는 하지만, 정도전의 지나친 자신감으로 인한 방심 때문이 아니었나 짐작될 뿐이다.

사실 평소에도 정도전은 한 고조가 장량을 이용한 것이 아니고, 장량이 한 고조를 통하여 천하를 얻은 것이라고 얘기하며 자신을 장량에 비유하기도 했다고 한다.

이는 자기 과신에서 비롯된 소이이며, 어찌 보면 무릇 경박하기까지한 처신으로 비추어지는데 당시 이미 개인의 군사력이 혁파된 상황에서 자신이 무력으로 공격당하리라고는 미처 생각을 못했던 듯하다. 결국 천재의 자기 과신이 불러온 방심의 결과라고밖에 달리 해석할 길이 없다.

정도전은 이성계와의 관계에 있어서도 군신 관계라기보다는 내심 혁명의 동지로 생각한 것이 아닌가 여겨진다.

사실 이 점은 이성계도 이미 인정을 하여 그에 대한 신임을 전폭적으로 보여주었고, 그에게 의존하는 정도가 과한 것이 역설적으로 정도전에게는 비극의 출발이 되었다. 보통 사람도 권력의 정점에 서면 주변 사람들이 눈에 들어오지 않는 법인데, 하물며 정도전 같은 인물로서는 타인이 두렵지 않았을지도 모른다.

설사 일말의 걱정스러움이 있었다 하더라도 정도전은 성품상 자기 생각이 옳다고 판단되면 머뭇거리지 않고 밀어붙였을 것이다. 그런 관점에서 보면 타인에 대한 심리적 우월감으로 스스로를 보존하는 대비에는 등한시하였을 수도 있다고 생각된다.

아무튼 정도전은 시대적 상황 때문에 제왕제도를 수용해서 신왕조를 열었으나, 그가 생각한 정치의 본질은 윤리적 규범을 전제로 하고 근본적으로 백성들의 안정 도모를 왕도로 삼았다.

그 방법으로는 왕이 전권을 행사하지 않고 재상이 중심이 되어 국가의 각 조직이 자기 역할을 감당해 나가는, 어찌 보면 근대적 의미의 민주정치와 상당히 유사한 형태를 상정하였다.

이를 위해 대간(臺諫)의 견제 기능을 강화하고 국가의 근본을 바로 세우기 위한 문물과 제도를 정비하는 노력을 불철주야 기울이고 있었다.

정도전의 의도대로 조선 건국 초기의 기본이 형성되었다면, 우리는 또 다른 선진된 조선을 만날 수 있었을지도 모른다는 생각에 그의 죽음은 자신의 비극이자 조선의 불운이며 우리 민족의 불행이라고까지 한다면 지나친 생각일까?

또 하나, 돌연한 정도전의 죽음은 역사라는 것이 잘 준비된 현상만으로 연속되지 않는다는 것을 우리에게 일깨워 준다. 즉, 부실하고 준비 없는 상태가 주역이 될 수도 있는 것이 역사라는 것이다.

어쩌면 이방원이 사전에 충분한 준비를 통하여 정도전을 공격하려 했다면 아마도 정도전에 의하여 차단되었을 수도 있다. 하지만 기록에서도 살펴본 것과 같이 급박한 상황에서 무모해 보이기까지 하는 병력으로 허겁지겁 거사에 임했기 때문에 정도전으로서는 미처 낌새도 채지 못하게 된 것이고, 이방원으로서는 오히려 자기의 목적을 달성할 수 있었던 것이 아닐까 생각된다.

요동 정벌론의 실체

이제 마지막으로 정도전의 요동 정벌론에 대하여 살펴보자.

냉정한 현실주의자인 정도전이 과연 실제로 요동 정벌의 뜻이 있었을까 하는 의문이 생긴다.

그 자신이 친명주의자이기도 하였지만, 당시에는 개국 초의 혼란함에다 한양으로 천도한 지 얼마 되지도 않아서 국내 정세 자체가 어수선하였기 때문에 위화도 회군 시기보다 더 나은 상황이라고 볼 수도 없었다.

원체 명나라의 시비와 요구가 조선 조정의 공분을 사기에 충분하였지만, 이 또한 여말 철령 이북의 땅을 복속시키겠다는 강압적 자세보다 더 심했다고 말할 수는 없다.

자신을 압송하라고까지 하여 개인적 감정도 악화되었겠지만, 감정적 대응으로 국가 대사를 결정할 만큼 정도전이 작은 위인은 아니라고 본다면 이 또한 설득력이 약해진다.

그렇다면 정말로 중국과의 전쟁을 통하여 승리할 수 있다고 믿었을까? 그렇지는 않았을 것이다. 그럴 가능성이 있었다면 위화도 회군도 없었을 것이고, 친명이니 친원이니 고심하지도 않고 당당하게 중원 국가들과 대항했을 것이며, 조선을 건국한 후에 친명 외교로 상국에 대한 예를 다할 필요도 없었을 것이다.

당시 고려나 조선의 국력은 이미 한반도 지역으로 위축되어 있어서, 중국과 정면으로 대항하기는 어려운 상태였기 때문에 자위의 차원에서 명멸하는 중원의 국가들과 선린관계를 통한 줄타기 외교를 해왔던 것이 고구려 이후 이 땅의 국가들의 현실이었다.

그렇다면 정도전의 요동 정벌론의 실체는 무엇인가?

지금의 시각에서는 그 사유를 3가지 정도로 유추해 볼 수 있다.

일단은 중국의 시비가 거세지자 조선으로서도 마냥 약세로만 있을 수 없었고 어느 정도 자강지세를 보일 필요를 느꼈을 것이다. 또 그때의 외교 분쟁이 양국 간의 실제적 이해관계를 배경으로 한 것이 아니라 표문의 문구에 대한 오해에서 비롯되었으므로 명으로서도 조선과 무력 충돌까지 불사할 사안은 아니었다.

또한 명이 대국이라고는 하지만, 기나긴 원과의 전쟁을 거우 마무리지은 시점에서 아무리 약소국이라고 해도 조선과의 분쟁은 부담스러운 상황이었다. 따라서 정도전은 명의 태도를 초기 양국 관계에서 먼저 주도권을 제압하려는 것으로 해석하고, 명나라에 대하여 무리한 요구를 계속하면 군사적 대응도 불사하겠다는 태도를 보여줄 필요가 있다고 판단했다.

명의 입장에서도 이미 여말 10만 대군이 압록강까지 출병한 전력이 있는지라 조선의 군사적 대응 의지를 단순한 위협으로만 여기지는 않았을 것이다.

다음으로는 외교 분쟁으로 인한 전쟁 위기를 국내 정세 장악의 기회로 활용하지 않았나 하는 점이다. 명민한 정도전은 명과의 분쟁이 심화되자, 오히려 이것을 불안정한 국내 정세를 안정시키는 카드로 삼았던 것 같다.

국론의 통합을 위해 위기론을 조장하기까지 하는 것이 정치의 현실이라고 보면 명과의 분쟁은 난제이기도 하지만, 개국 초 어수선한 분위기를 장악해 나갈 수 있는 절호의 구실이 될 수도 있었던 것이다.

국가 위기를 명분으로 국가 전체를 통합해 나가는 계기를 만들고, 그 자신 문무백관을 효율적으로 통제하는 수단으로 삼는다는 발상은 정도전이라면 충분히 할 수 있었을 것이다.

또 하나, 간과할 수 없는 것이 일찍이 국가의 통제권 밖에 있었던 사병제도의 폐지 없이는 신왕조의 백년대계를 도모할 수 없다고 간파한 정도전이 이 시기를 국가적 고질을 타파할 기회로 삼아 추진했다는 점이다. 그는 평상시에는 이루기 힘든 지난한 작업을, 출병을 위한 효율적 병력 동원이라는 구실로 차제에 사병을 모조리 관군으로 편입시켜서 껄끄럽고 곤란한 문제를 일거에 해결하려 했던 것이다.

그러나 이로 인해 결국 사병이 혁파되기는 했지만 정도전으로서는 이방원에 의해 죽임을 당하는 원인을 스스로 제공하고 말았으니, 양날을 가진 칼과 같은 사안을 정도전은 절묘한 시기에 교묘한 방법으로 추진해 나가다가, 막다른 골목에 몰린 반대파들의 결사적 대항을 간과하여 그로서는 성공의 플랫폼에서 57세를 일기로 비명에 죽는 불행을 당하게 된 것이다.

황희 진정한 공직자의 사표

▶　　　명재상의 대명사처럼 일컬어지는 **황희**는 고려조 쇠락기에 태어났으나 조선조에도 출사하여 태조부터 세종 대에 이르기까지 네 명의 왕에게 봉직하다가 90세의 나이로 사망한, 당시로는 특이한 인물이다.

그의 강직함은 역대 왕에게서 모두 인정을 받았지만, 그가 실제로 자신의 능력을 꽃피운 시기는 노년인 세종 대에 와서였는데, 안목을 갖춘 군왕과의 만남으로 인해 개인적 역량을 국가 발전의 촉매제로 발화시킨 대표적 사례로 인정되고 있다.

사실 세종 대에는 각 분야에서 수많은 인재가 발굴되어 나라를 이끌어 갔다. 이는 뛰어난 지도자의 존재가 국가 발전과 인물 양성에 얼마만큼 지대한 영향을 끼치는가를 잘 보여주는 본보기라고 할 수 있다.

그러나 황희 같은 정승이 위로는 왕명을 잘 받들고, 아래로는 적재적소의 인물 기용으로 정사를 바로 이끌었기 때문에 세종 대가 국가 발흥기이자 문화 융성기로 꽃피울 수 있었던 것이다.

즉, 국가 진흥기에 요구되는 대표적인 인물의 표상이 황희라고 볼 수 있으며, 그는 명재상으로서의 역할도 돋보이지만 삶의 태도 자체가 귀감이 되는 인물이다.

성공한 관리로서의 일생

황희는 고려시대 공민왕 12년(1363년)에 개성에서 판강릉부사 황군서의 아들로 태어났다. 그의 본관은 장수이고 자는 구부이며 호는 방촌이다.

14세 때인 우왕 2년(1376년)에 음직(蔭職)으로 복안궁 녹사가 되었고, 21세에 사마시에 합격하였으며, 2년 후에는 진사시에도 급제하였다. 그러나 관직에는 뜻이 없어 학문에만 정진하다가, 27세인 창왕 원년(1389년)에 문과에 합격하여 그 이듬해에 성균학관이 되면서 관직 생활을 시작하였다.

그러나 30세가 되던 해에 고려 왕조가 멸망하자, 선비가 두 임금을 섬길 수 없다며 70여 명의 고려 구신들과 함께 두문동으로 들어가 외부와는 일체 교류를 끊고 초근목피로 살아가며 지조를 지키려고 하였다.

그런데 조선 개국 초기 조정에서는 등을 돌린 고려 관리들을 회유하고, 인재를 불러 모으기 위해 진력을 기울이는 과정에서 두문동에도 종용의 뜻을 보내왔다. 이에 따라 두문동 고려 구신들은 충절도 옳지만 일할 사람들이 모두 세상을 등지고 백성을 외면하는 것도 학문한 사람의 도리가 아니라는 결론을 내려 그중 가장 젊은 황희가 조선 조정에 홀로 출사하게 되었다.

그는 조선 조정에 출사한 후 곧바로 전 직책인 성균학관으로 복직하여 세자 우정자를 겸임한 후에 직예문 춘추관을 거쳐 사헌감찰, 우습유로 봉직하게 되었다.

지조를 꺾고 어렵게 시작한 조선조 관직 생활 초기에는 애초부터 조선 건국에 적극 참여한 인물들과의 정서적 간극 때문인지, 충절을 훼손한 자신에 대한 자격지심에서였는지 관직에 잘 적응하지 못한 채 면직과 복직을 반복하며 외직으로 겉돌기만 하였다.

그러다가 그의 나이 39세 때 태종이 즉위한 후에야 조금씩 중앙 관계에서 인정을 받기 시작하여, 6조의 정랑을 차례로 거치면서 관리로서 경력을 쌓아갔다. 이 시기에 그는 대호군으로 승추부 경력을 겸직하여 중추원을 혁파하고 병권을 완전히 국왕에게 귀속시키는 병제 일원화 작업을 무리 없이 추진하여 태종의 신임을 받기도 했다.

그즈음 지신사로 있던 박석명이 신병을 이유로 사임하면서 후임으로 황희를 적극 추천하여, 그의 나이 43세에 왕을 최측근에서 보좌하게 되어 드디어 화려한 공직 생활의 전환점을 맞이하게 되었다.

이 시절 태종은 그를 전폭 신임하여 모든 정사에 대해 일일이 깊은 의논을 하였으며, 그 대표적인 사례로 외척의 발호를 걱정한 태종이 처남인 민무구, 무질 형제를 제거하려 하자 왕의 뜻을 받들어 그가 앞장서서 처리하기도 하였다.

또 태종은 원로대신들의 권한을 제한하기 위하여 그에게 인사 행정에 관여할 수 있는 직권을 부여하기도 하였는데, 이 모두가 그의 신중하고도 사려 깊은 자세를 높이 샀기 때문이며 그가 특별한 지위를 이용하여 사적인 이익을 추구할 인물이 아님을 잘 알았던 까닭이었다.

이후로 그는 주요 관직을 역임하였는데, 47세에서 56세에 이르는 동안 6조 판서를 모두 거치면서 많은 업적을 남겼다.

예조판서 시절 지병으로 일시 사임한 때에는 태종이 황희의 병을 치료하기 위하여 의원을 파견하고, 후에 그의 병이 낫자 의원들을 포상하기까지 하여 군신 간의 의가 더욱 돈독해지는 계기가 되었다. 그러나 승승장구하던 황희에게도 위기가 찾아온다.

이조판서 시절에 폐세자 문제에 대하여 결정적으로 왕과 의견을 달리하여 외직으로 내몰렸다가 태종 18년(1418년)에 충녕대군이 세자로 책봉되자 결국 폐서인되어 교하(지금의 파주) 지방으로 유배를 가게 된 것이다.

그가 유배되던 해에 태종은 세자에게 왕위를 물려주고 상왕으로 나앉았으나 그의 유배는 계속되었고, 오히려 교하가 너무 가까워 징벌의 효과가 약하다는 지적 때문에 그의 유배 생활은 선영 근처인 남원으로 옮겨져 5년간이나 계속되었다.

그의 나이 60세가 되던 해인 세종 4년(1422년) 2월에야 유배에서 풀려 경시서 제조로 복직되었고, 10월에는 의정부 참찬으로 중용되었다.

그것은 그해 5월, 상왕인 태종이 사망하기 전 두 사람 사이의 오해가 풀린 것이 계기가 되었지만, 무엇보다 세종의 혜안 덕분이었다. 세종은 비록 황희가 자신의 세자 책봉을 반대하고 외숙부들을 죽음으로 내몰긴 했으나 그의 인물됨이 바르다는 것을 일찍이 알아본 것이다.

또 태종은 일구월심으로 왕권을 위협하지 않으면서 세종을 잘 보필하여 나라의 기반을 다질 수 있는 사람을 물색하였는데, 이러한 심중에 가장 적합한 인물이 바로 황희였다.

그 후 황희는 세종 5년(1423년)에 흉년으로 민심이 어지러운 강원도 관찰사를 맡아서 지방 행정을 안정시키고, 세종 8년(1426년)에는 이조판서, 우의정을 역임하고 65세가 되던 해인 세종 9년(1427년)에 좌의정으로 임명되었다.

그러나 그해에 사위인 서달이 권력을 남용하였다는 죄로 처벌받을 때 사건의 심리를 고의로 지연시켰다는 이유로 비난을 받고 태석균의 죄를 가볍게 다스리라는 청을 사헌부에 했다는 것이 빌미가 되어 탄핵을 받고 사임하였다가 1개월 후에 왕명으로 다시 복직하였다.

그러나 그해 9월에 모친상으로 재차 사직하고 상을 치른 후 파주 임진강 주변 반구정에서 칩거하였다. 그의 나이 69세가 되던 해에 세종은 영의정으로 그를 다시 부르니, 당시로서는 이미 은퇴할 나이에 관직의 정상에 올라서 87세로 물러날 때까지 18년 동안을 명재상으로서 세종을 보필하고 당대를 태평성대로 이끌어 내는 견인차가 되었다.

그는 규칙적이고 엄격한 섭생으로 장수를 누린 것으로도 유명한데, 영의정에서 물러난 지 3년 뒤인 문종 2년(1452년)에 당시로는 놀랄 만한 고령인 90세의 나이로 편안히 영면하였다.

타인을 우선 배려한 성품

먼저 황희가 평생의 교훈으로 삼고 언행에 항상 엄중한 자세를 갖게 했다는 유명한 일화를 다시 조감해 보자.

그가 아직 관직에 나가기 전 어느 날, 시골길을 가던 황희가 한창 농사일에 바쁜 밭 옆의 그늘에서 쉬게 되었다.

때마침 한 농부가 누런 소와 검은 소 두 마리를 데리고 일을 하고 있었는데, 이를 물끄러미 바라보던 황희는 한여름 뙤약볕에 고생하는 농부가 안쓰러운 생각이 들어 "쉬었다 하시라."는 등 말을 건넸다.

농부와 이런저런 대화를 나누던 중 별 뜻 없이 황희는 "두 마리의 소가운데 어떤 놈이 일을 잘하느냐?"고 물어보았다. 그러자 농부는 잠시 뜸을 들이더니, 황희의 옷소매를 끌고 밭에서 조금 떨어진 곳으로 가자고 하는 것이었다.

황희는 뜬금없는 농부의 태도에 어리둥절하였지만, 무슨 곡절이 있겠거니 하고 농부를 따라갔다. 밭에서 다소 떨어진 외진 곳으로 가자, 농부는 황희의 귀에다 대고 작은 목소리로 이렇게 말했다.

"누런 놈은 일도 곧잘 하고 시키는 대로 말도 고분고분 잘 듣는데, 검은 놈은 일에 꾀가 많고 다루기도 힘듭니다."

무슨 중요한 얘기가 있을 줄 알고 따라온 황희는 농부의 말에 얼떨떨하여 묻기를, "아니 노인장, 그 얘기를 하시려고 일부러 이리 와서 그것도 무슨 비밀처럼 말씀하시오." 하였다. 그러자 그 촌부는 이렇게 대답했다.

"아무리 미물이라 할지라도 저를 좋아하고 미워하는 것을 다 안답니다. 내가 만일 아까 그놈들 근처에서 이 얘기를 했다면 그놈들이 다 들을 것 아닙니까? 사람의 말을 짐승이 알아들으랴 싶지만, 나는 내 집 일을 애써 해주는 그놈들의 기분을 나쁘게 하고 싶지는 않소."

촌부의 얘기를 들은 황희는 깊이 깨달은 바가 있어 일생 동안 다른 사람의 마음이 상하는 일이 없도록 말 한마디, 행동 하나에도 조심했다고 한다. 젊었을 때 흘려들을 수도 있는 촌부의 말 한 마디를 삶의 금도로 하여 일생을 통해 자기 생활의 근본으로 삼은 것이다.

또한 그는 공사(公事)에는 엄격하고 강직했으나 개인적으로는 온후 자상한 인물로 알려졌는데, 그 점을 알 수 있는 일화들은 꽤 많다.

하루는 어린 종 둘이 다투다가 퇴청하는 황희와 마주치자 민망해져서 그중 하나가 상대의 잘못된 행위 때문에 사단이 발생하였다고 일렀다.

어린 종에게서 자초지종을 다 들은 황희는 "그래, 그래 네가 옳다."하고 다독거려 주었다고 한다. 그러자 다른 종도 주인이 역성을 드는 줄 알고 자기변명을 늘어놓자, 그 또한 다 듣고는 "그렇다면 네 말도 맞구나." 하고는 둘을 타일러 돌려보냈었다. 이때 이 작은 소동을 방 안에서 다 들었던 부인이 타박하기를 "아니, 대감께서는 이놈도 옳다, 저놈도 옳다 하시니 어찌된 일이십니까? 시시비비를 확실히 밝혀주셔야 되지 않겠습니까? 한 나라의 정승께서 그리도 사리가 확실치 않으시면 어떻게 하십니까?"하고 농을 건넸다. 그러자 황희는 "맞소 맞소, 부인 말씀도 참으로 맞소."하고 대답하여, 그만 부인도 어이가 없어 웃고 말았다고 한다.

이는 집에서 부리는 어린 종이라고 할지라도 마음을 상하게 하지 않으려는 세심한 배려에서 비롯된 것이며, 젊은 시절 깨달은 삶의 자세를 일생 동안 잃지 않고 지켜온 한 인간의 모습에서 유쾌한 감정까지 느껴진다.

이것 외에도 타인에 대한 황희의 배려나 인간적인 일면에 대하여 알 수 있는 사례들은 일일이 거론하기 힘들 정도로 많다.

그중 몇 가지를 더 살펴보자.

어느 날 황희의 집에 손님이 찾아와 조촐하게 술상을 받아놓고 담소를 하고 있었는데 어린아이 몇 명이 갑자기 방문을 열고 들어와서는 황희를 보자, "할아버지, 할아버지" 하면서 상투를 만지고, 수염을 당기기도 하는 것은 물론 상 위의 음식까지 마구 집어 먹는 것이 아닌가.

황희는 "아이구, 이놈들 보게. 오냐, 오냐." 하면서 나무라지도 않은 채

"손님이 계시니 너희들은 나가 놀아라."하고 아이들을 달래서 내보내고는 별일 없었다는 듯이 태연하게 대화를 계속하였다 한다.

손님은 내심으로는 '정승 집에서 아이들을 버릇없게 키우고 있구나' 하고 생각하며, "대감께서는 손자들을 굉장히 귀여워하나 봅니다."라고 나무라는 심정으로 말했다. 그러자 황희는 "아까 그놈들은 우리집 노비의 자식들인데 나를 아주 잘 따른다네. 결례가 되었다면 미안하이." 하고 대답하였다.

황희의 말을 들은 손님은 종의 자식에게까지 친어버이처럼 자상한 그의 모습에 감복했다고 한다.

또 하루는 당대의 명필인 이석형이 황희의 집에 들러서 담소하던 중에 황희가 『통감강목』이라는 책을 꺼내 놓고, 새로 책표지를 만들었으니 제목을 써달라고 부탁을 하였다.

이석형은 하도 참람스러워 몇 번 거절을 하다가 황희가 하도 정중히 요청을 반복하는지라 차마 더 이상 거절하기 어려워 새로 제본된 책의 제목을 써주었다. 그런데 조금 있다가 한 아이가 방 안으로 들어와 저 혼자 놀다가 금방 제목을 써놓은 책 위에 오줌을 싸고 말았다. 이를 본 황희는 노여운 기색도 없이 아랫사람을 부르지도 않고, 직접 방바닥과 책에 묻은 오줌을 닦고 아이의 옷을 벗겨 둘둘 말아서 아이의 손에 쥐어주면서, "괜찮아, 괜찮아. 이제 엄마한테 가서 옷을 갈아입혀 달라고 하거라."하고 말하며 창졸간에 오줌을 싸고 민망스러운지 우는 아이를 달래서 내보냈다.

이 광경을 지켜보던 이석형이 오히려 안절부절못한 심정으로 어찌할 바를 모르자 황희는 미안한 기색으로 이석형에게 사과를 하였다. 그런데 조금 있으려니 방문 밖에서 여종이 황망한 목소리로 죄를 청하는 것이 아닌가. 황희의 방에서 오줌을 싼 아이는 제 어머니가 일하는 틈에 그 방으로 들어온 종의 아이였던 것이다.

황희는 사죄하는 여종에게 오히려, "철없는 아이가 한 일이니 신경쓰지 말아라."하고 따뜻한 말투로 위로해 주었다.

그 후 이석형은 황희에 대한 존경심이 더욱 깊어져 그 앞에서는 항상 머리를 숙이고 예를 다했다고 한다.

사실 황희는 천인들의 처지를 가엾게 여겨서 천역을 가볍게 해주는 방안에 골몰하였고, 면천할 수 있는 길을 마련해 주고자 노력하기도 했다. 귀천을 구분하지 않고 인간에 대한 깊은 애정으로 타인을 대하고자 하는 그의 삶의 태도는 그 시대의 일상 개념과는 분명히 다른 차원의 것임에 틀림없다.

이러한 그의 열린 자세로 인하여 당시에는 노비 출신 중에서도 여러 사람이 그 능력을 인정받아 관직에 발탁되기도 하였는데, 조선이 엄격한 신분사회였음을 감안하면 그야말로 파격적인 인사였다.

실제로 황희는 자기 집에서 부리던 어린 노비 중에서 학문의 뜻과 능력을 보이는 아이를 면천시키고 경제적 도움까지 주면서 이르기를, "너는 열심히 공부하면 나라의 동량이 될 수 있으니, 너를 알아보지 못하는 곳으로 멀리 가서 학문을 연마하여라. 그리고 지금부터 너와 나는 서로 알지 못하는 사이니, 후일에 상면하더라도 절대 아는 체를 하면 아니 된다."하고 다짐을 하여 내보냈다.

그 뒤 십수 년이 흐른 후 그 노비는 학문에 정진하여 실제 과장에서 시험관으로 나와 있던 황희와 만나자, 반갑고 고마운 심정에서 황희에게 자신의 본색을 밝히고 인사를 하려고 하였다.

황희는 젊은 선비의 태도에서 사태를 짐작하고, 짐짓 시험관에게 잘 보이려고 인사를 하는 것은 받아줄 수 없다는 듯이 먼저 나무라서 내쳐 버렸다. 젊은 사람의 10년 공부가 공염불이 되지 않게 하기 위한 심모원려의 뜻이었다.

다행히 노비 출신의 젊은 선비는 그 시험에 급제하였는데, 황희는 발표 후 따로 불러내서는 "다시는 나를 아는 체하지 말 것이며, 나도 너를 잊었노라. 그러니 앞으로도 더욱 열심히 정진하여 오로지 나라를 위한 일에 노력을 다하라."하고 재차 당부한 후 돌려보냈다고 한다.

강직하고 합리적인 공무 수행

사적으로는 항상 타인을 배려하는 자세로 일관한 황희도 공적인 일에는 엄격하기가 서릿발 같았는데, 그에 대한 유명한 일화가 있다.

백두산 호랑이라고 일반에 회자되던 김종서가 북방의 6진을 공고히 하고 병조판서로 영전한 후인 어느 날, 황희는 병조에 축하차 들렀다가 정승이 찾아왔는데 영접도 없이 자리에 비스듬히 기대고 앉아 있는 김종서를 목도하게 되었다.

김종서가 미처 못 본 것인지, 보고도 못 본 체한 것인지는 알 수 없으나 큰 공을 세우고 돌아온 그의 태도에 자만하는 빛이 역력하자, 황희는 김종서의 면전에서 병조의 관리들에게, "너희 판서께서 앉아 계신 의자의 다리가 잘못된 것 같다. 한쪽이 기울어졌으니 속히 고쳐드리도록 해라."하고 일갈하였다.

이 말을 들은 김종서가 깜짝 놀라 자리에서 황망히 일어나서는 황희의 발 앞에 꿇어 엎드려 "소인이 미처 대감께서 오시는 것을 뵙지 못하고 큰 실수를 하였습니다. 부디 용서를 바라옵니다."하고 사죄하였다.

사실 김종서에 앞서 북방을 살피고 돌아온 사람은 칠순에 가까운 황희로서 6진 개척의 적임자를 세종이 하문할 때 김종서를 추천한 것도 바로 그였다. 황희는 김종서가 나라를 위해 큰일을 할 그릇임을 알고 그를 중용하도록 건의하였으니, 김종서의 성격이 다소 거칠고 자신감이 지나친 것을 경계하기 위해 한바탕 혼을 내준 것이다.

김종서는 후일 이때의 일에 대하여, "내가 한창 북방을 경영할 때는 오랑캐의 화살이 코앞에 날아와도 두렵지 않았는데, 황 정승의 일갈에는 오금이 저리고 등에서 진땀이 다 흘렀다."고 회고하였다 한다.

인간에 대한 황희의 남다른 이해를 알 수 있는 일면 중에서 공적인 사례 몇 가지를 더 살펴보자.

한번은 조정에서 관리의 행실을 바르게 하기 위하여 관청에 소속되어 있던 기생들을 모두 없애자는 의견이 있었다.

주요 대신들 간에 의견의 합치를 보고, 왕에게 건의하기 전 황희에게 마지막 결재를 올렸다. 모두들 평소 황희의 곧은 자세로 보아 틀림없이 허락이 떨어질 줄 알았다. 그러나 이 노재상은 뜻밖에도 반대의 의견을 내놓았다. 모두들 예상 밖의 태도에 놀랐지만, 황희가 반대하는 이유에는 깊은 뜻이 있었다.

젊은 관리들이 집을 떠나 외지에 나가 홀로 있으면 기본적 욕구를 해소할 수 있는 제도상의 대상이 관기였는데, 이를 모두 없애면 젊은 관리들이 자연히 여염집 여자들을 엿볼 것이고 또한 부정한 방법으로 자신의 욕구를 충족시키려고 할 수도 있어, 오히려 윤리를 더 상하게 하고 선비의 도를 훼손시킬 우려가 있다는 것이다.

당시에는 지방관으로 전출하면 아주 특별한 경우를 제외하고는 가족을 동반하지 못하게 하였다. 가족을 동반했을 때 민폐가 발생될 수도 있고 공적인 부담도 있기 때문이었다. 어차피 당시 관리들은 경기 일원의 과전을 부여받아 경제적 기반을 이루고 있었기 때문에, 그 외 지방은 개인의 수조권이 인정되지 않아서 가족을 동반한다면 자연히 별도의 비용이 필요하다.

이렇게 황희는 명분에만 집착하지 않고 인간의 본능까지도 통찰하는 열린 사고의 소유자였으며, 큰일에는 엄중하였으나 사소한 일에는 오히려 허허롭고 무관심한 사람이었다.

원칙에 충실한 업무 자세

큰일에 닥쳤을 때 개인적인 걱정이나 사욕을 버리고 당당하게 맞서는 공직자로서 황희의 참모습을 보여준 주요한 사건 두 가지도 다시 조감해 보자.

먼저 민무구·민무질 형제 제거 사건이다.

태종의 왕비 민씨는 역사의 격랑기에 남편이 왕위에 오르기까지 동지적 내조를 통하여 이를 뒷받침한 일등 공로자였다.

무인정사 때도 병장기를 숨겨놓았다가 내준 이도 그녀였고, 우물쭈물하는 남편을 말에 태워 거사에 내몬 것도 그녀라고 한다.

그러나 그녀는 이방원 못지않은 강한 성격의 소유자여서 태종이 왕위에 오른 후에는 부부간의 갈등이 심했다.

또한 민씨의 남동생들인 무구·무질 형제는 자신들이 공신의 처지이기도 하였고, 누이인 민씨의 후광까지 등에 업고는 조정에 갈등을 야기하고 있었다. 이에 당시 형조판서로 있던 황희는 태종 8년(1408년)에 이들을 벌하여야 한다는 상소를 올렸다.

사실 이것은 민씨 형제의 누이가 왕비로서 눈이 시퍼렇게 살아 있고, 세자도 어린 시절부터 외갓집에서 자란 탓인지 외숙부들을 따르는 상황이라 생사를 초월하지 않고는 감연히 앞장설 수 없는 문제였다.

하지만 외척의 발호를 걱정하던 왕의 심중과 조정의 인심이 이미 민씨 형제를 견제하고 있었기 때문에, 결국 이들은 삭탈관직 후 유배지에서 사사(賜死)되고 말았다.

어쩌면 지신사로 수년 동안 왕을 최측근에서 보좌했던 황희로서는 태종과의 교감을 통하여 이 일을 추진했을 수도 있다. 그러나 그가 무조건 왕의 뜻에 따라 일을 진행시켰다기보다는 이들을 제거하지 않으면 정국의 화근이 된다는 우려가 있었기 때문이다.

또 하나는 세자의 폐출과 관련된 사건이다. 이번에는 왕의 의견에 끝까지 반대하다가 그의 정치적 생명까지 끝날 뻔한 위기를 맞게 되었다.

세자 제(양녕대군)는 파행적 행동으로 아버지 태종의 미움을 사서 결국에는 폐세자가 되고 말았지만, 이 과정에서 황희는 폐세자가 큰 화를 불러올 수 있다 생각하여 극력 반대하였다. 세자를 바꾸려는 왕의 결정을 거두어 달라는 황희의 논지는 3가지로 요약될 수 있다.

그 첫째는 국초에 태조가 세자를 잘못 세워서 골육상쟁의 비극을 초래한 일이 있는 것처럼 세자 교체는 공연한 화를 자초할 수 있으며 태종 자신이 그 당사자로 피해를 보지 않았느냐는 지적이고, 그 둘째는 지금부터라도 적장자 승계의 엄정한 전통을 세워나가야 향후 왕위 계승과 관련하여 발생할 수 있는 말썽을 차단하는 본보기가 되어 국가 백년대계의 기틀을 튼튼히 할 수 있고, 그 셋째는 세자가 아직 나이가 어리나 근본이 영리하고 총명하니 제대로 훈육한다면 충분히 군왕의 자질을 되찾을 수 있다는 것이다.

그러나 왕의 결심이 워낙 공고하여 결국 세자는 태종의 셋째 아들인 충녕대군으로 바뀌었고, 황희는 좌천되었다가 유배의 길을 가고 말았다.

민씨 형제 제거에 앞장설 때는 그들의 득세가 문제를 야기하기 때문이지 왕의 의사에 영합하기 위한 것이 아니었고, 세자 폐출에 반대한 것은 아무리 왕의 뜻을 거스르더라도 문제를 파생시킬 여지가 있는 사안에는 진중해야 된다는 그의 사리 분별에서 비롯된 것임을 두 사건을 대비해 보면 잘 알 수 있다.

이러한 황희의 곧고 바른 자세는 이미 주요 관직 생활을 통하여 충분히 드러났기에, 그동안 다소 거리감을 느끼던 사대부들도 이제는 그를 완전히 인정하게 되었다.

황희에 대한 이러한 조야의 인정은 훗날 세종이 궐내에 내불당을 세우려고 할 때, 모든 대소 신료들과 유학자들이 동맹 파업까지 하려 하자 오로지 황희만이 그들 모두를 설득해 낼 수 있는 바탕이 되었다.

조선은 원래 척불숭유 정책을 통치이념으로 출발한 국가이지만, 왕실에서는 태조 이래 불교를 신앙으로 섬겨온 데다가 세종의 둘째 형인 효령대군도 불가에 귀의한 몸이었고, 세종 또한 불심이 깊어 대궐 안에 왕실 가족들을 위한 불당을 신축하고자 한 것인데, 모든 신하와 재야 학자까지 벌떼같이 일어나 반대를 한 것이다.

성군으로 이름난 세종도 모든 신하들이 반대하자 고립무원 처지에서 낙심천만이었는데, 이때 황희만이 왕의 입장을 이해하여 자신도 유학자이지만 반대하는 신하들을 오히려 설득하기로 하였다.

왕이 국가정책 자체를 바꾸려는 것이 아니고, 어찌 보면 자기 가족 내의 믿음을 위한 장소를 마련하고자 하는 것이기 때문에, 굳이 왕의 마음을 상하게 하지 말고 용인해 주자는 논리였다.

대체(大體)에는 밝고 소리(小利)에는 무신경한 황희의 성품이 여실히 드러나는 대목으로서 왕이 국가 기본의 대강(大綱)을 훼손시킬 의도가 아니라는 점을 잘 알고 있었기 때문에 자신이 팔뚝을 걷어붙이고 중재에 나선 것이다.

여기서도 세종과 황희의, 군신 간에 쌓인 굳은 믿음의 실체를 볼 수 있다. 사실 타인에 대한 황희의 배려는 이미 기술한 대로 그의 일생을 통한 삶의 기조였다.

태종 때 맹사성 등이 역모사건의 취조 중에 왕의 사위를 사전 허락 없이 문초한 사건 때문에 죽을 고비에 이르자 이를 구해준 사람도 황희였으며, 그 뒤 사헌부에 죄지은 자를 가벼이 다루라는 청을 하여 탄핵을 받기도 한 것은 그의 성정상 그러한 일면 때문이었다.

이러한 많은 일화를 통하여 황희는 참으로 인간을 깊게 이해하고 사람을 진정으로 위하는 품성의 인물이었으며, 공무와 자신에게는 엄격하지만 사소한 일과 타인에게는 너그러운 공직자의 표상이었던 것을 알 수 있다.

이러한 그의 삶의 궤적 때문에 두문동에서 고려에 대한 충절을 꺾고 조선에 출사한 것에 대해 전해지는 이야기가 결코 미화된 풍설만이 아니라는 것도 믿을 수 있는 것이다.

즉, 황희가 두문동을 나온 것은 그의 뜻이라기보다, 두문동 열사 72인이 합의하기를 자신들은 고려에 충절을 지키되 젊고 굳은 인재 한 명은 조선 조정에 내보내 백성을 돌보게 하자고 의견을 모았는데, 이때 지목된 사람이 그였다. 그는 선비의 도리를 내세워 이를 거부하였으나, 결국에는 동지들의 참뜻을 이해하고 선비로서 훼절의 의심을 받을 수도 있는 용단을 내렸던 것이다.

청빈의 대명사

황희는 50년 이상 주요 관직을 두루 역임하면서도 청빈한 삶을 산 것으로 더욱더 유명하다. 그의 물욕 없음을 알 수 있는 몇 가지 일화를 살펴보자.

영의정 시절 세종이 미복 차림으로 사전 연락 없이 황희의 집을 찾았다. 그때 마침 황희는 늦은 저녁을 먹고 있었는데, 예고 없는 왕의 방문에 허겁지겁 상을 한쪽으로 물리고 왕을 맞았다.

세종은 황희의 집을 들어서면서 정승의 집이라고는 도저히 믿어지지 않는 초라함에 이미 놀랐었는데, 방에 들어서서 보니 방바닥은 장판도 없이 멍석이 펼쳐져 있는 것이 아닌가. 또 먹다 치워놓은 밥상에는 누런 보리밥에 반찬이라고는 된장에 풋고추 너덧 개만이 놓여 있었다.

세종은 민망스러워하는 황희를 보고는, "경은 등이 가려우면 시원하게 긁기는 좋겠소. 자리에 누워 비비기만 해도 될 테니까." 하는 농을 하고 돌아갔다.

이때 실상은 영의정의 가세가 빈한하여 막내딸을 시집보낼 혼숫감을 장만하지 못하고 있다는 소문을 들은 세종이 믿어지지 않아 확인차 출행한 것이었다.

다음날 세종은 혼숫감을 공주 수준에 준하여 황희의 집으로 손수 보내줬다고 하며, 이후로도 곤궁하여 결혼 준비가 어려운 관리들에게 왕이 혼수를 내리는 계기가 되었다.

황희의 청빈한 삶의 자세를 알 수 있는 일 중에 이런 것도 있다.

언젠가 그의 아들 황치신이 집을 새로 짓고 집들이를 하게 되었다. 황희도 잠시 들렀으나 집에 들어갔다가는 온다 간다 말도 없이 돌아가 버렸다. 나중에 그 사실을 안 치신은 아버지가 자기를 나무라는 뜻으로 받아들이고 백배 용서를 구한 후, 집을 분수에 맞게 새로 고쳐 지었다고 한다.

사실 황치신은 그의 아버지와는 다르게 재물을 탐하였지만 황희의 생전에는 그 아버지의 엄중함 때문에 근신하며 살 수밖에 없었다.

그런데 황희가 청백리였던 것은 분명하지만, 그처럼 빈한하게 살았다는 것이 과연 사실일까?

조선은 과전법의 실시를 통하여 관리들의 경제적 기반을 조성해 주었고, 직책에 따른 녹봉도 추가 지급되었으므로, 고위 관리였던 그가 경제적으로 곤궁하였다는 것은 이해하기 힘든 측면이 있다.

더구나 황희는 태종 대 이후로 주요 관직을 역임해 왔고, 영의정으로 18년 동안 장수하는 등 정승의 반열에서만 20년 넘게 봉직하였다. 조선조 초기에는 별다른 산업 발달 없이 농업 위주였으므로, 토지에 대한 권한이 경제적 능력을 좌우하였고, 이 권한 자체도 관직의 위치에 따라 부여받는 것이었기 때문에, 관직에 있는 자가 경제적으로도 우월하던 시대였다. 즉, 부의 척도가 관직의 여부와 직접 연관되던 사회였다. 유직자냐 무직자냐의 차이와 관직이 높으냐 낮으냐에 따라 경제적 능력도 달랐던 것이다.

그런데 대표적 고위 관리였던 황희가 평생을 가난하게 살았다는 것은 도무지 이해되지 않는 부분이다.

황희가 청빈을 넘어 곤궁하였다는 것이 알려진 대로 사실일까? 그러나 그 답은 '아니다'라고 할 수 있다. 그가 청렴하게 산 것만은 사실이지만, 여러 일화에서 보듯이 많은 종을 거느리고 있었고, 직위에 따라 과전도 지급받았기 때문에 결코 가난으로 고통스러울 수는 없었다.

따라서 우리가 알고 있는 그에 대한 많은 일화들은 황희가 원체 물욕이 없었던 인물이었고, 고위 공직에 장기간 머물렀음에도 청빈한 자세로 일관했기 때문에 후대에 귀감으로 삼기 위하여 미화된 측면이 많다고 볼 수 있다. 다만 그가 민본(民本)의 정치가로서 스스로 자신의 과전에서 수조권을 제한하고, 수입의 대부분을 민생의 구휼을 위하여 사용하였다면 경제적으로 넉넉한 생활을 하지 못했을 것이다.

실제로 그는 경작지를 소유하지 못한 유민들에게 둔전을 개간하여 정착시키려는 정책적 노력을 기울였으며, 식량을 절약하기 위하여 개를 키우지 않았다는 얘기도 있다.

시대에 부합하던 행복한 인물

황희는 조선 개국 초 4대에 걸친 왕에게 봉직했지만, 그의 역량을 최고로 꽃피운 것은 세종 대였다.

세종 대는 개국에 공이 있는 인물은 거의 죽었기 때문에 일방 독주의 가능성이 있는 권신이 없었고, 태종이 워낙 왕권을 강화시켜 놓아서 정국이 안정되어 있었다.

세종은 이런 분위기 속에서 집현전을 통해 자신과 뜻이 맞는 신진 관료들을 양성하고 관직에 등용시켜서 국가 경영의 근본을 튼튼히 할 수 있었다. 그러나 새로운 인재들을 통제하고 이끌어 갈 인물이 필요했는데 그 적임자가 황희였다.

황희는 이미 태종 대에 6조의 판서를 역임하여 그 경륜은 자타가 공인하고 있었고, 그의 반듯하고 당당한 태도 또한 뭇사람의 존경을 받고 있었기 때문이다. 이리하여 세종 대의 안정된 정국, 탁월한 군왕, 능력과 인망이 있는 재상이라는 3위 일체의 조화를 통하여 사회·문화적으로 최고의 융성기를 구가하게 된 것이다.

정치적 관점에서 보면, 태종은 왕권 강화를 위해 개국 이후 고려조의 도평의사사 후신인 의정부에서 국사를 실질적으로 결정하던 의정부 서사제를 폐지하고, 6조 직계제를 도입하여 왕이 모든 정사를 직접 관장하는 체제로 바꾸었다.

즉, 오늘날 내각격인 6조가 단순한 정책 실행기관에서 정책 결정 기능까지 담당하고 모든 정무를 6조에서 왕에게 직접 보고하도록 조치하였던 것이다. 따라서 6조의 기능 강화는 결국 공신 계열의 재상권을 약화시키고, 국왕 중심의 권력 집중적 정치 체제를 확립하기 위한 것으로 볼 수 있다.

조선은 개국 후 국가 운영체계의 대강(大綱)을 설계할 때 최고 합의기관인 의정부에서 모든 정무를 처결하고, 6조에서는 이를 실행에 옮기도록 『경국대전』에 제정하여 두었으나 이후로도 실제 운영 실태는 왕권의 강약과 연결되어 당시 권력의 역학관계에 따라서 시기마다 차이가 많았다.

아무튼 태종의 왕권 강화 의지로 인하여 왕이 6조를 직할하고 정무를 총괄할 수는 있었으나, 모든 국사에 왕이 관여하여야 했기 때문에 업무량의 과중은 피할 수 없었다.

그런데 세종은 잔병치레를 많이 하였고 당뇨 증세까지 있어 과도한 업무 집중은 건강에 상당한 부담이 되었다. 그래서 부득이 세종 19년(1437

년)에 의정부 서사제로 환원하였고, 황희는 이 시기에 영의정으로 직무하고 있었다.

사실 이 시기에는 국가 기관의 각 기능도 전문화되고 정국도 안정되어 있었기 때문에, 굳이 왕이 세세한 국사에 모두 관여할 필요는 없었다.

또한 황희를 비롯하여 맹사성, 유관 같은 훌륭한 재상들이 정사를 잘 이끌어 가고 있었고 많은 인재들이 배출되어서 각 분야의 기본 토대도 튼튼한 상태였다.

이렇게 황희는 안정된 국정 상황 아래 치국의 근본을 아는 국왕과 동시대에 살았기 때문에 자신의 역량을 충분히 발휘할 수 있었던 행복한 공직자였던 셈이다.

장영실 천민 출신 천재 과학자

▶   **장영실**은 세종 대의 찬란한 문화적 업적 가운데에서도 가장 큰 부분을 차지하였던 과학 분야에서 누구보다도 높은 기여를 한 뛰어난 과학자이다.

그는 엄격한 신분사회의 벽을 뛰어넘어 자신의 몸을 일으켜 세운 입지전적인 사람으로 그의 업적도 대단하지만, 고난을 이겨내고 우뚝 선 인간 승리의 모습에서 더 큰 교훈과 감동을 주는 인물이다.

다행히 민본 군주인 세종 대에 살아서 자신의 능력을 살리고 입신도 할 수 있었지만, 또한 역설적으로 그와 같은 인재로 인하여 그 시절이 찬란한 문화 융성기로 꽃피울 수 있었던 것도 사실이다.

사실 세종이 천민 출신인 그를 당상관의 지위에까지 끌어올린 것은 그의 능력이 워낙 뛰어난 때문이겠지만, 세종의 과학 기술 발전에 대한 의욕이 강했던 점도 큰 이유로 작용하였다.

나라가 반석 위에 선 것처럼 튼튼하려면 백성들의 생활이 안정되고 예전보다 나아져야 한다고 믿은 세종은 그 시절 생산의 전부라고 해도 과언이 아닌 농업 활동의 발전이 이루어져야 이를 이루어낼 수 있다고 생각했다.

그런데 자연적 조건에 절대적 영향을 받는 농업 생산을 발달시키려면 자연의 변화를 미리 알고 대처할 수 있는 수단을 확보하는 것이 무엇보다 중요할 수밖에 없었다. 즉, 절기와 시간을 정확하게 파악하여 파종에서부터 수확까지 모든 일을 적기에 할 수 있도록 하고 한발과 폭우 등에도 대비할 수 있는 사전 지식이 필요했던 것이다.

여기에 세종이 시계와 역법에 지대한 관심을 가진 이유가 있는 것이고, 장영실이 만들어낸 발명품들이 그 시대에 엄청난 가치를 가지게 되는 까닭도 존재한다.

말하자면 장영실은 국가 경영의 가장 큰 토대가 되는 경제 발전과 민생 안정에 절대적인 공헌을 하였고, 이러한 관점에서는 세종 대의 1등 공신이라고 할 수 있다. 그러나 그도 결국 단 한 번의 엄청난 실수로 역사의 무대에서 퇴장하고 말아서 지뢰밭 같은 인생사의 한 단면을 보여주는 것 같아 씁쓸레한 느낌을 지울 수 없지만, 한편으로 자기가 맡은 일에 대하여 공직자는 무한 책임을 져야 한다는 차원에서 우리에게 일깨워 주는 바가 많다.

파격적인 관직 진출

장영실의 혈통은 「세종실록」에 의하면 아버지는 원나라의 소항주 출신의 중국인이고, 어머니는 동래현 소속 기생이었다.

그의 아버지는 귀화하거나 파견 나온 중국인 기술자로서 조선의 기생을 현지처로 삼아서 살았던 듯싶다.

그의 문중으로 알려진 아산 장씨 가문에서는 그의 아버지가 전서(典書)

의 벼슬을 지낸 것으로 전해지고 있다. 이와 같은 추론들에 기초한다면 장영실의 과학적 자질은 아버지에게서 물려받은 셈이었다. 그가 역사 기록에 처음 등장한 것은 태종 12년(1412년)으로서 그즈음에 그는 이미 발탁되어 궁중에서 일했던 것이다.

이렇게 태종 대부터 전문 기술자로 활약하던 그는 세종 3년(1421년)에 천문 기구의 제작을 연구하기 위해 중국으로 유학을 떠났다. 그때 벌써 그가 조선에서 최고의 전문 과학 기술자로 인정을 받고 있었던 것이다.

국가적인 대사업을 계획하면서 공식 연구단 일행에 관노 출신인 그를 포함시켰다는 것은 실제적 기술 능력으로는 당시의 최고 실력자라는 의미와 다름이 없다.

그는 중국에서 1~2년간 머무르면서 천문 기구에 대한 어느 정도의 정보는 얻었지만, 실물을 얻거나 설계도와 같은 실제적 제작에 필요한 것은 구하지 못한 채 돌아왔다. 당시에는 천문 기구가 최신 과학 기술로서 타국에 그 중요 기술이 유출되지 않도록 철저하게 통제하였기 때문이다. 어쩌면 실물 모습을 직접 보지도 못하고 돌아왔을 가능성도 높다.

부득이 개괄적이고 원론적인 이론 정도를 입수하는 데 만족할 수밖에 없었을 것이고, 귀국해서는 이를 바탕으로 초보적인 관측에서부터 새롭게 시작하여 수많은 실험 단계를 거쳐서 완전히 새로 발명하는 수준으로 기구 제작에 임해야 했을 것이다.

중국에서 돌아온 직후 세종은 그의 연구 공로를 인정하고 기구 제작의 효율성을 도모하기 위해 왕실 사용 물품을 공급하는 상의원(尚依院) 별좌라는 종5품에 해당하는 벼슬을 그에게 하사하려고 했다. 그러나 이때는 중신들의 반대로 그 뜻을 관철시키지 못했다가 그가 세종 6년(1424년)에 수동 물시계인 경점기(更點器)를 개수해 내자 그 이듬해에 상의원 별좌에 결국 임명하게 되었다.

엄격한 신분 제도가 국가 운영의 기초였던 당시에 천민이 임금을 측근에서 보좌하는 공식 관직에 오를 수 있었다는 것은 그의 능력이 워낙 빼어났다는 사실을 증명하는 것이며, 또한 당시만 해도 조선 후기 사회처럼 신분 의식이 극도로 경직되지 않았다는 반증이 되기도 한다.

실록에 따르면 세종은 장영실의 재주를 높이 평가했을 뿐 아니라, 인간적으로도 신뢰하고 있어서 환관들을 대신하여 용무를 시킬 만큼 측근으로 삼았다.

천문 관측기구 제작 참여

장영실 등의 연구가 어느 정도의 단계에 이르자 세종 14년(1432년)부터는 왕명에 의하여 천문 관측기구 제작을 위한 대규모 작업이 착수되었다.

천문 관측기구와 현실에 맞는 수시력(授時曆)의 제작은 농업 국가인 조선에는 시급히 필요한 사안이었기 때문에, 세종은 집권 초부터 이에 대한 관심을 놓치지 않고 있다가 이 시기에 여건이 성숙되었다고 판단하여 국책 사업으로 추진하였던 것이다.

그해 가을부터 예문관 제학 정인지에게 총지휘를 명하여 천문대와 그곳에서 필요한 각종 천문 기구를 제작하는 의표창제(儀表創製) 사업에 착수하게 하였다.

우선 천문 관측 관청인 서운관을 확장 강화하고 대규모 관측대를 경복궁 안에 건축하기 시작했으며, 또 다른 소규모 관측대인 관천대도 북부

광화방(지금의 계동 현대사옥 근처) 부근에 같이 건설하도록 하였다.

또 각종 기구 제작 사업에는 공조참판을 역임한 무장이자 뛰어난 과학자인 이천이 실무 책임을 맡고 진행하였으며, 여기에 장영실이 중추적인 역할을 하였음은 물론이다.

그들은 먼저 나무로 간의(簡儀)를 만들어 한성의 북극고도(위도)를 새로 측정하고, 그것을 기준으로 구리로써 여러 의상(儀象)을 제작하였다.

작업에 착수한 지 1년 만에 천체의 운행과 그 위치를 측정하여 주는 혼천의(渾天儀)라는 일종의 천문시계를 만들었고, 장영실은 독자적으로 자격자행(自擊自行)하는 물시계인 자격루(自擊漏)를 만들었다.

세종은 장영실의 자격루가 정확하면서도 완전 자동 장치에 의하여 작동되는 것을 보고 크게 치하하며 그를 무관직의 정4품인 호군에 임명하였다. 그는 이미 연구 도중에 5위의 정5품 무관 벼슬인 행사직(行司直)을 제수받았었는데, 자격루의 완성으로 또 한 번 승진한 것이다.

세종은 경복궁 경회루 남쪽에 보루각을 짓고 그 안에 자격루를 설치하게 하여 이듬해(1434년) 7월 1일부터 조선의 표준 시계로 운영하였다. 이 자격루는 보루각에 설치되었다고 하여 보루각루라고 하기도 하고, 임금이 거처하는 궁궐 내에 있다 해서 금루(禁漏)라고 부르기도 했다.

이 보루각의 자격루에서 보내주는 시보에 의하여 궁궐 밖 종루에서 파루, 오정, 인정 등의 시각을 북이나 종을 쳐서 일반에게 알려주었다.

보신각 옆으로 길이 난 서울의 종로 거리가 지금의 이름으로 명명된 것도 세종 대 이후에 그곳에다 종루를 세우고 종을 쳐서 시간을 알려주던 관례에서 비롯되었다.

장영실이 만든 자격루는 임진왜란 때 소실되고 현재 남아 있는 것은 중종 31년(1536년)에 숭례문, 흥인문에서도 시보를 알려주기 위해 추가로 만든 것이다.

중종 때 새로 만들어진 자격루는 창경궁 안에 새 보루각을 짓고 설치하였는데, 고종 때 시간을 알리는 방법이 바뀌자 일제에 의하여 이 보루각도 헐어지고 자격루만 장서각 앞에 방치해 두었던 것을 현재 덕수궁에 옮겨 보전하고 있다.

장영실은 자격루를 만든 지 5년 후인 세종 20년(1438년)에 더 정밀한 자동 물시계인 옥루(玉漏)를 만들어냈다.

옥루는 시간을 알려주는 자격루와 천체의 운행을 관측하는 혼천의의 기능을 합쳐서 시간은 물론 계절의 변화와 절기에 따라 해야 할 농사일까지 알려주는 다목적 자동시계였다.

옥루가 완성되자 세종은 기쁨을 감추지 못하고 자신의 집무실인 경복궁 천추전 서편에 흠경각(欽敬閣)을 지어 설치하게 하고, 이곳을 수시로 드나들며 관심을 기울었다. 또 우승지 김돈에게 『흠경각기』를 짓게 하여 그 공을 치하하기도 했다. 그러나 이 옥루도 명종 8년(1553년)에 화재로 소실되어서 그 이듬해에 다시 제작하였지만, 역시 임진왜란 때 이것마저 불타 버려 현재는 남아 있지 않다.

어쨌든 흠경각의 설치로 7년여에 걸친 의표창제 사업을 마무리지을 수 있었는데, 그 외에 이때 만들어진 것들로는 천체 관측기구인 대·소 간의, 휴대용 해시계인 현주일구·천평일구, 남북의 방위가 자동적으로 결정되는 해시계인 정남일구, 최초의 공중(公衆)시계인 앙부일구, 주야 겸용 천체 관측기구인 일성정시의, 해 그림자에 따라 절기를 결정하던 규표 등이 있었다.

이렇게 제작된 관측기구들은 세종 16년(1434년)에 준공된 경복궁 대간의대 안팎으로 설치하여 본격적인 천문 관측 작업에 들어가게 되었다.

이 경복궁 간의대는 높이만 해도 9.5미터에 이르는 큰 규모의 왕립 천문대로서 15세기 무렵에는 세계 최대 규모였다. 대간의대도 왜란 때 파괴되어 남아 있지 않은데, 경복궁 신무문 서쪽 부근에 있었던 것으로 추정할 뿐이다.

기타 분야의 발명과 기여

장영실은 천문 기구 이외에도 각종 실용적인 기구들을 제작해 내어 세종 대의 과학 기술 진보에 앞장섰다.

우선 꼽아볼 수 있는 것이 세종 16년(1434년)에 금속 활자 갑인자(甲寅字)의 주조 작업에 참여한 것이다.

우리 민족은 고려 고종 21년(1234년)에 『상정예문』을 세계 최초의 금속 활자를 사용하여 출판하였는데, 이후 큰 발전이 없다가 조선 태종 3년(1403년)에 '계미자(癸未字)'라는 금속 활자를 다시 만들어냈다.

그러나 이 활자는 크기도 고르지 못하고 인쇄할 때 활자를 고정시키기 위하여 밀랍을 사용하는 불편 때문에 많은 양의 인쇄를 할 수 없었다.

이에 세종 2년(1420년)에 다시 계미자보다 작고 정교한 '경자자(更子字)'라는 동 활자를 만들어내어 출판 인쇄에 큰 능률을 올리게 되었다.

이 '경자자'를 새로 개량한 것이 '갑인자'로 이천의 총감독 아래 김돈, 김빈, 장영실 등이 보좌하여 주조하였는데, 대·소 활자 두 종류로 20만여 자를 만들었다.

'갑인자'는 자체(字體)가 훌륭하고 선명할 뿐 아니라 인쇄 능률도 종전에 비해 두 배나 향상시켜서 수많은 서적들을 출판해 낼 수 있게 되어 세종 대의 문화 진흥에 큰 몫을 하였다. 이때 만든 '갑인자'는 지금 남아 있는 것이 없지만 그것으로 인쇄해 낸 「대학연의」, 「분류보주 이태백 시」 등이 전해져 오고 있다.

다음으로 그의 중요한 과학 발명품에 측우기가 있다.

조선은 농업 국가로서 당시만 해도 생산 실적이 자연 현상에 직접적으로 연관되어 있었다. 특히 강우량 측정이 농사 관리에 있어서 중요한 문제이기 때문에 이를 조사하여 자료화할 필요성이 대두되었다. 처음에는 눈이 쌓인 것을 재어서 눈이 내린 양을 조사한 것처럼, 비가 내린 후에 땅속에 스며든 깊이를 재어서 통계로 사용했었다.

그러나 그러한 원시적인 방법으로는 정확한 강우량을 측정할 수 없을 뿐 아니라, 세종 18년(1436년)을 전후하여 잇따른 가뭄과 폭우로 농업 생산에 심각한 타격을 받자 강우량을 정확하게 확인할 수 있는 새로운 측정 방법을 연구하게 되었다.

이에 세자를 중심으로 장영실 등이 참가해서 세종 22년(1440년)에 처음으로 높이 41.2센티미터, 직경 16.5센티미터 크기의 원통형 쇠그릇을 만들었는데 이것이 세계 기상학 사상 초유의 측우기였던 것이다. 이 측우기는 그 다음해에 높이 30.9센티미터, 직경 14.4센티미터로 규격이 통일되었고, 길이 20.6센티미터의 자인 주척(周尺)으로 실제 우량을 측정하였다. 그러나 그때 만들었던 측우기는 현재 남아 있지 않고, 헌종 3년(1837년)에 만들어진 금영(錦營) 측우기가 보물 561호로 지정되어 기상청에 보관되어 있을 뿐이다.

그가 고안해 낸, 강우량을 측정하는 또 다른 방법으로는 수표(水標)가 있는데 그 수표는 한성 한가운데를 흐르던 청계천의 마전교 서쪽과 한강변에 설치되었다.

이 수표에 의한 강우량 측정 방법도 현재 세계 각국에서 사용되고 있는 형태 그대로로서 하천 수위를 관찰하는 양수표(量水標) 관찰 방법이 바로 그것이다.

납득되지 않는 역사에서의 퇴장

장영실은 그동안의 과학 발전에 기여한 공로로 정3품 상호군까지 승진하였다. 그러나 세종 24년(1442년)에 임금 전용 가마를 만드는 일의 총감독을 맡았는데, 그가 관장하여 제작된 가마를 어느 날 세종이 사용하다가 부서지는 사고가 일어나 하루아침에 불경죄로 곤장을 맞고 파직되고 말았다. 그를 아끼고 칭찬했던 세종은 장(杖) 100대의 형벌을 80대로 감해주었을 뿐 더 이상 구해주지 않았으며, 그는 이때부터 역사의 뒤안길로 완전히 사라지고 말았다.

30년 동안의 찬란한 공적을 뒤로한 채 사라져간 이 천재 과학자는 출생을 정확히 알 수 없는 것처럼 개인적인 사생활이나 말년도 전혀 확인할 길이 없다.

승승장구하던 삶이 한순간에 포말처럼 흩어져서 그 흔적조차 찾을 수 없는 것은 그가 원체 혈통의 뿌리가 없는 천민 출신인 때문이기도 하겠으나, 파직 이후 곧바로 사망하거나 스스로 완전히 종적을 감추어버린 것이 아니면 사가들에 의해 의도적으로 그 말년의 삶이 무시되어 버린 탓일 것이라고 짐작만 할 뿐이다.

여기에서 우리는 역사에서의 그 돌연한 퇴장에 몇 가지 의문점을 가지게 된다. 먼저 수많은 정교한 과학적 발명품을 만들어온 그가 가마 하나를 제대로 만들지 못하여 사용 중에 부서지게 했을까 하는 점이다. 기록된 사실 그대로라면 그것은 엄청난 그의 신분 상승에 따른 내외적 변화에서 그 요인을 찾아볼 수밖에 없다.

먼저 그에게서 문제의 원인을 찾아보자면, 그가 수직적인 신분 상승에 차츰 정신 자세가 나태해져서 직무를 태만히 하여 가마가 제대로 만들어지는지 여부에 대한 감독을 충실히 못했을 가능성이 있다.

그러나 이 추론은 두 가지 면에서 선뜻 납득이 되지 않는다. 먼저 그가 바로 전해까지 정교한 과학 기구를 직접 발명해 낸 인물로서 일년 사이에 갑자기 정신적 퇴행이 이루어졌다는 것은 아무래도 이해하기 어렵다.

또 하나, 가마의 실제 제작은 그 분야 전문 기술자들에 의한 것이고, 그는 다만 이 작업의 책임자였을 뿐이라는 점이다. 물론 그가 최고 감독관이자 책임자이므로 사고가 나자 처벌받은 것이지만, 그가 관여하여 제작한 가마만 부실하여 사고가 났다는 것은 석연치 않은 부분이다.

그동안 전문적으로 그 업에 종사해 왔던 기술자들이 임금이 탈 가마를 허술하게 만들 리도 없으며, 유독 사고가 난 가마만 공교롭게도 부실했다는 것도 묘하기 짝이 없다. 따라서 그 사고는 이미 제작된 가마를 누군가 허술하게 만들어 고의로 유발시킨 사고로 추측할 수밖에 없다. 다만 장영실이 만든 가마가 종래의 것처럼 거창하고 다루기 힘든 형태는 아니었을 것이다. 아마도 완제품으로는 위엄을 갖추도록 하였겠지만, 평소에는 간편하게 다룰 수 있는 조립식 형태로 만들었을 가능성이 있다.

이것은 기록되지 않은 역사에 대한 상상력일 뿐이지만 그가 만들었다면 무언가 종래의 것과는 달랐을 것임에는 틀림없다. 이 가마에 문제가 없었다면 누군가의 사전 조작 흔적이 원인일 것이라고 추정만 해볼 뿐이다.

사실 그때까지는 신분제가 후기처럼 경직되지 않았다고는 하더라도 노비에서 정3품 관직까지의 신분 상승은 사대부 세력에게는 고까운 일일 수밖에 없었을 것이다.

따라서 그의 출세가 신분제의 골간을 흔들 수도 있다고 생각한 세력들에 의해서 그가 제거되었을 개연성이 그래도 가장 이해하기 쉬운 결론이다.

두 번째로 그토록 그를 아끼고 칭찬했던 세종이 왜 끝까지 그를 구해주지 않았을까 하는 점에도 의문이 생긴다.

우선 이해를 돕기 위해서 그즈음 세종의 입장을 살펴볼 필요가 있다. 세종은 원래 건강하지 못하여 병치레가 잦았는데, 사고가 난 그해에는 업무를 견디지 못하고 역시 병약한 세자에게 서무 결재권을 넘겨주어 섭정에 임할 정도로 건강이 악화되어 있었다. 이런 처지에서 사고까지 당하였으니 정신적으로나 신체적으로 큰 충격을 받게 되어 건강에 더욱 나쁜 영향을 준 것은 사실일 것이다.

따라서 가마를 다룬 자들이나 제작에 참여한 사람들에 대한 처벌은 피할 수 없는 일이었다. 그 시절에는 과실이라 해도 군주에게 위해를 끼치는 경우에는 대역죄로 처벌되는 것이 관행이었기 때문에, 그나마 불경죄로 곤장을 맞고 파직된 것은 세종의 변호가 있었기에 가능했다고 보아야 한다. 어쨌든 결국에는 허무하게 추락해 버렸다 해도, 자신이 할 수 있는 일을 찾아서 끊임없이 노력하여 인생의 밑바닥에서부터 누구도 넘보기 어려운 정점까지 치달아 올라간 한 인간의 치열한 성취 과정이 우리에게 던지는 의미는 참으로 크다 하겠다.

그가 동래현 소년 관노로 있던 시절의 일화는 그의 사람됨의 진면목을 잘 보여준다. 그는 자기 일을 마친 다음에 누가 시키지 않았는데도 틈틈이 병기 창고에 들어가서 녹슬고 망가진 병장기와 공구들을 말끔히 정비하여 현감의 신임을 얻었다. 고달픈 노비 생활 중에 자기 일이 끝나면 편히 쉬고 싶은 것이 인지상정인데도 그는 스스로 일을 만들어 그것도 완벽하게 수행해 냈던 것이다.

그 후에도 갖가지 부문에서 자신의 과학적 능력을 십분 발휘하여 차츰 주변의 인정을 받기 시작하였고, 어느 시점부터는 주위 모두가 그의 능력에 찬사를 보내는 후원자가 되었다. 이것은 강고한 신분의 벽이 가로막혀 있는 현실에서 애초부터 장래를 위해 취한 계산된 행동이라고는 볼 수 없다. 오히려 자기가 하는 일 자체가 좋아서 스스로 찾아가며 해낸 것이라고 보아야 한다. 이렇게 순간순간마다 최선을 다하며 자신의 능력이 세상에 조금이라도 보탬이 되고자 노력하는 과정에서 그의 밝은 장래도 찾아온 것이다.

김종서 북방 개척의 선봉장

▶　　　　**김종서**는 흔히 무인으로 알려져 있지만 사실은 16세에 문과에 급제한 문관 출신이다. 그의 6진 개척을 통한 북방 경영이 워낙 대업이기도 하고 생애 중 가장 부각되는 부분이기 때문에 일종의 선입관이 작용한 셈이다.

조선 초기까지는 북쪽의 국경이 명확하지 않은 상태였지만, 최윤덕의 4군과 김종서의 6진 개척으로 인하여 국경선이 압록강과 두만강을 경계로 한 현재의 위치로 결정된 것은 익히 알려진 사실이다.

당시에 조선의 국력이 조금만 더 신장되었거나 국토 확장 의지가 조금만 더 강했더라면 고구려나 발해의 고토를 얼마라도 회복할 수 있었을 것이라는 가정 때문에 더욱 아쉬운 대목이기도 하다.

아무튼 김종서가 문신이면서도 군사적 과업을 맡아서 훌륭하게 수행할 수 있었던 것은 당시의 시대 분위기가 아직까지는 문무반의 구별이 심하지 않았던 열린 시대이기도 하였고, 도총제 출신인 아버지에게서 무인 자질을 물려받은 탓도 있었겠지만, 무엇보다 김종서 자신이 뛰어난 지략가이자 한번 결정한 일은 끝까지 달성하는 성향의 소유자였기 때문이다.

이러한 김종서에 대하여 세종도 "내가 임금이기는 하지만 김종서가 없었다면 6진을 성공적으로 개척할 수 없었고, 또 김종서가 있더라도 내가 아니면 그 일을 추진할 수 없었다."라고 하며 전폭적으로 신임하였다.

그러나 훗날 원칙을 지키려는 그의 강직성이 권력 장악 의지가 강한 수양대군과 대립적 위치에 서게 만들었고, 결국 반대파에 의하여 비명의 죽임을 당하였다.

강직하고 성실한 공직 생활

김종서는 고려 마지막 왕인 공양왕 2년(1390년)에 전남 순천에서 도총제로 있던 김추의 아들로 태어났다. 본관은 순천으로 자는 절재이고 호는 국경이라 하였다.

그의 유년이나 청년 시절에 대해서는 별로 알려진 바가 없지만, 어려서부터 성격이 강직하고 주관과 소신이 뚜렷하여 경외의 대상이 되었다고 한다.

'대호(大虎)'라는 별명도 북방 경영과 연관되어 붙여진 것이기는 하지만 그의 성정상의 단면을 잘 나타내 주는 사례이기도 하다. 또한 그는 잘못된 행동이나 성실하지 못한 태도는 용납하지 않는 강직성과 함께 자기의 잘못은 감추지 않고 반성하여 고치려는 소박한 일면도 있었다.

6진 개척 후 형조판서로 중앙 정계에 복귀한 후 너무도 당당한 그의 태도가 큰 공을 세운 자의 오만함으로 비춰질 수도 있다는 명재상 황희의 질책을 그 자리에서 겸손히 수용하였다는 일화는 김종서, 황희 두 사람의 인간됨을 알 수 있는 대목이다.

그리고 다른 사람의 좋은 면도 적극 인정하는 대인다운 호방함을 보여서 따르는 사람이 많았다. 개인적인 이해나 처신에 능한 신숙주에 대하여도 북방 경영 시절 같이 근무한 것을 계기로 알게 된 재주와 학문적 능력을 높이 사서 항상 칭찬을 아끼지 않았다고 한다. 훗날 수양대군에 동조하여 김종서의 반대 입장에 서게 되었던 신숙주도 이때까지는 김종서와 좋은 관계를 유지하고 있었던 셈이다.

김종서의 관직 생활은 16세인 태종 5년(1405년)에 문과에 급제하면서부터 시작되었는데, 그는 이때부터 함길도 관찰사로 임명되어 북방 경영의 길을 떠났던 세종 15년(1433년)까지 큰 과실 없이 여러 관직을 역임하였다.

그로서는 청·장년 시절 30년 가까이 무난한 관직 생활을 하며 기반을 닦은 셈인데, 김종서가 관료로서 성장하던 시기는 태종 대와 세종 대 전반부여서 전자의 시기는 아직 공신 세력이 득세하고 있기도 하였지만 젊은 나이였기 때문에 큰 직책은 맡지 못하였고, 후자의 시기에 와서야 조금씩 주요 관직에 등용될 수 있었다. 즉, 세종 원년(1419년)에 사간원 우정언으로 임명된 후 지평, 집의, 우부대언 등을 지냈다.

세종 대에는 관료들의 자연적인 세대교체가 이루어져 있기도 하고 많은 국가적 사업들이 추진되고 있어서 새로운 인재들이 상당히 필요했기 때문에, 이러한 시대적 상황에 힘입어 김종서도 서서히 관계(官界)에 두각을 나타내게 되었다.

그러나 함길도 관찰사로서 국경 개척이라는 임무를 맡아 파견되기까지 묵묵히 무명 공직자로서 30여 년을 보낸 것을 보면 그가 세상의 이해관계에 야합하거나 명리(名利)를 탐하지 않은 꾸준하고 착실한 관료였음을 잘 알 수 있다.

또한 함길도 관찰사 직책도 대업을 지시받고 북방의 지방관으로 나간 것이기는 하지만, 어쨌든 외직으로의 발령이었고 그 임무 또한 성공 여부가 불투명한 난제였기 때문에 반드시 출세의 발판이 된다는 보장도 없는 어려운 자리였으나, 그는 보란 듯이 임무를 완수하고 중앙 정계에 복귀하였다.

그리고 함길도 관찰사로 임명받았을 때 김종서의 나이가 45세였는데, 30여 년 가까이 공직생활을 해왔다지만 그 나이에 도백(道伯)이면 그때나 지금이나 늦은 출세라고 할 수는 없다.

국경지역 사령관으로 부임

고려 말기에 길주 만호부가 설치되어 국경선이 대개 그 부근으로 이루어져 있었지만, 만주족들의 침입과 행패가 심해 변방은 한시도 편한 날이 없었다.

그때 두만강과 압록강에 출몰하던 이 이민족을 야인이라고 불렀는데, 흔히 여진족으로 알려진 이 무리들은 만주지방에 뿌리를 둔 부족으로서 고려 때는 그 세력이 강성하여 금(金)이라는 나라를 세운 적도 있고, 후에 명을 멸망시키고 청(淸)을 건국하였다. 그들은 당시 만주 남부지역에 자리 잡고 끊임없이 조선의 북쪽 국경 지역을 침입하였다. 그들 입장에서는 거주지역이 척박한 땅이었으므로, 곤궁기에 생존을 위하여 중국의 동남부지역과 조선의 북부지역에 단속적으로 나타나서 약탈을 감행했던 것이다.

고려조 이래 교역을 통해 회유하기도 하고 무력으로 정벌하기도 하였지만 이들과의 분쟁은 끝이 없었고, 이즈음에는 아예 영변 이북의 땅에 조선의 공권력이 미치지 못하고 있는 상태였다.

결국은 세종 대에 국내 정치가 안정되자 국토 침탈 상태에 이른 북방에 주목하게 되었다. 사실 이 지역은 조선의 입장에서는 이성계가 일어난 땅이었으므로 국가적 위신상으로도 마냥 방치할 수는 없었다.

당시 조선의 최북단 방어진지는 태조 때 정도전이 공주(경흥 남쪽지역)에 설치한 경원부로서 태종 9년(1409년)에 경성으로 이동해 있었다. 그런데 이곳이 여진족의 계속적인 침입으로 방어가 힘들어지자 다시 용성(지금의 수성)지역으로 후퇴시키자는 의견이 나올 지경이었다. 그러나 세종은 오히려 영토 개척 의지를 더욱 강화시키는 조치를 취하였다.

즉, 세종 14년(1432년) 6월에 경원부는 그 자리에 그대로 두고 영북진을 여진족 주 출몰지인 석막(부령)에 추가 설치하여 방어 목표 지역을 확장시키도록 한 것이다.

이 영북진 설치야말로 북쪽으로 향한 세종의 영토확장 의지를 잘 나타내 주는 정책으로서 그 후로 기회만 있으면 한 걸음이라도 북쪽으로 더 나아가서 고토를 회복하려고 하였다.

그러던 세종 15년(1433년)에 여진족 부족 간의 내분이 발생했다는 정보가 조선 조정에 날아들었다.

경원부 지역을 괴롭히던 우디거 부족과 회령 지역에 거주하던 오도리 부족 사이에 충돌이 발생하여 그 세력들이 많이 약화되었다는 것이다. 조선으로서는 그토록 기다리던 기회가 마침내 찾아온 것이다.

조선 조정은 이때를 북방 개척을 위한 결정적 호기로 인식하고 드디어 그 적임자로서 김종서를 임명하여 국토 회복 작업을 지시하였다.

이런 상황에서 세종 15년(1433년)에 함길도 관찰사로 부임한 김종서는 우선 흩어진 그 지역 민심을 추스르는 작업부터 시작하였으며, 또한 군사들을 배불리 먹이고 대우도 최고 수준으로 개선시켰다.

군졸들의 사기를 진작하고 노고를 치하할 목적으로 큰 잔치를 자주 열기도 하였는데, 그 씀씀이가 너무도 호방하고 커서 관찰사가 인심을 얻기 위해 국가 재정을 심하게 탕진한다는 걱정과 비난이 생기기까지 하였다.

그러나 김종서는 이러한 오해에도 조금도 개의치 않고, "이곳의 군사들은 국경을 사수하기 위해 집을 떠나 있은 지 오래된 사람들이다. 그런데 이렇게 고생하는 이들을 후하게 대접하고 위로하지 않는다면 누가 목숨 걸고 오랑캐를 막아내려 할 것인가? 지금은 이들에게 소를 잡아 대접하지만 국경이 정비된 후에는 닭을 잡아도 충분할 것이다."라고 갈파하였다. 그만큼 그는 지역 민심과 군사들의 어려움을 냉정하게 직시하고 있었고, 무슨 일이든 뚜렷한 목적 아래 행하였던 것이다.

또 당시 그 지역은 영토 확장의 실질적 효과를 얻기 위하여 함길도 남부 지방의 빈농 2,200호를 경원부과 영북진에 이주시켰는데 김종서는 이들에게 세금을 감면해 주고, 이주민 정착에 좋은 성과를 보이는 향리들에게는 중앙 정계로 진출할 수 있는 길을 터주기도 하는 등 적극적인 이주민 안정책을 추진하였다.

이후로 이 지역에는 삼남지역에서까지 이주 지원자를 받는 등 수차례에 걸쳐 이주 정책이 진행되었는데, 김종서의 예에 따라 이주민들을 효율적으로 정착시키기 위하여 천인을 양인으로 승격시키고, 양인은 토관(土官)직을 수여하고, 향리들에게는 그 역(役)을 면해주기도 하였다.

김종서는 국경지역의 지방관으로서 이러한 적극적인 지역 안정책을 진행하면서 군사 조련도 강화하였고, 일사불란함을 유지하기 위해 항상 위엄 있고 엄격한 자세로 군사들을 통솔하였다.

천성적인 강직함에다 무인의 피를 이어받은 대담성이 있었던 그이기는 하지만 위험한 국경지역의 군무를 성공적으로 수행하기 위해서는 지휘관으로서 강한 신념과 자세를 의식적으로 보여줄 필요도 있었다.

이러한 국경지역 군사 책임자로서 지키려고 했던 그의 자세를 잘 알 수 있는 일화가 있다.

어느 날 군사들을 위해 밤이 늦도록 큰 잔치를 베풀고 있던 자리에서 김종서 앞으로 느닷없이 화살이 날아와 술통을 깨뜨려 버렸다. 진중은 급작스런 사건으로 혼란에 빠졌지만, 김종서만은 그 자리에서 꼼짝 않고 술을 계속 마시고 있었다. 화살을 쏜 자는 붙잡지는 못했지만 더 이상 별다른 상황이 진행되지 않자 소동은 곧 잠잠해졌는데, 김종서의 너무도 태연자약한 태도가 사람들의 경이로움을 사게 되었다.

그에 대하여 김종서는 껄껄 웃으며 이렇게 말했다.

"어떤 놈인지 모르지만 나를 시험해 보려는 자의 농간이거나 야만족들의 소행이 분명한데, 이렇게 든든한 우리 군사들이 모여 있는 마당에 더 이상 무슨 문제가 있겠는가? 더구나 장수인 내가 우왕좌왕한다면 어떻게 군사들이 나를 믿고 따르겠는가?"

본격적인 6진 개척 활동

이렇게 지역 민심을 안정시키고 군사들의 통솔을 위한 기반도 확실히 닦게 되자, 그는 허술했던 국경지역의 방비를 튼튼히 구축하는 작업에 착수할 수 있었다.

제일 먼저 비교적 남단인 석막에 있던 영북진을 경원부 북쪽의 종성군으로 옮겨 북방 경영의 의지를 더욱 확고히 하였다. 이것은 영북진이 실질적인 최북단 방어기지로 전진되고 주변 개척의 전초기지로 결정되었으며, 동북부 지역의 여진족이 완전 소탕되거나 추방 또는 회유되어 지역적으로 안정되었음을 의미하였다.

이렇게 허약하던 최북단 방어진지인 공주(경흥)지역을 안정시키고 동북쪽 방어지역을 북상시킨 후, 김종서가 다음으로 주목한 곳은 알목하(회령지역) 근처의 농토였다. 알목하 지방은 강을 끼고 있어서 비교적 비옥했기 때문에 여진족의 침입이 잦은 지역이었다. 또 그 전해에 이 지역에 주로 거주하던 여진족인 오도리족은 우디거 부족의 공격을 받아 추장 부자가 살해되어 세력이 크게 약화되어 있었다.

김종서는 이곳의 전략적·경제적 가치를 간파하고 집중 공략하여 결국 북쪽지역의 최대 농업지역을 수복하고 이곳에 회령진을 설치하였다. 그해 겨울에는 이곳을 도호부로 승격시켜 방어진지로서 그 중요성을 더욱 강화하고 농민을 이주시킬 수 있는 토대를 마련하여, 조선의 영토로 완벽하게 편입시키는 작업을 마무리지었다.

그리고 영북진의 북상으로 군사적 후방이 된 경원부도 더 북쪽인 회질가(현 경원)로 이동시키고, 구 경원부 주둔지인 공주지역에는 절제사 휘하에 200명의 방위군을 배치한 후 300호 정도의 농민을 이주시켜 공성현을 설치하였다. 공성현은 세종 19년(1437년)에 경흥읍으로 격상되었다가 세종 25년(1443년)에는 다시 성을 확장하고 도호부로 승격시켰다.

결국 서쪽의 회령에서부터 종성, 경원을 거쳐 경흥에 이르기까지 동북면의 국경을 확정하고 지역을 완전히 평정한 것이다.

그리고 세종 22년(1440년)에는 종성군을 수주(현 종성)로 더 서진시켜 회령부와의 간격을 좁히고 종성군과 경원부 사이에는 다온평에 진을 설치하여 온성이라고 불렀다.

이렇게 근 7년 동안 북쪽의 국경지역을 안정시키는 데 성공한 김종서는 세종 22년(1440년)에 형조판서를 제수받아 중앙 정계로 복귀하게 된다. 그 후 세종 25년(1443년)에 종성과 온성 두 곳을 모두 도호부로 격상시킨 후 그 다음해에 훈융(경원 북쪽 강가)에서 연대(회령 서쪽지역)까지 강을 따라 길게 성을 축조하여 북방 경계를 완전히 정비하고 국경 수비를 강화하였다. 그리고 세종 31년(1449년)에 영북진의 옛터인 석막에 부령부를 설치하여 6진을 완성하였다. 즉, 경흥·경원·온성·종성·회령·부령이 그것인데 오늘날까지도 그 지명이 그대로 유지되고 있으며, 신라 통일 이후 국권이 제대로 미치지 못하던 그 지역을 완전히 평정하고 현재의 국경선을 확정짓는 대업을 마무리지은 것이다.

사실 세종 대의 이러한 북방 개척은 영토를 확장하는 의미뿐 아니라 국가 경영상 민본 정책의 일환이기도 하였다. 즉, 농토를 잃거나 소유하지 못한 농민들을 회복한 북방지역으로 이주시켜서 새로운 생활 터전을 만들어주고 국가적으로는 인구 분산과 균형 있는 국토 개발을 통하여 국력을 증대시킨다는 복합적인 목적이 있었다.

고려사 편찬을 주도하다

형조판서로 중앙 정계에 복귀한 김종서는 예조판서, 우참찬을 역임하다가 세종 32년(1450년)에는 좌찬성으로 평안도 도제찰사를 겸직하기도 하였다. 김종서는 그 다음해인 문종 원년(1451년)에는 우의정을 제수받아 그의 나이 61세에 드디어 정승의 반열에 올랐다.

그러나 문종이 사망할 때 영의정 황보인, 좌의정 정분과 함께 고명대신(顧命大臣)으로 문종의 유명을 받들어 단종을 적극 보위하다가 계유년의 참사를 당하게 되었다.

이 시기에 김종서는 그의 중요한 업적 중의 하나인『고려사』개수 작업을 수행하였는데, 이 과정과 결과가 역사에 중요한 의미를 가지기 때문에 실제 사실을 추적해 보자.

원래『고려사』는 조선 개국 후 3개월 만에 정도전과 조준 등이 편찬 작업에 착수하여 태조 4년(1395년) 4월에 총 27권으로 처음 완간되었다. 그런데 이『고려사』는 조선 건국을 미화하기 위하여 사실이 상당히 왜곡되었고, 편찬자의 개인감정과 이해관계까지 개재되어 실록으로서 가치를 인정하기 어려운 부분이 많았다.

즉, 고려는 자주성이 강하여 자체적인 조(祖)·종(宗) 등의 묘호와 존칭을 사용하였는데도 몽고 침입 이후의 상태에 억지로 전 시대를 끼워 맞춰서 의도적으로 격하시켰으며, 고려 충신들인 정몽주, 김진양 등은 깎아내리고 별다른 공도 없는 정운경(정도전의 아버지)은 청백리로 칭송하기까지 하였다.

이에 세종은 정도전의 고려사를 "차라리 없는 것만 못하다."고까지 말하며 그 잘못을 지적하고, 세종 6년(1424년)에 유관, 윤회 등에게 명하여 사실과 다른 부문을 바르게 고쳐 쓰도록 하였다.

하지만 이렇게 다시 쓴『고려사』도 사실 관계는 복원되었으나, 연대별로 너무 간단히 요약되어서 그 내용이 충실하지 못하였다. 그리하여 부득이 세종 14년(1432년)에 감춘추관사 신개, 지춘추관사 권제, 동지춘추관사 안지 등에 의하여 보완 개수하도록 조치하였다.

그런데 이 개수『고려사』는 예전 것에 비해 훨씬 상세하게 기록되기는 했으나, 또다시 사실과 다른 내용이 발견되었다. 예를 들면 권제가 자기의 조상인 권근이나 권수중의 좋지 못한 점을 빼거나 고쳐 썼던 것이다. 이에 따라 세종 31년(1449년)에 반포를 중지하고 3차 개수 작업에 착수하였다.

이때 실록 편찬을 관장하는 지춘추관사는 공석이었는데, 전임자였던 안지가 2차『고려사』를 개수할 때 바르게 처리하지 못했다 하여 파면되었기 때문이다. 결국 제대로 된 실록을 편찬하려면 총책임자가 강직하고 사심이 없어야 한다는 판단 아래 우찬성으로 있던 김종서를 지춘추관사에 임명하였다.

이 편찬 작업에 동참한 인물들은 이조판서 정인지, 호조참판 이선제, 집현전 부제학 정창손 등과 박팽년, 하위지, 유성원, 양성지, 최항, 허후, 신석조, 어효당, 김희손 등의 사관들이었다.

3차 개수『고려사』는 이전 것들과는 달리 기전체로 작성되었으며, 문종 원년(1451년) 8월 25일에 총 139권으로 완성되었다.

작업에 착수한 지 2년 7개월 만에 완료한 이『고려사』가 오늘날 우리가 접할 수 있는 그것으로 흔히 정인지의『고려사』라고 불리는 것이다. 그렇다면 분명 김종서가 지춘추관사로 있으면서 총책임을 지고 편찬하였는데 왜 정인지의『고려사』로 세상에 알려지게 되었을까?

그것은 이 실록을 편찬한 지 2년 후에 계유정난이 발생하고 수양대군이 왕위에 오른 후 자신에게 대항했던 인물들을 수사관(修史官)에서 모두 빼버렸기 때문이다.

역사의 승자들이 실제 사실을 왜곡시켜 버린 또 하나의 사례를『고려사』편찬을 통해서 볼 수 있는 것이다.

천추의 한을 남기고

 그러면 이제 단종의 비극을 불러온 계유정난의 전개 과정을 살펴보자.

 조선 5대 임금인 문종은 병약하여 왕위에 오른 지 2년 3개월 만에 불과 39세의 나이로 세상을 등지게 되자 12살밖에 안 된 어린 외아들이 보좌에 오르게 되니, 이 사람이 바로 비운의 왕 단종이다.

 이때 김종서는 우의정으로 있다가 단종 즉위 후 좌의정으로 승차되어 있었다. 당시는 세종 대에 이미 의정부 서사제로 환원되어 있기도 했지만, 병약한 선왕 문종과 어린 임금 단종의 재위로 정사는 대부분 의정부의 재상들이 전담하여 처리하였다.

 어차피 조선의 정치체제는 다소 굴곡이 있었지만 재상 중심 관료체제로 구상되어 출발했기 때문에 언뜻 정상 상태로의 복귀처럼 보이지만, 자칫 그 운영 상태에 따라서는 왕의 존재가 유명무실해질 우려도 있었다.

 따라서 태종이나 세조와 같이 성향과 권력 욕구가 강한 군왕은 왕권을 강화하려 하였고, 배경과 힘이 약한 왕들은 어쩔 수 없이 신하들의 결정에 이끌려 갈 수밖에 없었던 것이 조선의 정치 구조였다.

 당시에도 의정부 서사제의 복귀 아래 병약하고 어린 임금이 연이어 보위에 올라 자연히 재상들과 힘 있는 관료들의 발언권이 강해져 있었다. 그 당시 상황은 황표정사(黃標政事) 제도로 극명히 알 수 있다.

 즉, 조정의 주요 인사 문제에 대하여 대신들이 인사 대상자 명단에서 발탁 예정자에게 황색 점을 찍어서 올리면 왕은 단지 승인하여 주는 형식적 절차만을 거쳐 결정하는 제도가 그것이다.

 결국 단종 초기에는 문종의 유명을 받은 고명대신인 황보인과 김종서 등 노재상들에게 권력이 집중되었다.

따라서 왕실 세력들은 당연히 불만일 수밖에 없었고, 신진 관료들도 일부 대신들에 대한 권력 집중을 달가워하지 않고 있었다. 그 이유로 계유정난 당시에는 집현전 학사 출신들이나 중간 관료들의 대부분이 중립적 자세를 보이거나 동조하게 되었던 것이다.

또한 어린 임금의 뒤에는 장성한 숙부만도 10명이 넘게 있었으며, 그 중에서도 수양대군은 야망이 크고 수완도 뛰어난 인물로서 자신에게도 기회가 오기를 기다리면서 암암리에 권력 탈취를 모색하고 있었다.

결국 김종서를 제거하면 권력을 장악할 수 있다는 판단 아래 수양대군이 한명회와 권람 등 모사가들과 모의를 한 끝에 단종 원년(1453년) 10월 10일에 거사를 일으킨 것이 계유정난이다.

정난 주도 세력들은 일단 김종서를 유인하여 죽이기로 계획하고 김종서의 의심을 사지 않기 위해 수양대군이 직접 임운이라는 하인 한 명만을 데리고 김종서의 집으로 향하고 그 뒤를 양정, 유수, 홍달순 등의 장사패가 매복하여 따르기로 하였다.

수양대군의 급작스러운 밤중 방문에 평소 그를 의심하고는 있었지만 자기 집 앞에서 무슨 일이 있으랴 싶어 무방비로 영접하던 김종서를 수양은 철퇴로 살해하고, 왕명을 빌려 대신들을 소집한 후에 반대파들을 모조리 죽여 버리니 이것이 정난의 전 과정이다.

그런데 불의의 습격을 받은 김종서가 아직 죽지 않고 있다가 대궐로 들어가 사실을 알리고 도움을 구하고자 하였으나, 이미 모든 성문은 수양대군의 부하들에게 장악되어 있어서 그 뜻을 이루지 못하였다. 김종서는 부상당한 몸으로 아들 집에 숨어 있다가 다음날 새벽에 그가 살아 있다는 것을 안 수양대군이 보낸 이홍상에 의하여 결국 목숨을 잃고 말았다.

김종서는 대역모반죄라는 누명까지 뒤집어쓰고 효수되었으며, 그의 일족들도 모두 죽임을 당해 멸문의 화를 입게 되었다. 그의 묘가 공주 근처 무성산 부근에 있었다고 하지만 이 또한 확실치 않으며, 지금은 그 무덤조차 찾을 수가 없다.

김종서가 죽은 후 정권은 완전히 수양대군이 장악하였고, 얼마 지나지 않아 어린 조카를 위협하여 양위 형식으로 왕위를 넘겨받으니 이 사람이 조선 7대 임금인 세조다. 김종서가 문종의 유명을 받들어 단종 즉위 후 정사를 처리하면서 독단을 한다는 오해도 받았으나, 그의 평소 강직한 태도에 비추어 볼 때 자신이 권력을 향유하려 하였다기보다 어린 왕을 보좌하여 흔들림 없이 국사를 운영하고자 한 것으로 보인다.

그러나 권력이란 예측할 수 없는 칼끝을 가지고 있어서 그것을 가지고 있는 자에게 오히려 칼날을 들이대는 속성이 있는 것인지, 강력한 권력자인 김종서에게 오히려 죽음을 가져다주었다.

그의 죽음은 그가 강력한 권한 행사로 오해와 불만을 사기도 하였지만, 그보다는 수양대군의 왕위 찬탈 계획에 최고의 걸림돌이 되었기 때문이다.

외지로 나가면 장수요, 중앙에 들어와서는 재상이었던 강직한 인물 김종서, 그는 말년에 위약한 왕을 만나 이를 잘 보위하려다 오히려 죽임을 당한 불행한 인물이었다. 『제승 방략』이라는 군사 지휘를 위한 저서를 남기기도 한 그는 영조 22년(1746년)에야 복관되어 충절의 이름을 후세에 전하고 있으나, 그로서는 수양대군을 먼저 제압하지 못한 것을 천추의 한으로 남기고 세상을 떠났다.

후세의 입장에서는 김종서가 남긴 시조 2수를 통해 그의 강인한 인물됨을 되짚어 보며 그의 통한에 가슴 아파할 뿐이다.

삭풍은 나무 끝에 불고 명월은 눈 속에 차갑지만

만리변성에 일장검을 짚고 서니

긴파람 큰 한소리에 거칠 것이 없구나.

장백산에 기를 꽂고 두만강에 말을 씻겨

썩은 저 선비야 우리 아니 대장부냐

어찌타 나라에 큰 공을 누가 먼저 세우리요.

충절과 의리의 대명사 **성삼문**

▶ **성삼문**은 당대의 석학이요 촉망받던 관료였지만 자신의 영화를 뒤로하고 의리와 충절을 지키려다 목숨을 잃은 만고의 충신이었다.

그의 불요불굴의 정신과 한 임금에 대한 충성심은 세조 이후 암묵적으로 추모되었으며, 결국은 충신의 표본으로 인정되었다.

부당한 권력을 거부하고 원상회복을 주도하여 자신이 배운 학문과 신념을 실천하였으며, 꺾이지 않는 기개와 지조를 지켜서 올바른 선비의 자세를 보여주었다.

개인의 이익과 편안함만을 추구하는 세태 속에서 자신을 던져서라도 바른 길을 찾아가려 했던 그는 죽어서도 영원히 살아 있는 참된 지식인의 표상이 되었다.

혹자는 비명의 죽음으로 인해 아까운 재능을 사장시키는 것은 역사에 기여하지 못하는 행위라고 사시(斜視)적인 시각으로 비판하는 경향도 있지만, 아무리 시대가 바뀌고 가치관이 변해도 인간의 역사가 존재하는 한 그의 충절은 추모의 대상이 될 수밖에 없다.

짧은 생애로 인하여 당시대에 실물적 기여는 없었다 해도 영원히 변치 않는 정신적 유산을 우리에게 남겨주었기 때문에 역사에 기여한 바가 없다는 지적은 타당하지 않다. 그의 죽음은 우리에게 인간이 어떤 길을 가야 하는지를 깨닫게 해주고, 그나마 바른 길을 가지 못했을 때 부끄러움만이라도 알 수 있게 한다.

성삼문은 훈민정음 반포에 일익을 담당한 것 등 실제적 업적도 찾아보면 상당하지만, 무엇보다도 그의 꺾이지 않은 지조와 신념과 행동이 일치된 삶 때문에 우리는 아직까지 그를 추모하는 것이다.

집현전 학사가 되다

성삼문은 조선 3대 왕인 태종 18년(1418년)에 홍주(현 홍성)에 있던 외가에서 무관인 성승의 맏아들로 태어났다. 이 해는 세종이 태종에게 양위를 받아 등극한 해이기도 하여 성삼문은 태어날 때부터 세종과 특별한 인연을 갖게 된 셈이다.

그의 본관은 창녕이며 자는 근보이고 호를 매죽헌이라고 했다. 태어날 때 그의 어머니가 하늘에서부터 "낳았느냐?"고 묻는 환청을 세 번이나 들었다고 해서 이름을 삼문(三問)이라고 지었다.

성격은 쾌활 명랑하였고 익살스러운 면이 있어 실없는 말도 곧잘 하면서 행동거지에 맺힌 데가 없는 담백한 성품이었다. 그러나 속마음은 견실하고 범할 수 없는 기상이 가득하여, 우스갯소리를 잘하는 그였지만 주위에서 함부로 대하지를 못했다 한다.

18세 때인 세종 17년(1435년)에 생원시에 합격한 후, 3년 뒤인 21세 때 훗날 거사 동지로서 생사를 같이한 하위지와 함께 식년시 정과(丁科)에 합격하였다.

이후 집현전 학사로 선발된 그는 25세(1442년) 때 우수한 인재의 학문 연구를 지원하는 '사가독서(賜暇讀書)' 제도에 의하여 신숙주, 박팽년, 하위지, 이석형 등과 함께 삼각산에 있던 진관사에 들어가서 공부하였다. 번잡한 현실에서 멀리 떠나 조용한 산사에서 더욱 학문에 정진하라는 일종의 장기 휴가이자 정책적 배려인 셈이었다.

집현전 학사로 선발되었다는 사실도 출세가 보장된 것이었지만, 그중에서도 최고의 수재로 인정받았으니 그의 앞날은 탄탄하게 열린 것이나 마찬가지였다.

집현전은 고려 때부터 궁중에 설치한 학문 연구기관으로서 세종에 의하여 실질적 연구기관으로 확대 개편되었으며, 세종 대에는 그 의미가 자못 중요했다.

집현전은 겸직으로 영전사와 대제학이 최고 관리자들이었지만, 실제 직무는 전임직인 녹관(祿官)이 담당하였다. 이 녹관을 일명 학사라고 불렀으며, 10명의 경연관(經筵官)과 10명의 서연관(書筵官)으로 구성되어 있었다. 주로 왕과 세자를 위한 학문의 진강과 사령(辭令)의 제찬, 중국 고제(古制)에 대한 연구, 역사서를 비롯한 기타 서적 편찬 임무를 맡았다.

그러나 비록 학문 연구기관으로 설립되었지만 군주와 상시 대면하여 자문을 담당하면서, 자연히 정치적 기구로 변모하게 되었다. 정학(政學) 일치의 시대사조는 높은 경지의 학문 실력을 쌓은 집현전 학사들을 현실 정치에 참여시키는 환경이 되었던 것이다.

근무는 매우 엄격하여 다른 관청보다 일찍 출근하고 늦게 퇴근하였으며, 밤에도 항상 윤번으로 숙직하여 왕과 세자의 학문상 자문과 토론의 상대가 되었다.

그러나 이렇게 최대 학문 연구기관이자 강력한 언론기관으로 활발한 활동을 하던 집현전이었지만, 세조 대에 이르러 단종 복위 운동의 주모자와 반대파들이 집현전에서 대거 나오면서 폐지되는 불운을 겪고 말았다.

이러한 집현전에 세종은 물론 학문을 부왕만큼이나 좋아했던 세자 향(문종)도 자주 출입했다. 세자는 특히 성삼문을 좋아하여, 그가 숙직을 서는 날이면 종종 찾아와 밤이 늦도록 대화를 나누곤 했다.

집현전 연구의 최대 성과는 역시 훈민정음 연구이다.

훈민정음은 세종 25년(1443년)에 임금이 친히 창제하였다. 그 후 세종은 정음청을 두고 성삼문, 정인지, 신숙주, 최항 등에게 우리글을 연구하여 찬정(撰定)하도록 지시했다. 이에 따라 다방면으로 연구를 거듭하던 그들은 때마침 명나라의 한림학사 황찬이 요동으로 귀양 와 있다는 소식을 듣고 음운(音韻)을 정확히 알기 위해 성삼문과 신숙주가 무려 13차례나 왕래하면서 고심 노력한 끝에 마침내 세종 28년(1446년) 9월에 훈민정음을 반포하였다.

그 후 성삼문은 세종 29년(1447년)에 중시 문과에 장원으로 급제한 후 음운과 교장(敎場)의 제도를 연구하기 위해 명나라에 파견되었다가 귀국하여 『동국정운』을 제진(製進)하는 작업에 동참하기도 하였다.

세종 31년(1449년)에는 명나라에서 예겸이라는 사신이 왔었는데, 시에 조예가 깊은 인물이어서 마땅히 대응하여 접대할 적임자가 없자 성삼문, 신숙주 등이 한운(漢韻)도 물을 겸 만나게 되었다. 성삼문과 신숙주를 만나본 예겸은 두 사람의 재능과 학문에 심취하여 형제의 의를 맺을 정도로 가까워졌다.

예겸은 이때 조선 유학자들과 교류하며 받은 시를 모아서 『요해 편(遼海編)』이라는 책자를 만들었는데, 성삼문이 발문을 짓고 신숙주가 후기를 쓰기도 하였다. 성삼문은 당시 학문이 고명하였던 중국의 사신까지 인정할 정도로 능력이 뛰어났던 것이다.

예겸이 자기 나라로 돌아가서 성삼문 등을 극구 칭찬하여, 4년 뒤에는 그 제자인 장영이 사신으로 조선에 왔다가 스승이 그토록 높이 평가했던 성삼문을 만나보고자 하였으나 그때는 이미 죽은 후라서 몹시 애석해했다고 한다.

운명의 계유정난

세종과 문종은 특히 성삼문을 총애하여서 세종 말년에 지병 치료차 온양 온천에 거동할 때도 성삼문을 반드시 수행하도록 하였고, 문종도 세자 시절부터 그를 각별히 가까이하였다.

문종은 학문을 즐겼으며 등극한 후에도 부왕 못지않게 선치를 베풀었으나, 어릴 때부터 몸이 약한 것이 탈이었다. 그래서 그의 높은 학문과 덕을 제대로 펴보지도 못하고 재위한 지 겨우 2년 3개월 만에 39세의 한창 나이로 세상을 떠나고 말았다.

문종은 죽기 얼마 전 성삼문을 비롯한 집현전 학사들을 불러 술자리를 마련한 적이 있었다. 이때 왕은 어린 세자 홍위(단종)를 무릎에 앉히고는 등을 쓰다듬으며 훗날을 간곡히 당부했다. 당시에 이미 문종은 자신의 생명이 얼마 남지 않았음을 알고 어린 아들의 앞날을 걱정했던 것이다.

이 자리에 참석한 모든 사람들은 목숨을 걸고서라도 어린 세자를 안전하게 보필하기로 다짐했는데, 훗날 그중 신숙주만이 다른 길을 가게 되었다. 세종 또한 맏손자인 홍위를 무척 사랑하여, 홍위를 세손에 책봉하고는 성삼문 등의 집현전 소장 학자들을 불러서 어린 손자의 앞날을 부탁한 적이 있었다. 이렇듯 할아버지와 아버지가 모두 걱정하며 집현전 학사들에게 이 어린 왕의 장래를 부탁하였던 것이다.

문종은 운명하기 전에도 정승들인 황보인, 정분, 김종서에게 세자를 잘 보호해 달라고 신신당부하고 눈을 감을 정도로 어린 아들의 앞날을 염려했다.

이런 할아버지와 아버지의 걱정을 뒤로하고 문종이 죽자 세자 홍위가 12세의 어린 나이로 보위를 이었는데, 그의 앞에는 태산 같은 숙부들이 10명이 넘게 버티고 있었으며 또 왕실 직계 어른으로 수렴청정(垂簾聽政)을 해줄 인물이 없었던 것도 그의 불행이었다.

세종은 왕비 심씨에게서 낳은 8명의 아들이 있었고, 후궁에게서도 10명의 왕자를 두었다. 그런데 정비 소생 왕자들은 맏아들 문종을 제외하고는 모두 강성하였으며, 그중에서도 둘째 수양대군과 셋째 안평대군이 가장 걸출했다.

왕이 아직 나이 어린 소년이다 보니 세상은 이들 유력한 대군들을 주목하기 시작했다. 학문에 조예가 깊은 안평대군 주위에는 문인과 관료들이 몰려들었고, 수양대군에게는 주로 무사들과 소외 계층이 모여들었다.

당시 모든 정사는 문종의 고명대신들인 황보인·김종서 등이 처리하고 왕은 형식적인 사후 승인을 하는 데 그쳤는데, 자연히 의정부 수장인 황보인과 김종서 등에게 권력이 집중되었고 왕실 측근 세력들과 중간 관료층은 이것에 불만을 갖게 되었다.

이렇게 어지러운 정세 속에서 수양대군은 단종 즉위에 따른 사은사로 명나라에 자기가 직접 가겠다고 청하고 나섰다. 이에 대하여는 여러 가지 추측이 있지만 무엇보다 국내외적으로 자신의 명성을 높이기 위한 일환으로 볼 수 있다. 이때 수양은 평소에 눈여겨보아 두었던 신숙주를 서장관으로 선발하여 동행하였는데, 그 인연으로 신숙주는 집현전 동료들과 정반대의 길을 가게 된 것이다.

사은사 임무를 마치고 돌아오면서 수양대군은 안평대군이 무계정사(武溪精舍)를 세워서 장사패를 모으고 경성(鏡城)에서 무기도 몰래 한성으로 반입하고 있다는 소식을 들었다. 사태가 급박하게 돌아가고 있음을 눈치챈 수양은 거사를 서둘렀다.

결국 수양대군은 정국의 축이며 실권자인 김종서를 제거한 다음, 왕명을 빙자하여 중신들을 입궐하게 하여 반대파와 장애가 될 만한 인물을 모조리 주살하고는 안평대군 부자를 강화로 유배시킨 후에 사사하는 것으로 권력 장악 계획을 마무리지었다.

수양은 이 정변에 대하여 안평대군과 김종서 등이 반역을 도모하고 있다는 사실을 사전에 인지하고 사태가 급박하여 왕명을 얻지 못하고 자신이 나서서 이를 토벌할 수밖에 없었다며 정변의 당위성을 주장하였다.

수양은 정난 후 자신이 영의정 부사, 이조·형조 판서, 내외병마 도통사를 겸직하여 인사 행정에서 병권에 이르기까지 국가의 전권을 장악하였다. 그리고 거사를 정당화하기 위해 자신의 공을 찬양하는 교서를 집현전에서 작성하여 발표하게 하고, 정변에 참가한 동조자들은 안평대군의 반란을 미연에 막은 공으로 자기와 함께 정난공신에 봉하게 하여 친위 세력을 공고히 하였다.

이때 공신록에 오른 인물은 수양을 포함해서 36명이었는데, 성삼문도 집현전 관리로서 직숙의 공이 있다 하여 3등 공신에 올랐다. 당시 공신 녹권을 받은 사람들은 돌아가면서 축하연을 열었지만, 성삼문만은 끝까지 자리를 마련하지 않았다고 한다.

오히려 공도 없이 공신 대열에 끼였다고 하며 공신록에서 빼줄 것을 자청하기도 하였다. 그것은 그가 수양이 일으킨 정변에 대해 반감까지는 갖지 않았다 하더라도 좋게 생각하지는 않았다는 증거이다.

단종 복위 거사의 실패

성삼문은 단종 2년(1454년)에 집현전 부제학이 되었다가 곧이어 예조 참의로 승진되었으며, 그 다음해에는 명나라의 사신을 영접하기 위해 선위사(宣慰使)로 의주에 파견되었다가 공교롭게도 단종이 수양대군에게 왕위를 빼앗기는 윤 6월에 동부승지로 임명되었다.

단종이 가시방석 같은 보위에서 생명의 위협까지 느끼자 그 달에 수양 대군에게 왕위를 양위하여 예방승지의 직무상 성삼문이 국새를 갖다 바쳐야 했다.

왕명에 의하여 옥새를 품에 안고 수양대군에게 전달하면서 그는 치밀어 오르는 울분을 억제하지 못하고 목을 놓아 통곡을 하고 말았다. 하지만 뜻있는 사람들의 비분강개에도 불구하고 선위의 절차는 신속하게 이루어졌고, 근정전에서 수양대군의 등극식이 치러졌다.

이렇게 조카의 왕위를 찬탈한 수양대군이 바로 조선 7대 왕인 세조였다. 세조는 즉위하여 영의정에 정인지, 좌의정에 한확을 임명한 후 내정 개혁을 통하여 왕권을 강화하기 시작했다.

우선 세조는 모든 공사(公事)는 의정부를 거치지 않고 6조에서 직접 국왕에게 보고하게 하였으며, 언관들의 기능도 약화시켜 버렸다. 또한 자신을 추종하는 무리들을 좌익공신에 봉하여 충성을 유도하고 지방 관리들도 심복으로 교체하는 한편, 그것도 못 미더워 분대어사(分臺御史)까지 파견하여 감시하였다.

그러나 비록 세조가 왕위에 오르기는 하였지만 그 행위는 당시 사회 규범이던 유교 윤리관에 비추어 보면 대의명분에도 맞지 않는 것이었으며, 선대왕의 유지를 마음속 깊이 간직하고 있던 성삼문을 위시한 유신(儒臣)들은 의리와 정분으로도 묵과할 수 없는 일이었다.

그래서 집현전 학사들을 중심으로 은인자중하며 단종 복위의 때를 노리던 차에 마침내 기회가 왔다.

세조 2년(1456년)에 조선의 새 왕이 등극한 것을 축하하기 위하여 명나라로부터 고명 사절이 왔었는데, 6월 2일 이들에 대한 환송연이 창덕궁에서 열리기로 되어 있었다. 이때 마침 성삼문의 아버지 도총관 성승과 유응부가 왕을 호위하는 별운검(別雲劍)으로 내정되어 그날 거사를 실행하기로 작정하였다.

연회석상에서 왕의 호위무사로 선정되어 유일하게 무기를 소지하게 된 두 사람이 세조와 세자를 처단하는 것을 신호로 일시에 각자 정한 소임에 따라 한 자리에 모인 공신 세력들도 제거하기로 했다. 그런데 이 계획은 처음부터 무산되고 말았다.

세조가 도승지 한명회의 건의에 따라 별운검을 폐지하고 몸이 약한 세자도 연회석상에 참석하지 않도록 조처한 것이다. 이런 사실도 모르고 성승과 유응부는 무장을 갖추고 행사장에 입장하려고 하자, 정문에서 기다리고 있던 한명회가 별운검 폐지를 통보하며 입장을 제지하였다.

이에 성승과 유응부는 분기탱천하여 한명회부터 주살하려고 하였지만, 한명회 옆에 있던 성삼문과 박팽년이 황망히 그들을 말렸다. 세자도 참석하지 않았고 별운검으로 행사장에 들어가지도 못하는 상태에서 한

명회만 죽이는 것은 무의미하다고 생각했던 것이다. 그러나 무인이었던 유응부는 완강했다. 세자가 없다 하더라도 세조와 그의 추종 세력이 한 자리에 모였으니 이들을 모두 처단하고 세자는 상왕의 명으로 군사를 동원하여 체포하면 된다고 강변하였다.

그러나 그 자리에 있던 다른 거사 세력들이 이구동성으로 만류하여 유응부도 어쩔 수 없이 거사를 연기하는 데 동의하였는데, 여기에서 거사 모의가 누설되는 결정적인 틈이 생기고 말았다.

거사가 계획대로 진행되지 못한 것에 불안해진 김질이라는 인물이 모의 사실을 자신의 장인인 집현전 대제학 정창손에게 고변하여 모든 것이 허사가 되고 만 것이다. 정창손은 사위인 김질로부터 단종 복위 계획의 전모를 전해 듣고 곧바로 대궐로 들어가 이 사실을 밀고하였으며, 그날로 성삼문을 위시한 모의자들이 모두 체포되었고, 명나라 사신이 돌아간 다음날 세조가 친국에 나섰다.

처참한 죽음

먼저 성삼문에 대한 심문이 시작되었다.

세조가 역모를 추궁하자 성삼문이 증거를 요구하였다. 이에 김질을 불러 대질시키자 그제야 김질의 밀고로 계획이 발각된 것을 알게 된 성삼문은 김질의 배신을 통렬히 꾸짖은 뒤 태연히 사실을 인정하였다. 세조가 분기탱천하여 역모의 연유를 추궁하자 그는 이렇게 답변했다.

"어찌하여 우리가 하려고 한 일이 역모이겠습니까? 신하가 제 임금을 원래대로 모시려는 것은 당연한 일이거늘, 세상이 다 아는 이치를 왜 나으리만 반역이라고 하십니까? 나으리께서는 평소 주공(周公)에다 자신을 견주어 말씀하셨는데, 대체 주공이 어린 조카를 몰아내고 그 자리를 탐하였단 말입니까? 하늘에 두 태양이 없듯이 신하에게도 임금이 둘이 있을 수는 없소이다."

세조를 왕으로 인정하지 않고 대군을 지칭하는 '나으리'라는 용어를 사용하며 정색을 하고 대들듯이 답변하자 세조는 더욱 노기충천하여 추궁했다.

"그렇다면 어째서 내가 양위받을 때 막지 않고 있다가 지금에 와서 배반하는 거냐?"

성삼문이 대답했다.

"대세를 어찌할 수 없었을 뿐이요. 반역을 막지 못했으니 물러가 죽는 길밖에 다른 도리가 없었소. 그러나 죽는 것만이 능사가 아니므로 뒷날을 도모하기 위하여 참아왔던 것이오."

세조가 다시 물었다.

"네가 그동안 나에게 신하로 칭해놓고 이제 와서 나를 나으리라고 부르니 참으로 가증스럽구나. 그동안 내가 주는 녹을 먹어놓고 이제 와서 배반하면서 모반이 아니라고 강변하느냐? 명색은 상왕을 복위시킨다고 하면서, 실상은 자기 잇속만 차리려는 것 아니냐?"

성삼문이 대답했다.

"상왕이 엄연히 계시거늘 나으리가 어떻게 나를 신하로 삼는단 말이오. 나는 나으리의 녹을 한 톨도 먹은 바 없소. 나으리가 준 것은 그대로 쌓아놓았으니, 내 집을 뒤져보면 알 것 아니오?"

세조는 분노로 몸이 떨려서 더 이상 국문하지 못하고 형리들에게 작형(灼刑)에 처할 것을 명했다. 철편이 성삼문의 살을 태우고 뼈를 뚫었지만 그는 태연하게 말했다.

"나으리의 형벌은 독하기도 하구려."

이어서 성삼문은 세조 옆에 서 있던 신숙주를 바라보고 일갈했다.

"네 이놈, 예전에 영릉(英陵 : 세종)께서 원손을 안으시고 산책하시면서 입직해 있던 우리에게 상왕의 후일을 당부하시던 말씀이 아직도 귓가에 쟁쟁한데, 네놈만이 그 일을 잊어버렸단 말이냐? 네놈이 이렇게 극악할 줄은 차마 몰랐구나."

이 말을 들은 신숙주가 새파랗게 질려버리자 세조는 신숙주를 국문장에서 나가게 한 후 박팽년을 취조하기 시작했다. 박팽년은 성삼문보다 더 심하게 세조를 아예 '진사'로 호칭하였다.

"진사 어른, 원래의 임금인 상왕 전하를 모시려는 것이 어찌 반역이라고 하시오. 그 자리는 진사 어른의 자리가 아닌 것을 정녕 모른단 말이오?"

세조는 분노를 이기지 못하고 소리쳤다.

"네놈은 이제까지 나에게 칭신하여 내가 주는 녹까지 받아먹고서 이제 와서 나를 진사라고 부를 수 있느냐?"

박팽년이 지지 않고 대답했다.

"나는 진사 어른께 칭신한 적이 없소이다. 나는 충청 감사로 있을 때 장계에도 신(臣)자 대신 거(巨)자를 써온 사람이외다. 의심나시면 한번 확인해 보시구려."

이에 세조는 더 물어보지도 않고 성삼문과 같이 작형에 처하도록 명령했다. 국문장은 뼈와 살이 타는 냄새로 진동했다. 그러나 악귀처럼 변한 세조는 아랑곳하지 않고 유응부를 국문했다. 유응부는 무인답게 더욱 세조의 심사를 찔렀다.

"그때 족하(足下)를 죽이고 상왕 전하를 복위시키지 못한 것이 천추의

한이 될 뿐이오. 쳐 죽일 놈의 배신으로 일이 틀렸으니 어서 빨리 죽이기나 하시오."

이어서 극형으로 반은 죽어가는 성삼문과 박팽년을 바라보고는 이렇게 한마디를 던지고 죽을 때까지 다시는 입을 열지 않았다.

"아무것도 모르는 책상물림들과 대사를 함께 하지 말았어야 하는 것을 내가 미련하였다. 너희들이 말리지만 않았던들 수괴를 처단할 수 있었던 것을 거꾸로 이 모양이 되었구나."

하위지도 끌려 나와 취조당했지만 거칠게 항거할 뿐이었다.

"나를 반역자라고 잡아들였으니 죽이면 될 것이지, 구태여 무엇을 묻겠다는 것인가?"

이제 세조는 더 이상 취조할 의사를 버리고 모두 능지처참할 것을 명하였다.

박팽년은 형장에 가기도 전에 옥중에서 죽었고 성삼문, 이개, 하위지, 유응부는 낙형(烙刑)으로 처형되었다. 체포되기 전에 단종 복위 모의가 발각된 것을 깨닫고 가족과 함께 자결한 유성원을 포함하여 후세의 사가들은 이들을 사육신(死六臣)이라고 부르며 충절의 표본으로 삼았다. 단종 복위 운동의 기수들인 성삼문과 그의 동지들이 처형된 후 관련자들도 모두 검거되어 죽임을 당했다.

특히 성삼문의 가문은 멸문의 화를 당하고 말았다. 아버지 성승도 주모자 중 한 사람이었기 때문에 세 동생과 아들 5형제에 이르기까지 남자는 젖먹이라도 살려두지 않았다. 가산은 몰수되고 여자들은 모두 관비로 끌려갔다. 가산을 몰수할 때 창고를 뒤져보니, 과연 세조에게서 받은 녹봉은 월별 표시까지 되어 고스란히 쌓여 있었다.

이런 대대적인 숙청에도 안심하지 못한 세조는 상왕도 복위 운동에 책임이 있다 하여 노산군으로 강봉시켜서 영월로 귀양 보내는 비도덕적 파행도 감행하였다.

그 후 금성대군이 또 한 번 복위 계획을 도모하였다고 하여 이 비운의 어린 왕은 폐서인되었다가 세조 3년(1457년) 10월에 겨우 17세의 나이로 끝내 사사되는 비극적 최후를 맞이하였다. 수양대군은 그때도 관련자 모두를 주살하고, 세종의 후궁인 혜빈 양씨도 관련이 있다 하여 그녀의 소생인 세조의 이복동생들과 함께 죽였으며, 단종의 모후인 현덕왕후 권씨의 소릉을 파헤치는 패륜까지 자행하였다.

'사육신'으로 역사에 남다

어린 군왕 단종의 비참한 죽음과 세조의 권력 유지를 위한 잔혹한 조치들은 당시 유신들과 민심에 큰 충격을 주었다.

생육신(김시습·남효온·이맹전·조여·원호·성담수)처럼 폐인을 자처하고 세상을 버리는 사람들이 많이 나왔고, 두 차례에 걸친 반란도 발생하였다. 권신 신숙주의 동생 신말주도 세상을 비관하여 은퇴하기까지 하였으니, 당시의 인심이 어느 정도였는지 가히 짐작이 되고도 남는다.

한편 처형된 사람들의 시신은 사지가 절단되어 형장에 그대로 버려졌고, 잘려진 목은 전국에 돌려서 효수되었다.

그들의 의기와 순절에 감복한 이름 모를 사람에 의해서 형장에 버려진 신체의 일부가 거두어져 노량진 강변 야산에 묻힐 수 있었고, 전국에 효수되던 목도 뜻있는 사람들에 의해 곳곳에 묻혔다.

은진에 있는 성삼문의 무덤과 홍성에 있는 성승의 또 다른 무덤은 이에 연유된 것이다. 노량진 야산의 무덤들은 그 내용을 드러내지 않기 위해 여자의 무덤같이 성만 표시하여 두었다.

이들의 이름 앞에 고유명사처럼 따라붙는 사육신이라는 말은 남효온이 지은 『추강집』의 「육신전」에서 비롯되었다. 사육신은 당시에는 역적으로 취급되었지만, 사림(士林)이 정치의 전면에 등장하면서 절의(節義) 문제가 중요시되자 재평가되기 시작했다.

급기야 성종 대에는 사림의 영수 김종직이 용감하게도 성삼문은 충신이라고 말하고, 또다시 변란이 생긴다면 자신이 성삼문이 되겠노라고 강변하기도 하였다.

성종의 입장에서는 어떻게 보면 자신의 할아버지를 비난하는 발언인데도 이를 묵인한 것으로 보아서 성군으로서 성종의 인물됨을 알 수 있기도 하다. 이는 선조 대에서 경연의 강관이 성삼문의 충절을 논하자 선조가 격노한 것과 좋은 대조를 이룬다.

이렇게 역대 왕조에서 논란을 거듭하며 사육신의 충절을 기리면서도, 공식적으로 이를 인정한 것은 200여 년이 지난 숙종 대에 이르러서야 가능하였다. 이때에 사육신의 관작이 회복되고 민절(愍節)이라는 사액(賜額)이 내려져, 노량진 묘소 아래 민절서원을 세워 신위를 모시고 제사를 지내게 했다.

원래 노량진에는 성삼문, 박팽년, 이개, 유응부만 묻혀 있었으나 1970년대 사육신 묘역 정화 사업 때 하위지, 유성원, 김문기의 가묘도 추봉되어 묘지는 7기로 늘어났다.

사육신에 김문기까지 추가된 것은 1977년 국사편찬위원회의 결정에 따른 것이었는데, 김문기는 거사 당시 궁궐 밖에서 군사를 동원하는 역할을 맡아 모의 과정에서 처음부터 주도적으로 참여한 인물이었기 때문에 이를 인정한 것이었다.

아무튼 만고의 충신으로 추모되는 사육신은 비참한 죽음을 당하면서 그들의 마지막 한을 한 수의 시조로 남기기도 했다. 『청구영언』과 『가곡원류』를 통해 하위지를 제외한 5명의 시조가 전해져 온다.

이 몸이 죽어가서 무엇이 될꼬 하니 / 봉래산 제일봉에 낙랑장송 되었다가 / 백설이 만건곤할 제 독야청청하리라.   - 성삼문

가마귀 눈비 맞아 희는 듯 검노매라 / 야광명월이야 밤인들 어두우랴 / 임 향한 일편단심이야 변할 줄이 있으랴.   - 박팽년

창안에 혔는 촛불 눌과 이별하였관대 / 겉으로 눈물지고 속 타는 줄 모르는고 / 저 촛불 날과 같아야 속 타는 줄 모르더라.   - 이개

간밤에 부던 바람 눈서리 치단 말가 / 낙락장송이 다 기울어지단 말가 / 하물며 못다 핀 꽃이야 일러 무삼하리요.   - 유응부

초당에 일이 없어 거문고를 베고 누워 / 태평성대를 꿈에나 보려더니 / 문전의 수성 어적이 잠든 나를 깨와라.   - 유성원

신념을 의지로 실천한 참된 지식인 **김시습**

▶　　　김시습은 유(儒)·불(佛)·선(仙)이라는 동양 3대 정신을 아우르는 사상가이자 타고난 천재성을 통한 탁월한 문장으로 일세를 풍미한 기인이었다.

그리고 현실에서는 이룰 길이 없는 포부와 역량을 한탄하며 시대의 고아로 불우한 일생을 마쳤지만, 그가 꿈꾼 이상세계를 작품을 통해 승화시킨 고귀한 예술혼의 소유자이기도 하다.

부조리한 세상에 대하여 반항하고 비판과 야유를 넘어 일종의 허무의식까지 드러내기도 하였지만, 이미 이루어진 현상을 또 다른 폭력으로 무너뜨리려고도 하지 않았다. 인정하고 참여하지도 않았지만 타도하려고도 하지 않은 '중용'적인 태도를 견지한 셈이다.

그는 생전에 자신의 초상화를 직접 그린 후, 다음과 같은 글을 써서 자신의 일생을 한정지어 버렸다 한다.

모습은 지극히 약하고 말 또한 분별이 없으니 마땅히 구렁 속으로 너를 버릴지어다.

마치 자신의 삶을 예언한 말 같지만 차라리 자신의 신념을 실천하고자 하는 의지의 표현으로 볼 수 있으며, 그러한 차원에서 그는 표리부동한 인간사에서 신의를 지키며 일생의 시종(始終)을 일관되게 산 참된 지식인이라고 할 수 있다.

그렇기 때문에 그의 사상체계의 핵심은 인간 의지에 기초한 현실적 실천주의라고 생각된다.

그는 도리에 어긋나는 행동을 배격하고 스스로 땀 흘려 일하며 살아가는 것을 소중하게 생각하였으며, 백성의 행복과 평안한 삶이 무엇보다도 우선하여야 한다는 주장을 언제나 강조하였다. 그러한 견지에서 보면 그는 철저한 민본주의 사상가이기도 하다. 신념과 의지를 현실에서도 실천해야 한다는 그의 사상 체계는 성리학적 관점에서는 주기(主氣) 이론에서 비롯되었다고 볼 수 있다.

그의 의지론적 실천 철학은 서경덕과 이율곡에 의하여 계승 발전되었으며, 화려하고 독특한 조선 성리학의 당당한 한 줄기가 되었다.

총명하였지만 불행한 소년

김시습은 세종 17년(1435년)에 한성에서 충순위 김일성의 아들로 태어났다. 본관은 강릉이고 자는 열경이며 호는 매월당이다.

야사에 전해지기로 그가 태어나기 전날 밤 그의 사저 근처에 있던 성균관 유생들이 똑같이 그의 집에서 공자가 출생하는 꿈을 꾸었는데, 이튿날 그가 태어나서 장차 귀한 인물이 될 징조라고 믿었다고 한다.

그의 이름은 이웃에 살던 경호 최치운이 논어에 나오는 말을 따서 '배우면 곧 익힌다'는 뜻으로 '시습(時習)'이라고 짓기를 권하여 그대로 따른 것이다.

이러한 주위의 기대에 부응하듯이 그는 태어난 지 여덟 달 만에 글을 알았고, 3살 때에는 이미 시를 지었으며, 『소학』등의 책도 읽어 그 뜻을 깨달았다. 말 그대로 태어나면서 글을 알았던 '생이지지(生而知之)'의 사람이었다.

5살 때에 수찬(修撰) 이계전의 문하에 들어가 본격적으로 학문을 공부하면서 그의 천재성이 장안에 널리 알려졌다.

당시 허조라는 정승이 어린 김시습의 소문을 듣고 호기심이 동해 진위를 확인해 보고자 그의 집을 찾아갔다. 김시습을 만난 허조는 넌지시 말을 걸었다.

"네가 글을 아주 잘 짓는다 하던데, 이 늙은이를 위해 늙을 노(老) 자를 넣어 시를 한 구만 지어주겠느냐?"

이 말을 들은 김시습은 조금도 주저하는 기색 없이 즉석에서 이렇게 시를 지었다.

"늙은 나무에 꽃이 피니 마음만은 늙지 않았도다[老木開花心不老]."

허조는 과연 신동이라고 감탄하여 돌아갔고, 이 소문이 급기야 대궐에까지 전해져서 당시 임금이었던 세종은 지신사 박이창에게 사실 여부를 확인해 보라고 지시하였다.

박이창은 대궐로 불려온 어린 김시습의 능력을 여러 방면으로 시험해 본 결과 어느 곳 하나 그 나이의 아이로는 도저히 믿어지지 않을 만큼 막힘이 없자 시중의 소문이 틀림없음을 왕에게 보고했다.

이 보고를 받은 세종은 가상하게 생각하여 비단 50필을 상으로 주도록 지시하면서, 김시습이 그 많은 비단을 어떻게 가져가는지 보려고 다른 사람의 도움을 받지 않고 혼자의 힘으로 가져가야 한다고 분부했다. 이에 어린 시습은 조금도 당황하지 않고 각 필의 끝을 서로 묶은 다음 그 한쪽 끝을 허리에 묶어서 끌고 나갔다고 한다. 이 광경을 목격한 사람들은 과연 신동이 났다며 감탄해 마지않았다.

이계전의 문하에서 학문의 기초를 익힌 그는 뒤이어 성균관 대사성을 역임한 김반을 스승으로 모시고 수학하다가 별동 윤상의 문하에서 공부를 하여, 불과 10여 세에 벌써 익히지 못한 책이 없을 정도였다. 그러나 이렇게 주위의 칭찬과 기대를 한 몸에 받으며 훌륭한 스승 아래에서 학업에만 열중하던 그에게 액운이 거듭 닥치기 시작했다.

15세에 어머니 장씨가 세상을 떠나 외가에 몸을 의탁하였으나, 3년이 못 되어 믿고 의지하던 외할머니마저 별세하자 다시 본가로 돌아왔지만 아버지는 중병을 앓고 있어 오히려 그에게 짐만 될 뿐이었다.

이러한 가정적인 역경 속에서 훈련원 도정 남효례의 딸을 아내로 맞아들였지만, 학문에 몰두하는 그는 가정생활에 취미를 잃고 아예 삼각산으로 입산하여 수학의 길을 떠나 버렸다.

그 후 삼각산 중흥사에서 독서에만 전념하던 그에게 엄청난 소식이 전하여졌다. 수양대군이 어린 조카를 몰아내고 왕위에 올랐다는 것이다. 통분을 금할 길 없어서 꼬박 사흘 동안 망연자실하여 방 안에만 틀어박혀 있던 그는 자기가 공부하던 모든 책을 모아 불태우고는 머리마저 잘라버리고 산을 내려와 세상을 방황하기 시작했다. 그의 나이 21세 되던 해의 일이었다.

분노와 회환의 방랑 생활

아무 계획 없이 방랑길에 나선 김시습이었지만, 어려서부터 워낙 그의 명성이 높았던지라 어디를 가더라도 융숭한 대접을 받았다. 더구나 자연의 섭리 그대로 꽃피고 낙엽 지는 산천경계를 호흡하니, 속박되지 않은 몸과 마음은 날아갈 듯하였다. 그러나 가슴 한구석에서 현실에 적응하지 못한 젊은 지식인의 회환을 지울 수가 없었다.

관서지방으로 방랑의 길을 정한 그는 이러한 자신의 울적한 심정을 시를 짓는 것으로 달래면서 각지를 유랑하며 다녔다.

이렇게 3년여에 걸쳐서 관서지방을 돌아본 그는 24세 되던 해인 세조 4년(1458년)에 『탕유관서록(宕遊關西錄)』을 쓰고 나서 관동지방으로 발길을 돌렸다. 관동지방의 유랑을 마쳤던 26세 때에도 『탕유관동록』을 정리한 후 이번에는 삼남지방으로 정처 없는 나그넷길을 다시 떠났다.

29세가 되던 해에 삼남지방의 유랑을 끝낸 그는 역시 『탕유호남록』을 짓고 문득 지난 세월을 되돌아보니, 9년 동안의 방랑생활 동안 어느덧 가슴속의 회한이 희미해져 있었다.

유랑생활 동안 몸이 많이 수척해졌지만 심기일전하는 마음으로 새로이 공부하고 싶은 생각이 간절하여, 책을 구하기 위해 세조 9년(1463년)에 한성으로 들어갔다. 실로 오랜만에 한성에 들른 그는 자신을 아껴주던 효령대군을 만나게 되었다.

세조의 큰아버지인 효령대군은 그때 일체 세상에 모습을 드러내지 않고 불교에 귀의하여 조용히 살고 있었다. 효령대군은 김시습의 재능을 아까워해서 조카인 세조에게 적극 추천하였다.

이에 따라 그는 그 당시 진행 중이던 불교 경전 번역 작업에 참여하였지만, 공신 일색이던 조정 중신들의 거들먹거리는 모습을 보고 다시 세상사가 역겨워져 경주에 있는 금오산에 내려가 칩거해 버렸다.

그 후 세조 11년(1465년) 3월에 원각사 낙성식에 참가해 달라는 효령대군의 요청을 받고 다시 한성에 올라와서 「원각사찬시」까지 지어주었지만, 효령대군과 세조의 만류에도 불구하고 곧바로 금오산으로 다시 돌아가고 말았다. 그곳에서 그는 속세와 완전히 단절하고 6~7년을 살면서 최초의 한문소설『금오신화』와『산거백영』을 비롯하여 여러 작품을 썼다.

그러는 동안 세월도 흘러 세조와 예종이 연이어 죽고 어느덧 성종이 등극하여 있었다.

그가 37세 되던 성종 4년(1471년)에 또다시 효령대군의 청에 의해 한성으로 돌아왔으나, 20여 년 가까이 세상과 겉돌던 그로서는 번잡하고 이해관계에 얽힌 한성 생활에 잘 적응할 수 없었다.

결국 이듬해 성동에 폭천정사(爆泉精舍)를 세우고 이름 없는 민초로서 농사를 지으며 살기로 하였다. 이때 그의 나이 벌써 40 고개를 들어서면서, 현실에 적응하지 못한 천재의 한은 분노와 역겨움으로 인하여 세상을 야유하는 심정만이 가득했다.

이러한 그의 심정은 다분히 저항적이며 현실을 야유하는 모습으로 나타나, 당시의 고관대작들이 그에 의해 망신을 당하는 경우도 종종 있었다.

영의정 정창손과 달성군 서거정까지 그에게 질타를 받았지만, 그들은 미친개에게 당한 정도로 여기고 크게 노여워하지도 않았다. 그들도 김시습의 뛰어난 능력을 인정하고 있던 터라 천재의 한을 일면으로 이해해 주었으며, 망나니같이 구는 그를 맞상대해 보았자 오히려 자신들의 덕만 훼손시키는 일이라고 생각했던 것이다.

김시습은 젊어서부터 많은 도움을 받아 고맙게 생각해 오던 신숙주도 세조의 왕위 찬탈에 동조하는 것을 보고 나서는 증오하기 시작했는데, 그의 재능을 아깝게 생각하던 신숙주가 한번은 술 취한 그를 자기 집에 재웠지만 깨고 나서는 몹쓸 일을 당했다는 표정으로 대꾸도 없이 그 집을 나오기도 하였다.

한번은 서강을 지나다가 강변 정자 벽에 한명회의 시가 걸려 있는 것을 보았다. 그 내용인즉 이러했다.

青春扶社稷 白首臥江湖 청춘부사직 백수와강호
[젊어서 사직을 짊어지고 늙어서는 강호에 눕는다]

그런데 이 글을 본 김시습은 실소와 분통을 터뜨리고는 부(扶) 자를 망(亡) 자로, 와(臥) 자를 오(汚) 자로 고쳐 놓았다.

이렇게 두 글자를 고쳐 버리니 시의 뜻은 완전히 달라져 버렸다.

"젊어서는 사직을 망치고 늙어서는 강호를 더럽힌다."

그가 바라본 세상은 비뚤어져 있었기 때문에, 끓어오르는 분노를 삭일 수 없어 이처럼 기인 같은 행동을 하며 살아가게 된 것이다. 그 시절 그는 책을 읽다가도 의분을 참을 수 없어 통곡하기도 하였고, 시를 지어서는 마구 던져 버리기가 일쑤였다. 바른 정신으로는 도저히 견디지 못하여 혼이 나간 듯 살아가는 것이 그 당시 그의 모습이었다.

이렇게 그는 이미 세상에서는 완전히 유리되어 불안정한 심신으로 10여 년을 보냈다.

환속, 또다시 방랑과 죽음

자신을 학대하고 세상을 야유하며 살아가던 김시습은 47세가 되던 성종 12년(1481년) 어느 날부터 홀연히 머리를 기르고 고기를 먹기 시작했다.

예상치 않은 그의 또 한 번의 변신은 기인 같은 그의 일생을 단면적으로 보여주고 있다. 인생의 후반에 접어들면서 자신에게 남겨진 시간이 얼마 남지 않았다는 초조감이 그를 세상에 다시 나오게 한 것인지도 모른다.

그는 먼저 조상에게 제문을 지어 올리고, 그동안 세상을 떠돌면서 집안을 제대로 돌보지 않은 죄에 대하여 용서를 빌었다. 그러고는 안씨 부인을 맞아 가정을 다시 꾸미고 완전히 환속하였다. 그러나 모처럼의 가정생활도 얼마 후 아내가 세상을 떠나자 끝나 버렸고, 성종 13년(1482년)에 중전에서 폐출된 윤씨에게 사약이 내려지는 것을 보고는 세상만사가 허무하고 혐오스러워져서 다시 방랑의 길에 나섰다.

이번에는 특별한 교의가 있었던 유자한이 부사로 재직하는 양양으로 길을 잡고 떠났다. 그러나 한 곳에 오래 머무르지 못하는 그는 거기에도 얼마 있지 못하고 다시 길을 떠나, 관동 각 지방을 발길 닿는 대로 떠돌아다녔다. 머무는 곳마다 지방 청년들을 모아 가르치며 도학을 설파하기도 하였지만, 현실에 대해서는 여전히 비판적이었고 표리부동한 세상인심을 비웃으며 살았다.

그는 20대 이후 평생을 바람처럼 떠돌면서도 오랫동안 머무는 곳에서는 반드시 밭을 개간하는 등 손수 일을 하며 지냈다. 스스로 노동하며 살아가는 것을 높게 평가하여, 그에게 배우러 오는 제자들에게도 반드시 밭일을 하면서 공부하게 하였다.

그러나 그의 눈에 비친 현실은 여전히 추악하고 가증스럽기만 하여 어려서부터 천재 소리를 듣던 총명함과 열정적인 학구열도 모두 묻어버린 채 세상의 영원한 국외자로 살아가고 있었다.

세월이 회한을 씻어가기도 하였지만 가슴속까지 시려오는 외로움만은 견딜 길 없어 말년에는 병들고 지친 몸으로 충청도 홍산에 있는 무량사라는 한적한 절로 찾아들었다. 그는 젊어서부터 머리를 깎고 중처럼 살았지만, 불교에 완전히 귀의했다기보다는 폭력적이고 부도덕한 세조의 찬역에 저항하는 뜻으로 그러한 행동을 했었다.

그러나 불가의 정신을 통해 젊은 날의 허무를 달랠 수 있었기 때문에, 마지막 길을 부처에게 의탁하고 싶었던지 병든 몸을 이끌고 한적한 산사로 찾아갔던 것이다.

그곳에서 그는 결국 다시 일어나지 못하고 성종 24년(1493년)에 59세를 일기로 한 많은 세상을 하직하고 말았다. 말년의 10년 동안을 또다시 방랑생활로 보낸 끝에 최후를 낯선 사람들 품에서 맞이하였던 것이다.

죽을 때 그는 화장을 하지 말라는 유언을 남겼는데, 관곽(棺槨)을 무량사 근처에 안치했다가 3년 후에 장사 지내려고 관을 열어보니 얼굴이 마치 살아 있는 모습처럼 안온하였다고 한다. 이 모습을 본 스님들은 그가 부처가 되었다고 생각하여, 그의 시체를 화장하고 사리를 보관하는 돌탑을 세워 그 뼈를 거두었다.

그는 어려서부터 천재로 불렸으며, 10대에는 자신의 존재조차 몰각(沒却)할 정도로 학문에 몰두하다가, 20대에는 세상을 한탄하여 천하를 주유하였으며, 30~40대에는 잠시 세상에 돌아오기도 하였으나 현실을 비판하며 사색과 수도에 정진하다가, 50대에 이르러 초연히 속박의 허울을 벗고 자연으로 돌아간 고독한 지식인이었다.

김시습의 사상적 근저

김시습은 이색의 학통을 이어받았으며, 만물의 생성과 변화를 '음양(陰陽)'에 의해 설명하는 태극설을 주장했다.

즉, 우주 만물이 조화하는 근원을 '태극(太極)'이라 상정하고, 사물의 현상을 포괄하고 귀속시키는 '음양'에 의해 만물이 생성되고 변화하는 것으로 생각했다. '음양'에 의해 사물의 '사상(四象)'과 '팔괘(八卦)'가 만들어지고, 이들이 '오행(五行)'에 의하여 만물을 만들어간다는 것이다.

'음양'은 결국 하나의 본질을 양면으로 바라본 이원론(二元論)적인 관점의 산물이라고 할 수 있다. 또 만물의 근원이자 우주의 본체인 '태극'이라는 것을 그 존재가 있기도 하고 없기도 한 것이라고 인식하였기 때문에, 그의 사상에는 도가(道家)적인 사유(思惟)가 개재되어 있다.

그에게 있어 '태극'은 만물의 근원적 이치로서 변할 수 없는 '도리'이기 때문에 태초부터 영원까지 바뀌지 않는 가치였다. 그가 세조의 왕권 찬탈에 저항하여 현실과 타협할 수 없었던 이유가 바로 여기에 있다. 그에게 있어서 세조는 인간의 도리를 말살한 존재로 도저히 인정할 수 없는 사람이었다.

그리고 '태극'에서 '음양'으로 이행되는 이유는 '태극'의 '동정(動靜)'에 의한 것으로 보고 여기에서 만물의 생성·변화·소멸이 연유된다고 생각했다.

또한 우주 천지가 하나의 '태극'이지만 만물 모두에도 '태극'이 깃들어 있으므로 하늘·땅·사람의 3재(三才)가 서로 상통할 수 있다고 믿었다. 그 이후 '천인상감설(天人相感說)'의 기초가 여기에서부터 비롯되었던 것이다.

이에 따라 사람도 천상이나 삼신산 같은 선경(仙境)에서 죽지 않고 영원히 살 수 있는 신선이 될 수 있다고 생각하여, 도가 사상의 일면을 강하게 나타내고 있다.

그는 잘못된 현실에 참여하지도 않았지만, 사육신처럼 생명을 걸고 투쟁적으로 항거하지도 않았다. 다만, 당시 권력층의 요청을 완강히 거절하고 세상을 버린 채 유리 방랑하여 세속적 관점에서는 비참한 삶을 살았을 뿐이다.

적응하지도 않고 적극적으로 싸우지도 않으면서 자학적인 인생을 살아가는 그의 모습을 이해하지 못하는 세상 사람들에게 그는 『금오신화』의 주인공을 통해 대신 답변을 보냈다.

『금호신화』에는 「만복사 저포기」, 「이생규장전」, 「취유부벽정기」, 「남염부주지」, 「용궁부연록」의 5편의 소설이 실려 있다.

이들 작품의 주인공들은 한결같이 질곡 같은 현실 세계에서 벗어나서 인습의 굴레까지 던져 버리고 영원히 꺼지지 않는 영생의 세계로 나래를 펴고 들어갔다.

실로 그의 삶의 자세를 대변한 것이고, 번민과 고통 속에 그가 결정한 또 다른 선택을 보여주고 있다.

자신의 삶이 다른 사람들에게는 포기하고 내동댕이친 것으로 비치지만, 그로서는 스스로 의지를 가지고 선택한 것이라는 것을 이야기하고 싶었던 것이다. 그것에 대한 증명으로 「이생규장전」의 내용을 다시 한번 검토해 보자.

이 작품은 단순한 비극적인 사랑 이야기 같지만, 자세히 보면 2가지

상반된 주제로 대비되어 있다.

전반부의 내용은 아내가 도적에게 비명에 죽게 되어 사랑이 타의에 의해 파괴된 것을 묘사하였으며, 후반부에서는 환생한 아내와 3년간 다시 꿈같은 세월을 보냈지만 그 아내와 다시 이별하자 그 길로 병들어 죽고 만다는 내용이다. 전반부의 주제는 타의에 의해 비롯된 비극을 그려서 말 그대로 결과로서의 '비참함'이었지만, 후반부의 주제는 자신의 의지에 의해 선택된 '비참함'이라는 것이다.

단순히 보면 똑같은 비극적 결말로 다를 바가 없다고 할 수 있으나, 주어진 것과 선택된 것은 분명히 차이가 있다는 주장이 그의 메시지였다. 살아 있는 줄 알았던 아내가 사실은 죽은 것이라는 사실이 더 큰 고통이었지만, 그 결말은 자신의 선택에 의해 결정되었다는 점이 중요하다.

결국, 김시습이 세상에 보여주고 싶었던 것은 비참하더라도 자신의 의지로 그 길을 찾아가는 삶의 방식도 있다는 것이었다.

공자가 일찍이 『논어』에서 설파한 대로 '슬퍼하되 상처받지 않아야 하고, 즐거워하되 음탕해서는 안 된다[哀而不傷 樂而不淫]'는 중용(中庸)의 삶을 그대로 실천한 것이라고 할 수 있다.

그가 자신의 의지를 중요시하는 사람이라는 것을 증명하는 한 가지 사례가 있다. 30대 후반에 상경하여 성동 땅에서 농사짓고 살던 때의 일이다. 그가 경작하던 전답을 어떤 권력 있는 자의 끄나풀이 빼앗아 간 적이 있었다. 그는 모른 체하고 상대방이 농사를 다 짓도록 방관하고 있다가 추수할 무렵이 되자 갑자기 찾아가 자기 땅을 내놓으라고 졸라댔다. 그러나 상대방이 이에 응할 리 없자 그 일은 송사(訟事)로 발전되었다. 그 결과는 정당하기도 하지만 논리 정연한 그의 승리로 끝나서 결국 땅을 되찾게 되었다.

그런데 그는 승소 문서를 받아 가지고 나오면서 크게 한 번 허탈한 웃음을 날려 보내고는 그 문서를 갈가리 찢어 개울 속에 처박아 버렸다. 그의 이러한 행동은 세상을 비웃고 못된 인간들을 희롱하는 자세이기도 하지만, 타인에 의해 휘둘러지는 삶을 용납하지 않고 자신의 방식대로 살고자 하는 의지의 표현이었다.

불교와의 관계

김시습은 생애의 대부분을 머리를 깎은 채 승려 행세로 보냈지만, 불법에 따라 화장하는 것을 거부하고 매장해 줄 것을 유언으로 남겼다. 이 점에서도 불교에 대한 그의 생각의 일단을 읽을 수 있다.

"부처를 섬기되 먼저 인애로써 중생을 편안히 하는 것이 그 근본이고, 법을 찾더라도 무엇보다 그 지혜를 배워서 사기(事機)를 감철(鑑徹)함이 우선하여야 한다."고 설파한 것에서도 그가 불교를 따른 이유를 짐작할 수 있다. 따라서 그는 신실한 불교도이기보다 유학자로 평가받기를 원했으며, 그의 사상적 뿌리는 어디까지나 성리학에 있었다. 그가 '불승은 정치에 관여해서는 안 된다'는 판단을 하게 된 근저에도 그와 같은 배경이 있었다. 이 점은 그 후 유학자들이 그를 조선 성리학의 사종(師宗)으로 추앙하는 점으로도 명확히 증명되고 있다.

이런 그의 내면적 의식을 알지 못한 사람들은 그를 성현이 가르치는 참된 길을 버리고 이단의 길을 가는 말종(末種)이라고 비판했다. 그에 대하여 김시습은 이렇게 대응하였다.

"『논어』나 『맹자』도 결국은 옛 사람들이 전해준 것일 뿐이다. 참된 진리란 실제 생활 속에서 실천을 통하여 찾아가야 하는 것이다. 세상에 도움이 되는 것은 그 어떤 것이라도 진리일 것이고, 그렇지 않은 것은 설사 성현의 가르침이라도 헛된 일이다."

이렇듯 그는 척불숭유의 획일적 정신 구조가 지배하는 사회에서 학문적 포용력을 발휘한 열린 사고의 소유자였으며, 자신의 생각을 단호하게 실천해 간 신념가이기도 했다.

그는 성리학을 이념적 가치 기준으로 삼았지만, 천년 이상을 민족의 신앙으로 자리 잡아온 불교와 전통적인 도가 사상까지 포괄하여 그 합치점을 찾고자 노력하였다.

현실에서는 극히 비판적이고 냉소적이었던 그가 학문에 있어선 오히려 개방적인 포용력을 발휘한 셈인데, 결국 그에게 있어서 불교는 외양이었고 내면은 여전히 성리학적 기조가 지배하고 있었던 것이다. 그의 호방한 기상은 서경덕의 기 철학에 영향을 끼쳤고, 율곡에 이르러 주기론으로 이론적 체계가 잡혔다. 김시습처럼 한때 출가하였다는 의심을 받던 율곡이 『김시습전』을 지어서 그의 행적이 세상에 널리 알려진 이후로 유학자로서 김시습의 면모가 재평가되었다.

김시습은 실패한 지식인인가?

그의 인생행로가 세조의 왕권 찬탈을 인정할 수 없어 바뀌어 버린 것은 사실이지만, 그로서도 현실에 적응해 보려고 노력하지 않은 것은 아니었다.

그러나 꼿꼿한 성미를 가진 김시습은 부정한 무리들이 정권을 차고 앉아 위세를 자랑하는 모습을 견디지 못했고, 그나마 권력의 이면에서 벌어지는 추악한 현실에 정나미가 떨어져 버린 것이다.

또 어렸을 때부터 신동으로 인정되어 스스로도 이상이 높았던 그였기에 세상에 대한 혐오와 분노를 삭이지 못하고 주유천하하며 감정의 불은 겨우 가라앉힐 수 있었지만, 다시 돌아온 현실에서 약삭빠르게 권력에 빌붙은 인물들이 출세라고 하여 거들먹대는 꼴을 도저히 보아 넘길 수가 없었다.

젊어서는 자신의 상대로도 여기지 않던 인물들이 부귀영화를 독차지하고 있는데, 자신은 몇 두렁의 땅도 겨우 얻어 연명해야 하는 불공평한 세상사가 한스럽기도 했을 것이다.

그러나 이를 두고 때를 놓친 인간의 푸념이라고만 매도할 수는 없다. 그는 그 때라는 것을 스스로의 의지로 던져 버렸기 때문에 아쉬움이나 미련은 없었다. 다만, 부당한 현실이 역겨웠을 뿐이고 꿈이 높던 인간으로서 스스로에게는 세상에서 기회가 없다는 인식이 고통스러웠을 따름이었다. 그래서 그의 탈속적인 삶이 실패한 것이라고 얘기할 수는 없다.

사림의 등장 이후 조선에서는 부당한 현실에 타협하지 않은 그와 같은 인간상을 바람직한 모습으로 인정하였고, 지금의 시대에도 변신과 적응에 능한 인물보다는 자기가 배운 원칙에 충실한 인간형이 더욱 필요하다고 생각된다.

그는 현실에 참여하지 않고 비판과 야유를 보냈지만, 그의 삶 전체를 그것으로 소모시킨 것은 아니었다.

성리학의 새로운 체계를 세워서 16세기 이후 융성·발전하는 조선 성리학의 기초를 만들었으며, 고려시대의 패관문학에서 싹트고 있던 고대소설을 개척하여 문학사에 끼친 공적도 지대하다.

무엇보다도 그는 자신이 배운 학문과 도리를 현상의 삶에서 그대로 실천한 신념의 인간이었으며 진리 탐구에 있어서는 포괄적 시각을 가진 '학문적 자유주의자'였다.

수기치인 했던 개혁의 기수 **조광조**

▶　　　흔히들 도학자라고 부르는 정암 **조광조**는 자기 시대가
추구해야 할 가치를 찾아내어 현실에서 실천하고자 한 정치가이자 학자
였다.

그는 조선의 유교 국가적 이상을 확실하게 제시하였고, 동시대인들에
대해 도덕적 각성을 일깨웠다.

올바른 이상이 없는 사회는 인간의 존재 가치가 아예 상실되는 부도덕
한 사회로 전락한다는 것을 깨닫고, 세상의 근본이 되는 도리를 구축하
는 데 모든 것을 다 바친 구도적 인물이기도 하였다.

그는 누구보다도 자신에게 철저하고 엄격하였으며, 남을 다스리기에
앞서 자신을 수양한 '수기치인(修己治人)'의 표본이었다.

또 마음이 정성스러워야 천하의 근본이 되는 도(道)가 굳건할 수 있으
며, 정치의 실효도 거둘 수 있다고 하여 '정성'의 우선함을 강조하였다.

그가 말하고자 하는 바는 어찌 보면 간단하고 명료하다. '도리'와 '절의
(節義)'가 바로 서지 않으면 국가나 사회도 제대로 존립할 수 없다는 것이
었다. 그가 인식한 당시의 문제는 세조의 찬역과 중종반정으로 인하여
유교적 이념의 토대 위에 건국된 조선 왕조의 존립 기반이 송두리째 혼

들리고, 도덕적 교양이 모든 것에 우선되던 사대부 계층의 존재 이유마저 의심되는 일대 가치관의 혼란에 있었다.

앞서 언급한 일련의 사태들은 조선 사회가 지향하고 있던 성리학의 이념적 효용성에 엄청난 타격을 초래하였고, 그로 인한 시대정신의 혼란에 따라 국가 지도층은 심각한 분열을 야기하고 있었으며, 일반의 사고는 인간이 지켜야 할 근본인 도(道)에서 유리되어 이해관계에만 매달리는 세태가 되었다는 것이다. 한마디로 지도층의 탐욕에서 비롯된 도덕적인 모순이 전 사회를 지배하여 사회 기강과 올바른 정신이 모두 무너졌다는 진단이었다. 따라서 그가 나아갈 방향은 이미 정해져 있었던 셈이다.

그러나 정치란 조건과 환경에 영향을 받는 가변적 존재라는 점을 너무 무시한 것이 그의 몰락을 불러오고 말았다. 충정과 열성으로 오로지 외골수의 길을 일로매진한 것이 그의 적들에게 반격의 빌미를 제공했다. 그로서는 시급히 개선해야 할 문제들을 처리한 것이지만, 반대로 그로 인해 피해를 받은 사람이 많았고, 이들을 모두 적으로 돌아서게 만들었던 것이 그의 몰락을 불러오고 말았다.

결국, 사심은 없었지만 심혈을 다하여 올바른 가치와 질서를 세워보려던 그의 단심(丹心)은 하룻밤 음모로 모두 분쇄되었으니 허무한 결말이라고 아니 할 수 없고, 그 자신과 나라에 모두 불행한 일이었다.

엄격하고 단정한 성품의 소유자

조광조는 조선 9대 왕인 성종 13년(1482년)에 한성에서 사헌부 감찰을 지낸 조원강과 민씨 사이에서 둘째 아들로 태어났다. 본관은 한성으로 자는 효직이고 호를 정암이라 하였던 그는 어렸을 때부터 몸가짐이 비범하고 이목(耳目)이 수려하여 다른 이들의 호감을 샀다.

17세 때 평안도 어천 찰방으로 부임하는 아버지를 따라갔다가 마침 희천에 유배 중이던 한훤당 김굉필에게서 수학할 수 있는 행운을 얻었다.

김굉필은 사림의 비조격인 김종직의 문하로서 조선 성리학에서 도학 정신의 시원(始原)을 연 인물이며, 입언수훈(立言垂訓)한 뛰어난 교육자였다. 김굉필은 그해(연산군 4년)에 무오사화에 연루되어 그곳으로 귀양을 와 있었으며, 순천으로 이배될 때까지 2년 동안 그를 지도해 주었다.

18세 때 첨사 한윤형의 딸과 결혼하였고, 그 이듬해 아버지가 세상을 떠났다. 그는 어린 나이에도 항상 단정한 행동을 보여주었는데, 시묘(侍墓)살이를 할 때도 모든 절차를 주자가례에 어긋남 없이 실천하였다 한다. 또한 스승인 김굉필의 영향을 받아『소학』과『근사록』을 좋아하였으며, 항상 부지런하고 검소하면서 말과 행동이 정연하였다.

그의 스승 김굉필은 30세가 될 때까지『소학』만 거듭 읽어 '소학동자'로 일컬어지던 인물이었다. 학문과 지식의 함양에 앞서 인격과 실천을 중시하는 조광조의 도학 정신은 스승으로부터 전수받은『소학』정신에 기초한 것이다.

조광조 이후『소학』은 교육과 학문의 필독서로 인정되어, 유교 윤리의 실천과 사회적 구현을 위한 기본 지침이 되었다.

23세가 되던 해(연산군 10년)에 갑자사화가 일어나 스승인 김굉필이 이배지(移配地)인 순천에서 처형되고 그도 시련을 겪었지만, 2년 뒤에 중종 반정이 일어나 힘든 고통에서 벗어날 수 있었다. 이 해부터 아직 과거에도 나가지 않은 25세의 젊은 나이로 유생을 모아 학문을 가르쳤으니, 이 때에 이미 그의 학문은 높은 경지에 이르렀던 것이다.

29세가 되던 해(중종 5년)에 진사회시에서 장원 급제한 그는 성균관 유생이 되어 사가독서의 명을 받고 개성 천마산과 성거산에 들어가 학문에 더욱 정진하였다.

성균관에 들어간 이듬해에 어머니가 세상을 떠나자 하산하여 상을 치른 후, 중종 10년(1515년)에 다시 경기도에 있는 용문산에서 독서하던 중에 당시 이조판서인 안당의 천거로 조지서(造紙署)의 사지(司紙)로 임명되었다. 그러나 두 달 뒤, 알성문과(謁聖文科)에 급제하여 성균관 전적이 되었다가 사헌부 감찰을 거쳐 사간원 정언이 되었다. 그의 명성은 과거에 최종 합격하기 전부터 이미 높아져 있어 급제하자마자 제일 먼저 관직을 제수받았으며, 뛰어난 실력은 물론 탁월한 언변과 풍모에 의해 중종의 눈에 들어 고속 승진을 하게 된 것이다. 그의 나이 34세가 되던 해의 일이었다.

강력한 개혁 추진 주도

사간원 정언에 임명된 지 얼마 되지 않아 왕비 윤씨가 세자를 낳은 지 7일 만에 산후병으로 죽자, 담양 부사 박상과 순창 군수 김정이 폐비 신씨를 복위시키자는 상소를 올린 일이 있었다.

신씨는 중종의 첫 부인이었지만, 그녀의 아버지 신수근이 연산군의 폐위를 반대하여 반정 세력에게 죽임을 당한 연고로 중종 즉위 직후 반정 주동자들이 후환을 걱정하여 신씨를 폐출하고 새로운 왕비를 들이게 하였다. 그만큼 신씨 문제는 정국에 심각한 파장을 몰고 올 민감한 사안이었기 때문에, 그녀를 복위시키자는 박상과 김정의 상소는 반정 주도 세력을 극도로 자극하였다.

이에 대사헌 권민수와 대사간 이행은 공연히 문제를 유발시키는 사론
(邪論)이라고 몰아붙여, 상소를 올린 두 사람을 강력하게 탄핵하였다. 반정
핵심 세력이 조정의 요직을 차지하고 있던 당시 상황에서 그들의 생각과
어긋나는 상소를 올린 박상과 김정은 처벌을 면하기 어려운 처지였다.

그런데 정언에 임명된 지 얼마 되지도 않은 정암이 두 사람을 처벌하
려는 대세에 반론을 제기하고 나섰다. 그에 의해 제기된 반론의 요지는
이러했다.

> "언로가 열렸느냐, 막혔느냐 하는 것은 나라의 가장 중요한 문제입니다. 박상과
> 김정은 간언을 구하는 임금의 뜻을 좇아 그들의 생각을 말한 것뿐입니다. 그들
> 의 말이 지나치다 하면 받아들이지 않으면 그만이지, 죄를 주려고 하는 것은 잘
> 못된 일입니다. 다른 사람들이 이들을 벌하라고 청하여도 대간(臺諫)들은 마땅히
> 변호하여 언로를 열어야 하는 법인데, 도리어 대간에서 이들을 벌하라고 청하여
> 언로를 막으니 이는 맡은 바 임무를 저버리는 것이라고 아니 할 수 없습니다. 신
> (臣)은 정언으로서 이렇게 부당한 대간들과 같이 일을 할 수 없습니다. 하오니 사
> 헌부와 사간원의 관리들을 파직하고 다시금 언로가 열리게 하여주소서."

문과에 급제한 직후 곧바로 정언에 임명된 것도 파격이지만, 임명되자
마자 자신의 상관과 선배 대간을 모두 파직해 달라고 요청한 정암의 태
도도 파격적인 것이었다. 반정의 주역들이 서슬 퍼렇게 존재해 있는 당
시 상황에서 그들 모두를 적으로 만들 수도 있고, 잘못하면 자신의 정치
적 장래뿐만 아니라 생명까지 위협할 수도 있는 주장을 과감하게 전개한
것이다.

결국, 이 사건의 결말은 정암을 제외한 대간 전원을 교체하는 것으로 끝났다. 그의 명분과 논리가 너무도 사리 정연하여 반박할 여지가 없었기 때문이다.

그러나 초임 언관으로서 자신의 상관을 모두 탄핵하고 나선다는 것은 웬만한 신념과 용기가 바탕이 되지 않고는 힘든 일이며, 그러한 발상을 했다는 것 자체가 대단한 결정이었다.

이 사건으로 정암은 관직에 등용되자마자 자기의 존재를 부각시키고 입지를 강화하게 되었지만, 반면에 많은 적을 만드는 계기가 되었다. 아무튼 이 사건으로 그는 사림의 대변자이자 영도자로 확고하게 부각되었으며, 존경과 선망의 대상이 되기도 했다.

35세 때에 호조·예조 좌랑을 거쳐 홍문관 수찬으로 부임한 그는 '계심잠(戒心箴)'을 제진하였다.

또 그 이듬해에는 한충, 기준 등과 함께 사장(詞章)을 물리치고 이학(理學)을 장려할 것을 왕에게 진언하였고, 시강(侍講)의 자리에서 군자와 소인에 대한 정의를 내리기도 하였다. 그리고 그해에 홍문관 교리를 거쳐 응교(應敎)로 승진하여 전국적으로 향약(鄕約)을 실시하게 하였다.

37세가 되던 중종 13년(1518년)에는 홍문관 부제학과 동부승지를 역임한 후 동지성균관사를 거쳐 드디어 사헌부의 최고위직인 대사헌이 되었다.

이 해에 그는 공물의 폐해를 진언하여 그 제도를 개선케 하였으며(2월), 국초부터 궁중에서 무속을 관장하던 소격서(昭格署)를 폐지하였고(7월), 대사헌이 되어서는 현량과(賢良科)를 실시하도록 하여 덕망과 교양을 갖춘 재야 인재들을 두루 등용할 수 있는 길을 열어놓았다(11월). 이러한 모든 제도 개혁은 유교적 도덕 사회로 국가를 개조하기 위한 일환으로 적극 추진되었던 것이다.

먼저 향약 실시의 의미를 살펴보자.

향약은 모든 백성을 유교적 규범으로 교화시켜 그가 생각하는 이상적 왕도정치의 기반을 조성하기 위한 것이었다. 그가 실시한 향약은 중국 북송시대의 여씨 가문에서 집안 통솔을 위하여 시행했던 '여씨 향약'이 그 모체였다.

정암이 인식한 당시의 상황은 조선 창건 후 연이은 정변으로 국가의 기풍이 흐려지고 정치의 도(道)가 무너진 상태라고 판단했다. 사실 도덕적인 유교 이념을 건국정신으로 표방한 조선 왕조에서 불과 50년 사이에 세조의 왕권 찬탈과 연산군의 폐위가 연거푸 일어났다는 것은 심각한 문제가 아닐 수 없었다.

따라서 유학적 도덕관의 실천을 통하여 떨어진 사회 기풍을 진작시킬 목적으로 민간 자치 규약인 향약을 도입하였던 것이다. 그러나 그의 정적들에게는 자신의 정치 기반을 형성하기 위한 조치로 오해되기도 했으며, 민간 자치 규약을 관 주도로 강제하다 보니 반발을 사기도 했다. 또한 너무 급속히 추진하였던 까닭에 이를 제대로 이끌어 갈 인재의 토양도 형성되지 못했고, 관리들의 통치력에 장애가 생기는 요인도 발생하였다.

결국 이의 문제점을 인정하고 보완책을 마련하려고 노력하였지만, 그의 실각으로 제도 자체가 무산되고 말았다.

다음으로 소격서 폐지의 건(件)을 살펴보자.

소격서는 일월성신(日月星辰)에 제사 지내는 일을 주관하던 관청으로서 성리학적인 원칙과 이념에는 맞지 않는 기관이었다. 유교적 왕도정치를 지향하는 정암으로서는 당연히 폐지해야 할 대상이었다. 그러나 국초부터 인정되던 기관이고 『경국대전』에도 엄연히 수록되어 있는 관청이다

보니, 중종도 그 폐지를 쉽게 승낙할 수는 없었다. 이에 정암은 자신과 뜻을 같이하는 동료들과 함께 밤샘 연좌농성을 통해 기어코 왕의 허락을 받아냈다.

이는 그의 이상주의적 집요함과 급진성을 다시 한 번 드러낸 사건이었다. 이 소격서 폐지는 정암으로 하여금 궁중의 비빈이나 궁녀들의 반감을 사서 궁중 세력들도 그를 적대시하는 계기가 되었다. 유교국가인 조선에서도 궁중에서는 전통적으로 불교를 숭상하고 무속에 관심이 많았기 때문이었다.

마지막으로 정암의 개혁 정치에 있어서 최대 성과요 목표라고 할 수 있는 현량과 도입에 대하여 살펴보자. 현량과는 정암이 언관의 수장인 대사헌이 되고 나서 추진한 제도로서 그의 동조 세력을 조정에 대거 유입시키는 역할을 하였지만, 결과적으로는 그의 불행을 재촉한 셈이 되었다.

종래의 과거 제도는 학문 공부를 단순히 과거 시험 준비의 수단으로 전락시키는 폐단이 있었기 때문에 진정한 학식과 인품을 판단할 수 없었다. 이에 따라 종래의 과거 제도에 얽매이지 않고 학문과 덕행이 뛰어난 인물을 추천으로 등용시키는 제도가 현량과였다.

중국 한나라의 현량방정과를 본받아 도입한 이 제도는 7가지 추천 기준이 있었는데, 학식과 행실에 가장 높은 비중을 두었다.

중종 14년(1519년)에 최초로 실시한 결과 최종 28명이 뽑혔는데, 21명이 기호 지방 출신으로서 그와 학맥 등을 같이하여 강한 연대의식을 갖는 신진 사림들이 대부분 등용되었다. 이들의 관계 각 분야 진출은 기득권 세력들에게 큰 위협일 수밖에 없었으며, 실제 정암이 이들을 통하여 실천하려는 정치는 기성층의 기반을 붕괴시키는 방향으로 진행되었으므로 구세력으로서는 앉아서 말라죽는 처지가 되어가고 있었다. 이것이 구세력의 일대 반격과 정암의 좌절을 재촉한 원인이 되었던 것이다.

이 외에도 그는 내수사의 고리대금 행위를 중지시키고 궁중 여악(女樂)을 폐지하였으며, 유학적 기풍 확립을 위해 '가례'와 '삼강행실'을 적극 보급하고 『소학』 교육을 장려했다. 이 모두가 도덕적 사회 질서를 확립하기 위한 노력이었다.

구세력과의 첨예한 갈등

운명의 중종 14년(1519년)에 그는 세자부빈객(世子副賓客)까지 겸하여서 명실상부한 조정의 강력한 실권자가 되었다.

등과한 지 불과 5년이 채 못 되어 이토록 고속으로 출세 가도를 달린 것은 그의 능력을 인정한 중종의 전폭적인 지원에 따른 것이기는 하지만, 그의 정적들에게는 위협적인 일이었기 때문에 자연히 그는 반대파에게 경계와 질시의 대상이 될 수밖에 없었다.

더구나 현량과 등을 통하여 그를 추종하는 세력은 더욱 늘어갔으며, 국정은 거의 그가 도맡다시피 하였다.

경연장도 그의 동조 세력들이 독점하였으며, 어떤 때는 경연이 하루 종일 계속되어 신하들은 물론 왕까지도 그 괴로움을 견디지 못하는 지경이 되었다. 그뿐 아니라 도덕과 학문으로 무장한 신진 관료들은 기성 관리들을 부정한 세력으로 백안시하는 경향이 있어 상관과 선배들에게 결례하는 경우가 많았고, 왕까지도 지나치게 가르치려 하여서 그들의 과격한 개혁 정치는 마침내 중종도 염증을 느끼는 단계에 이르고 말았다.

사실 중종의 입장에서도 신진 사림들의 과도한 세력 강화가 반갑지 않은 측면이 있었다. 중종이 정암을 중용한 것은 그의 학식과 철학을 높이 산 것이기는 하지만, 자신의 정치적 입지를 넓히려는 의도도 상당히 강했다.

왜냐하면 중종은 반정 세력들이 연산군을 몰아내고 옹립한 왕이었으므로, 즉위 이후에도 정치적 기반과 실권이 약했다. 정치는 공신들의 손에 좌우되기 일쑤여서 이에 대한 불만이 많았고, 이에 따라 무엇보다도 자신의 지지 세력 양성이 절실했었다.

그때 나타난 인물이 바로 정암이었다. 그의 학식과 덕망은 이미 조야에 인정되고 있었으며, 왕도정치를 실현한다는 아무도 거역할 수 없는 대의명분을 앞세웠고, 또한 강한 추진력과 동조 세력도 가지고 있었다.

당시 중종의 입장에서는 정암이야말로 근왕 세력이 될 수 있는 조건에 꼭 들어맞는 인물이었고, 공신들의 세력을 견제하고 자신의 불리한 여건을 반전시킬 수 있는 유일한 대안이었다.

그런데 자신을 옹립시킨 강력한 권신들을 견제하기 위해 중용한 정암의 세력이 너무 급속도로 비대해져 이제는 오히려 공신들보다 정암 일파에 대한 권력 집중을 걱정해야 할 계제가 되어버린 것이다.

이는 중종으로서는 예상하지 못한 일이었으며 바라던 바도 아니었다. 거기에다 사사건건 수기치인(修己治人)을 강조하며 왕인 자신까지 가르치려 하는 정암의 도학정치 기조에 넌더리가 나기 시작했고, 과도한 개혁 추진에 거부감도 느끼게 되었다.

이런 미묘한 상황 아래 마침 공석으로 있던 형조판서의 자리를 놓고 공신 세력과 신진 사림 간에 알력이 심화되었다. 남곤 등 공신 세력들은 그들의 측근인 심정을 추천했는데, 정암의 지지자인 이조판서 이장곤에 의해서 거부되었다. 그러나 남곤, 심정 등은 백방으로 손을 써서 기어코 심정을 형조판서로 임명하려는 결정을 얻어내기에 이르렀다. 이 소식을 뒤늦게 알게 된 정암이 달려와 왕에게 간청하여 이 결정은 번복되고 말았다.

심정으로서는 형조판서 자리를 제수받기 직전에 정암에 의하여 취소되는 쓰라림을 맛보게 되었다. 이에 따라 심정은 정암이라면 이를 갈게 되었고, 이러한 시점에서 정암은 반정 공신들을 결정적으로 자극하는 일을 추진하고 있었다.

공신들의 관작(官爵)이 잘못되었으므로 이를 바로잡아야 한다고 강변하고 나선 것이다. 결국 중종 14년(1519년) 10월에 대사헌이던 정암은 대사간 이성동과 함께 상소를 올려, 정국공신 중에 부당하게 책록된 사람은 조사하여 삭훈시켜야 한다고 주장하였다.

정암의 입장에서는 연산군 대에 관직에 있으면서 목숨을 걸고 간쟁을 해서라도 임금의 잘못을 말려야 했던 사람들이 이를 방관하고 있다가 정권이 바뀌자 공신으로 책봉되어 또다시 권력의 자리에 남아 있는 부도덕한 자세를 인정할 수 없었다.

왜냐하면 이미 거론한 대로 그가 인식한 자신의 시대는 도덕적 위기에 빠져 있었고, 이의 원인은 정국공신들의 도덕적 기초가 부실한 때문이라고 진단하였으며, 난국을 극복하기 위해서는 일대 도덕적 각성을 일깨우고 잘못된 질서를 바로잡아야 한다고 믿었기 때문이다.

따라서 그는 위선적인 정국공신 문제를 해결하지 않고서는 올바른 정치의 새 장을 결코 열 수 없다고 확신했다.

그리고 이는 그가 정치를 시작하면서부터 작정하고 있던 일이었으나 시기와 여건이 조성되지 않아 미루어 놓았던 사안이었는데, 그즈음 더 이상 미룰 수 없다는 판단이 섰기 때문에 마음먹고 추진하게 되었다. 그로서는 그 당시 자신의 세력과 정치적 배경으로 충분히 감당해 낼 수 있을 것으로 판단하였던 것이다.

물론 당시 세력 판도나 대의명분상으로 그의 이러한 생각이 잘못되지는 않았다. 단 하나 그가 간과한 것은 그의 정치철학이나 개혁 추진이 너무 급속했으며, 앞만 보고 달려와서 많은 적을 양산했다는 사실과 무엇보다도 중종의 생각이 이즈음에 와서 바뀌고 있었다는 점이다.

그러나 정암 일파는 "정국공신 문제를 그냥 묵인하고 넘어간다는 것은 비단 정사의 잘못으로만 끝나지 않고 종당에는 이익만을 좇아 인의(仁義)가 실종되는 세태를 만들어, 장차 그 화가 나라의 모든 부분에 미치게 될 것이다."고 주장하면서 모든 대간이 사직을 불사하고 간청하고 나섰다.

결국 103명의 공신 가운데 78명이 삭훈되었고, 여기에는 나중에 정암 제거에 앞장섰던 남곤과 홍경주 등도 포함되었다.

이 일로 인하여 정암 일파와 훈구 세력들은 서로 물러설 수 없는 막다른 길목에 이르렀으며, 정암에게 치명적 일격을 당한 심정, 남곤, 홍경주 등은 은밀히 그를 제거할 음모를 진행시켜 나갔다.

훈구 세력의 대반격

당시 홍경주의 딸은 중종의 후궁으로 희빈의 자리에 있었다. 아버지의 부추김을 받은 홍 희빈은 수시로 중종에게 정암 축출을 건의하였다.

또한 심정은 중종의 다른 후궁인 경빈 박씨 측도 끌어들여, 궁중에 정암에 대한 악소문을 퍼뜨리도록 음모를 꾸몄다. 경빈 박씨는 반정 주도 인물인 박원종의 양녀로서 이들과 이해관계를 같이하는 사람이었다.

이뿐이 아니었다. 정암 제거에 자신들의 장래를 건 이들은 물불을 가리지 않고 결정적 타격을 가하기 위한 음험한 계략을 꾸미는 것도 불사하였다.

먼저 홍빈을 사주하여 궁궐 내에서 눈에 잘 띄는 나뭇잎마다 꿀물로 '주초위왕(走肖爲王)'이라는 글자를 써놓고 벌레들이 이를 갉아먹어 자연스럽게 만들어진 것처럼 위장하였다.

'주초'를 합자(合字)하면 '조(趙)' 자가 되므로 정암이 왕이 되려 한다는 것을 암시하여 왕과 궁중 세력으로 하여금 위기감과 분노를 가지고 그를 제거하게 하려는 것이었다.

얼마 지나지 않아 이런 글자가 새겨진 나뭇잎들이 여기저기에서 발견되기 시작했고, 급기야 이 사실이 중종에게 보고되었다.

중종은 정암과 신진 사류의 지나친 이상주의와 국왕까지 가르치려는 엄격성에 염증을 느끼고 있었던 데다, 그들의 급진적인 개혁 추진에 끌려가고는 있었지만 일말의 의심을 가지고 있던 차에 이런 불길한 내용을 보고받자 극도의 위기감을 느꼈다.

홍경주 등은 자신들의 계략이 점점 무르익어 가자 중종에게 사태의 전말을 직보하겠다는 간청을 넣어, 중종 14년(1519년) 11월 15일 밤에 은밀히 신무문을 통해 입궐하여 왕을 독대하였다. 원래 대궐 문을 여닫을 때는 이 사실을 입직 승지에게 알리고 열쇠도 승정원에 보관하도록 되어 있었다.

그런데 단 한 곳인 신무문의 열쇠만은 대궐 열쇠를 총괄하여 관리하던 사약방(司鑰房)에서 보관하고 있어서 이곳을 통하여 음모 세력들이 입궐하였다. 이날의 입직 승지가 정암 일파인 윤자임이었기 때문에 비상방법을 강구했던 것이다.

신무문을 통해 밤늦게 대궐로 들어온 사람들은 홍경주를 비롯하여 예조판서 남곤, 공조판서 김전, 호조판서 고형산, 병조판서 이장곤, 화천군 심정, 병조참지 성운과 윤희인, 손주, 방유녕, 홍숙 등이었다.

여기에서 특이한 인물은 이장곤이다. 그는 원래 정암을 후원하던 사람이었는데, 이즈음 신진 관료들의 지나친 독선과 급진적 개혁 성향에 반감을 가지고 있던 중 음모 세력의 충동으로 뒤늦게 참가한 것이었다.

남곤 등도 거사를 모의하면서 병조판서 이장곤을 포섭하지 않고서는 병력을 마음대로 운용할 수 없었기 때문에 갑자기 그들의 계획 속에 끌어들였다.

입궐한 이들은 곧바로 중종에게 달려가 정암 일파를 탄핵하였다. 탄핵의 내용인즉, "붕당을 만들어 조정을 농단하고 선배와 상사를 업신여기는 것은 물론 임금을 속여서 사사로운 이익만을 취하려 하여 국정을 문란시켰다."는 것이었다.

이에 중종은 마침내 정암 일파를 잡아들이라는 명을 내렸다. 이때 잡혀온 사람들은 조광조를 비롯하여 승지 윤자임, 공서린, 유인숙, 홍언필, 박세희, 박훈과 승정원 주서 안정, 예문관 검열 이구, 홍문관 응교 기준, 대사성 김식, 부제학 김구, 우참찬 이자, 형조판서 이정, 수찬 심연원 등이었다.

마침내 개혁의 기수가 꺾이다

정암 일파를 체포한 홍경주 등은 사태가 급박하여 일일이 국문할 수 없다는 핑계로 즉결 처분을 주장하였으나, 이장곤의 반대와 다소 노여움이 풀린 중종에 의해 의정부 대신들과 의논하여 처벌하기로 하였다.

이장곤으로서는 정암 일파의 독선적 행동에 제동을 걸 필요가 있다는 생각에 모의에 참가하였으나, 사태가 이렇게까지 발전될 줄은 몰랐다가 부랴부랴 불길을 진화시키려고 했던 것이다. 당황스럽기는 홍경주 등도 마찬가지였다. 정암을 죽이지 않고는 자신들이 안전하지 못하겠기에 극구 처형시킬 방도를 모색하였다.

그러나 정광필, 안당 등 의정부 재상들이 관대한 처분을 간청하여 날이 밝자 잡혀온 대부분이 석방되었으나 정암, 김정, 김식, 김구, 윤자임, 박세희, 박훈, 기준 등 8명은 부득이 국문을 받게 되었다. 잡혀온 이들은 모두 사심 없음과 억울함을 호소하였으나 16일 해질 무렵에 왕의 하교에 의해 조광조, 김정, 김식, 김구 4인은 사사하고 나머지 사람들은 유배시키기로 잠정 결정을 내렸다.

그런데 정암 등이 잡혀 들어간 사실이 알려지자 성균관 학생을 비롯한 수백 명의 유생들이 대궐까지 몰려들어 정암 등의 석방을 요구하며 연좌 농성을 벌였다. 이런 예상치 못한 사태에 극도로 분노한 중종은 주모자를 체포하고 나머지 사람들은 대궐 밖으로 내쫓게 하였으나, 서로 다투어 잡혀가기를 원하는 사태가 벌어져 감옥이 부족하여 다 수용할 수 없는 지경에 이르렀다.

이런 우여곡절 끝에 이날 밤 재상들과 일부 대신들의 간청에 의해 구속되어 있는 사람들은 모두 유배 조치하는 것으로 최종 결정이 내려졌다. 이에 따라 정암 등은 유배의 길을 떠나고, 조정은 홍경주 등의 세력에 의해 완전히 장악되었다.

김전은 우의정, 남곤은 좌찬성 겸 이조판서, 이장곤은 우찬성 겸 병조판서, 심정은 지의금부사, 홍경주는 판중추부사에 각각 임명되었다. 그리고 이들의 주장에 의하여 삭훈되었던 정국공신의 훈적이 다시 복권되었고, 향약의 기능을 정지하였으며, 현량과도 폐지하기로 하였다.

그러나 새로 관직을 맡은 일부 사람들이 정암 등의 사면을 주장하며 관직을 사양하고 조정 일각에서는 계속 그의 구명 운동이 일어나자 홍경주 등은 그의 지지 세력을 축출하고 후환을 없애기 위해 그를 죽이는 방법을 모색했다.

12월에 들어서자 홍경주 일파는 현량과가 불공평하게 실시되었으므로 현량과에 의해 등용된 사람들은 그 합격을 취소하고 파직해야 한다고 주장하면서, 정암을 두둔하던 영의정 정광필과 좌의정 안당을 탄핵하였다.

여기에다 일부 기회주의적 유생들이 정암 등을 처형할 것을 주장하는 상소를 올렸다. 이 중에 황계옥이라는 자가 있었는데, 이 사람은 한 달 전 정암이 투옥되어 있다는 소식을 듣고 성균관 학생들과 많은 유생들이 대궐로 몰려가 농성할 때 주동자로 잡히기도 했던 인물이었다.

그런데 불과 한 달 사이에 입장을 바꾸어 정암을 사지에 모는 일에 앞장서는 파렴치한 행위를 자행한 것이다. 처음에는 대의명분을 내세워 정암의 석방을 탄원하였으나, 그가 재기 불능 상태에 빠진 것을 깨닫게 되자 위험에 처한 사람을 짓밟고 자신의 연명을 도모한 것이다.

이처럼 점점 정암에게 불리하도록 여론이 조성되어 가자, 홍경주 일파가 장악한 대간에서 이 기회에 그의 동조 세력을 완전히 제거하기 위해 연이은 상소를 통하여 중종에게 계속 압박을 가했다. 이에 중종은 온건론을 개진하던 재상 모두를 물러나게 하고 훈구 강경파들인 김전·남곤·이유청을 각각 영의정·좌의정·우의정에 임명하였다.

이제 정암을 옹호해 줄 사람은 조정에 아무도 없었다. 그리하여 마침내 정암이 끌려간 지 1개월 만에 왕은 정암과 김정, 김식, 김구 등 4인을 사사하도록 지시하여 정암으로서는 돌아올 수 없는 길에 들어서고 말았으니 종종 14년(1519년) 12월 16일의 일이었다.

또, 윤자임 등 4명은 고도에 이배시키도록 하였으며, 대간에서 정암의 동조 세력으로 숙청을 요청했던 35명 중 18명을 처벌하였고, 현량과도 완전히 폐지했다.

이로써 5년여에 걸친 정암의 개혁 정치는 그의 죽음과 함께 허무하게 끝나 버렸다. 정암은 유배지인 전라도 화순 땅 능주에서 12월 20일에 사약을 받고 38세의 젊은 나이로 자신의 뜻을 펴나가는 길목에서 끝내 좌절하여 생을 마감하고 말았다.

조광조가 조선 사회에 던진 의미

정암의 이상주의적 왕도정치 이념은 그의 생명을 앗아가 버림과 동시에 좌절되었지만, 그 이후 조선 사회 통치 질서를 구획하는 모델이 되었다.

그는 조선시대의 사회 변화에 큰 분수령을 이루는 인물로서 역사상 실제로 존재한 시간 이상의 중요한 의미를 갖는다. 우선 정치적 측면에서 볼 때 사림을 정계의 주도세력으로 확실히 자리 잡게 만들었다는 점이다. 지방의 신흥 유학자 집단이었던 사림이 정치 무대의 주인공으로 등장하는 계기가 그에 의해 비롯되었으며, 그 이후 조선의 정치는 사림의 여론이 주축이 되어 전개되었다. 이는 결과적으로 왕권에 대한 신권의 강화로 나타났으며, 조선 사회가 관료적 지배 체계로 정착되는 토대가 되었다.

학문적 측면에서도 그는 성리학의 문예적 경향의 사조를 배격하고, 순수 이론적 연구의 방향으로 물꼬를 잡게 만든 장본인이었다. 그에 의하여 성리학의 이론 연구가 활발해져서 그가 만들어 놓은 이학(理學)적 풍토 아래 이황과 이이 같은 대학자가 속속 배출되어 독보적인 조선 성리학을 꽃피우게 되었던 것이다.

그는 자신의 시대를 도덕성이 무너진 위기의 시대로 진단했다. 연이은 정변과 사화로 인간의 진정한 가치가 무시되고 개인적 이해에만 집착하는 풍조가 생긴 것을 깊이 우려하였으며, 이를 바로잡기 위해서는 성현의 가르침에 입각한 도덕적 각성이 필요하다고 확신했다.

이를 위해서 먼저 천하의 근본이 되는 도(道)를 바로 세우고, 왕과 지도층이 먼저 그러한 가치를 엄격히 지켜야만 올바른 이상 정치가 실현될 수 있다고 강조했다.

그가 말한 도(道)라는 것은 '아무리 세상이 변하더라도 바뀌지 않는 근본 가치로서 그 연원이 하늘에 있으나 사람이 그 의지로 행하여야 하는 것'이고 '정치를 펴나가는 기본이 되는 것이며, 도를 행하는 요체는 정성스러움에 있다'고 하였다. 그는 실제 생활에서도 항상 의관을 단정히 하고 절제된 행동을 보여주었다.

어린 시절에 스승인 김굉필에게도 군자의 도리를 진언하여 감복하게 만들 정도로 그의 도학적 처신은 스스로에게도 엄격한 것으로 유명하다. 또한 그는 국가의 근본이 올바르게 서려면 임금이 도의 텃밭이 되는 마음을 다스리는 데에 정성을 다한 뒤에 '자신의 어려움을 고려하지 않는 충성스러운 신하'를 대신(大臣)으로 삼아 정치를 위임해야 한다고 주장했다.

그리고 정치라는 것은 마땅히 지향해야 할 도덕적 가치를 궁극적으로 실현하는 과정이므로, 그 지향하는 바가 아무리 선하고 고귀하다고 해도 다스리는 자가 스스로 이를 지키지 않으면 아무 소용이 없다고 갈파하였다.

그의 주장과 이론은 구구절절이 오늘의 시대에도 합당한 가치로 보인다. 그래서 그의 좌절이 더욱 안타깝지만, 당시대에서의 그의 실패 원인은 흔히 말하는 지나친 엄격함이나 급진성에서 찾기보다는 당시의 상황이 그가 추진한 왕도정치를 제대로 소화해 낼 만한 수준에 이르지 못했던 것으로 보아야 한다.

그가 믿었던 중종도 개혁에 대한 확고한 신념 없이 정암이 추진하는 내용을 따라가기에 급급하다가 스스로 한계를 느낀 시점에서 발길을 되돌렸던 것이 기묘년 그의 죽음과 비극의 실마리였던 것이다.

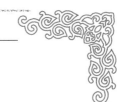

이황 조선 성리학의 대부

▶ **이황**은 학자이자 교육가이며 정치가였던 인물이다. 또한 그는 이언적의 주리설을 계승하여 주자의 철학을 이 땅에서 독창적으로 발전시킨 선도자이기도 하다. 그가 있기 전까지의 성리학은 조선의 통치 이념으로 채용되어 면면히 이어져 오기는 하였지만, 주자의 이론을 맹목적으로 추종하는 것에 불과하였다.

그러나 퇴계에 이르러 학문의 기본 정신에 충실하면서도 독보적인 이론 체계를 형성하고 발전할 수 있는 계기가 마련되었다. 그로부터 비롯된 분석적 학문 이론이 계속적으로 분화 발전하였기 때문에, 조선의 철학 사상은 퇴계의 영향을 무시하고는 생각할 수 없다.

그에 의하여 '리'와 '기'의 상호관계가 설명되었으며, 단순히 당위적 가치로만 인식되어 왔던 성리학의 기본 이념에 대한 심도 있는 고찰이 시작되었기 때문에 그는 넓게 보아 동양 철학사적 측면에서, 좁게는 조선 성리학 발전사에서 일대 전환점을 이룬 사람이다.

특히 성리학적 철학을 인성론에 적용하여 독창적인 이론을 전개하였으며, 이로부터 조선 정신 철학의 내재적 가치가 증폭되었다.

그의 철학적 사색에서 창조된 인간형은 당시 사회적 현실에 비추어 보면 평이하고 일반적인 유형이었지만, 시대가 요구하는 바람직한 모습이었다. 통치 질서에 부합되는 인간 모형을 도출해 냈기 때문에 보수적인 당시 체제를 유지하는 데 사상적으로 일조하였다고 볼 수 있는 그는, 서경덕이 상정한 창조적 인간 모형보다는 본질적 가치에 충실한 이념적 인간형을 더 선호하였다.

그는 절대선과 최고의 가치를 끊임없이 추구하면서 그 자신 그러한 삶의 모습에 충실하려고 노력한 실천 철학자였으며, 그 스스로 독행(篤行)을 올바른 삶의 방향으로 삼고 70 평생을 지행합일적 태도로 일관하였다.

그는 "글을 배우는 것은 마음을 바르게 하기 위한 것"이라고 하면서 학문하는 도리를 인간 본성의 회복에 두었으며, 그것을 실제 생활에서 실천하는 것을 중요시하였다.

아무튼 그는 주자 성리학의 뜻을 충실히 따르는 보수적 원칙론자이면서도 인간성 고찰이라는 독창성을 발휘하여 도덕적 실천 철학을 구축하여서 그 후 면면히 이어진 영남학파의 비조가 되었다.

일본에서까지 학문의 스승으로 추앙받아 그에 대한 연구가 지속되었을 정도로 대유학자이면서도, 평생 동안 자신을 잘 드러내지 않고 타인의 견해 속에서 진리를 구하고 수용하려는 자세를 가졌던 대기만성형 학자의 전형이다.

온유한 성품을 타고난 사람

퇴계 이황은 조선 10대 왕인 연산군 7년(1501년) 경북 예안군(지금의 안동군)에서 아버지 진사 이식과 어머니 박씨 사이에서 7남 1녀 중 막내로 태어났다.

어렸을 때 이름은 서홍이었고 자는 경호요, 호는 퇴계이며 본관은 진성이다. 그는 조선 성리학의 교량적 역할을 한 인물로서 조광조보다는 19살, 서경덕보다는 2살 어렸지만 기대승에 비해서는 26살, 이율곡에게는 35살 연상이었다.

그의 아버지는 그가 태어난 지 7개월 만에 40세의 젊은 나이로 사망하여, 퇴계는 당시 32세였던 홀어머니 밑에서 자라났다. 당시는 연산군의 폭정으로 세상이 혼란했던 시절이었던 만큼 여자 혼자의 몸으로 어린 자식들을 데리고 살아가야 했던 그의 어머니의 고생은 이루 말할 수 없었다. 그러나 그녀는 자식들에게 항상 이렇게 말하면서 온갖 정성을 다하면서도 엄하게 가르쳤다.

"세상 사람들은 과부의 자식들은 배운 것이 없다고 비난하는 법이니, 너희들은 남들보다 몇 배 더 노력하여 공부해야 한다. 그렇지 않으면 그러한 비난을 면할 수 없다."

이러한 홀어머니의 훈도를 따라 퇴계의 형제들은 모두 열심히 학업에 정진하여 나름대로 성공할 수 있었다.

퇴계는 어려서부터 공손하고 온유하였으며, 항상 스스로 옷차림을 단정히 하여 거칠거나 게으른 기색이 없었던 조숙한 아이였다. 타고난 천성부터가 너무나 깨끗하고 착하기만 한 것이 도무지 어지러운 세상에 어울리지 못할 것처럼 보여서 그의 어머니는 가끔 그에게 말하기를 "나중에 관직에 나가더라도 너는 조그만 지방의 수령이라면 몰라도 중앙의 큰 직책은 맡지 말아라. 세상 사람들이 너와 같은 성품을 용납하지 못할 것이 걱정된다."고 말할 정도였다.

따라서 그는 『소학』을 읽기 전부터 이미 그 몸가짐이 『소학』을 배워 그

가르침을 실천하는 것처럼 보였다 한다.

어려서부터 도연명의 전원적인 시 세계를 좋아하였는데, 그 까닭은 퇴계 자신의 심성이 원래 조용하고도 깨끗하여서 목가적인 전원시에 자연스럽게 이끌렸던 것이다.

그가 온화 겸양한 성격의 소유자인 것은 분명하였지만, 감수성이 예민하고 기가 약한 면도 있었던 것 같다. 다음은 8살 때의 일화이다.

손위 형이 손을 베어 피를 흘리자 그는 형을 껴안고, 정작 다친 형보다 더 아픈 것처럼 울었다고 한다. 이 모습을 본 어머니가 "다친 형은 울지 않는데 네가 왜 우느냐?"하고 물었다.

퇴계는 계속 눈물을 흘리며 "형이 울지는 않고 있지만 저렇게 피가 나는데 얼마나 아프겠습니까?"하고 대답했다. 이렇듯 퇴계의 어질고 착하면서도 유약하고 소심한 성격은 태생적이었다.

퇴계는 12세 때부터 숙부인 송재(松齋) 우(㝢)에게서 학문을 배웠다. 송재는 그때 관직에 있던 사람으로 바쁜 와중에도 어린 퇴계 형제들에게 성심을 다하여 가르침을 주었던 훌륭하고도 엄격한 스승이었다.

송재는 영민한 조카들을 친아들처럼 아끼며 훈육했는데, 특히 어린 퇴계를 가장 사랑했다. 이런 숙부 밑에서 『논어』를 배우던 퇴계가 어느 날 문득 '리(理)'라는 글자의 의미를 물었다. 숙부가 곧바로 답을 주지 않자 혼자 한참을 궁리하더니 "일의 옳은 것이 '리'입니까?"하고 되물었다. 숙부는 스스로 깨우친 어린 조카의 이해력에 감탄해 마지않았다.

어려서부터 깊이 사색하고 스스로 깨우치는 천재성을 보였던 퇴계는 선친이 물려준 장서를 독파하면서 계속 학문에 정진하였다.

사임과 복직이 반복된 관직 생활

퇴계는 19세 때『성리대전』을 읽고 성리학의 진수를 접한 후, 유학을 제대로 공부하고 우주와 인생의 문제를 깨닫기 위해서는『주역』연구가 필수적이라고 생각하여 20세 때는『주역』을 공부하느라 거의 침식을 잃을 정도였다고 한다. 이 시기에 지나친 학문 탐구로 건강을 해쳐서 평생토록 소화 기능이 좋지 않아 고생을 하였다.

21세 때에는 문관 출신인 허찬의 외동딸과 결혼한 후, 23세에 한성으로 유학하여 성균관에서 공부했다. 당시는 기묘사화라는 큰 변을 당한 후라서 젊은 유생들도 허탈감에 젖어 진지하게 공부하려는 분위기가 없었다. 그는 이 시절 진서산이 저술하고 황돈이 주를 붙인『심경부주(心經附註)』라는 책을 탐독하였는데, 그 내용은 옛 성현들의 심오한 어록을 기록한 것으로 이른바 심학(心學)의 대표적 서적이었다.

그러나 이 책은 내용이 상당히 난해하여 해독하기조차 어려웠지만, 퇴계는 깊은 사색을 통해 오랫동안 음미하면서 독서하여 그 뜻을 스스로 깨우쳤다.

이『심경』은 그 후 깊은 사색을 강조하는 퇴계 철학의 근원적 바탕이 되었다. 퇴계는 말년에도『심경』을 읽는 것으로 하루를 시작하였고, 마음공부를 시작하는 후배들에게 철학적 사색의 길잡이로서 항상『심경』을 권했다. 또 66세 때는『심경후론』을 지음으로써 평생에 걸친『심경』연구를 마무리하기도 했다. 따라서 퇴계의 사상을 이해하려면『심경』에 대한 이해가 선행되어야 한다.

이렇게 학문에 정진하던 퇴계였지만 과거에는 인연이 없었던지 24세 때에는 연속하여 세 번이나 불합격하였다가, 27세인 중종 22년(1527년)

에야 경상도 향해진사시에 수석 합격하고 이듬해 봄에는 한성 진사회시에도 합격하였으나 방이 나붙기도 전에 귀향했다.

과거에 처음 합격하던 해에 첫 부인과 사별한 후 30세에 권질의 딸과 재혼했지만, 그는 그때까지도 백면서생으로 학문에만 몰두하고 있었다.

과거 시험에 나가보라는 주위의 권고가 계속되자 32세에 다시 과거에 응시하여 문과 초시에 합격하였고, 이듬해에는 또다시 경상도의 향시에 장원 급제한 후에 34세 되던 해 3월에야 문과에 최종 합격하여 승문원 부정자(副正字)로 관직 생활을 시작하였다.

그 이듬해에는 왜구 포로 호송관으로 차출되어 임무를 수행하면서 왜인들의 요구나 불평을 알게 되었고, 이때의 경험으로 그는 일본의 실태나 성향 등을 깊이 파악하여 일본에 대한 대응책을 남다르게 강구하였다. 36세 때는 호조좌랑을 지내다가 그 이듬해 어머니 박씨가 세상을 뜨자 사직하고 귀향하였다. 모친의 3년상을 마친 후 39세에 홍문관 지제교로 다시 복직하여 여러 관직을 역임하다가 42세에는 어사로서 충청도와 강원도를 순찰하기도 하였다.

그해에 사헌부 장령을 거쳐 이듬해에는 성균관 대사성에 임명되었지만, 건강상 이유로 사직하고 다시 귀향하였다. 그러나 반년도 지나지 않아 출사의 명을 받아 관직에 다시 돌아왔고, 이 사이에 중종과 인종이 잇달아 죽어서 나이 어린 명종이 등극하게 되었다.

명종 원년에는 퇴계에게 가정적으로 불행한 일들이 발생하였는데, 그 하나는 재혼하였던 두 번째 부인 권씨가 사망한 것이다. 퇴계는 처복이 없었던 셈이다. 다만, 첫 번째 부인 허씨는 부잣집 외동딸로 꽤 많은 재산을 남겨주어 그에게 경제적 뒷받침이 되었다.

또 그해의 을사사화에서 바로 손위 형인 해(瀣)가 희생되기도 하여, 퇴계로서는 참혹스러운 한 해였다. 이렇게 고통스러운 일들을 겪자 그렇지 않아도 벼슬길이 탐탁지 않았던 그는 그해 11월에 다시 사직하고 고향에 칩거해 버렸다. 이때 토계(兎溪)라는 고향 냇가의 동편 바위 옆에 조그마한 집을 지어 양진암이라고 이름을 정하고는 냇물의 이름도 퇴계(退溪)로 고치고 아예 자기의 호로 삼았다.

'퇴계'는 '물러가는 시냇물'이라는 뜻인데, 그 자신은 '학문은 구할수록 오히려 멀어진다'는 뜻으로 지었다고 한다.

사직하기 얼마 전 대마도주로부터 화평조약을 맺고 싶다는 의사 표시가 있었는데, 당시 조정은 일본의 화의 요청을 거절해 버렸지만 퇴계는 유일하게 온건책을 건의하였다. 이때 퇴계의 건의는 그의 일본에 대한 인식을 잘 알 수 있는 사례이기 때문에 살펴볼 필요가 있다.

"북방에서 여진족의 침입이 염려되는 때에 남쪽의 일본을 자극하다가는 남북 양쪽에서 외침을 당하는 국가의 불행이 예상되기 때문에, 왜인들을 함부로 도전하지 못하도록 단속은 하되 한편으로는 달래서 남쪽에 대한 걱정을 줄일 필요가 있다."는 것이 그의 주장이었다.

이 같은 그의 판단은 예전에 호송관 임무를 하면서 일본의 움직임을 예의 주시한 결과 얻게 된 것이었는데, 그 후의 사태 진전 상황으로 보면 탁월한 선견지명이었다. 그러나 당시 조정은 권력 암투에만 몰두하여 '있지도 않은 국경 불안을 떠들어 공연히 민심만 어지럽힌다'라고 오히려 그를 무고하기까지 하였다. 어쨌든 그는 사직 후 1년여 동안 양진암에서 또다시 학문 연구에 정진하였다.

48세인 명종 3년(1548년)에 다시 조정의 부름을 받고 이번에는 지방관으로 나가서 단양 군수와 풍기 군수를 역임하다가 이듬해 12월에 병을 얻어 다시 사직하고 고향으로 돌아갔다.

단양 군수 시절에는 둘째 아들이 세상을 떠나서 그에게 슬픔을 더해주었지만 기생 두향과의 로맨스도 있었고, 풍기 군수 시절에는 조선 역사상 중요한 의미를 가지는 교육사업의 뿌리를 내리는 일을 하게 된다.

전임자 주세붕이 설립한 '백운동 서원'에 대한 나라의 지원을 요청하여 전지(田地)와 서적을 지급받아서 지방 자체의 교육기관으로 육성시켰던 것이다. 이것이 전례가 되어 각 지방에 서원이 만들어졌으니, 그는 조선 교육 행정에 큰 공을 세운 셈이며 미래의 발전을 미리 준비하는 선구자적 역할을 수행한 것이다.

비록 조선 말기에 가서는 폐단이 생겼지만 서원이 제 기능을 충실히 하던 시기에는 사대부 여론의 중심이자 지방 교육의 중추 역할을 하였다.

조선 후반기에는 서원의 교육 기능이 강화되어 중앙보다 지방의 학문 수준이 더욱 향상되는 문화적 역전 현상이 빚어지기도 하였다.

본격적인 저술 활동

고향에 돌아온 퇴계는 한서암이라는 공부방을 다시 짓고 독서와 사색의 생활에 들어갔다. 이 기간 동안 그는 『주자전서』 연구에 몰두했는데 말년의 철학적 사색은 이 책을 근간으로 하였으며, 그의 심오한 사상적 깊이도 여기서 더욱 힘을 얻게 되었다.

이러한 연구를 바탕으로 53세 때 『천명도설 후서(天命圖說後敍)』를 썼고, 56세에는 『주자서 절요』를 편저하였으며, 57세에는 주자가 지은 『역학계몽』에 대한 해설서격인 『계몽전의』를 저술하고, 59세에는 『송계원명이학통록(宋季元明理學通錄)』이라는 주자 연구의 결정판을 세상에 내놓았다. 아무튼 이때 2년여 한적한 연구 생활에 몰두하던 그가 다시 조정의 부름을 받은 것은 명종 7년(1552년)으로 그의 나이 52세 때였다. 그는 사헌부 집의로 복직한 후 여러 관직을 역임하다가 4년 후인 명종 11년(1556년)에 건강상의 이유로 또다시 사직하였다.

그 후 한동안 고향에 칩거하여 앞서 언급한 작품들을 저술하며 학문 연구에 정진하다가 사직한 지 2년 만에 다시 성균관 대사성으로 임명되어 관직에 다시 출사하였다.

이렇게 사임과 복귀를 반복했던 것은 그의 건강상의 이유도 있었지만, 퇴계를 필요로 하는 조정의 요청에 대해 그의 기질상 강력한 거절의 태도를 보이지 못했기 때문이었다. 대사성에 임명된 지 2개월 후 공조참관이 되었으나, 관직에 큰 뜻이 없던 그는 또다시 사임하고 말았다.

이제 59세가 된 퇴계는 본래 체질이 약하고 병도 많았지만 관직을 떠나 있을 때에도 편히 쉬기보다는 계속 공부에만 매달려 있었기 때문에 어지럼증을 많이 느꼈고, 특히 안질에 시달렸다.

이 시기에 그는 몸이 불편한데도 왕성한 저작 활동에 임해서 『도산기』, 『정암선생행장』, 『심무체용변(心無體用辨)』, 『심경후론』 등을 저술하였다.

그 후 7년여 동안 관직에 나가지 않았지만, 왕의 부름이 여러 차례 계속되자 어쩔 수 없이 명종 21년(1566년)에 66세의 나이로 공조판서를 제수받아 다시 출사했다.

명종은 퇴계가 관직을 계속 사양하자 "어진 이를 부르나 오지 않음을 탄식한다."는 글제로 유생들에게 글을 짓게 하기도 하고, 은밀히 화공을 퇴계 은거지로 보내어 그곳의 풍경을 그려오게 해서 당시의 명필인 송인에게 퇴계가 지은 『도산기』와 『도산 잡영』을 그 위에 쓰게 하고는 병풍을 만들어 방에 두고 쳐다보면서 그를 그리워했다고 한다.

재출사한 그 이듬해 예조판서를 거쳐 선조 원년(1567년)에는 의정부 우찬성을 역임한 후에, 그 다음해 예문관 대제학을 마지막으로 완전히 관직 생활을 청산하고 고향으로 돌아갔다.

사임하기 전에 그는 어린 왕의 치도에 도움을 주기 위해서『무진육조소(戊辰六條疏)』와『성학십도(聖學十圖)』를 지어 바치기도 했다.

일반적으로 퇴계가 학문에만 몰두하여 은둔 생활을 영위한 것으로 알고 있지만, 그는 여러 차례 사직과 복귀를 반복하면서도 40년 가까이 관직에 있으면서 네 임금을 섬겼다.

마지막 퇴임 시에는 율곡까지도 적극 만류하였으나, 병도 깊고 벼슬보다는 자연과 학문이 더 그리웠던 퇴계는 결국 고향으로 돌아갔다. 당시 조정에는 어린 새 왕이 등극한 처지라서 퇴계 같은 중후한 대신이 남아 있어주기를 원하는 공론이 높았지만, 그는 그때 물러날 시기임을 알았던 것이다. 나중에는 관직에 나오지 않더라도 한성에 머물러 자문역이라도 해줄 것을 요청했으나, 이 요청마저 모두 사양하고 낙향했다. 그리고 다음해 11월에 종가 제사에 참석한 후 감기에 걸려서 내내 고생하다가 12월 8일 오후에 일어나 앉은 자세로 홀연히 숨을 거두니, 그의 나이 70세의 겨울이었다.

임종하기 나흘 전에는 자신이 죽은 후에 묘지 앞에 세울 비문의 내용을 손수 지어서 남기기도 하였고, 죽던 날 아침에 마지막 남긴 말은 서재에 있는 매화나무에 물을 주라는 말뿐이었다 한다.

겸양하며 원칙에 충실한 성품

퇴계의 성품은 앞서 언급한 대로 온유, 겸양하고 마음이 약한 일면이 있었다. 사람을 만날 때에는 아무리 젊은이라고 하여도 '너'라고 부르는 법이 없이 경의를 다하였고, 첫 인사는 반드시 부형의 안부를 묻는 것이었다.

제자가 대단치 않은 질문을 해도 찬찬히 생각하여 성의껏 답변하였고, 다른 사람의 말에 찬성할 수 없을 때에도 틀렸다고 공박을 하지 않고 서서히 자신의 의견을 말하면서 동의를 구하는 태도를 견지했다.

이렇듯 퇴계는 평생을 겸허한 자세로 일관하면서, 긍지가 지나침이 없도록 항상 스스로를 경계하며 살았다. 또 막히지 않고 밝은 것을 좋아하는 성미라서 주거지 근처의 수목도 항상 잘 다듬어, 그늘이 져서 앞이 가려지지 않도록 하였다.

또 그는 현유들의 공통된 생활태도 그대로 검소한 자세로 살았는데, 평상시에도 부들로 만든 자리에서 삼베옷을 입고 살았다 한다. 그가 거처하고 제자를 가르쳤던 완락재도 사방 모두 3미터도 안 되는 협소한 곳으로서 당시 영천 군수 허시가 그곳을 찾았다가 좁고 허름한 모습에 걱정 겸 탄식을 하기도 했다.

처가들이 모두 부유하여 부단히 경제적 도움을 주려고 했지만 받으려고 하지 않았고, 대궐에 출입할 때도 헌(軒)을 사용하지 않고 말을 타고 다녔다.

김이정이라는 사람이 노새를 선물한 적이 있었는데 부모가 살아 계신 사람에게서 그런 것을 받을 수 없다고 거절하였으며, 사람을 사귐에 있어서 물질보다 마음으로 통하면 된다고 말했다고 한다.

한번은 장남 준이 지방 관리로 있으면서 나이든 아버지의 생활에 불편함을 덜어드리려고 일용품을 실어 보내자 이황은 정당치 못한 방법으로 얻은 물건이 아닌가 의심하여 못마땅하게 생각한다는 뜻의 서신을 보낸 적이 있었다. 그 편지의 내용에 다음과 같이 아들을 훈도하는 글이 있었다.

"빈궁함은 선비의 예사로운 일이다. 그렇기 때문에 개의할 문제가 아니다."

또한 약삭빠른 처신을 경계하여 세상사 규범은 고지식할 정도로 철저하게 지키는 것을 당연한 도리로 알았다.

도산 서당 앞 낙천에 많이 살고 있는 은어를 보호하기 위해 관에서 고기 잡는 것을 금하자 아예 그 근처를 내왕조차 하지 않는 결벽함을 보였으나, 반면에 관청에서 부역령이 있으면 누구보다 앞장서 나갔다.

또 일반적으로 퇴계는 적극적이거나 세찬 면이 부족한 것으로 알려져 있지만, 국가 대사에 있어서 강한 신념을 피력한 일면도 있다.

42세 때 어사로 충청도를 순찰하고서는 탐관오리를 추상같이 숙청할 것을 건의하였으며, 말년인 68세 때에는 경연석상에서 왕에게 기묘사화의 치죄가 잘못되었음을 역설하여 이미 고인이 되었지만 조광조를 모함한 남곤, 심정 등의 관직을 박탈케 하는 강골을 보여주기도 하였다.

그리고 항상 왜구에 대해 근심하고 그 대책을 강조하여 장차 일본에 의해서 일어날 나라의 환난을 미리 예견하는 선견지명을 보였으며, 붕당의 해독에 대해서도 그것이 본격화되기 전에 이미 수차 진언을 했었다.

퇴계는 이미 노대가가 된 말년에도 자기의 잘못을 스스로 고치는 일에 인색하지 않았으며, 평생을 독서와 사색으로 일관하면서 서재의 벽에는 오로지 학구에만 일로매진하려는 자신의 마음을 담은 다음과 같은 표어를 붙여놓고 자신을 채찍질하였다.

"번거로움을 구하는 데는 고요함만 한 것이 없고, 졸(拙)한 것을 구하는 데에는 부지런함만 한 것이 없다."

이황의 철학과 사상

퇴계는 우주 현상을 형이상의 '리(理)'와 형이하의 '기(氣)'의 상호 의존관계에서 설명하는 주자의 철학을 철저하게 계승하였다.

그에 의하면 '리'는 '기'를 움직이게 하는 근본 법칙이고, '기'는 '리'의 법칙에 따라 구상화(具象化)되는 존재라는 것이다.

모든 만물에 '리'와 '기'가 이원화되어 있으면서 양자 모두가 사물을 능동적으로 변화시킬 수 있다는 '이기호발설(理氣互發說)'이 그 사상적 핵심이다. 즉, '기'도 발하고 '리'도 발할 수 있다는 것인데, 이 점에 있어서 발하는 것은 오로지 '기'뿐이고 '리'는 여기에 타는 것이라는 율곡의 생각과는 근본적으로 다르다.

그는 '리'가 발하여 '기'가 따르는 것을 '사단(四端)'으로서 순수한 선이라고 보고, '기'가 발하여 '리'가 타는 것을 '칠정(七情)'이라고 하여 인간 존재를 선과 악이 혼재된 상태로 인식하여 인간의 마음 작용도 두 가지로 구분하였다.

'사단'이라는 것은 본디 맹자의 실천 도덕의 근간인 인의예지에서 비롯된 측은지심·수오지심·사양지심·시비지심을 말하며, 7정은 예기와 중용에 나오는 희(喜)·노(怒)·애(哀)·구(懼)·애(愛)·오(惡)·욕(慾)을 말한다. 즉 인성에 있어서 본연의 성인 '사단'과 기질의 성인 '7정'이 서로 다르므로

'사단'이 '7정'을 이끌어 가면 도덕적 행동이 되지만, '7정'이 앞서면 부도덕하게 된다고 보았다. 따라서 사람은 '사단'이 마음의 중심이 되도록 수양해야 도덕군자가 될 수 있다고 믿었다. 그에 따르면 '인심'의 수양을 통한 '도심(道心)'의 구현이 궁극적 목적이 되는 것이다.

그는 결국 인간의 존재와 본질의 문제를 행동적인 면에서보다 이념적인 견지에서 추구하였으며, 인간의 순수 이성은 절대선이므로 이에 따르는 것이 최고의 덕이라고 생각하였다.

그의 이러한 '이선기후(理先氣後)', '이귀기천(理貴氣賤)' 사상은 기대승과의 8년에 걸친 논쟁을 걸치면서 '사칠변론(四七辯論)'의 서막이 되었다. 기대승은 '리'와 '기'는 관념적으로 구분할 수 있지만 구체적인 마음의 작용에 들어가면 구분할 수 없다는 '이기공발설(理氣共發說)'을 주장한 바 있다.

퇴계 철학은 "진리는 평이, 명백한 일상에 있다."는 신념에 기초한다. 그래서 그가 해석한 인간 유형도 평범하고 말없는 다수가 동의할 수 있는 평이한 인간상이었다. 또 이치를 탐구하고 실천하는 데 철두철미하게 '공경' 하나로 일관해야 한다고 강조했다.

'공경'하는 마음만 있으면 모든 이치가 결국에는 밝게 드러날 것이고 심상(心象)도 안정되게 되어 모든 일의 처리에 걸리는 것이 없다고 설파하였다. 즉, '경(敬)'은 곧 '심(心)'을 주재하는 정신으로 천리와 인간의 본연성이 '경'을 통하여 일심으로 합일할 수 있다는 것이 그의 중심 생각이었다.

이러한 그의 천인합일 이론은 우주의 변화를 인간의 마음에 연관시켜 고찰하던 조선 철학 정신의 지주가 되었던 것이다. 결국 퇴계의 인생과 학문의 궁극적인 근거는 '공경'에 있었고, 그는 평생토록 이 '공경'의 가치를 실천하며 살아갔던 것이다.

이 이 거레의 영원한 스승

▶　　　　율곡 이이는 현실 정치가이면서도 위대한 사상가였다. 자신이 배운 학문을 활용하여 적극적으로 관직에 나가서 민생 안정과 제도 개혁을 위하여 전심으로 노력하였고, 은퇴하여서는 후배 양성과 사회교화에 최선을 다했다.

그는 일찍이 신분차별의 벽을 해소하려고 애썼으며, 남을 공경하는 것을 내 몸 아끼는 것보다 더한 정성으로 대하였다.

처가에서 사준 집을 팔아 가난한 친척을 구휼하였고, 얼굴도 알지 못하는 먼 촌수의 여동생이 어려울 때 녹봉을 털어 도와주었으며, 그녀가 죽었다는 소식을 듣고는 상복을 입고 슬퍼하기도 했다고 한다. 그의 착하고 어진 성품은 천성적으로 타고난 것이었으며, 감수성이 강하고 순정적인 경향도 있어 어머니 사임당과 외할머니 이씨에 대한 애정은 효성이상의 것이었다.

이렇듯 극히 인간적인 그였지만, 동·서 파당 대립의 정치 현실에서는 양쪽 모두에게서 의심과 공격을 받는 불행을 당해야만 했다.

지공무사한 그의 자세가 오해하는 사람들에 의하여 모호하고 편파적인 것으로 비난받았으며, 일을 끊임없이 찾아서 끝까지 추진하는 그의 업무 수행 태도는 당시의 안일한 조정에서 공연히 없는 일을 만드는 위인으로 비판받기까지 하였다.

그는 이러한 세태 속에서 무엇 하나 제대로 되는 일이 없는 것을 항상 한탄하였으며, 정치 지도자들이 먼저 바로 서야 백성을 제대로 다스릴 수 있다고 주장하였다.

그리고 백성을 잘 먹인 후에 교육을 시켜야 다스림이 통하는 것이지 배를 주린 후에는 아무 소용이 없다고 하는 민생 치도의 철학을 끊임없이 강조하였다.

일찍이 외적의 침입을 예견하여 10만의 양병을 주장하는 혜안을 보였으나, 이 또한 무사안일한 당시 조정의 부족한 인식에 밀려 실현되지 못하였다.

그 후에 전 국토가 외적의 발아래 짓밟히는 참화를 당한 것을 생각하면 통분을 금치 못할 일이다. 그가 강조한 유비무환의 자세는 비단 당시뿐만 아니라 조선 말기에도 해당되었으며, 대한민국 건국 초기 미증유의 동족상잔의 비극을 당했던 사실에 비추어서도 국가 지도자들이 항상 귀담아 두어야 할 내용이다.

그는 자기의 생각을 남에게 강요하기보다 스스로 솔선수범하는 실천 철학자였으며, 그 과정을 통하여 세상에 참된 도(道)가 실행되기를 바랐던 민족의 스승이었다.

총명한 어린 시절

율곡 이이는 조선 11대 왕인 중종 31년(1536년) 강릉부 북평촌에서 태어났다. 자는 숙헌이고, 호는 한때 기거하였던 파주 지방의 지명을 따서 율곡이라고 하였다.

지금의 오죽헌(烏竹軒)이라 불리는 외갓집에서 태어난 그는 6세 때 본가인 한성 수진방(현 수성동)으로 오기까지 그곳에서 자랐다. 그의 어머니 신사임당이 율곡을 낳던 날 태몽을 꾸었는데, 검은 용이 바다에서 날아와 침실 쪽 마루 천장에 서리는 것이었다. 잠에서 깨고 얼마 후 그가 태어났다고 해서 어릴 적 이름을 현룡이라고 하였고, 그때의 산실(産室)을 지금에 와서도 '몽룡실'이라고 부른다.

이(珥)라는 이름은 율곡이 11세 때 아버지가 큰 병을 앓던 중 꿈을 꾸었는데, 백발노인이 율곡을 가리키며 "이 아이는 동국(東國)의 대유(大儒)이니 이름을 구슬 옥(玉) 변에 귀 이(耳) 자를 붙여 짓도록 하라."고 현몽하여 개명하게 되었다고 한다.

율곡의 본관은 덕수 이씨로서 고려 때 중랑장을 지낸 이돈수를 그 시조로 한다. 율곡의 집안은 조선조에 들어서도 계속 관직에 종사하던 명문가였으나, 그의 아버지 이원수는 율곡 출생 당시 아직 벼슬길에 나가지 못했던 평범한 서생이었다.

율곡이 태어난 외가는 마당에 검은 대나무가 무성하게 자라나는 대갓집으로서 세종 때 이조참판을 지낸 최치운이 건축한 것이었다. 그의 아들 최응현 대에 와서 사위인 이사온에게 물려주었는데, 이사온도 사위인 신명화에게 상속하였고, 신명화도 아들이 없자 맏사위인 권화에게 물려주었다. 권화 대에 와서 아들인 권처균에게 상속하였고, 그에 의해 당호가 오늘날 전해지는 대로 오죽헌이라 명명되었다.

신명화가 율곡의 외조부이고 권화가 이모부이며 권처균이 이종사촌이다. 외조부 신명화는 율곡의 양친이 결혼하던 해에 세상을 하직하여,

그는 외조모 이씨의 사랑 속에 어린 시절을 보냈다.

율곡의 어머니 형제들은 아들이 없고 딸만 다섯이었는데 그 부모들은 총명한 둘째 딸 사임당을 특히 사랑했고, 이에 따라 율곡에 대한 애정도 남달랐다. 천성적으로 효성이 지극하였던 어머니를 닮아 율곡도 이 외할머니에 대한 효심이 깊어, 이조좌랑 시절에는 할머니가 위독하다는 소식을 듣고는 사직하고 강릉으로 달려갈 정도였다.

율곡의 총명함 또한 어려서부터 남다른 데가 있었다. 3세 때 외조모 이씨가 석류 열매를 보이며 "무엇 같으냐?"고 묻자 옛 시를 인용하여 "부서진 빨간 구슬을 껍질이 싸고 있다."라고 대답하여 감탄케 하였다. 겨우 말할 나이에 이미 글까지 깨우쳤던 것이다.

4세 때는 『사략』의 첫 권을 배우면서, 스승이 구두점을 잘못 붙인 것을 찾아낼 정도로 영특하였다.

7세 때는 이웃에 사는 인물을 평하는 「진복창전」을 지었는데, 그를 소인으로 치부하면서 장차 큰 화를 일으킬 사람으로 지목하였다. 과연 진복창은 을사사화 때 갖은 악행을 저질렀다. 율곡의 예언이 그대로 적중된 셈이니, 어릴 때부터 그의 뛰어난 안목은 가히 놀랍다고 할 뿐이다.

8세 때는 파주의 임진강변에 있는 '화석정'을 두고 시를 지었는데 그 형식이나 내용에 있어서 훌륭하기 그지없었고, 10세 때 지은 「경포대부」는 마치 인생을 달관한 사람의 작품으로 생각될 정도였다. 13세인 명종 3년(1548년)에는 소과인 진사시에 합격하였으나, 어린 나이에도 과거만을 위하여 학문하는 것을 탐탁지 않게 생각했다. 이 생각은 그의 일생에 걸친 신조이기도 하였다.

구도의 금강산행

16세가 되던 해 여름에 가장 존경하던 어머니 사임당이 별세하자 그는 하늘이 무너지는 것 같은 충격을 받았다.

그때 조운 업무를 담당하던 아버지가 관서지방으로 출장을 가게 되자 세상의 견문도 넓힐 겸해서 12살 손위인 맏형 선과 함께 따라갔는데, 그들이 돌아오는 도중에 사임당은 기다리지 못하고 48세를 일기로 세상을 떠나고 만 것이다. 사임당이 마지막 숨을 멈추던 그 시각에 율곡 일행은 서강 나루에 와 있었다 하니, 지척에 있으면서 사랑하는 어머니의 임종을 지켜보지 못한 그의 한스러움은 이루 말할 수가 없었다.

파주 선산에 어머니를 묻고 3년 동안의 시묘살이를 마친 후에도 율곡은 인생의 허무함을 지울 수가 없었다. 생과 사를 포함하여 인생의 모든 일이 부질없는 듯했고, 아무리 생각하여도 뜬구름 같은 삶의 의미를 찾을 길 없었던 젊은 율곡은 어느 날 봉은사에서 불교 서적을 읽다가 돈오(頓悟)의 구절에서 섬광 같은 깨우침을 얻게 되었다.

돈오법은 참선을 통해 진리를 한순간에 깨닫게 된다는 불교 사상으로 이것이 그동안 고민해 왔던 자신의 문제를 해결해 줄 수 있는 궁극적인 방법으로 느껴졌다.

사실 율곡은 그의 아버지가 불경을 좋아해서 어려서부터 자연히 불경을 많이 접했는데, 특히 어렵다는 『능엄경』을 가장 좋아했다 한다. 어려서부터 불교를 접할 수 있는 환경에서 자라온 데다가 어머니를 잃은 허무한 마음을 달래려고 절을 자주 찾았는데, 죽은 자의 영혼을 천복(薦福)할 수 있다는 가르침에서 불교에 더욱 마음이 끌렸던 것 같다. 그리하여 율곡은 19세 되던 해 봄에 뜻을 세우고 금강산에 들어가서 불교의 진리를 구하는 길에 매달려 보기로 작정하였다.

익히 알다시피 조선은 억불정책에 의하여 선비라도 한번 불교에 귀의하면 관직으로는 영영 길이 막혀 버리던 사회였다. 따라서 웬만한 결단이 아니고는 엄두도 내지 못할 행동을 율곡은 실행하였던 셈이다.

주위의 놀라움과 만류는 당연한 일이었다. 그러나 명리(名利)에는 이미 관심이 없었던 율곡은 오로지 참된 진리를 찾아 끝내 금강산으로 들어가 버리고 말았다.

금강산의 마하연에 있는 참선 도량을 찾아간 그는 일체의 세속적인 관심을 끊고 진리 탐구에만 정진하였다. 사실 이 금강산행은 불교에 완전히 귀의하기 위한 것은 아니었다.

그가 떠나기 전 친구들에게 보낸 편지에서 "타고난 기를 잘 길러서 도리를 깨우치고, 다만 우매하고 광망스럽게 되지 않기 위함"이라고 하면서 "공자께서 슬기로운 사람은 물을 좋아하고 어진 사람은 산을 좋아한다고 하여서 기를 기르기 위해 산수를 찾아가는 것일 뿐"이라고 적은 것을 보면, 불교에 완전히 귀의하기 위해 금강산행을 단행한 것은 아님을 알 수 있다.

그로서는 돌아가신 어머니에 대한 그리움과 인생의 허무함으로 인한 답답하고 괴로운 심정을 털어버리고 대자연의 웅혼한 기상을 받아들이고 싶었던 것이다. 그러한 그의 심정은 입산하면서 지은 「동문을 나서면서」라는 시에 잘 나타나 있다.

그러나 불교에 대한 호기심과 기대를 가지고 호연지기를 기르기 위해 찾았던 금강산이지만 불교에서 가르치는 방법으로는 도무지 진리를 깨우칠 수 없다고 판단되자 1년 만에 모든 것을 정리하고 하산하였다.

불교에 회의를 가진 이유에 대해 율곡이 훗날 술회하기를 "돈오법에 이끌려 '모든 것이 하나로 돌아간다'라는 불교의 철학을 이해하기 위해 '하나는 어디로 돌아가는 것을 말하는가?'라는 문제에 집착하여 생각을 거듭해 보았으나 아무 성과가 없었다. 따라서 그러한 것을 수행의 방법으로 하는 불교도 허망할 뿐이다."라고 하였다.

또 "불교에서 '생각을 더하지도 덜하지도 말라'고 경계함은 무슨 까닭일까?에 대하여도 침식을 잊고 깊이 사색해 보았지만 곧 별다른 기묘한 이유가 있는 것이 아님"을 깨닫게 되었다. 다만 "마음이 함부로 달려 나가는 것을 차단시킴으로써 정신을 한 곳에 집중할 수 있도록 하여 극도로 허명(虛名)한 경지를 만들고자 함에 그 까닭이 있을 뿐이라는 점을 알게 되었다."고 털어놓았다.

또한 "일부러 문제를 제기한 화두(話頭)라는 것에 가탁(假託)시켜 마음의 연마를 하게 하는데 사람들이 이런 방편을 쓰는 것임을 알게 되면 노력을 게을리 하여 아무런 소득도 없겠으므로 일종의 속임수를 쓰는 것이라는 생각에 미치자 불교를 버렸다."고 설명하였다.

불교를 신앙으로 삼지 않는 사람에게는 그렇게 생각될 여지도 있겠지만, 문제는 그것보다는 율곡 자신이 근본적으로 유학자이자 불가의 사람이 아니었다는 데에 있었다. 또한 진정한 불교 진리의 탐구를 위해 더 노력해 보려고 하지 않고 1년 만에 하산한 것은 애초부터 율곡의 사고 체계의 저류에 흐르는 기본 정신과 불교 사상은 맞지 않았던 것이라고 할 수 있다.

사실 아무리 율곡이 천재라고 하더라도 진리를 깨우치는 데 1년이라는 시간은 부족하지 않겠는가?

아무튼 율곡은 불교에 대한 회의가 들자 다시금 유교 서적을 복습하여 "그 깊이의 참됨을 알게 되었다."고 고백하였다. 이 또한 이때에야 비로

소 깨달은 바라기보다는 그의 내면적 구조 자체가 이미 유학자일 수밖에 없음을 반증하는 것이다. 율곡으로서는 젊은 날 방황의 시기에 불교의 길로 잠깐 외도했던 것이다.

여기에서 율곡의 성품에 대한 한 단면을 읽을 수 있다. 그가 나중에 성현의 경지에 이르기는 하였지만, 이 시기에는 결단성이 빠른 반면 천재들에게 공통적으로 보이는 자기 확신에 기인한 경박함의 일단을 볼 수 있다.

새로운 출발

그가 하산하자 우선 문제가 되었던 것은 그가 산사에 있을 때 과연 석가의 제자를 자처하여 머리를 깎고 중 행색을 하였느냐 하는 점이었다.

당시로서는 삭발을 하였다면 이미 선비로서 자격을 상실한 것으로 치부하여 배척하던 사회였기 때문에 아주 중요한 문제였다. 그런데 그는 구도 수행 시절 동안 머리를 전혀 깎지 않고 지냈음이 하산 즉시 만난 많은 인사들에 의해 확인되었다.

그러나 한때 불교에 탐닉했던 그의 태도는 오랫동안 그를 비난하는 사람들에게서 좋은 공격거리로 활용되었다.

금강산에서 내려온 율곡은 인생의 목표를 정하고 그것을 실천해 나갈 구체적인 방안으로 「자경문(自警文)」을 지었는데, 일종의 좌우명이었던 「자경문」의 요지는 다음과 같다.

1. 뜻을 크게 가지자.

2. 마음을 안정시키자.

3. 혼자 있는 것을 삼가자.

4. 언제나 할 일을 먼저 생각하자.

5. 일에 닥쳐서는 성의를 다하여야 한다.

6. 옳지 않은 일은 절대 금하자.

7. 자세를 항상 바르게 하자.

8. 방심하거나 서두르지 말자.

「자경문」의 전체적 내용은 성현을 목표로 뜻을 크게 세운다는 것이 근본이었다. 그는 사람이 인생을 설계하는 데 무엇보다도 '입지(立志)'를 가장 중요하게 생각하였는데, 실로 이 입지의 중요성을 강조하는 것이 그의 사상의 두드러진 특색이었다.

40세에 지은 『성학집요』의 첫머리에도 '입지장(立志章)'을 두었으며, 42세 때 지은 『격몽요결』의 첫머리에도 '입지장'을 두었으며 47세에 지은 『학교모범』에서도 16조의 규범 첫 조에서 입지를 강조했다.

율곡은 입지의 중요성을 강조하는 이유를 "뜻이 서지 않으면 만사가 성공하지 못하기 때문이다"라고 하였으며, 뜻을 세우는 방편에 대해서는 "참되면 뜻이 저절로 서는 법이고, 그 뜻을 항상 공경하는 태도를 지녀야 뜻이 사라지지 않는다."고 하였다.

하산 후 강릉 외가에서 새로이 학문에 정진한 지 1년이 되던 명종 11년(1556년) 21세의 나이로 한성시에서 장원한 후, 그 이듬해 9월에 성주 목사 노경린의 큰딸과 결혼하였다.

이 노씨 부인은 건강하지 못해 율곡과의 사이에 딸 하나를 두었지만 태어나고 얼마 지나지 않아서 죽었다. 그리고 그 후 끝내 소생이 없었다.

노씨 부인은 현숙한 품성의 여인으로서 살림이 어려운 가운데도 대가족을 소리 없이 이끌어갔다. 그녀는 율곡보다 8년을 더 살았지만 천명을 다하지는 못했다.

왜냐하면 임진왜란 때 주위의 권유에도 불구하고 피난도 가지 않고 파주 선산에서 평생을 존경하던 남편 율곡의 신주를 끌어안고 버티다가 왜군에게 참혹한 죽임을 당하였기 때문이다.

율곡은 결혼한 이듬해에 그동안 머물고 있던 성주 처가에서 강릉 외가로 가는 도중에 예안의 계당(溪堂)에 거처하며 제자들을 가르치고 있던 퇴계 이황을 방문하였다. 58세의 노대가와 23세의 홍안 청년이 2박 3일이라는 짧은 기간 동안 처음 만났으나, 이 만남으로 두 천재는 서로를 높이 평가하게 되었다.

그 후 여러 차례 서신 왕래를 통해 학문 토론을 벌이기도 하였고, 퇴계가 세상을 떠났다는 소식을 듣자 율곡은 멀리서나마 스승에 대한 예를 갖추어 슬퍼했다고 한다.

율곡은 그해 겨울에 한성 별시(別試) 문과에 참가하여 「천도책(天道策)」이라는 글로써 장원 급제하였다. 이 글은 음양이라는 기(氣)의 작용으로 천지조화를 설명한 것으로 율곡의 자연 철학에 대한 근본 사상이 잘 나타나 있다.

당시 시험관이었던 정사룡과 양응정은 율곡의 답안을 채점하면서, 자기들은 시험 문제를 만들어내기 위해서도 여러 날을 고심했건만 이 젊은이는 짧은 시간 내에 이토록 놀라운 내용의 글을 지었다며 실로 천재의 출현이라고 감탄했다 한다.

이 「천도책」은 중국에까지 널리 알려져서 율곡이 47세 때 원접사로 명나라 사신을 접대하게 되었을 때, 명사(明使) 황홍헌과 왕경민 등의 일행은 율곡에게 '선생님'이라는 존칭으로 예를 다하였다.

25세 때에는 「지야서회(至夜書懷)」를 지어 또 한 번 지난날을 반성하고 새로운 각오를 다짐하면서 학문에 계속 정진하였고, 26세 되던 해 5월에는 부친상을 당하여 형제 모두가 함께 파주 선산인 자운산에서 3년간의 시묘살이를 하며 보냈다.

상복을 벗은 이듬해인 명종 19년(1564년) 7월과 8월에 29세가 된 율곡은 소과와 대과에서 연속으로 장원 급제하였다.

율곡이 전후 9차례의 과거에서 장원으로 합격하였다 하여 당시 장안에서는 '9도 장원공(九度壯元公)'이라며 칭송이 대단했다. 그러나 비교적 늦은 나이로 과거에 최종 합격한 셈인데, 이는 금강산 구도행각을 전후하여 방황의 시간이 있었던 데다가 부모의 죽음으로 6~7년의 공백 기간이 있었기 때문이다.

초기 관직 생활

29세에 승문원 권지로 관직 생활을 시작한 율곡은 호조와 예조의 좌랑을 거쳐 30세에는 언관인 사간원의 정언이 되었다. 사간원에 근무하면서 이듬해 5월에 윤원형과 요승 보우의 폐정을 개혁하기 위해 「간원진시사소」를 왕에게 제출하기도 하였다.

31세에 관리 임용을 주관하는 이조좌랑이 되었다가 선조 원년(1567년)에 33세로 사헌부 지평이 되었다. 그 전해에는 명종이 후사 없이 죽자 왕의 생전에 총애를 받던 하성군(중종의 일곱째 아들인 덕흥군의 셋째 아들)이 보위를 이어받아 16세의 소년 왕으로 선조가 등극했다.

그해 4월에는 장인 노경린이 맏사위인 율곡에게 뒤처리를 의탁하고 죽자 처가 재산을 적서(嫡庶)와 남녀의 구별 없이 동등하게 분배하여 신분에 구애받지 않는 진취적 사고의 일단을 보여주기도 하였다.

또 그해에 명나라 황태자의 생일을 축하하는 천추사의 서장관으로 중국에 다녀왔고, 귀국 후에는 홍문관 부교리 지제교 겸 경연관으로 임명되었다가 이듬해 6월에 홍문관 교리를 제수받았다.

이 시기에 정치의 나아갈 바를 논한 「동호문답」을 지어 왕에게 봉헌하였지만, 조정의 개혁 의지가 부족함에 회의를 느끼고 있던 중에 외할머니가 세상을 떠나자 사직을 하고 강릉으로 내려갔다.

35세에 다시 홍문관 교리를 제수받았으나, 그해 10월에 건강이 나빠져서 다시 사직하고 처가인 해주에서 한동안 요양하다가 이듬해 1월에 파주 율곡리로 거주지를 옮겼다. 이 시기에 그는 제대로 되는 것 없는 관직 생활에 심한 회의를 느껴서 그 심정을 서신으로 퇴계와 친구들에게 토로한 적도 있었다.

해주에서 칩거하던 해 12월에는 퇴계의 부음을 접하고, 거처하던 내실에 위(位)를 차려놓고 제문을 지어 바친 후에 자신은 소대(素帶)를 걸치고 외실에서 거처하며 스승에 대한 예를 갖추기도 했었다. 자대(自大)의 경향이 강해서 여간해서 남을 대단하게 보지 않던 율곡이었지만, 퇴계에게만은 유일하게 존경의 마음을 가지고 있었던 것이다.

36세 때인 선조 4년(1571년) 6월에는 청주 목사로 임명되어 첫 외직에 나가자, 여기에서 「서원향약(西原鄕約)」을 만들어 시행하기도 하였다. 그러나 건강이 다시 나빠지자 청주 목사 자리도 10여 개월 만에 사직하고 율곡리에 돌아와 요양하던 37, 38세 어간에도 계속 관직이 제수되었으나 모두 병으로 취임하지 못하다가 38세 7월에 홍문관 직제학으로 다시 관직에 복귀하였다. 이때도 세 차례에 걸쳐 사양하였으나, 선조가 끝내 윤허하지 않았으므로 할 수 없이 관직에 돌아오게 된 것이다.

관직에 복귀하고 2개월 후에 승정원 동부승지로 임명되어 왕명의 출납을 맡게 되었으며, 그 이듬해 정월에 우부승지로 승진하여 「만언봉사(萬言封事)」라는 시무(時務)와 임금으로서 취할 태도를 밝히는 상소를 올리기도 하였다.

그러나 당시 조정이나 선조는 개혁에 대한 논의만 분분한 채 구체적인 조치는 하나도 제대로 실현하지 못하는 우유부단함만을 보여주고 있었다. 율곡 자신도 건강이 좋지 않아 업무가 번잡한 승정원 근무가 힘들어지자 한직에 나가기를 원하여, 무임소인 첨지중추부사로 임명되었다가 병조참지를 제수받았다.

그러나 선조는 율곡을 한직에 놔두지 않고 얼마 지나지 않은 그해 3월에 대사간이라는 중책을 다시 맡겼으나, 임명된 다음 달에 병으로 사임하고 파주 율곡리로 돌아오고 말았다.

사직하고도 몇 차례 관직을 제수받았지만 모두 사양하자 선조는 율곡의 처가가 있는 황해도 관찰사로 임명하여 외직이라도 관직에 그를 붙잡아 두려고 하였다.

결국 사직한 지 6개월 만인 그해 10월에 방백의 지위로 관직에 다시 나갔으나, 병약한 몸으로 지방관의 격무를 견디지 못하여 채 6개월도 임기를 못 채우고 다음해 3월에 또다시 사직할 수밖에 없었다.

파주로 돌아와 쉬고 있던 율곡은 다시 부제학을 제수받아 중앙 정계로 들어가서 근무하던 중, 그해(선조 8년) 9월에는 2년 전부터 집필하였던 『성학집요』를 탈고하여 왕에게 올렸다.

이 책은 군왕의 도를 체계적으로 상술한 것으로서 후에 경연의 교본으로 쓰였고, 성리학에 비판적이던 실학자들에 의해서도 높이 평가된 서책으로서 율곡의 사상이 잘 나타나 있다.

그런데 그 시기에 심의겸과 김효원의 대립으로 동·서 붕당의 조짐이 완연하게 나타나고 있었다. 율곡은 중립적인 입장에서 이를 해소시키려고 노력하였으나, 평소 심의겸과 친분이 깊고 심의겸을 지지하는 정철과 윤두수·윤근수 형제와 가깝게 지내는 사이였으므로 김효원의 동인 계열에서는 그를 서인으로 지목하고 경계하기도 하였다.

그러나 율곡은 양쪽을 화해시켜 조정이 갈라지는 것을 막고 나라의 장래를 안정시키려는 일념뿐이었는데, 서인 쪽에서도 이를 환영하지 않았다. 확실하게 자기들 편을 들어주지 않는 율곡을 야속하게 생각하였던 것이다.

동·서 파당의 대립에 대한 율곡의 자세는 양시양비론(兩是兩非論)으로 이해될 수 있다. 이에 대해 비판론자들은 "세상일에 양쪽 다 옳기도 하고 그르기도 한 일은 있을 수 없다."며 율곡이 시비는 정확하게 가리지 않고 무조건 원만하게만 하려고 하는 것은 문제가 있다고 비판했다.

이에 대해 율곡은 백이·숙제의 고사를 들어 해명하면서 "양쪽이 모두 선비들이니 화해시키는 것이 옳은 일이지, 어느 한쪽만이 맞다 한다면 그 분쟁은 끝나지 않을 것이다."라고 대답하였다.

이렇듯 정쟁이 심화되는 와중에 율곡은 다시 건강이 나빠지기도 하였고, 변덕스러운 선조가 율곡에게 비판적인 태도를 취하자 마침내 은퇴를 결심하고 41세 되는 해(선조 9년) 2월에 파주로 돌아갔다.

당시 25세가 되었던 청년 왕 선조는 자존자대하는 의식이 강하여 직언하는 신하들의 말을 잘 들으려고 하지 않았고, 총명하기는 하였지만 민생의 정치보다는 제왕의 위신을 높이려고만 하는 경향이 많았다.

따라서 강직하고 뜻이 높은 장년층보다 나이 많고 원만한 사람들을 좋아하였다. 왕의 이 같은 자세는 유달리 뜻이 높고 자기주장이 강한 율곡과 잘 맞지 않았던 것이다.

율곡은 마침내 그해 10월에 사직을 하고 오래 전부터 마음에 두었던 해주 석담에 청계당을 비롯하여 새 터전을 짓기 시작하였다. 선대의 유적이 있는 파주 율곡리에서 해주로 생활 터전을 옮기려고 한 것이다.

일가 동거와 교육을 위한 해주 생활

사직한 이듬해(선조 10년) 정월에 우선 일가가 모여 살림할 수 있는 집이 완성되자, 어려서부터 꿈꾸어 왔던 일가 동거의 계획을 실현하기로 하였다.

처음에는 7년 전에 죽은 맏형 선의 유가족을 데리고 와서 형수 곽씨로 하여금 집안 살림을 주관케 하고는 직계 형제 중심으로 모여 살았는데, 점점 가까운 친척 중에서 의지할 데 없는 사람이나 극도로 빈한하여 도와주어야 할 사람들까지 모여들어 나중에는 100여 명에 이르는 대가족이 되었다.

율곡은 『동거계사(同居戒辭)』라는 가족 사이에 지켜야 할 준칙을 만들어, 이 많은 가족들을 무리 없이 잘 이끌었다.

율곡에게는 서인(庶人) 출신 계모가 있었는데 변덕스럽고 성깔이 사나워서 평소에도 율곡 형제들에게 많은 시달림을 주었고, 홀로 된 후부터는 심사가 괴로워서인지 새벽에 꼭 해장술을 즐겼다. 이런 계모에게도 율곡은 아침 문안을 드린 후에 손수 술 주전자를 데워 두어 잔 부어드리고 물러 나왔다고 한다.

아버지가 돌아가신 후에도 남 대하듯 하지 않고 부모에 대한 도리로 지성껏 모시자 계모도 마음을 바꾸어 온순한 태도를 가지게 되었고, 후에 율곡이 먼저 죽자 정성껏 보살펴 준 고마움에 보답할 길이 없다 하여 소복으로 3년을 지냈다고 한다.

맏형수 곽씨도 율곡보다 한 살 아래지만 항상 웃어른으로 공경하였고, 둘째 형 번에게도 예의를 다해 섬겼다. 번은 세상사에 체면을 가리지 않는 사람으로 동생의 지위가 높아진 뒤에도 주위에 사람이 있건 말건 율곡에게 잔심부름을 시키곤 하였다.

율곡은 추호도 언짢은 기색 없이 형의 시중을 들었는데, 이를 지켜본 제자들이 민망하여 말리면 "부형(父兄) 앞에서 지위가 무슨 상관이며, 그 분부를 어찌 다른 사람에게 대신하게 할 수 있겠는가? 무릇 부형 앞에서는 지나친 공손이란 없는 것이며, 형님이 돌아가신 뒤에는 예를 행하고 싶어도 할 수 없지 않은가?"하고 반문하였다 한다.

이 둘째 형은 동생이 큰 인물이 될 사람인 줄을 미리 알았는지, 율곡이 밖에서 돌아오면 오늘은 어떤 글을 지었는가를 꼭 물어서 그것을 손수 적어놓아 오늘날까지 율곡의 작품이 많이 전해질 수 있게 하였다.

어쨌든 율곡부터 이렇게 솔선수범하니 집안은 법도가 확실히 서고 항상 화평하였지만, 대가족이 모여 살다 보니 먹고사는 문제가 쉬운 일이 아니었다.

수입이라고 해야 31세 때 선대로부터 물려받은 파주의 땅에서 나는 소출이 전부였는데, 이것만 가지고는 대가족의 생계를 감당하기 어려웠다.

그래서 이 시절 율곡은 호구지책으로 대장간을 차리고 농기구를 만들어 팔아서 생계비를 충당했는데, 이런 모습에 대해 훗날 이항복은 자신의 문집에서 "성인은 참으로 매사에 구애를 받지 않는다."라고 감탄하기도 했다. 이렇게 형편이 어려운 것을 알게 된 친구 최립이 재령 군수로 있으면서 양식을 보내왔지만, 율곡은 받지 않고 돌려보냈다. 주위에서 그 이유를 묻자 "옛 친구의 사사로운 물건이라면 안 받을 리 없겠지만, 관곡을 헐어 보낸 것 같아 받을 수가 없었다."고 대답하였다. 율곡은 어려운 처지이면서도 그렇게 항상 엄중하게 처신하였고, 아무리 힘들어도 함께 굶을망정 같이 살던 식구를 절대 내보내지 않았다.

그가 일가에 대해 베푸는 마음은 지극하기 이를 데 없어, 먼 친척에 대하여도 늘 관심을 가지고 돌보아 주려고 했다. 또한 이웃이나 비복들에게도 항상 예로써 대하였으며, 경조사에는 빠짐없이 참석하여 우애를 도모하였다. 이러한 일가 동거에 대한 꿈은 7세 때 『이륜행실(二倫行實)』을 읽게 된 후부터 가지게 된 것이었다.

그 책에서 당나라 시절 장공예가 9세대가 동거하며 살았는데, 당시 황제가 그 비결을 묻자 참을 인(忍) 자를 100개 써서 바쳤다는 내용을 읽고 감명을 받아 그때부터 계획한 것이었다.

또 교육 활동을 하면서 『격몽요결』을 지어서 교습하였고, 향약과 사창(司倉)을 세워 주민들의 교화에도 적극 노력하였다.

43세가 되던 해(선조 11년)에는 은병정사를 세워 이곳을 통해 학문을 가르치면서 많은 인재를 육성해 냈다.

율곡은 강론을 할 때 중요한 부분에 대해서는 분명한 기준으로 설명하였으며, 내용에 대한 분석을 철저히 하였다. 질문이 있으면 머뭇거림 없이 곧바로 답을 주었는데, 명쾌하면서도 이치에 틀림이 없었다. 암기보다는 스스로 사색하고 깨우치는 것을 더 중요하게 여겼으며, 학문은 일상에 있다는 그의 지론대로 어느 자리에서나 항상 가르침을 베풀고자 하였다. 『소학』을 무엇보다 먼저 배워야 할 교과목으로 권장하였으며, 이의 효율적인 학습을 위해 『소학집주』를 만들기도 하였다.

이렇게 41세 2월에 은퇴하여 45세 12월에 대사간으로 다시 출사하기까지 5년 가까운 세월 동안 일가 동거의 꿈을 실천하면서, 교육과 지역사회에 대한 봉사활동에 주력하며 생활하였다.

그동안 은퇴해 있던 시기에도 몇 차례 출사의 요청이 있었지만 모두 사양하면서, 상소를 올려 동서 붕당의 문제점과 이의 타파를 간청했다. 그러나 당파를 없애고 조정을 화해시키려던 율곡의 상소는 도리어 당시의 권력자들에게는 비난만 받았고, 왕도 그의 진정을 알아주지 않았다.

45세가 되던 해 5월에는 『기자실기(箕子實記)』를 지었는데, 이는 윤두수가 명나라에 사신으로 갔다가 중국 사람들이 조선으로 온 기자의 사적(史蹟)을 물었을 때 제대로 대답을 하지 못했다는 이야기를 들은 것이 계기가 되었다.

이 책에서 율곡은 "이 땅에 기자가 들어와 오랑캐를 면하게 되었다"고 하였는데, 이것은 그의 모화주의적(慕華主義的) 일면을 보여주는 것이다.

사실 율곡으로서는 자신이 절대적으로 신봉하는 주자의 출생지가 중국이기 때문에 그의 이런 태도는 사대주의적 발상이라기보다 학문의 연원에 대한 존경심의 발로로 이해되어야 한다.

은병정사는 율곡이 다시 관직에 나갔을 때에도 폐쇄하지 않고 제자들에 의해 자체적으로 운영되었으며, 율곡도 비록 정사에 바빴으나 제자들에게 서신으로나마 계속적인 지도를 하였다.

마지막 관직 봉사

율곡은 선조 13년(1580년) 12월 45세의 나이로 다시 대사간에 임명되었다가 이듬해 6월에 대사헌으로 자리를 옮기면서 예문관 제학도 겸임하게 되었다.

그해 10월에는 호조판서로 잠시 있다가 11월에는 대제학으로 전임되었으며, 다음해(47세) 정월에 이조판서를 겸임하면서 많은 새로운 인재를 등용하려고 노력하였다.

이때에 율곡이 길을 열어준 인물 중에 훗날 영의정이 되는 이덕형과 이항복도 있었다. 이조판서 재직 시에는 왕명에 의하여『인심도심설』,『김시습전』,『학교모범』을 짓기도 하였다.

8월에는 형조판서로 전보되었다가 그 후 의정부 우참찬을 거쳐 우찬성까지 승진되면서 왕의 은혜에 보답하고 치도에 도움이 되고자 「진시폐소(陳時弊疏)」라는 상소를 올렸다.

거기에서 그는 현실 문제를 먼저 지적하였는데 첫째, 풍속이 타락하였고 둘째, 관리가 개인의 이익에만 신경을 쓰며 셋째, 조정이 분열하여 기강이 해이해졌고 넷째, 백성들은 폐단에 시달려 점점 곤궁해지고 있다는 것이다. 이의 해결을 위해 지도자가 갖추어야 할 기본적인 자세를 강조하고 세 가지 폐단을 고칠 것을 건의하였다. 즉, 공안을 개정하고 아전 수를 줄이며 지방관을 자주 바꾸지 말 것 등이 그 내용이었다.

그러나 이 또한 당시 조정과 왕이 적극적으로 실천할 의지가 없어 받아들여지지 않았다. 그해 10월에는 명나라 사신을 맞는 원접사로 활동하였는데, 율곡에게 감명을 받은 명나라 사신들이 돌아가서는 자신들의 조정에 요청하여 조선 사신들의 대접을 더욱 융숭하게 하도록 조치해 줄 정도였다고 한다.

원접사의 소임을 마치고 그해 12월에 병조판서로 임명되었으며, 이듬해 2월에는 국방 대책을 위한 「6조계(六條啓)」를 올리고 그 유명한 10만 양병론을 주장하여 외침에 대비하자고 건의하였다.

그러나 붕당에 휩싸인 당시 조정에서는 이러한 그의 혜안을 이해하고 찬동하는 사람이 아무도 없었다. 류성룡을 비롯하여 대부분의 중신들도 태평 시에 군사를 양성하는 것은 공연히 민심을 불안하게 하여 화를 부르는 것이라고 반대하였다.

그러나 율곡의 예언대로 그로부터 10년도 되지 않은 선조 25년(1592년)에 왜군이 침략하여 전 국토가 토붕(土崩)의 화를 당했으니, 그의 선견이 실행되지 못한 것이 안타깝기 이루 말할 수 없다.

그 외에도 여러 가지 국방 개혁을 단행하였는데, 몇 가지 예를 들면 서얼(庶孽) 출신과 공사(公私)의 노비 중 원하는 자를 북방 수비 병력으로 차출하여 서얼은 관직을 허용하고 노비는 속량하는 방안으로 병력 증강을 도모하였으며, 상번군사(上番軍士)를 면하는 조건으로 바치는 속포(贖布)를 병조의 관리들이 사적으로 나누어 쓰던 것을 북방 병력 군수품으로 전용하게 조치한 것 등이 있다.

또 병사들의 양곡이 부족하자 서얼들이 곡식을 납입하고 관직에 나갈 수 있는 길을 열어주어 신분제도의 폐습을 개선하고 군량도 마련할 수 있도록 하였다. 그리고 사수(射手) 1만여 명을 뽑으면서 3등 이하의 사수에게는 말을 바치고 군역의 임무를 면제해 주어 부족한 전마(戰馬)를 충당하였으며, 관리들의 녹봉에서 갹출하여 북방 파견 군사들의 가족을 도와줌으로써 병사들의 사기를 진작시키기도 하였다.

이렇듯 율곡의 정치 철학은 먼저 조정에서 처신을 올바르게 하여 백성들의 사표가 되어야 하고, 치도(治道)의 폐단이 되는 것은 어떠한 것이라도 고쳐야 한다는 것이었는데, 그러한 그의 원칙적 태도는 무사안일한 자세가 팽배하였던 당시의 조정에서는 적을 만드는 요인이 되었다. 또한 동·서의 대립이 여전한 세파에서 그가 서 있을 공간은 점점 좁아지고 있었다.

율곡에 대해 시기하고 미워하던 무리들이 그를 조정에서 몰아낼 기회를 노리고 있었는데, 어느 날 왕의 호출에 격무와 지병으로 인한 현기증 때문에 즉시 응하지 못하자 3사(三司)에서 탄핵이 일어났다.

이 기회에 반대파들은 율곡을 완전히 실각시키려고 집요하게 공격하여, 결국에는 그해 6월에 사임을 하고 파주로 내려갔다가 8월에는 해주로 돌아갔다. 그러나 선조는 율곡을 신임하여 그를 비난하던 무리들을 징벌하고, 9월에 판돈령부사로 다시 부른 후 10월에는 이조판서를 제수하였다. 그렇지만 이때 율곡의 병은 깊어져 49세가 되던 이듬해(선조 17년) 정월부터는 완전히 병석에 눕게 되었다.

율곡은 병석에서도 항상 나라 일을 걱정하였는데, 죽기 하루 전에도 서익이 북방을 순찰하는 임무를 받아 떠난다고 하자 주위의 만류에도 불구하고 「육조방략(六條方略)」을 만들어준 후 혼수상태에 빠졌다. 그리고 얼마 후 깨어나서는 손발톱을 자르고 목욕을 하여 단정한 모습으로 한성 대사동에서 숨을 거두었다.

49세의 한창 나이에 운명하여 무슨 한이 그토록 깊었던지 이틀 동안이나 눈을 감지 못했다고 한다. 율곡이 죽기 하루 전날 부인 노씨가 흑룡이 침실에서 하늘로 날아가는 꿈을 꾸었다고 하는데, 그는 태어날 때와 마찬가지로 죽을 때에도 가장 가까운 사람의 꿈에 용이 나타나는 기이한 인연을 가졌던 셈이다.

그는 사후에 남긴 유산이 없어 염습(殮襲)에 쓸 수의도 친구들이 추렴하여 준비하였으며, 그가 한성에서 지낼 때는 집을 세내어 지냈기 때문에 유가족들이 거처할 곳이 없자 친구와 제자들이 염출하여 집을 마련해 주기도 하였다. 장지는 선영이 있는 파주 자운산으로 정해졌으며, 발인하던 날에는 일반 백성들까지 슬피 애도하며 마지막 길을 가는 그를 전송하기 위해 길을 가득 메웠다. 사후에 소현서원(은병정사)과 묘소 근처 자운서원에서 제사를 모셨으며, 현재까지 겨레의 영원한 스승으로 민족의 가슴에 남아 있다.

이이의 사상과 성품

먼저 율곡의 사상적 기저를 살펴보자.

모든 현상은 '기(氣)'의 작용으로 발생하는 것이고, '기'로 하여금 그렇게 하도록 하는 근거가 '리(理)'라는 것이 율곡 사상의 출발이다. 즉 '리'가 아니면 '기'는 근거할 곳이 없고, '기'가 아니면 '리'는 의착할 곳이 없다는 뜻이다.

그는 '이통기국(理通氣局)'이라는 표현으로 양자 관계를 자세히 설명하고 있다. 즉 '리'는 어디서나 통하는 무소불통(無所不通)한 것이고 '기'는 형태나 자취를 가진 국한된 상태의 것으로서, 만물의 본연이요 변할 수 없는 '리'가 본말과 선후가 있는 '기'에 의하여 형상화되는 연고로 모든 현상계가 천태만상으로 구별되어 나타난다고 설명하였다. '리'는 공기와 물 같은 것이고, '기'는 그릇 같은 것으로서 공기와 물은 그것을 담은 그릇의 형태에 따라 천변만화로 구획될 수 있는 것처럼 '리'도 변화하지 않는 본연의 것이기는 하지만 성질이 국한되는 '기'의 존재 때문에 표출될 때는 서로 다른 현상으로 나타날 수 있다고 보았던 것이다.

그에 의하면 '리'는 형이상(形而上)이요 무위(無爲)한 것이고, '기'는 형이하(形而下)의 것이고 유위(有爲)한 존재이기 때문에 '리'는 '기'를 주재하면서 '기'를 타고 '리'가 나타난다고 보았다. 즉 발하는 것은 어디까지나 '기'이고, '리'는 그것을 탄다고 하는 기발이승도설(氣發理乘途說)을 주장하였다. 또 '기청명어리(氣聽命於理)'라는 말을 사용하여 '리'의 명령에 대한 '기'의 청종(聽從) 여부에 따라 현상의 질적 차이를 설명한다. '기'가 '리'의 명령을 듣는 것을 '주리(主理)'라 하고, '기'가 본연이 아니어서 '리'의 명령을 듣지 않는 상태를 '주기(主氣)'라고 하여 전자를 지선(至善)으로 보았다.

율곡은 '리'가 만물의 본연이므로 물론 중요하지만 '기'에 의하여 국한되고 차별되므로 '기'의 탁마(琢磨)가 중요하다고 생각한 것이다. 그는 개별적인 규범인 '소당연(所當然)'만 알고 만물의 근본 원리인 '소이연(所以然)'을 깨닫지 못하면 참된 도에 이르지 못한다고 하여, 당시의 교조적 견해를 반대하고 학문의 참된 이치를 탐구하는 자주적인 학풍을 세웠다.

따라서 그는 화담이나 퇴계처럼 재야에 머물러 학문 연구에만 매달리는 것이 아니라, 정학일체(政學一體)의 정신에 따라 끊임없이 현실 정치에서의 실천을 추구하였다. 그는 자신의 마음을 가다듬는 공부도 중요하지만, 경세제민(經世濟民)의 경륜을 실천하는 것이 배운 자의 임무라고 생각한 것이다.

다음으로 율곡의 성품을 알아보자.

앞에서 이미 언급한 대로 그는 효성과 동기간의 우애가 깊고 인정이 많은 인물이었다. 성격도 담백하여 언행의 표리가 항상 일치하였고, 심성이 맑고 깨끗하여 일찍이 타인과 밀담을 하거나 소곤거리는 법이 없었다. 광풍제월(光風霽月) 같고 청통쇄락(淸通灑落)하다는 말은 율곡의 인물됨을 가장 잘 표현한 것이다.

다만 일을 처리하는 데 있어서는 자기주장이 강하고 분석적 사고(思考) 때문에 모든 사람을 샅샅이 들어 평하기를 좋아했다. 또 대담하고 침착한 일면도 있었다. 젊은 시절에 친구인 성혼과 화석정 아래 강에서 배를 타고 유람할 때, 갑자기 바람이 불어 배가 크게 요동쳐 성혼이 걱정하자 율곡은 "우리 같은 사람이 탔는데 무슨 염려가 있겠는가?"하고 태연하였다고 한다. 그만큼 그는 자신에 대하여 강한 신념이 있었던 것이다.

그리고 그는 스스로 부정하다고 생각되는 일은 철저히 피해갔으나, 편벽되지 않은 자세로 융통 자재하는 성품을 가졌다.

이를 알 수 있는 두 가지 일화가 있다. 그 하나는 그의 정갈한 이성관을 증명해 주는 내용이다.

황해도 관찰사 시절에 몸종으로 데리고 있던 유지라는 아이가 평소에 율곡을 흠모하다가 율곡이 떠난 후 숙성하여 관기가 되었는데, 율곡이 원접사나 황주에 있는 손위 누이를 만나러 가는 길에 해주에 들렀을 때 율곡을 찾아와 연모의 정을 호소하였다. 그러나 두 사람은 한 방에서 병풍으로 경계를 짓고 촛불을 밝혀둔 채 뜬눈으로 밤을 지새웠다고 한다. 그리고 유지의 애끓는 마음에 혹여 상처라도 될까봐 다음과 같은 위로의 글을 전해주었다.

閉門兮傷仁 同寢兮害義 폐문혜상인 동침혜해의
　[문을 닫자 하니 인정을 상할 것이요, 같이 자자 하니 의리를 해칠 것이다.]

이렇게 남녀 문제에 깨끗하게 처신한 율곡이었지만, 지나치게 결벽스러운 것은 아니었다. 젊은 시절에 친구인 정철이 득남하여 축하잔치를 벌이는 자리에 기생까지 동원하자 고지식한 성혼은 자리에 어울리지 않는 행동이라며 나무랐지만, 율곡은 웃으면서 "검은 먹을 들여도 검어지지 않는 것이 도(道)인 것이다"라고 설득하여 잔치의 흥을 깨지 않았다고 한다.

이처럼 율곡은 곧으면서도 유하고 강하면서도 부드러웠으며, 평생토록 자기가 생각한 바를 솔선수범하면서 주변 사람들을 가르친 실천 철학자였다.

낭만적인 시인이자 격정적인 정치가 **정 철**

▶ **정철**은 국문학사에서 빼놓을 수 없는 중요한 인물이면서, 격화되어 가던 당쟁의 와중에서 누구보다도 격렬하게 투쟁의 선봉에 섰던 사람이었다.

사실 그에 대하여는 문학가로서의 비중이 워낙 크기 때문에 정치가로서의 일면이 많이 알려지지 않았다.

정치가로서의 그는 당쟁의 와중에서 너무나 첨예하게 한쪽 편에 섰던 관계로 자신의 능력을 제대로 발휘하지 못한 불운한 사람이었다. 어려서부터 권력 암투의 희생양으로 고통을 받았던 그는 평생을 정쟁의 마당에서 벗어나지 못하였다.

속마음을 숨기지 못하는 직선적인 성품으로 호오(好惡)가 너무도 분명하여, 교류관계도 적이 아니면 친구로 확연히 구분되어 있었다.

정치적 융통성과 포용력이 부족했던 그는 반대파에 대하여 언제나 극렬한 감정적 대응을 하여 상대를 어떻게 하든지 제압하려고 했다. 그런 의미에서 타협과 양보도 차선의 가치가 될 수 있는 정치판과는 근본적으로 어울리지 않는 인물이었다.

치열한 성품의 그에 대하여 친구인 율곡이 충고하기를, "나라를 위하는 마음으로 사리에 치우치지 말고 냉정하고 객관적으로 사람을 평가하라.”고 하기도 했다. 과격하고 불같이 급한 그의 성정이 그대로 나타난 것이 소위 ‘정여립 모반 음모사건’의 처리 과정이었다.

그는 이 사건이 발생하자 맏아들의 상중에 있으면서도 스스로 취조관이 되겠다고 자청하여 1,000여 명에 이르는 반대파를 제거하는 데 앞장을 섰다. 그는 실로「관동별곡」이나「사미인곡」같은 아름다운 시를 지은 인물이라고는 상상할 수 없을 만큼 잔혹하고도 악착같은 일면을 보여준 것이다.

그러나 예술가로서 그의 자질과 존재는 너무나 뚜렷하여 정치적 기복(起伏)을 덮어주고 있으며, 풍류를 즐기면서 소요자연(逍遙自然)하던 그의 풍모는 가히 낭만적 시인의 모습을 지니고 있었다.

그는 풍부한 시적 상상력과 섬세하고도 연연한 감정의 세계를 맛깔스러운 글로써 잘 표현해 낸 뛰어난 시인이었다. 현실 세계의 실의와 참담함을 작품으로 승화시킨 보상적(報償的) 사고의 문학가였으며, 오로지 임금에 대한 충성을 지아비에 대한 여성의 사랑으로 표현해 낸 페미니스트이기도 했다.

권력 암투의 희생자

정철은 조선 11대 왕인 중종 31년(1536년) 한성 자하문 밖에서 호군(護軍)을 지낸 정유침의 막내아들로 태어났다. 본관은 연일이며 자는 계함이고, 호는 송강이다.

인종의 후궁이었던 맏누이와 성종의 셋째 아들 계림군 유의 부인인 둘째 누이로 인하여 어려서부터 궁중에 자주 출입하면서 훗날 명종이 되는, 그보다 2살 위인 경원대군과 가깝게 지냈다.

그가 10세 되던 해에 인종이 재위 9개월 만에 후사가 없이 병사하고 인종의 배다른 동생 경원대군이 불과 12세의 나이로 왕위를 잇게 되었다. 어릴 적 소꿉친구이던 명종의 등극은 아이러니하게도 그의 집안을 풍비박산시키는 사건의 원인이 되어 그는 불행의 나락에서 어린 시절을 보내야 했다.

명종의 외숙인 윤원형 일파가 정적을 제거하기 위해 일으킨 을사사화에 그의 집안이 연루되었던 것이다. 을사사화는 왕의 외척들인 대윤과 소윤의 갈등에서 비롯된 피의 살육전이었으며, 그 전개 과정은 다음과 같다.

즉위 당시 명종이 아직 나이가 어렸으므로 모후인 문정왕후가 수렴청정을 하게 되자, 인종의 즉위와 함께 조정에서 쫓겨났던 그녀의 동생 윤원형 일파가 조정에 다시 등용되어 권력을 장악하게 되었다.

윤원형은 중종 대에 이미 중종의 제1계비 장경왕후의 오빠인 윤임과 왕위 계승 문제를 놓고 치열한 권력 다툼을 벌였는데, 명종의 즉위와 함께 득세하게 된 것이다. 두 세력은 같은 혈족이면서도 왕권을 둘러싸고 갈등을 쌓아왔고 선배격인 윤임 일파를 대윤, 윤원형 일파를 소윤이라고 불렀다.

그런데 명종 즉위 후 세를 얻은 소윤 측에서는 정적인 대윤을 정계에서 완전히 제거하기 위한 공작을 진행시켰다. 먼저 군기시 첨정으로 재등용된 윤원로가 나서서 윤임 일파가 대군 시절의 명종을 해치려 했다고 무고하여, 제1차 제거 작업을 시도하였다. 그러나 중신들에 의하여 망언을 조작하고 천친(天親)을 이간시킨다고 도리어 탄핵을 받아 파직된 후 유배되고 말았다.

윤원형은 그 형의 직접적인 방법이 실패하는 것을 목격하고는 작당을 끌어들인 후 증거를 조작하여 대윤 측에 역모의 모함을 뒤집어씌우는 비열한 방법을 썼다.

조정 내에서는 자신의 심복들인 이기, 임백령, 허자, 정순봉 등으로 하여금 인종 사망 시 윤임이 숙빈 홍씨의 아들 봉성군에게 왕위를 옮기려고 획책했다고 무고하도록 하는 한편, 궐 밖으로는 대윤 측에서 계림군을 옹립하려고 했다는 소문을 퍼뜨려 마침내 대윤 세력에게 역모 혐의를 덮어씌워 제거하는 데 성공했다.

당시 대윤 측에서는 기묘사화 이후 신진 사림들이 새롭게 모여 세를 이루고 있었는데, 이 사건으로 많은 사람들이 또다시 참변을 당하게 되었다. 이것이 을사사화의 전모이며, 이때 윤임 측이 옹립하려 했다는 계림군이 바로 송강의 둘째 매형이었다.

결국 계림군은 붙잡혀 처형되었고, 송강 일가도 사건에 연류되었다 하여 이조정랑이던 맏형 정자는 모진 매를 맞고 귀양 가는 도중에 장독으로 죽고, 아버지도 함경도 정평으로 유배되고 말았다.

송강은 10세의 어린 나이로 집안이 일거에 몰락하는 것을 목격하였고, 아버지를 따라 유배지에서 모진 고생을 해야 했다. 그때 정평에서 2년간 귀양살이를 하던 그의 아버지는 경상도 영일로 이배되었다가 명종 6년(1551년)에 원자 탄생에 따른 특사로 겨우 귀양에서 풀려날 수 있었다. 아버지와 함께 유배지를 전전하던 그도 벌써 16세의 소년이 될 만큼 세월이 흐른 뒤였다.

감수성이 예민한 소년 시절을 고통 속에서 보냈던 그는 이 때문에 불의를 참지 못하는 강직성과 함께 배타적인 증오심을 키우게 되었다.

뒤늦은 학업과 진출

귀양에서 풀린 그의 부친은 살얼음판 같은 한성 생활을 청산하고 초야에 묻혀 살기 위해 일가를 이끌고 선영이 있는 전라도 담양군 창평으로 내려갔다.

16세가 되도록 제대로 배울 기회를 얻지 못했던 송강은 창평에 정착하면서 처음으로 고봉 기대승의 문하에 들어가서 공부하게 되었다. 뒤이어 당시 전라도 도학의 사종으로 존중받던 하서 김인후의 문하에서 수학하였고, 21세 때에는 양송천과 임석천에게서 학문과 시를 배웠다.

뒤늦은 학업이었지만 그는 뛰어난 스승을 연이어 만나는 행운을 얻어 학문 정진에 큰 도움을 받을 수 있었다.

이렇게 학업에 몰두하는 도중인 17세 때 문화 유씨와 결혼도 하였다. 그의 부인 유씨는 사촌(沙村) 김윤제의 손녀이자 성산 지방의 부호이던 유강항의 딸로 송강이 창평에 정착한 직후 순천에 있던 둘째 형 정소를 찾아가는 도중에 지곡리 성산에 있던 김윤제의 집에 들렀던 것이 계기가 되어 혼인하게 된 것인데, 앞서의 훌륭한 스승들도 처의 외할아버지인 김윤제의 주선으로 만날 수 있었다.

이곳에서 공부하던 생활이 그리워서 훗날 처의 외가 쪽 재당숙으로 그의 공부에 많은 도움을 주었던 서하당 김성원을 경모하여 쓴 글이 그 유명한 「성산별곡」이다. 송강으로서는 참으로 오랜만에 온화한 생활을 누리게 되었던 셈이다.

10년을 각고의 노력으로 학문에 몰두하던 그는 26세 때 진사시에 장원한 후, 이듬해 별시문과에서 또다시 장원으로 급제하였다.

이때 합격자 명단에서 그의 이름을 확인한 명종은 어릴 적 소꿉친구를 친히 배알하고 연회를 베풀어 치하해 주었다.

그는 과거 급제 직후에 성균 전적 겸 지제교로 임명되었다가 곧이어 사헌부 지평으로 승진하였다. 그런데 지평이 된 지 얼마 안 되어 왕실과 관련된 범죄 사건을 다루게 되었다. 명종의 종형 경양군이 처가의 재산을 노리고 자기 처남을 죽인 살인 사건이었다.

이것이 발각되어 경양군은 사형을 받게 되었는데, 명종이 자기 사촌형을 살리기 위해 사건 처리 책임자인 송강에게 극형만은 면하게 해주도록 은밀한 분부를 내렸다. 그러나 송강은 그 누구라도 국법을 어길 수 없다고 버텨서 기어코 경양군 부자를 처형하고 말았다. 왕의 부탁까지 무시하는 송강의 처사에 기분이 상한 명종은 그를 이리저리 외곽의 한직으로 옮겨 다니게 하다가 4년 만인 명종 21년(1566년)에야 화를 풀고 지평의 직책에 재임명하였다.

그해 9월에는 북관(北關)어사의 명을 받아 북변지역을 시찰하고 돌아와서 홍문관 수찬을 제수받고는 호당(湖當)에 선발되어, 율곡 등과 함께 독서와 학문 연구에 정진했다.

그 이듬해 명종이 34세의 젊은 나이로 후사가 없이 죽자 중종의 막내아들인 덕흥군의 3남 하성군이 16세의 나이로 등극하니, 이 사람이 조선 14대 왕 선조다.

송강은 선조 원년에 32세의 나이로 청요직인 이조좌랑에 임명되었다가 원접사 박사암의 종사관으로 명나라에 다녀오기도 했다.

다음해에는 홍문관 수찬·교리를 거쳐 다시 지평에 임명되었는데, 이때 정계에 자리를 잡아가던 사림과 이를 견제하려는 척사파(斥士派) 사이에 대립과 갈등이 싹트고 있었다.

더구나 조정에는 아직 윤원형에게 아부하여 출세한 사람들이 많이 남아 있어서 신진 사류들의 반감을 사기도 하였다. 이는 새 시대의 시의에도 맞지 않는 일이었다. 이러한 정치적 배경 아래 양 세력이 첨예하게 각축하는 최일선에서 사림을 대표하여 싸우는 투사가 송강이었고, 척사파의 주동 인물은 대사헌 김개와 이조판서 홍담이었다.

결국 이 대립 과정에서 이미 정치의 대세가 되고 있던 사림이 승리하였고, 이후로 조선 정치는 완전히 사림의 주도하에 운용되었다.

송강은 선조 3년(1570년) 4월에 아버지가 세상을 떠나서 사직하고 3년상을 치른 뒤 복직하여 1년이 지날 때쯤 또다시 어머니 상을 당하여 불혹의 나이가 다 되어서야 상복을 벗을 수 있었다.

동·서 붕당 발생

모친상을 마치고 조정에 다시 돌아온 송강은 내자시 정, 의정부 사인, 홍문관 직제학 등을 역임하였다.

그런데 그가 관직에 돌아온 그 이듬해부터 조정은 동·서 붕당의 조짐이 완연해지기 시작했다. 동·서 붕당의 원인은 심의겸과 김효원의 대립에서부터 비롯되었는데, 두 사람이 불화하게 된 시기는 윤원형이 한창 세도를 부리던 명종 대로 거슬러 올라간다. 당시 의정부 사인이었던 심의겸이 공무로 윤원형의 집을 방문했다가 평소에 알고 지내던 윤원형의 사위 이조민에게서 김효원이 윤원형의 문객으로 있다는 얘기를 듣게 되었다.

심의겸은 명종 비 인순왕후의 동생으로 자신도 외척이지만 윤원형의 발호를 좋지 않게 생각하고 있었는데, 김효원이 윤원형의 집에 드나든다는 사실을 알게 되자 김효원에 대해 나쁜 선입관을 가졌었다.

그 뒤에 이조참의로 있던 심의겸은 공석이던 이조정랑 자리에 김효원이 추천되자 전날의 나쁜 선입견으로 인하여 그 임명을 반대하였고, 그에 따라서 김효원의 청요직 진출 기회가 좌절되었다.

이에 대하여 김효원은 서운한 감정을 가지게 되었고, 훗날 뒤늦게 이조정랑이 된 그는 심의겸의 동생인 심충겸이 또 같은 자리의 이조정랑에 추천되자 이를 반대하였다. 그 이유는 외척을 인사의 요직에 등용하는 것은 폐단의 여지가 있다는 것이었다.

윤원형 등의 외척 세력이 전횡을 하여 나라를 위태롭게 하다가 이제 겨우 제거되었는데, 다시 외척을 조정의 요직에 끌어들일 수 없다는 것이 그 요지였으나 어떻게 보면 감정적 보복이라는 의심을 받을 수가 있었다. 사실 심의겸은 외척이기는 하지만 능력이 있는 인물이었고, 명종 연간에는 그의 외삼촌 이양이 신진 사류들을 해치려 할 때 이양을 탄핵하여 유배되도록 함으로써 사림을 보호해 준 공로가 있었다.

따라서 심의겸은 꽤 많은 사람들의 신망을 받고 있던 사람이었다. 이렇게 심의겸의 실질적 공로를 인정하려는 세력과 실제 관계는 여하하더라도 외척이라는 명분으로 그를 배척하려는 세력 사이의 갈등은 서로의 이해관계에 따라 조정을 완전히 두 갈래로 갈라놓고 말았다. 사림을 억누르던 세력이 제거되고 나니 이제 사림 내부에서 분파가 발생한 것이다. 심의겸 쪽에는 그의 입장과 처지를 동정하고 두둔하는 노년층들이 많았고, 김효원에게는 원칙을 중시하는 젊은 층이 주로 가세해 있었다.

이때 심의겸의 집이 서쪽인 정동에 있어서 그를 지지하는 사람들을 '서인'이라고 불렀고, 김효원의 집은 동쪽인 건천동에 있어서 그를 따르는 사람들을 '동인'이라고 불렀다.

당시 '동인'들은 김효원을 중심으로 완연히 세력을 이루고 있었지만, '서인'들은 심정상 심의겸을 지지하는 개개의 사람들이었기 때문에 무슨 당파나 세력적 결집이 이루어져 있었던 것은 아니었다.

송강은 심의겸을 두둔하여 서인으로 분류되었는데, 그도 이미 조정의 중심으로 소장층이 지나치게 선배를 공박하는 것을 못마땅하게 생각하기도 하였지만, 앞서 언급한 대로 심의겸이 사림을 구한 공로와 을사사화에서 억울하게 화를 입은 사람들의 설원에 진력한 사실을 높이 평가해서 심의겸을 지지하였다.

어린 시절 을사사화로 인한 통한의 기억이 있던 송강으로서는 심의겸을 두둔하는 것은 자연스러운 감정의 발로였다. 성격상 호오(好惡)가 분명하고 일단 자신의 기치를 내세우면 절대 물러서지 않던 송강이었기 때문에 동·서 붕당의 대립에서 어느덧 서인의 대표적 투사가 되어버렸다.

동·서로 나뉜 조정에서 갈등이 심화되어 갈 즈음, 선조 8년(1575년) 7월에 황해도 재령에서 종이 그 주인을 살해한 사건이 일어났는데, 이 사건의 처리 과정에서 양 세력 간의 대립이 더욱 격화되었다.

그 사건은 증거도 불충분한 데다 여러 가지 의문점이 남아 있었고, 피의 당사자도 사실을 극구 부인하여 판단하기가 매우 어려웠다. 게다가 공교롭게도 살해된 주인은 동인 계열이었고, 현지 수령은 서인들과 가까운 인물이었다.

그런데 당해 지방관은 조사하는 과정에서 지병이 악화되어 최종 판결을 내리지 못하고 사임하였고, 후임으로 부임한 관리는 동인으로서 종이 주인을 살해한 것은 용납할 수 없다고 무조건 유죄 판결을 내려버렸다.

그러나 이 사건은 중앙에까지 보고되어 동인들은 같은 당파인 현지 관리가 판결한 대로 유죄 주장을 고수하였고, 서인 측은 증거가 불충분한 상태에서 아무리 종이라도 무고하게 인명을 해칠 수 없다며 신중하게 처리할 것을 주장했다.

조정에서 이 사건을 최종적으로 판결하여 재조사 지시를 내린 재판관은 좌의정 박순으로서 노장층이라는 이유로 서인으로 분류되던 인물이었다. 당시 대사간은 동인의 영수격인 허엽으로 김효원과 함께 박순을 그 사건의 처리 과정에서 온당치 못하게 처신했다 하여 추고(推考)하도록 청하였다.

이에 송강은 재상에 대하여 추고하라는 것은 온당치 못하다고 강경하게 반대하여, 허엽을 대사간에서 물러나게 하였다. 그러나 동·서 붕당의 대립은 더욱 심화되는 가운데 사림의 신진 사류들인 동인들이 점점 조정의 요직에 진출했다. 이에 송강은 동인들을 견제하기 위해 홍문관 부제학으로 있던 친구 율곡에게 도움을 청하였다. 그러나 율곡은 점점 분열 반목하는 조정을 화합시키기 위하여 양파의 상징적 인물인 심의겸과 김효원을 함께 외직으로 내보내는 안을 개진할 뿐 송강에게 적극적인 도움을 주지 않았다.

결국 송강은 믿었던 친구에게 협조를 기대했으나 "국가와 사림을 위해 편협되게 처신하지 말라."는 핀잔만 듣게 되었고, 조정은 점점 더 동인들이 득세하게 되자 이에 불만을 품고 사직한 후 낙향하고 말았다.

이는 그의 불같은 성정과 타협을 모르는 격렬한 태도를 확인할 수 있는 일면이다.

가사문학의 진수를 펼치다

분을 참지 못하여 사직하고 성산에 은거하던 송강은 물러난 지 3년 만인 선조 11년(1578년) 정월에 43세의 나이로 왕명에 의하여 재출사하여 장악원 정, 사간, 집의를 거쳐 4월에 직제학, 5월에는 승지로 임명되었다. 그러나 당시 조정은 동인이 완전히 다수파가 되어 있어서 그는 고군분투할 수밖에 없는 입장이었고, 김효원과 허엽 등을 대신하여 동인의 영수로 떠오른 이발과 사사건건 대립하였다.

이러한 때에 서인 출신 지방관이었던 이수라는 자가 수뢰 혐의로 처벌을 받게 되자 이를 관대하게 처리해 주려 했다는 것이 문제가 되어 동인의 집중적인 탄핵을 받고 파직되고 말았다.

또다시 향리에 칩거하던 그에게 선조는 강원도 관찰사를 제수하였다. 선조 13년(1580년) 정월의 일로 그의 나이 45세 때였다.

그는 호오가 분명하고 직설적인 성격 때문에 치열한 중앙 정계에서는 분쟁에 시달렸지만, 술과 풍류를 좋아하고 범속을 벗어난 자세로 인하여 지방관으로는 잘 어울리어 이때 임지에서 선정을 베풀었다. 더구나 이곳에서 그의 대표적인 가사 작품으로 꼽히는 「관동별곡」을 지어, 문학사에 있어서 찬란한 이정표를 남기기도 했다.

이 작품은 그가 한성을 떠나 원주 감영으로 도착하기까지의 경로와 그 후에 관동을 유람하는 도정을 노래한 것으로, 전편 295행의 장가(長歌)다.

또, 백성을 다스리는 데 있어서도 관청의 일방적 지시나 포고문을 대신하여 단가 형식의 「훈민가」를 지어 교화하려고 노력했다.

훈민가는 부모, 형제, 군신, 효도, 부부, 남녀, 자녀 교육, 이웃 사랑, 어른 공경, 우정, 원호 정신, 상호 협조, 근면 협동, 도덕성 고취, 도박과 소송의 금지, 경로 정신 등 백성들이 평화롭게 살아가기 위해 지켜야 할 도리를 16수의 단가로 노래한 것이다.

관리이자 예술가였던 그의 체취를 물씬 느낄 수 있는 일면이다. 「훈민가」 중 유명한 대목으로 부모의 은혜를 기리는 노래를 감상해 보자.

> 아버님 날 나흐시고 어머님 날 기르시니
> 두 분 곳 아니시면 이 몸이 사라실가
> 하날 같안 은덕을 어데다혀 갑사오리.

이렇게 시작한 지방 도백 생활은 강원도, 전라도, 함경도를 거치면서 3년째에 접어들었다. 그러나 함경도에 부임한 지 3개월 만에 선조는 그를 중앙으로 다시 불러서 예조참판을 거쳐 예조판서로 임명하였다.

그때 조정에는 율곡도 돌아와서 병조판서로 있으면서 파쟁을 조정하려고 무한히 노력하였으나, 득세한 동인이 서인들을 지나치게 공격하고 나서자 서인을 옹호하였다.

그러나 이것도 잠시였고 이조판서로 있던 병약한 율곡이 다음해 정월에 49세를 일기로 세상을 떠나자, 송강은 외로이 동인들과 싸워나가야만 했다.

율곡이 죽은 다음 달에 그는 대사헌에 임명되었고, 선조가 특별히 그를 총애하여 자기가 타던 말을 하사하기도 했다. 그가 대궐에 출입할 때 이 말을 타고 다녀서 사람들이 그를 총마어사(驄馬御史)라고 불렀다. 그러나 동인들로 가득한 조정에서 왕의 신임만으로는 버틸 수 없었고, 오히려 질시와 견제의 대상이 되고 말았다.

결국 선조 18년(1585년) 4월에 동인들의 집중 공격을 받고 조정에서 또다시 물러나왔다. 향리에 돌아온 그는 조용히 자연과 벗하면서 시작(詩作) 활동에 몰두하여 「사미인곡」과 「속미인곡」을 지었다.

「사미인곡」은 천상의 선녀가 하계에 쫓겨와 천상계에 있는 임을 절절히 사모하는 마음을 여성의 입장에서 노래한 연가로서 선조에 대한 자신의 감정을 표현한 것이다. 그중에 한 소절을 살펴보면 그의 섬세하고 연연한 감정의 세계를 짐작하게 된다.

> 이 몸 삼기실 제 님을 조차 삼기시니 한생 연분이며 하날 모를 일이런가.
>
> 나 하나 졈어 있고 님 하나 날 괴시니 이 마음 이 사랑 견줄 대 노여없다.
>
> 평생에 원하요대 한대녜자 하얏더니 늙거야 무사 일로 외오 두고 그리는고.

「사미인곡」은 모두 63절 126구로 되어 있으며, 구성은 서사(緖詞) · 원사(怨詞) · 결사(結詞)로 3분단되어 있다.

「속미인곡」은 두 여자의 대화체로 구성된 작품으로 전편격인 「사미인곡」이 한 여자의 독백체로 구성된 것과 대비되며, 그 문학성에 있어서 더 높은 평가를 받고 있다. 그 첫 구절을 보자.

> 저 가는 저 각시 본 듯도 한 저이고
>
> 천상 백옥경을 엇디하야 이별하고
>
> 해 다져 저믄날에 눌을 보라 가시는고.

「속미인곡」은 4 · 4조로 지어졌으며, 모두 49절 96구로 구성되어 있다. 송강 스스로 「전후 미인곡」으로 지칭하였던 두 가사 작품은 중국 전국 시대 초나라의 시인 굴원이 지은 「이소(離騷)」와 「사미인」을 본따서 지은 가

사문학의 결정판으로 '충신 연주지사(忠臣 戀主之辭)'로 인정받고 있다.

동인 제거의 선봉, 그리고 또다시 좌절

이렇게 4년 동안 향리에 칩거하며 저작에 몰두하던 송강이 54세 되던 해(1589년) 7월에 그를 항상 이해해 주고 감싸 주던 사암 박순의 부음을 듣고는 절해고도에 완전히 홀로 남겨진 심정이 되었다.

옛 동료의 타계 소식을 접하고 미처 슬퍼할 겨를도 없이 그 다음 달에 맏아들 기명이 세상을 떠나는 참담한 변을 당했다. 그해는 송강에게 있어서 불행하였던 한 해였다.

그런데 가족 묘지가 있는 고양의 신원에서 장남의 장례를 치르면서 머무르고 있던 그에게 '정여립 반란 음모사건'이 발각되었다는 소식이 들려왔다.

그는 이 소식을 듣자 주위의 만류에도 불구하고 상경하여 선조를 배알하고, 자신이 치옥(治獄)을 담당할 추관이 되겠다고 자청했다. 이에 선조는 그에게 우의정을 제수하고 정여립 사건의 취조관으로 임명했다.

원래 정여립은 율곡과 우계 성혼의 문하에 출입하면서 서인들과 가까웠었는데, 율곡이 이조판서로 있을 때 예조좌랑이던 정여립이 이조정랑으로 추천되자 그의 과격한 성품을 들어 반대했었다. 그 후 율곡이 죽고 홍문관 수찬에 오른 정여립은 이제까지의 태도를 바꿔 율곡과 서인들을 공격하고 나왔다.

이렇게 정여립이 전날의 스승과 동료들을 공격한 것은 율곡에 대한 서운함도 작용했지만, 당시 조정이 동인들의 세상이 되자 동인 쪽에 붙어 권력을 잡고자 하는 일종의 변신책이었다. 그러나 선조가 정여립의 이러한 변절을 좋지 않게 생각하자 부득이 사직하고 고향으로 내려가 살면서, 대동계를 조직하여 주위의 의심을 샀다. 결국 정여립은 반란 음모혐의로 잡히자 자살하였고, 이에 연루된 것으로 의심받은 동인들은 된서리를 맞고 말았다.

특히 송강과 첨예하게 대립하던 이발을 비롯하여 1,000여 명의 인사가 죽거나 처벌을 받았으며, 그중에서도 특히 정여립의 거주지였던 전라도 출신들의 피해가 많았다.

송강은 이 사건의 치죄 과정에서 악착같고 잔혹한 일면을 드러냈는데, 일찍이 그의 과격하고 치열한 점은 알려져 있었지만 감수성이 예민한 예술가적 기질과 대비되어 의아한 생각이 들게 하기도 한다. 이렇게 정여립 사건을 발단으로 동인이 일거에 몰락한 것이 '기축옥사'의 전말이었다.

정여립 사건 처리의 공로로 송강은 이듬해(1590년) 정월에 좌의정으로 승진하였고, 이후 조정은 서인이 장악하게 되었다. 이때 영의정은 이산해였고, 우의정은 류성룡으로서 두 사람은 모두 동인이었지만 선조의 신임이 두터워서 무사할 수 있었다. 그러나 서인 조정도 그리 오래가지 못하였다.

다음해(1591년)에 '건저(建儲, 세자 책봉 관련 건)' 문제가 대두되어 선조의 뜻을 거스른 서인이 또다시 실각하게 된 것이다. 당시 선조의 정비인 의인왕후 박씨에게 후사가 없어서 후궁의 소생 중에서 세자를 책봉해야 했다. 그때 공빈 김씨 소생 임해군이 장남이었으며, 광해군이 둘째였다.

서열상으로는 당연히 임해군이 세자가 되어야 했지만, 성질이 난폭하고 군왕의 자질이 없다 하여 나머지 왕자 중에서 선발하기 위한 논란이 있었다.

선조는 인빈 김씨 소생 신성군을 염두에 두고 있었는데 이 사실을 모르는 중신들은 송강을 필두로 논의한 결과, 둘째 왕자 광해군을 옹립하기로 결정했다. 그런데 선조의 심중을 눈치채고 있던 영의정 이산해가 이 기회에 송강과 서인을 밀어내기 위해 논의 장소에서는 모른 척 동의하고는 실제로 왕과 함께 세자를 결정하는 자리에는 나가지 않았다. 이러한 사실을 모르는 송강은 왕의 뜻에 반하여 중신들이 논의하여 결정한 그대로 광해군을 추천했다. 이산해의 계략에 완전히 빠져버린 것이다.

선조는 자신의 심중과 다른 견해를 고집하는 송강에게 크게 역정을 냈고, 이에 대간에서 그를 탄핵하는 상소가 올라오고 그에게서 피해를 입고 은인자중하던 동인들이 벌떼처럼 일어나 공격하고 나오자, 선조는 그를 파직시키고 명천으로 유배시켰다.

송강이 꺾여 나가자 서인들도 모조리 파면되거나 처벌되었고, 조정은 다시 동인들의 세상이 되었다. 송강도 동인들의 빗발치는 성토에 의해 강계로 배소를 옮겨 위리안치(圍籬安置)되는 가중 처벌을 받았다. 그에 대한 처벌 논의 과정에서 동인은 강경파인 북인과 온건파인 남인으로 또다시 갈라지게 되었다. 이산해는 북인의 대표였고, 류성룡은 남인의 수장이었다.

비운의 말년

가시 울타리 안에서 꼼짝 못하고 구금생활을 하던 송강에게 석방될 수 있는 기회가 묘한 곳에서 찾아왔다.

유배된 이듬해(1592년) 4월에 대규모 왜군이 쳐들어와서 임진왜란이 발발하였던 것이다. 왜군이 부산포에 쳐들어온 지 불과 20일 만에 한성이 점령되고 선조는 황급히 피난길에 나섰다.

개성에 도착한 선조는 백성을 불러 모아 위로의 말을 전하고 건의를 받아보았다. 이 자리에서 여러 건의 끝에 이산해를 처벌하고 송강을 석방하라는 요청이 들어왔다. 이는 선조의 잘못된 정치와 처사를 나무라는 의미가 내포되어 있었다. 결국 선조는 그의 석방을 명하고, 영의정 이산해를 파면시킬 수밖에 없었다. 왜란은 엄청난 피해를 야기한 국가적 재앙이었지만 그에게 있어서는 재기의 기회였던 셈이다.

그는 강계에서 풀려 나와 곧바로 북행하여 왕가(王駕)가 있던 평양에서 선조 일행과 만나 의주까지의 몽진(蒙塵)에 동행하게 되었다.

그해 9월에는 체찰사로 임명되어 전황을 살피기 위해 목숨을 건 남행을 하게 되었는데, 왜군과 마주칠 위험이 있는 육로를 피하여 뱃길로 황해를 따라 남하하였다.

그는 강화도에 도착하여 적정을 살피던 중에 중부 이남은 완전히 왜군에게 장악된 것을 알고 남행을 포기하고 다시 의주로 돌아갔다.

이듬해 5월에는 명나라가 원군을 참전시켜 준 것에 감사하는 사은사로 파견되었다가 11월에 돌아왔는데, 또다시 그를 모함하는 탄핵이 생기자 당쟁의 집요함에 몸서리를 치며 사직하고 강화 송정촌에 칩거해 버렸다.

탄핵의 내용인즉, 송강이 명나라에 가서 "왜병이 물러갔으니 구원병을 더 이상 보내지 않아도 된다"고 하였다는 터무니없는 것이었다. 국가 존립과 관련된 위기를 눈앞에 두고도 정적을 탄압하려는 치졸한 정치 세계의 단면을 보여주는 대목이다.

강화에 머물던 만년의 송강은 호구조차 어려운 지경이 되어 친구들에게 도움을 청할 정도로 빈곤에 허덕이다가 그해를 넘기지 못하고 선조

26년(1593년) 12월 중순에 파란 많았던 생애를 58세로 마쳤다. 마지막으로 관직을 떠난 지 불과 한 달 만에 울분과 생활고 속에서 신음하다가 속절없이 죽고 만 것이다.

이미 죽어 세상에 없는 그였지만, 정적들의 공격은 끝이 없었다. 이듬해 6월에 관직을 박탈당했고, 그 2년 후에는 정인홍 등의 모함을 받아 부관참시까지 당할 뻔하였다.

그러나 광해군 원년에 원(冤)은 풀렸고, 인조 원년에 둘째 아들 종명과 김장생의 상소로 관직이 회복되었으며, 숙종 때는 문정공이라는 시호까지 내려졌다.

그의 유해는 현종 6년(1665년) 3월에 가족 묘지인 고양의 신원에서 충북 지장산으로 옮겨 모셔졌다.

술과 송강의 관계

송강과 술에 얽힌 이야기는 그의 파란만장한 삶만큼 유명하다. 그는 술을 너무 좋아해서 언제나 술병을 끼고 살았고, 폭음하는 일도 많았다.

말년에 얻은 병 또한 술로 인한 것이었는지 모른다. 사실 사은사로 명나라를 다녀왔을 때 이미 황달 증세가 있었다고 하는데, 이는 폭음으로 인해 간이 많이 상하였던 것이다.

그의 지나친 음주 습관은 정적들에게 공격의 호재가 되었으며, 이를 보다 못한 율곡이 그에게 "술을 줄이고 말을 삼가라."는 충고까지 할 정도였다. 술에 취하면 감정을 참지 못하고 격렬하게 남을 매도하는 술버릇 때문에 더욱 적을 많이 만들었기 때문이다.

선조도 술로 인해 공격당하는 그를 안타깝게 생각해서 한번은 은잔을 하사하면서 "앞으로는 이 잔으로 하루에 한 잔씩만 마시라."고 특별히 권하기도 했다. 그런데 그 잔을 받아 집으로 돌아온 그는 잔의 안쪽을 두들겨서 사발만 하게 넓힌 다음 마셨다고 한다.

말년에는 건강 때문에 술을 끊으려고 하였지만, 끝내 술을 버리지 못하고 평생을 술에 탐닉하며 살았다.

겉으로는 과격하고 직선적이며 성격이 급한 그였지만, 내면으로는 낭만적이고 나약한 면이 있어 더럽고 아니꼬운 현실에 대한 불만을 술로 해소하려고 한 경향도 없지 않았다.

그의 이러한 허무와 밀착하여 애잔하기까지 한 삶은 술 권하는 시로서 유명한 「장진주사」에도 잘 표현되어 있다.

한 잔 먹세 그려, 또 한 잔 먹세 그려, 곳격거 산(算) 놓고 무진 무진 먹세 그려.

이 몸 죽은 후면 지게 위혜 거적 덮어 주리혀 매여가나,

유소보장(流蘇寶帳)에 만인이 울어 데나, 어욱새 속새 덥가나무 백양 숲에 가기 곧 가면,

누른 해 흰 달 가는 비 굵은 눈 소소리 바람 불 제 뉘 한 잔 먹자 할고.

하물며 무덤 위에 잰납이 바람 불 제 뉘우친들 어떠리.

이 시에는 현실의 울적한 심사를 술에 의지하여 풀어보려고 한 일면과 함께 예술가적 기질에 의하여 호탕하게 풍류를 즐기려는 측면도 엿보인다.

그의 이러한 면은 「성산별곡」에도 잘 나타나 있다.

엊그제 빚은 술이 어도록 익었나니, 잡거니 밀거니 슬카장 거후로니,

마암에 맺힌 시름 저그나 하리 나다.

거문고 시욹언저 풍입송(風入松)이야 고야

손인 동 주인인 동 다니저 바려세라.

그가 술을 얼마나 즐겼는가를 알 수 있는 작품으로 단가도 많이 있는데, 그중에서 잘 알려진 시 한 수를 또 감상해 보자.

재 너머 성 권농 집에 술 익단 말 어제 듣고

누운 소 발로 박차 언치 놓아 지즐타고

아해야 네 권농 계시냐 정좌수 왔다 하여라.

소탈한 그의 정취가 잘 표현되어 있고, 멋스러움과 흥이 약동하듯 그려져 있어서 마치 눈앞에 펼쳐지는 정경을 보는 듯하다.

술에 대한 그의 자세는 보는 관점에 따라서 향락주의나 현실도피 경향을 반영하는 것으로 이해될 수 있다. 일견 그러한 측면이 있는 것도 사실이지만, 자연을 배경으로 풍류를 즐기는 것은 당시 선비들의 전통적인 멋이었으며, 그의 시 세계를 깊이 관찰해 보면 모두 그의 생사관이 아우러져 녹아 있는 일종의 명상시라는 것을 알 수 있다.

우국충정의 상승장군 **이순신**

▶ **이순신**은 대규모 외적의 침입을 맞아 준비 없는 상태에서 누란의 위기에 처한 조국을 질곡에서 건져 올리고 전장에서 산화한 참 군인의 본보기이다.

육지에서는 싸움다운 싸움 한번 못하고 파죽지세로 적병에게 밀려서 전쟁이 시작된 지 불과 20여 일 만에 수도가 함락되며 전 국토가 유린되고 있었지만, 해상에서만은 그의 활약으로 적을 완전히 제압하였다.

이 제해권 장악이야말로 임진년과 정유년 왜란 때에 전쟁의 추이를 결정적으로 돌려놓은 계기가 되었기 때문에, 단순한 해전에서의 승리 이상의 가치가 있는 것이었다.

즉, 이순신의 연승으로 왜군의 신속한 진군을 저지할 수 있었던 것은 물론이고, 왜군은 국토의 서쪽 해상으로의 진출이 봉쇄되었을 뿐 아니라, 군수 보급과 병력 이동에 심각한 장애가 발생하였다.

결국 이순신의 지휘에 의한 조선 수군의 분전으로 왜군은 원래의 전략대로 전쟁을 진행시키지 못하고 패퇴하고 말았다.

이순신은 이러한 모습에서 볼 수 있듯이 불굴의 용기와 뛰어난 통솔력, 그리고 전술가로서의 능력도 타의 추종을 불허하였지만, 그의 전인격적인 삶의 모습에서 더욱 그 위대함을 발견할 수 있다.

「난중일기」를 보면 가족들에 대한 그의 사랑이 절절이 묻어날 만큼 인간적인 면모를 가지면서도, 남에게는 의리를 지키고 스스로에게는 엄격한 자세로 평생을 살았다. 또한 불의와는 절대 타협을 하지 않았으며 전투에 임해서는 물러서지 않는 용장이었으나, 강인함보다는 다감하고 섬세한 일면도 많았다.

그리고 미증유의 국가적 대전란을 겪으면서 안온한 삶만을 살 수 없는 공인으로서 자신이 가야 할 길을 그르치지 않고 반듯하게 찾아갔기 때문에, 영웅으로 불리는 데에 하등 부족함이 없는 인물이다.

그의 군사적 천재성에 대하여는 해전사 연구가인 영국의 G. A. 발라드 제독이 이렇게 찬양한 바 있다.

"영국인으로서 넬슨과 동격에 둘 수 있는 해군 제독이 있다는 것을 인정하기는 힘든 일이지만, 그가 있음으로써 어떤 전투에도 승리할 수 있었던 이 동양의 해군 사령관이야말로 그와 같은 인물이었다."

대기만성형 군인

이순신은 조선 12대 왕인 인종 원년(1545년)에 한성의 건천동에서 태어났다. 그의 본가는 충남 아산군 염치면 백암리였지만, 어린 시절의 대부분을 생가인 한성 건천동에서 자랐다. 그보다는 3살이 많았지만 평생을 그의 친구요 후원자 역할을 했던 서애 류성룡도 이 동네 출신이다.

그의 본관은 덕수로서 대대로 문관으로 관직에 나갔던 집안 출신이었으며, 자는 여해이고 시호는 충무다.

그런데 그의 조부인 이백록이 기묘사화에 연루되어 참변을 당한 후 그의 부친인 이정은 백면서생으로 일생을 보냈다. 말하자면 그의 집안은 그가 태어날 무렵 가세가 완전히 쇠락하여 자식의 출세에 전혀 도움을 줄 수 없는 형편이었다.

순신의 형제는 4명이었는데, 항렬인 '신'자 돌림에다가 중국의 전설적인 삼황오제에서 복희씨·요·순·우 임금을 따서 희신·요신·순신·우신이라고 이름을 지었다고 한다.

이렇게 문반 집안 출신이면서도 기질상 무인의 길에 뜻이 있어 22세의 늦은 나이부터 무예를 배우기 시작하여, 28세 때에 훈련원 별과에 처음 응시하였으나 불의의 낙마로 고배를 마시고, 32세에야 비로소 식년 무과에서 병과 4등으로 급제하였다.

그는 대기만성형 인물일망정 조숙한 천재는 아니었던 것이다. 죽마고우였던 류성룡이 후일 이순신에 대하여 "순신은 말과 웃음이 적고 얼굴은 정아하여 무릇 수양하는 선비의 풍모였으나, 내면적으로는 항상 열혈한 무인이었다."라고 갈파한 대목에서도 그의 성격을 충분히 파악할 수 있다.

그는 늦은 나이에 관직에 나갔으면서도 남의 힘을 빌려 출세하려 하지 않고 묵묵히 자기 직분을 빠짐없이 수행하는 진정한 군인이었다.

또한 그는 항상 청렴하고 강직한 자세로 관직 생활에 임했는데, 이에 관한 몇 가지 사례가 있다.

한번은 이조판서로 있던 이율곡이 그를 만나자고 하였을 때, "이 판서께서는 나와 동성동본의 웃어른이므로 내가 먼저 찾아뵈어야 도리이지만, 그가 최고 인사권자로 있는 지금 만나는 것은 서로 간에 누만 될 뿐이다."하고 만나지 않았다.

또, 이순신이 훈련원 봉사로 있을 때 병조판서 김귀영이 자기 서녀를 그의 후실로 출가시키려고 하자, "내가 이제 관직에 나온 지 얼마 되지 않은 몸으로 어찌 권세 있는 집안과의 인연을 탐할 수 있겠는가?"하고 거절하기도 하였다.

이렇게 결벽에 가까운 강직성 때문에 그의 군인 생활 초기는 승진도 늦고 주위의 모함과 견제를 많이 받아서 불우한 편이었다.

무과 합격 후 처음 그에게 부여된 직책은 함경북도 동구비보라는 곳의 권관(權管)이었다. 당시 함경도 감사 이후백은 엄격하여 각 진을 순회하면서 군무를 점검하고 불비한 자에게는 지위 고하를 막론하고 가차없이 벌을 주었다. 이 지역 군관으로 감사에게 벌받지 않은 자가 없을 정도여서 감사의 순시 자체를 모두 두려워하였다.

그런데 초임 하급 장교인 이순신이 하늘 같은 감사를 처음 만난 자리에서 "업무가 너무 과중하고 형벌도 지나치다."라고 직언을 간하였다. 이후백은 평소 이순신의 신실한 업무 태도를 보고받은 바도 있고, 그 의기가 가상하다고 여기기도 하여 이를 흔쾌히 받아들였다고 한다.

그러나 그의 이러한 강직성은 이후백과 같이 그것을 이해하고 수용해 주는 상급자를 만나지 못할 경우 그에게 불행과 고통을 가져다주었다. 그 이후의 고단한 관직 생활이 이를 잘 증명해 주고 있다.

이순신은 첫 부임지에서 3년의 임기를 마치고 선조 12년(1579년) 2월에 한 직급 위인 종8품 훈련원 봉사로 임명되었으나, 병부랑 서익과의 불화로 8개월 만에 충청도 병사의 권관으로 전임되었다가 다음해 7월에 발포수군 만호로 좌천되었다.

발포에서 처음으로 수군 경험을 쌓았지만 그로서는 연이은 고통의 세월을 보내야만 했다. 타협 없는 원칙적 자세 때문에 전라 감사 손식, 전라 좌수사 성박, 이용 등에게 연이어 미움을 받다가, 선조 14년(1581년) 봄에 이미 관계가 나빴던 서익이 특별 감사관인 군기경 차관으로 내려와 서는 군기(軍器) 정비의 불량을 이유로 이순신을 파면해 버린 것이다.

그러나 몇 달 안 돼서 누명을 벗고 훈련원 봉사로 복직하여 근무하다 가 선조 16년(1583년) 10월에 함경도 진원보 권관으로 임명되었다.

이때 함경남도 병사는 이순신이 발포 만호 시절 전라 좌수사로서 그를 미워했던 이용이었는데, 변방의 일선지구 사령관이 되자 이순신 같은 군 인이 필요하다고 느껴 특별 내신으로 그를 자기 휘하에 데리고 온 것이 다. 이후로 두 사람은 옛 감정을 풀고 인간적인 관계를 맺게 되었다.

여기에서 이순신은 훈련원 참군으로 진급하여 근무하던 중 부친의 별 세 소식을 듣고 귀향하였다가 탈상 후 나이 43세에 궁중의 마필을 관리 하는 사복시의 주부로 임명되었으나, 16일 만에 다시 함경도 조산보 만 호로 발령이 났다.

그 다음해에는 두만강 어귀에 있는 녹둔도 둔전 수비대장을 겸임하게 되었는데, 그곳은 여진족의 출몰이 심한 지역이었으므로 이순신은 수차 수비병력의 증원을 요청하였다. 그러나 당시 병사이던 이일이 번번이 이 를 묵살하여서 어쩔 수 없이 적은 병력을 유지하다가 추수기에 여진족의 대대적인 내습을 받게 되었다. 이순신의 분전으로 겨우 이를 격퇴하기는 하였으나, 피해가 클 수밖에 없었다.

이에 이일은 병력 증원 요청을 묵살한 것이 문제가 될까봐 이순신에게 모든 책임을 덮어씌워 버렸다. 결국 이순신은 삭탈관직 후 백의종군하라 는 명령을 받았으나, 다음해 6월에 겨우 특사를 받고 44세의 나이로 세 파에 지친 심신을 휴양하기 위해 귀향하였다.

12년의 군대 생활 동안 갖은 모함과 시련을 겪으면서 불우한 시절을 보내다가 아무 공훈도 얻지 못하고 병든 몸으로 낙향거사 신세가 되고 만 것이다.

그러나 이순신의 참 군인으로서의 자세는 이미 조정에 인정을 받고 있었던 터라, 귀향한 지 얼마 안 되어 전라 순찰사 이광 휘하의 군관으로 다시 복직할 수 있었다. 그곳에서 조방장과 선전관을 역임하다가 그해 (1589년) 12월에 류성룡의 추천으로 정읍 현감으로 부임하였다.

실로 무과에 급제한 지 15년 만에 작은 지방이나마 수령의 자리에 올랐던 것인데, 그때 그의 나이는 벌써 45세였다.

이때부터 비로소 관리로서 이름이 나기 시작하여, 한때 태인 현감을 겸직하며 거듭 승진을 하다가 선조 24년(1591년) 2월에 일약 전라좌도 수군절도사로 임명되었다.

그의 나이 47세에 해군으로서는 최고위직인 지역방위 사령관의 자리에 오르게 된 것이다. 이렇듯 이순신이 초기 군대 생활을 주위의 질시 때문에 불우하게 보내다가 후기에 들어 갑자기 고속 진급한 것은 그의 훌륭한 재능과 인격 때문이기도 하지만, 무엇보다 그의 능력을 잘 알고 있던 죽마고우 류성룡이 관계의 중심에 있으면서 그를 적극 추천한 것이 계기가 되었다.

즉, 이순신이 정읍 현감일 때는 류성룡이 병조판서였으며 그 후 이조판서와 우의정을 거쳐 좌의정에 오르면서 이순신을 전라 좌수사로 강력하게 천거하면서, 순조로운 출세가 가능했던 것이다.

이렇게 운명적으로 왜란이 일어나기 14개월 전에 이순신은 전라좌도 수군절도사가 되었다. 그는 부임한 이후 예하 각진의 실태를 파악하고 군기를 엄정히 세우면서 군비를 강화하기 시작하였다. 그 결과 왜란 개전 시점에서 인접한 경상우수사 원균 휘하에는 불과 7척의 전함이 있었던 반면, 전라 좌수영에는 40척의 대소 전선을 보유할 수 있었다.

왜란 발발, 임진년 전투에서 전승

왜군은 선조 25년(1592년) 4월 13일에 30만 대군이 함대 700척에 분승한 후, 조선 수군의 아무런 저항도 받지 않은 채 오후 5시경 부산포에 들이닥쳤다.

전라 좌수영에 이러한 왜군 침입 소식이 전해진 것은 그 이틀 후 저녁이었다. 이순신은 일단 휘하 병력을 전투태세로 비상소집한 후에 면밀한 전황 분석 작업에 들어갔다.

우선 경거망동을 삼가고, 공격을 위한 출동 준비를 진행시켰다. 좌수영 소속 전 함대를 4월 29일까지 수영 앞바다에 총집결시키고, 우수영 군과 합동으로 5월 2일에 첫 출동을 하기로 결정하였다. 그러나 우수영 군의 합류가 늦어지자 더 이상 기다리지 않고 4일에 단독으로 출격을 결행하였다.

4일 새벽 밤새 내리던 비도 그치고 첫닭이 울자 전라 좌수영 소속 모든 선단은 조선 수군으로서는 처음으로 적선을 찾아 떠나게 되었다.

적의 함대를 찾아 출항한 지 이틀 후 한산도 부근에서 원균 휘하의 경상 우수영 군 6척과 합류한 후 송미포에서 밤을 새우고, 7일 아침에 적선이 정박해 있다는 가덕 방면으로 다시 출항하였다.

정오쯤 되자 거제도 옥포 앞바다에서 드디어 적선과 조우하게 되었고, 이에 따라 역사적인 첫 번째 전투를 벌이게 되었다. 적군은 그때 옥포만으로 30여 척이 침입하고 상륙하여 약탈을 감행하다가 이순신 함대가 나타난 것을 보고 부랴부랴 배에 올라서 대응 태세를 취했다.

왜군은 조선 수군이 해상으로부터 공격해 올 것은 전혀 예상치도 못하고 있다가 불의의 기습을 받은 것이다. 이때 조선 함대는 일렬로 포구를 완전히 봉쇄한 다음 적선을 향하여 일제히 진격하여서 순식간에 왜선 26척을 궤멸시켰다.

이 첫 전투는 대규모 해전은 아니었지만 전승 무드에 빠져 있던 왜군에게 일대 충격을 주었고, 우리 군사의 사기를 높이는 계기가 된 의미 있는 일전이었다.

다음날에는 고성 적진포까지 나아가 이곳에서도 왜선 13척을 궤멸한 후에 아군은 출격 이후 단 한 척의 피해도 없이 좌수영 본진으로 무사히 귀환했다.

이렇게 성공적인 1차 출격을 마무리짓고 전력을 재정비하고 있던 이순신에게 경상 우수영으로부터 적선이 사천과 곤양 등지까지 진출하였다는 소식이 전달되었다. 이에 이순신은 또다시 우수영과의 계획된 합동 작전을 포기하고, 5월 29일에 2차 출동을 단독으로 결행하였다.

이 2차 출동에서 처음으로 모습을 드러낸 거북선을 선두로 23척의 전함이 노량 해역으로 진출하여서 원균의 전함 3척을 만나 합류한 후, 왜군이 정박 중인 사천으로 직행하였다.

이때 사천에 정박 중인 적선은 모두 12척으로 비교적 소수였는데, 병력은 역시 육지에 상륙하여 해안 산정에 진을 치고 있었다. 이곳의 왜군은 조선 함선을 보고도 즉시 응전하기 위해 배로 내려오지 않고 위치적으로 유리한 진중에서 웅거하며 대항할 태세를 취하고, 이순신 군의 상륙을 기다리고 있었다.

따라서 해상에서 이 적군을 직접 공격하려고 해도 화포의 사정거리 밖이었고, 간조기라서 물이 빠졌기 때문에 포구에 정박해 있는 적선에 접근할 수도 없었다.

결국 유인작전을 펴기로 하고, 물이 다시 들어오는 때를 기다려 전 함대를 되돌려 철수하는 척했다. 조선 수군이 뱃머리를 돌리자 왜군들은 일제히 산진에서 뛰어내려와 승선하고는 쫓아오기 시작했다. 유인작전이 성공한 것이다.

이순신은 전함이 자유롭게 움직일 수 있는 지역까지 나오자 일제히 회선을 명령하여 일시에 적을 포위한 후 집중 공격을 시도하여, 일거에 적선 12척을 모두 궤멸시켜 버렸다. 이 전투에서는 이순신이 왼쪽 어깨에 관통상을 입기도 할 만큼 치열한 근접전을 벌였다.

그런데 부상을 채 치유하기도 전에 또 다른 왜군 선단이 당포에 정박 중이라는 정보가 이순신에게 전달된 것은 6월 2일이었다. 소식을 들은 즉시 당포로 진격하여 사세를 보니, 왜선은 대선 9척을 포함하여 21척이 포구에 정박해 있었고 병력은 성 안에서 방화와 약탈에 한창이었다.

조선 수군이 해안으로 접근하자 적군 병력은 일제히 승선하여 대응하기 시작하였다. 양군 간의 전투가 시작되자 돌격장 이언량이 선장으로 있던 거북선이 적장이 타고 있는 지휘선으로 돌진하여 그대로 충돌한 후, 용구와 전 포구를 통하여 포탄 세례를 퍼붓자 외양이 화려한 누층선인 왜선은 일거에 침몰해 버렸다.

지휘선이 궤멸되자 다른 왜선들은 우왕좌왕하며 어찌할 바를 모르다가 급속히 분파되어 버렸다. 당시 당포에 있던 왜군은 수군장 가메이와 구루시마가 지휘하던 정예부대였는데, 이 전투에서 용장으로 이름이 높던 구루시마가 전사하였다.

이 전투로 인하여 서해안 지방으로 진출하려던 왜군의 작전은 일대 타격을 입었고, 조선은 전라도 연해지방을 수호할 수 있게 되었다.

당포 해전 이틀 후 적군 대선단이 거제를 향하였다는 급보를 접하고, 이순신 군은 또다시 단독으로 출격하려고 할 때 전라 우수사 이억기가 전선 25척과 함께 당포에 도착하였다. 1차 출동 당시부터 그토록 고대하던 우수영 군과의 합동작전을 비로소 수행할 수 있게 된 것이다. 이순신은 천군만마를 얻은 것 같은 심정이었다.

이튿날인 6월 5일 왜선이 거제에서 당항포로 이동하였다는 소식을 듣고, 조선 연합 수군은 전선 51척과 수십 척의 중소선으로 이루어진 대함대를 구성하여 당항포로 향하였다.

출격한 다음날 당항포에 이르러 지형을 관찰하니 외양(外洋)으로부터 내포(內浦)까지의 10여 리가 폭 2,3백 미터 정도의 협곡으로 전함이 움직이기 쉽지 않은 형상이었다. 이순신은 먼저 척후선을 띄워 적정을 살펴본 결과, 26척의 적선이 정박 중인 것을 알게 되었다.

적을 찾아 출격한 지 4일 만에 마침내 또 한 무리의 적 선단을 발견한 것이다. 이번에는 지형상 내만(內灣)에서의 대함대 작전이 어렵다고 판단하여, 역시 외양으로 유인하여 섬멸하는 작전을 세우고는 일부 전선을 투입하여 유도 공격에 나섰다.

선발대가 교대로 적선에 접근하여 적당히 싸움을 걸다가 후퇴하자 적의 전선단은 포구를 벗어나 맹렬히 추격해 오기 시작했다. 드디어 적선이 협곡을 벗어 나오자 기다리고 있던 조선 수군의 전 함선이 일시에 포위 공격하여, 또 한 번의 대승을 거둘 수가 있었다.

다음날에는 거제도 부근에서 왜선 7척을 발견하고 격파한 후, 며칠 동안 웅천과 가덕 등지의 해안까지 수색하다가 더 이상 왜선을 찾지 못하자 미조항에서 원균, 이억기와 헤어지고 6월 10일에 여수 본진으로 돌아와서 2차 출동도 성공리에 마무리지었다.

이 2차 출격은 왜선 70여 척을 격파하는 대전과를 거두었고, 가덕도 서쪽 제해권을 조선 수군이 완전 장악하여 전략상 큰 의미를 가진다.

한산도·부산포 대첩

육지에서는 무인지경으로 진격하던 왜군이 해상에서 이순신에게 연패를 당하자 도요토미 히데요시는 대로하여 와키사카, 구키, 가토 3인의 수군장이 힘을 합쳐서라도 단시일 내에 조선 수군을 격파하라고 명령을 내렸다. 개전 이후 일본 수군은 조선 수군을 아예 도외시하고 육전에 참가하고 있었는데, 이 명령을 받고는 부산에 총집결하기로 하였다.

또 이순신의 관할인 전라도를 공격하기 위하여 육지에서도 금산 부근의 병력을 증강시킨 후 서진 태세를 갖추고 있어서 이순신은 수륙 양면으로 협공받는 처지에 놓였다. 이에 이순신은 왜군이 합동작전을 개시하기 전에 선제공격으로 적의 예봉을 차단하는 계획을 세웠다.

이 3차 출격을 위해 다시 원균, 이억기와 합세한 후, 대격전을 앞두고 7월 7일 당포에 닻을 내렸다. 당포에서 적정을 탐지해 보니 70여 척의 적선이 견내량(현 통영)에 나타나 있었다.

이 왜군 전선들은 와키사카 지휘부대로서 다른 부대가 채 집결하기 전에 자신들이 먼저 전공을 얻기 위해 단독으로 출동한 상태였다. 견내량은 우리나라 남해안의 일반적인 특성 그대로 지형이 좁고 암초가 많아서 내해에서는 대규모 해전을 수행하기 어려운 곳이었다.

결국 직격을 포기하고 또다시 적군을 외양으로 유인해 섬멸하기로 작전을 세웠다. 그 유명한 한산대첩의 막이 드디어 오르고 있었다.

여기까지 전쟁 발발 후 전투과정을 보면 이순신의 작전 수행상의 특성을 알 수 있다.

우선 특별한 경우가 아니면 내해에서의 전투를 지양한다는 점이다. 이것은 앞서 언급한 대로 남해안의 복잡한 지형을 충분히 숙지한 결과이며, 혹시라도 전세가 불리한 적군이 육지로 도망하여 내지에 피해가 발생하는 것을 원천적으로 차단하기 위함이었다.

두 번째로는 적선과 아군 전선의 구조적 차이와 적군의 전투방법까지 파악한 다음 대처하고 있는 점이다.

왜군의 배는 먼 거리를 이동하여 원정해야 하는 만큼 빠른 속도를 내기 위해 배의 모양이 가늘고 길며, 바닥은 뾰족하게 설계되어 있었다. 반면에 조선의 배는 주로 연안에서 활동하는 것을 목적으로 만들어졌기 때문에 갑판이 넓고, 배 밑바닥도 평평했다.

즉, 왜선은 안택선 또는 관선이라고 하는 형태였고, 조선의 함선은 판옥선이었다. 따라서 조선의 배는 왜선에 비해 속도는 느리지만 회전성이 좋았다. 그래서 추격하기에는 만만해 보이지만, 유인작전 시 회전반경이 적기 때문에 일시에 포위망을 형성하기 쉬웠다.

또 왜군의 전투 방법은 어느 정도 거리를 두고 활이나 총통 또는 함포 공격을 하기보다는 자기 배를 상대편 배에 접근시킨 후 판자로 양 배를 연결시킨 다음 병력이 상대편 배로 돌입하는 백병전에 능했다.

그런데 조선 배들은 갑판이 상당히 높아서 왜군 전선들과 근접해도 병력들이 건너오기 좀처럼 힘들게 되어 있었다. 더구나 거북선은 갑판 자체가 철판으로 덮여 있는 데다가 그 위에 뾰족한 쇠못까지 촘촘히 박혀 있어서 적군이 기어오를 수조차 없었다.

세 번째로는 아군에게 유리하고 적군에게는 불리한 전법을 구사했다는 점이다. 이른바 학익진(鶴翼陣)이라는 것으로서 적선을 자신이 유리한 지역으로 유인한 뒤 일거에 포위하여 집중 공격하는 전법이다. 이렇게 되면 왜선은 회전반경이 크기 때문에 운신의 폭이 좁아 꼼짝없이 갇히게 된다. 이때에 판옥선의 높은 갑판에서 활을 비 오듯이 쏘면서 집중 포화를 퍼부어 대면 왜군은 속수무책으로 궤멸되고 마는 것이다.

더구나 철갑선인 거북선이 왜선에 그대로 돌진하여 충돌하면 길기만 하지 충격에는 약한 왜선은 동강이 나거나 파손되어, 제 기능을 잃고 침몰하기 일쑤였다.

이렇게 이순신은 양국 전선의 차이를 파악하여 적의 단점을 이용하고, 아군의 장점을 최대한 발휘할 수 있도록 작전 환경을 조성한 후 전투에 임했기 때문에, 싸우면 싸우는 대로 승리할 수 있었던 것이다.

이 한산도 싸움에서도 이순신의 그러한 전법의 백미를 볼 수 있다. 우선 5척의 전선으로 하여금 적의 선봉선을 공격하여 적을 유도하자 적군은 일제히 추격해 오기 시작하였다. 드디어 적군이 사정거리 안으로 들어오는 순간 전 함대가 뱃머리를 급선회하여 왜군의 좌우 양편으로 마치 학이 날개를 편 것처럼 포위하고 집중 공격을 퍼부었다.

그 결과 왜선 73척 중 42척을 격침시키고 17척을 나포하는, 세계 해전사에 길이 남을 대승리를 거두고 임진왜란의 전세가 바뀌게 되었다.

한산대첩 이후에도 이순인은 안골포(현 창원군 웅천면)까지 이동하여 또 다른 왜군 함대를 발견했다. 이곳에 있던 왜군들은 구키와 가토 휘하의 부대들이었는데, 와키사카 군의 대패 소식을 들었는지 끝내 포구 밖으로 나오지 않았다. 부득이 조선 수군은 각 전선들이 교대로 공격하는 작전을 펴서 하루 종일 격전을 계속한 끝에 왜군 선단을 대부분 격파하였다. 이후 근처 도서를 샅샅이 수색하였으나 더 이상의 왜선을 발견하지 못하자 7월 13일 좌수영으로 귀환하였다.

이렇게 3차에 걸친 출동 결과 가덕도 서쪽 방면의 제해권을 완전히 장악하게 되었고, 이에 따라 이순신은 왜군의 본진이 있는 부산포 공략을 마음놓고 추진할 수 있었다. 여기서도 또한 신중한 이순신의 작전 수행 방법을 잘 알 수 있다.

즉, 완전한 승산이 있기 전까지는 절대로 섣불리 공격하지 않았으며, 승리가 확실시되더라도 언제나 최악의 경우를 고려하였다. 그러나 일단 결정된 이후에는 불굴의 용기와 멸사의 정신으로 공격에 임하여 반드시 승리를 쟁취하였다.

이순신은 드디어 8월 24일 전라 좌·우수영 소속 166척의 대함대를 동원하여 부산을 향해 출격하였다. 이제 양국 해군의 본진이 운명을 건 대결전을 눈앞에 두게 된 것이다.

9월 1일 절영도(현 영도)에 이르러 적정을 탐색해 보니 왜선 약 500척이 동쪽 해안에 세 개의 진으로 나뉘어 정박해 있었다. 왜군은 조선 수군의 공격을 받고도 승선하여 해상전을 전개하려 하지 않고, 이미 요새화한 부산포 내에 틀어박혀 강력한 저항을 시도하였다.

여기에서는 어쩔 수 없이 아군의 상당한 피해를 각오하고 전면적인 직격 작전을 감행하였다. 종일토록 치열하게 전투한 결과 100여 척의 적선을 격파하는 대승을 거둘 수 있었지만, 아군도 상당수의 사상자를 내는 등 피해가 컸다. 특히 매 전투마다 앞장섰던 녹도 만호 정운의 전사는 이순신의 마음을 애통하게 했다. 이렇게 이순신의 연승으로 조선 수군은 남해에서 완전히 제해권을 장악하였고, 이에 따라 전라 좌수영은 여수에서 한산도로 본영을 옮겨갔다.

이것은 한산도가 남해 제해권의 목줄에 해당하는 요처이기 때문에 이곳에 본영을 구축해야만 왜군의 서쪽 해상 진출을 효과적으로 봉쇄할 수 있는 것은 물론, 왜군 중심 세력을 그의 공격권 안에 두어서 언제라도 격멸시킬 기회를 엿보기 위함이었다.

그러나 한산도는 원래 이순신의 관할 구역 밖이었으므로, 실제로는 그의 부대 이외에는 왜군과 대적할 만한 조선 수군이 없었다는 것을 의미하기도 하였다.

결국 조선 조정은 이러한 사정을 참작하여 선조 26년(1593년) 8월에 그를 삼도 수군 통제사로 임명하여 수군의 지휘권을 일원화하기에 이르렀다.

이때 이순신의 나이 49세로 무관으로 관직 생활을 시작한 지 17년 만에 무인으로서 최고의 자리에 오르게 된 것이다. 그러나 이것은 영광이라기보다 자신이 무너지면 조선 수군 전체가 궤멸된다는 엄청난 책임감이 과중되는 자리이기도 하였다.

또한 한산도는 왜군의 전진 기지가 설치되어 있는 거제도와는 빤히 마주 보이는 가까운 거리에 있었기 때문에 한시도 긴장을 늦출 수가 없었다. 그 수역은 남해에서 쌍방 간 동서로 진출할 수 있는 요충지이기 때문에, 그곳에서 세력을 잃으면 남해의 전 제해권을 상실하게 된다.

이렇게 해상에서는 긴박한 대치 국면이 이루어지고 있는 시기에 명군과 왜군 사이에 강화 회담이 진행되고 있었다.

왜군은 육지에서 전승 가도를 달리고는 있었지만 명군의 참전으로 전쟁의 양상이 소강상태를 보이고, 해상에서의 연패로 후방이 교란되고 있었으므로 강화 회담에 나설 수밖에 없었다. 명군은 명군대로 전쟁을 속히 끝내고 귀국하고 싶은 마음뿐이었으므로, 강화 회담은 조선의 의지와는 상관없이 침략군과 참전군 사이에서 진행되고 있었다.

조선으로서도 자신의 능력만으로는 전쟁을 수행할 수 없었기 때문에, 별수 없이 강화 회담의 추이에 관심을 기울이는 수밖에 없었다.

모함과 백의종군

강화 회담이 지루하게 진행되자 해상에서도 정면충돌이 억제되고 있는 가운데 이순신은 끊임없이 적의 동태를 면밀히 감시하면서, 군비 보강과 군사 훈련에 몰두하였다. 이에 따라 거제도 서쪽의 외딴섬에 불과했던 한산섬은 최전방 해군 요새이자 조병창이며 완벽한 군수 조달지로 변모하기 시작하였다.

그러나 본격적인 전투가 많이 줄어들고 대치 상태가 지속되자 이순신과 원균 사이의 해묵은 불화가 고개를 들기 시작했다.

이순신이 수군 총지휘자가 되었지만 원균은 자기가 나이도 많고 선임이었던 점을 내세워 항상 불만을 가지고 독단적으로 행동하였다. 더구나 원균은 조정의 고관대작은 물론 왕까지도 잘 알고 있었으나, 이순신은 류성룡이나 이원익 이외에는 별다른 후원자가 없었다.

말하자면 원균은 전형적인 정치 군인이었고, 이순신은 야전 군인이었던 셈이다. 이런 상황에서 현실적인 이유 때문에 부득이 이순신을 수군 최고 책임자로 임명하였으나, 원균과 조정은 그 권위를 제대로 인정하지 않으려는 분위기가 강했다.

그리고 원균은 임진년 전투 과정에서 자신의 지휘 병력을 잃어버린 입장이면서도 대책과 능력도 없이 강공만을 주장하다가 대부분 이순신에 의해 배척되자 불쾌한 감정을 가지고 있었으며, 이순신이 전라 좌도 수군 책임자이면서도 경상도 수군이 사실상 와해된 상태에서 경상도 수역의 제일선까지 담당하여 싸우면서 전승을 거두자 자존심마저 상해 있었다.

사실 왜란이 발생하고 육지에서는 속수무책으로 무너지고 있는 당시 전황에서 이순신마저 해상에서 적을 막지 못했다면 왜군은 육로뿐 아니라 수로를 통하여 서해로 진격하여 육해군 협격으로 조기에 조선 조정을 항복시켰을 것이다.

그 같은 사실은 그 후 청군 침입 시 적군의 침입로를 한 곳에서도 막지 못하자 일거에 무너졌던 점을 대비하여 보면 여실히 증명된다.

어쨌든 원균은 이순신의 지휘권을 부단히 무시하였고, 조정에서는 이를 전공에 대한 불만 때문에 야기된 갈등으로 단순히 판단하였다. 그리하여 부득이 원균을 경상 우수사에서 충청 병사로 전보시키면서도 이순신의 지휘관으로서의 통제 능력을 의심하기 시작했다.

그러나 당시 조선 주력 수군은 이순신이 만들어놓은 전라 좌수영 군이 대부분이라고 해도 과언이 아니었기 때문에 이순신을 완전히 무시할 수는 없었다. 그러던 중 강화 회담이 진척되지 않아 대치 상태가 길어지자 선조를 위시한 조선 조정은 이순신의 전략 그 자체를 불신하기 시작하였다. 뾰족한 방법도 없으면서 항상 승리했던 수군이 왜군을 격멸시킬 수 있다고 기대한 때문인지, 이순신에게 공격을 강요하는 분위기가 팽배해져 있었다.

당시 왜군들은 남해안 일대에 총집결하여 강력한 진지를 구축하고 강화 회담의 추이를 지켜보고 있었다. 따라서 왜군을 격파하려면 육지에서 견딜 수 없는 공격을 가하여 바다로 몰아내고 이순신의 수군이 퇴로를 차단하여 이를 기다렸다가 일거에 섬멸하는 작전을 펴야만 했다.

따라서 명군은 강화 회담에만 매달려 있고 조선 자체 군사력으로는 육지에서 왜군과 대등한 전투를 수행할 능력이 없었기 때문에, 이순신의 수군이 상륙작전을 감행해서라도 적을 공격해 주기를 바랐던 것이다. 그러나 이순신은 이러한 무모한 공격의 결과를 잘 알고 있었기 때문에, 오히려 육상에서의 적극적인 공격을 요청하였다.

바다에서의 전투라면 또 모르지만 병력 수에서 절대 열세인 수군이 상륙하여 육상전을 감행하는 것은 자살 행위나 마찬가지일 뿐 아니라, 만일 실패라도 하는 날에는 그나마 마지막 보루인 수군마저 궤멸되어서 조선은 군사적으로 완전히 무방비 상태가 되어버린다는 판단 때문이었다.

그렇게 되면 왜군은 강화 회담을 깨버리고 또다시 전면전을 불사할 것은 뻔한 이치였다. 이순신이라고 이 피 말리는 대치 형국이 빨리 해소되기를 바라지 않은 것은 아니었다.

「난중일기」의 이 시기 부분을 보면 과중한 업무와 코앞에 적을 둔 사령관으로서 신경이 곤두선 데다가 조정의 몰이해 때문에 괴로워하여 몸이 아프다는 기록이 수없이 나온다. 심신이 급속히 상하여서 건강이 극도로 나빠져 있었던 것이다. 그러나 이순신은 함부로 움직일 수 없었다. 이처럼 팽팽하게 대치한 상태에서 긴장을 이기지 못하고 먼저 움직이는 쪽이 무너지고 만다는 것을 잘 알고 있었기 때문이다.

또한 병력과 장비, 전투력 모두에서 월등히 우세한 왜군이 남해안 일대에서 장기간 웅거하면서 섣불리 움직일 수 없었던 것도 이처럼 철저하게 버티고 있는 이순신 때문이기도 하였다.

그러나 조선 조정에서는 왜적이 자기 영토에서 5년간이나 머무르고 있는데도 육지에서는 한 번도 제대로 된 공격을 할 수 있는 대책을 마련하지 못하면서 이순신의 소극책만을 탓하고 있는 형국이었다.

이순신은 자신에 대한 조정의 오해가 깊다는 것을 알면서도 전략을 수정하지 않았다. 숨 막히는 대치 상황에서 그 혼자 힘만으로 선택할 수 있는 유일한 전략은 왜군이 견디지 못하고 먼저 움직이는 때를 기다리는 것뿐이었다. 주위의 비판 때문에 이 전략을 수정하는 것은 자멸을 자초하는 것으로 굳게 믿었기 때문이다.

이러한 조선 조정의 입장을 완전히 파악하고 있던 왜군은 이 기회에 눈엣가시 같은 이순신을 제거할 수 있는 계책을 꾸며냈다. 이른바 반간계(反間計)를 수립한 것이다.

왜장 고니시는 또 다른 왜군 지휘관인 가토와의 불화설을 조선 측에 은근히 흘린 후, 가토가 일시적으로 본국으로 돌아갔다가 귀환하는 일정을 조선군에게 알려줄 테니 조선 수군이 매복했다가 이를 제거해 달라고 은밀히 요청하였다.

이 거짓 정보를 접한 조선 조정은 이순신에게 출동을 명하였고, 이순신은 왜군의 계략임을 알면서도 어쩔 수 없이 출동했다. 왜군의 함정을 의심하여 만반의 준비를 하느라 출동이 다소 지연되기도 하였지만, 가토는 이미 수일 전에 서생포로 돌아온 뒤였다.

그런데 조선 조정은 이순신이 명령을 어기고 출동을 지연하여 잡을 수 있는 왜장을 놓쳤다고 이순신에 대한 비난 여론이 비등해졌으며, 마침내 이순신을 문책하기로 결정했다. 이때에는 지금까지 이순신을 옹호해 주던 류성룡조차도 그를 더 이상 옹호해 줄 수 없었다.

적이 가장 두려워하는 지휘관을 의심만 하다가 결국에는 적의 반간계에 속아 처벌하는 잘못을 저질렀으니, 조선은 적전에서 스스로 약점을 노출시킨 꼴이었다.

결국 이순신은 정유년인 선조 30년(1597년) 2월 25일에 신임 통제사 원균에게 그 직책을 인계하고 서울로 압송되어 3월 4일 투옥되었다가 재조사를 통하여 결백이 증명되자 4월 1일에 겨우 사면되어, 또다시 도원수 권율 휘하에서 백의종군하라는 명령을 받았다.

이 당시 권율은 계속 남쪽으로 이동 중에 있었는데, 이순신은 권율의 본진을 찾아가는 길에 어머니를 만나기 위해 아산 본가에 잠시 머물렀다. 이순신이 한산도에 있을 때 그의 가족은 순천 고음에 거주하고 있었는데, 아들의 석방 소식을 들은 그의 어머니가 아들을 만나기 위해 배를 이용해서 먼길을 올라오고 있었던 것이다. 그러나 그의 어머니는 그리운 아들을 지척에 둔 4월 13일 배 위에서 별세하고 말았다.

당시 이순신 위로 두 형은 이미 오래 전에 병사하여 이순신이 실질적인 가장 역할을 하고 있었기 때문에, 그의 어머니는 순신에 대하여 각별한 의지와 사랑을 가지고 있었다.

어머니를 잃은 통한의 심정을 이순신은 「난중일기」에 "뛰며 뒹구니 하늘의 해조차 캄캄하다"고 적고 있다. 겨우 입관을 마치고 4월 19일에 다시 길을 떠날 수밖에 없었던 그는 「난중일기」에 "울며 부르짖었다. 다만 어서 죽기를 기다릴 따름이다."라고 그때의 아픈 마음을 적고 있다.

몸과 마음이 모두 피폐해진 상태에서 그가 경상도 초계에 있는 권율의 본진에 도착한 것은 50여 일이 지난 6월 8일이었다. 그는 이곳에서 권율의 자문 상대로 역할을 수행하고 있었는데, 7월 16일에 조선 수군이 칠천량에서 왜군의 기습을 받아 통제사 원균, 전라 우수사 이억기, 충청 수사 최호까지 전멸하였다는 급보를 접하게 되었다.

정유년 전투의 대승, 그리고 죽음

마침내 정유년 왜군의 재침이 시작되었다. 당황한 조선 조정은 8월 3일에 어쩔 수 없이 이순신을 삼도 수군 통제사로 재임명하였고, 이에 그는 곧바로 순천을 거쳐 회령포(현 장흥)에 도착해 보니 남아 있는 전선이라고는 12척에 불과하였다.

그가 그토록 애써 가꾸어놓은 함대가 모두 궤멸되어 버린 것이다. 비통한 마음을 삼키며 8월 29일 진도 벽파진으로 진을 옮겨서 다가올 전투에 대비하며 전열을 재정비하였다. 9월 14일, 왜군 수백 척이 재차 공격을 시도할 것이라는 정보를 듣고 명량 해협에서 이를 대적하기 위해 겨우 13척의 전선을 이끌고 출전하였다.

명량 해역은 일명 '울돌목'이라고 불리고 있었으며, 간조와 만조 때에는 급류로 변하는 곳이었다. 이순신은 적은 병력으로 대적을 상대하기 위해 넓은 바다를 피해 이 좁은 해역을 선택한 것이다. 이순신의 판단은 정확하게 맞아떨어졌다.

명량 해협은 조류가 빠른 데다 좁은 지형이기 때문에 100여 척의 적선은 행동이 부자유스러웠기에, 조선 수군은 적은 수의 함선으로도 적에게 포위되지 않으면서 오히려 대등한 싸움을 펼칠 수가 있었다.

이곳에서 이순신은 믿을 수 없는 기적적인 승리를 거둬, 서해를 통하여 북상하려는 왜군의 의도를 또 한 번 분쇄하였다.

명량 대첩 이후 고금도(현 완도)로 진을 옮기고 군세를 거의 회복해 가던 이듬해(1598년) 8월 도요토미가 병사하자 왜군은 철병을 시작하였다.

이순신은 명군 제독 진인을 설득하여 퇴각하는 적을 공격하기로 하고, 11월 19일 새벽에 노량 해역에 집결해 있는 왜군을 기습하였다. 이리하여 양군 합쳐 1,000여 척의 대선단이 서로 충돌하는 마지막 대해전이 시작된 것이다.

그러나 싸움이 한창일 때 이순신은 적의 유탄을 맞고 홀연히 숨을 거두고 만다. 그의 죽음을 안 것은 몸종 김이와 맏아들 회, 그리고 조카 완 세 사람이었다. 그토록 일구월심 소원했던 왜적을 섬멸하는 마지막 전투의 절정에서 그는 세상을 뜨고 만 것이다. 마치 자신의 할 일은 이제 모두 끝났다는 듯이 마지막 싸움의 대승을 뒤로한 채 험난했던 삶을 마감하였다.

이 전투에서 조선과 명의 연합군은 왜선 200여 척을 격침하는, 전쟁 발발 이래 최대의 승리를 거두었다. 이렇게 이순신은 풍전등화 같던 조국을 수호하고 전장에서 최후를 맞은 참 군인의 모습을 남긴 채 장렬히 산화하였다. 그리고 이 싸움을 끝으로 7년간 전화에 시달리던 조선도 평화를 되찾게 되었다.

또한 이 싸움의 결과가 이순신이 그동안 취했던 전략이 맞았음을 증명해 주고 있다. 이순신이 대치하고 있던 상태가 절대 적을 두려워한 소극책이 아니라 현실적인 상책이었으며, 적을 바다로 끌어내기만 하면 승리할 수 있다고 믿었던 그의 판단은 정확했던 것이다.

한 몸을 모두 던져 조국을 지켜냈던 그는 충무공이라는 시호를 받고 본가가 있던 아산의 어라산 기슭에 잠들었다.

5·16 군사 쿠데타 정부가 정치적 목적으로 그에 대한 영웅화 작업을 추진하는 바람에 오히려 거부감을 불러일으키기도 하였지만, 그의 멸사봉공과 우국충정의 정신만은 후세에 길이 기려야 될 본보기임에 틀림없다.

민족 의학의 선구자 **허 준**

▶ **허준**은 의성(醫聖)이라고까지 추앙되는 인물이며, 신분적 불리함을 딛고 자기 분야에서 최고의 자리에 우뚝 선 도전적 인간상의 전형이다.

그는 유교적 가치관이 전부이던 시대에 태어나 크게 대우받지도 못하는 길로 자신의 인생을 몰입시켰지만, 그곳에서 그 누구도 넘볼 수 없는 경지에 이르기까지 자기를 탁마하여 시대적 가치를 뛰어넘는 평가를 이끌어낸 위대한 인간 승리의 표본이다.

의원으로서 그의 뛰어난 점은 복약과 치료보다도 정신수양과 섭생에 의술의 본의(本義)를 두고 있다는 것이다.

즉, 치료 의학보다는 예방 의학을 우선시했다는 점이 그의 의학 사상에 있어서 큰 특징이다. 그것은 『동의보감』을 비롯한 그의 모든 저술에 일관되게 흐르는 관념으로 오늘날의 기준으로 볼 때도 대단히 선각자적인 자세라고 볼 수 있다.

의술을 기술이 아닌 인술(仁術)로 파악하여 인본주의자로서 의원의 길을 걸어간 그는 항상 가난한 백성의 입장에서 치료 방법을 찾으려고 노력하였다.

또한 환경에 의한 영향이라는 개념을 도입하여 항상 조선의 실정을 감안한 방안을 채택하였고, 우리 민족 체질의 특성에 치료의 초점을 맞추었다.

그는 힘없는 백성에 대하여 깊은 애정을 가지고 있어 일반 백성들이 의원들의 직접적인 도움 없이도 기본적인 치료가 가능하도록 하는 대중용 의학 서적 편찬에 주력했다. 각종 의서들을 개정하고 증보하여 우리말로 번역한『언해』들도 이러한 그의 생각을 반영한 것이고, 전염병이 유행하는 곳으로 달려가 치료에 임하면서 임상 경험을 쌓은 것도 그 일환이었다.

그에게 있어서 의술의 목표는 가난한 백성들을 구호하고자 하는 데 있었다. 그는 자기가 배운 학문으로 그 어떤 정치가보다 더 치도(治道)의 근본을 실천해 간 큰 인물이었으며, 전란을 전후해서 어수선하고 흔들리던 당시 왕조 정권을 한쪽에서 굳건히 지탱해 준 버팀목이었다.

그의 독보적 가치는 중국 의술의 아류로 취급되던 조선 의학의 체계를 정립시킨 데에 있겠지만, 더욱 중요한 것은 어려운 환경을 뚫고 자신의 길을 열어나간 개척정신과 좌절의 순간에도 포기하거나 쓰러지지 않고 그토록 긴 기간을 오로지 하여 불후의 명작을 탄생시킨 인간 승리의 모습에서 찾아야 할 것이다.

서얼 출신 명의 탄생

허준은 조선 13대 왕인 명종 원년(1546년)에 용천 부사를 역임한 허론의 서자로서 경기도 양천에서 태어났다.

어머니 손씨는 지방 현령의 딸로 아버지의 소실이었기 때문에, 그는 운명적으로 입신양명의 기회를 박탈당한 채 세상에 태어났다. 하지만 어려서부터 학문의 기초를 닦을 수 있었으며, 그것은 훗날 그가 의술을 철학의 경지에까지 끌어올려 집대성할 수 있는 토양이 되었다.

그는 배다른 형제로 형인 옥과 동생 징이 있었다. 형은 한미한 직책에 그쳤지만, 동생은 내외직의 꽤 높은 관직을 역임했던 것으로 알려져 있다.

그는 소년 시절을 아버지의 부임지를 따라서 전남 지역에서 보내면서 서얼 출신이라는 자신의 처지를 자각하여, 중인 계층이 진출하고 있던 의원을 인생의 길로 선택하였다.

의술 공부에 전념하던 그는 젊어서부터 이미 지역 사회에서 가난하고 병든 백성들을 치료해 주면서 주위의 신망을 얻었다.

집안의 후원과 어느덧 명성을 얻은 실력으로 10대에 벌써 지방에서 약재를 검사하여 중앙으로 상납하는 심약(審藥)이라는 종9품 관직에 종사하기도 하였다.

그의 의원으로서의 출세에는 아버지의 본부인 영광 김씨의 도움이 컸다. 큰어머니 김씨 쪽으로 그에게는 할아버지뻘 되는 김시흡이 그의 자질을 인정하여 미암 유희춘에게 소개해 주었고, 미암도 그의 능력을 높이 사서 계속 후원을 해주었다.

허준이 미암을 처음 만난 시기는 미암이 긴 유배에서 풀려난 선조 원년(1568년)의 일로 그의 나이 23세 때였다.

미암은 명종 2년(1547년) 양재역 벽서 사건을 기화로 윤원형 일파에게 탄압을 받고 긴 유배 생활을 하다가 선조가 즉위하자 21년의 긴 유배 생활을 청산하게 되었다. 그 후 미암은 선조 대에 전라 감사, 홍문관 제학, 대사헌의 요직을 역임하게 되었는데 이러한 미암의 지원이 허준의 출세에 큰 도움이 되었다.

미암은 선조 2년(1569년)에 이조판서 홍담에게 허준을 추천하여 내의원으로 임명되게 해주었다.

궁중의 치료를 담당하는 내의가 되면서 허준의 일생일대의 스승을 만나게 된다. 당대 최고의 의원이자 내의원 의관이던 어의 양예수를 만난 것이다.

흔히들 허준의 스승은 유의태로 알고 있지만 그는 허준보다 후대에 활약한 인물이기 때문에 그 두 사람의 관계에 대한 이야기는 꾸며낸 것에 불과하고, 허준의 실제 스승은 내의원 수석의관 양예수였다.

당대 최고의 의원인 양예수를 만난 허준은 의술의 정수를 전수받아 의원으로서 더욱 실력을 쌓아갔다.

양예수가 지은 「의림촬요」가 훗날 『동의보감』을 저술하는 데 중요한 기초 자료가 되었던 점으로 미루어, 허준에게 있어서 양예수의 존재가 어떠하였는지 잘 알 수 있다.

허준은 선조 4년(1571년)에 종4품인 내의첨정에 올랐다가 선조 8년(1575년)에 의과에 정식으로 합격하고 왕의 시의(侍醫)로 선발되었다. 갓 30세의 나이에 의원으로서 확실한 지위를 굳히고 더 발전할 수 있는 토대를 마련한 셈이다.

그는 과거 급제 후 왕실 진료에 많은 공적을 세우면서 녹비(鹿皮 : 사슴 가죽)와 숙마(熟馬 : 나라에 속한 말을 사용할 수 있는 권리) 등의 상을 여러 차례 받음으로써 점점 그 실력을 확고하게 알리게 되었다. 그리하여 선조의 절대적인 신임을 얻게 되었고, 왕의 특지(特旨)로 여러 차례 품계를 올려 받았다.

그는 왕실 전담 의원으로 근무하면서도 의학을 꾸준히 연구하여 선조

14년(1581년)에『찬도방론 맥 결집성』을 4권 4책으로 펴냈다. 이 책은 중국 6조 시대 때 고양생이 지은『찬도맥결』의 미흡한 부분을 교정하고 난해한 곳을 이해하기 쉽게 풀어서 써낸 것이다.

『찬도맥결』은 중국 중세 이전에 명성이 높았던 의원들인 희범, 결고, 통진자 등의 맥론을 집대성한 책으로 그때까지 의학도의 필독서였으며, 의과 시험의 교재로도 사용되었다. 그러나 내용이 워낙 해석하기 어려워서 의원들이 그 의미를 파악하는 데에도 많은 어려움을 겪고 있었기 때문에 교정이 필요했다.

허준이 지은 교정본에는 기본적인 진맥 방법과 병세에 따른 진맥법이 항목별로 상세하고도 쉽게 기술되어 있어, 의학도들에게 많은 도움을 주었다. 이로부터 내의원 내에서도 그의 위치는 더욱 공고해졌고, 선조 23년(1590년)에는 광해군이 위중한 병에 걸렸을 때 이를 치료하고 낫게 해주어서 그 공로로 정3품 대우의 가자(加資 : 품계를 올려 받는 것)를 받았다.

광해군이 천연두에 걸려 고생하는 것을 그가 치유하게 된 것인데, 이로 인해 그는 광해군과 특별한 인연을 맺게 되었다. 허준이 가자된 다음 조정에서는 서얼 출신이자 기술 관료인 그에게 정3품 당상관 대우는 부당하다는 이유로 품계 환수 여론이 빗발쳤으나, 선조는 이를 받아들이지 않았다.

임진왜란과 고속 출세

선조 25년(1592년)에 일어난 임진왜란은 그에게도 큰 전환점이 되었다. 왜군이 부산포에 침입한 후 파죽지세로 밀고 올라와서 마지막으로 믿었던 신립마저 탄금대에서 무너지자 선조와 조정은 개성을 향하여 몽진 길에 올라야만 했다.

이때 허준도 피난 가는 어가(御駕)를 따라 시의로서 호종하여 의주까지 갔다가 명나라 원군이 참전하고 한성이 수복되어 다시 돌아올 때까지 선조를 계속 지근거리에서 보필했다. 당시 최고 의원 양예수가 노쇠하여, 47세의 허준이 시의로서 그 소임을 대행하였던 것이다.

그는 피난길에서 잠시도 왕의 곁을 떠나지 않고 건강을 돌보아 준 공으로 선조가 대궐로 귀환하자 곧 다시 품계를 올려 받았다.

그런데 한성으로 돌아오면서 목격한 조국의 산하는 전란으로 완전히 황폐해져 있었고, 백성들은 도탄에 빠져 허덕이고 있었다.

특히 전쟁 중에 부상당한 사람들과 전란 끝에 의례히 찾아오는 질병에 시달리는 백성들을 보고 이들을 치료할 방도가 시급하다는 것을 절실히 느끼게 되었다.

이에 따라 허준은 선조의 명을 빌려 모든 병을 치료하는 방안을 수록한 의학서를 편찬하기로 계획하고, 선조 29년(1596년)에 그 기초 작업에 착수했다. 이때 노쇠한 양예수는 은퇴하여 그가 내의원 수석의관이 되었으며, 동반(東班 : 문관) 직책을 제수받을 정도로 최고 대우를 받고 있었다.

그때는 아직 전쟁이 채 끝나지 않은 일시 휴전 상태였으며, 왜군 또한 여전히 남해안 일대에 진을 치고 있어서 국내 정세는 아직도 상당히 불안하였다.

그러나 백성들의 구휼과 치료가 시급하자 우선 내의원 안에 새 의서를 찍어내기 위한 편찬국을 두고 허준을 비롯하여 정작, 김응탁, 이명원, 정예남 등 내로라하는 의관들이 모두 모여 공동 연구에 들어갔다. 그렇게 한창 연구가 진행되는 도중에 정유재란(1597년)이 발생하여 왜군이 다시 침입하자 공동 연구는 부득이 중단하지 않을 수 없었다.

그런데 전쟁의 양상은 중부지방에서 전선이 형성된 후 교착 상태에 빠진 데다가 다음해에 도요토미 히데요시가 죽으면서 조선에서의 철병을 유언으로 남기자 왜군들은 일제히 철수하였고, 이에 따라 7년에 걸친 왜란은 겨우 종식되었다.

전쟁이 끝나고 내의원도 다시 정비되자 선조는 허준에게 중단되었던 의학서 편찬을 계속하라는 명을 내려, 그때부터 그는 단독으로 이 작업을 떠맡아 수행하게 되었다.

허준은 당시까지 알려져 있던 500여 권의 모든 의학서를 참조하면서 연구에 연구를 거듭해 나갔다. 연구에 몰두하던 그가 55세 되던 선조 33년(1600년)에는 스승인 양예수가 죽게 되어, 그때부터 그는 명실공히 조선 최고의 의원으로 대접을 받게 되었다.

그는 외롭고 어려운 의서 편찬 작업을 수행하면서도 현업을 완전히 떠나지 않았다. 선조 34년(1601년)부터 전국에 천연두가 창궐하자 허준은 연구 작업을 잠시 접어두고 병들어 죽어가는 백성들을 치료하기 위해 구호 일선에 분연히 나아가, 의원으로서의 임무에 충실하고자 했다.

당시에 전염병이 워낙 극성을 부려서 왕실 치료를 전담하는 내의원 의관들도 손놓고만 있을 수는 없어서 백성들의 진료에도 임하게 되었던 것이다.

이때의 경험을 토대로 그는 일반 백성들이 의원의 도움을 못 받더라도 응급 처치를 할 수 있도록 세조 때 만들어져 전해 내려오던 『구급방』을 우리말로 번역하여, 2권 2책의 『언해구급방』으로 편찬하여 내놓았다.

또 세조 때의 의학자 임원준이 저술한, 천연두 치료에 관한 책인 『창진집』을 개편하고 역시 우리말로 번역하여 『언해두창집요』를 편찬해 낸 것도 그해의 일이다.

허준은 이 책을 알기 쉽게 고쳐 쓰기도 했지만, 자신이 직접 치료하면서 효과가 좋았던 진료 방법을 덧붙여 기술하여 천연두 퇴치에 커다란 기여를 했다. 이러한 공로로 선조 37년(1604년)에는 '충근정량 호성 3등 공신'이 되었다가, 그 2년 후에는 '양평군'이라는 작위와 함께 '보국숭록대부'로 봉해져서 관리로서 최고위직 대우를 받게 되었다.

파직과 유배의 와중에 『동의보감』 완성

의원으로서 그와 같은 대접을 받은 사람은 그 이전에도 일찍이 없었고, 그 이후에도 물론 없었다. 특수 기술직으로 그다지 우대받지 못하던 의원으로서 이토록 파격적인 대접을 받게 되자 자연히 조정 내에서 질시의 분위기가 형성되었다.

결국 대간의 빗발치는 반대로 그 직위가 취소되는 수모를 당하고 말았다. 이때부터 양반 사대부들의 집중적인 견제를 받게 되는 허준은 그 와중에도 의학 연구에 꾸준히 몰두하여, 선조 41년(1608년)에는 노중례의 『태산요록』을 우리말로 옮기고 수정하여 『언해태산집요』라는 출산과 아기 양육법에 관한 해설서를 편찬하기도 했다. 그러나 의원으로서 승승장구하던 허준에게 그해 2월에 엄청난 위기의 시간이 다가왔다.

선조가 병으로 급작스럽게 사망하자 허준은 왕의 주치의로서 치료에 잘못이 있다 하여 집중적인 탄핵을 받게 되었던 것이다.

조선시대에는 재위하던 왕이 죽으면 그의 건강을 제대로 보필하지 못했다 하여 규례적(規例的)으로 어의의 죄를 논하기는 하였다. 그러나 이것은 말 그대로 의례적인 절차로서 특별한 경우가 아니면 그로 인해 어의가 처벌되지는 않았다.

그런데 이때 허준은 그동안 선조의 비호를 받아서 중서(中庶)의 신분으로 공경대부들과 동일한 대접을 받았다는 죄 아닌 죄로 인해 그 책임을 신랄하게 추궁당해야만 했다.

그는 결국 왕의 치료에 소홀하였다는 공격을 받고 삭탈관직 된 후 유배되고 말았다. 그는 이런 좌절을 겪으면서 유배지에서도 새로운 의학서 집필에 대한 의지를 꺾지 않고 연구에 몰두했다. 그 후 조정 중신들의 거듭되는 탄핵으로 다음해 4월에는 위리안치되는 가중 처벌까지 받게 되어 생명이 위험한 지경에 처하기도 하였다.

다행히 그해 11월에 광해군에 의하여 사면되어 귀양에서 풀리고 다시 내의원으로 돌아올 수 있었다. 왕자 시절 그에 의해 위중한 병을 치료받았던 광해군이 특사로 그를 풀어주고 어의로 다시 불렀던 것이다. 귀양에서 풀린 그는 그동안 연구했던 새 의서 저술을 마무리지어서 선조의 명에 의해 새로운 의학서를 편찬하는 작업에 착수한 지 15년 만인 광해군 2년(1610년) 8월에 25권이라는 방대한 양의 책을 완성해 내놓을 수 있었다.

이에 광해군은 포고문을 내려 그 공을 치하하고, 상으로 태복마를 하사하였다. 이 책은 출판 준비에만 3년이 걸려서 실제로 간행된 것은 광해군 5년(1613년) 11월이었다.

허준으로서는 온갖 시련을 견디면서 혼자 힘으로 고군분투하여 마침내 그 뜻을 이루어 낸 것이다. 끈질긴 집착력과 사명감으로 그 기나긴 세월 동안 한 길을 향해 매진한 결과였다. 집필을 마쳤을 때 그의 나이도 어언 65세로 당시로서는 꽤 고령이 되어 있었다. 『동의보감』은 그 후 조선뿐만 아니라 중국과 일본에서도 발간되었다.

중국에서 출판될 때 그 서문에서 "천하의 보물은 마땅히 전 세계가 함께 공유하여야 한다"고까지 극찬하였고, 일본에서도 '의가의 비급'으로 소중히 떠받들어졌다.

말년에도 질병 퇴치를 위하여 매진

그는 동의보감을 완성한 후에도 새로운 병이 발견되면 몸을 아끼지 않고 그것을 치료하기 위한 처방을 연구하여 책으로 펴냈다.

광해군 4년(1612년) 12월에는 온역(溫疫)이라고 했던 발진티푸스가 함경·강원 양도에서 유행하다가 점점 전국으로 번져나가자 중종 때부터 전해져 오던『벽온방』을 참작하여『신찬 벽온방』을 찬집(撰集)하였다.

이 책은 발진티푸스의 원인 및 예방과 치료법을 기술한 것으로 1613년 2월에 내의원에서 간행하였다. 또한 그해 10월에 당독역(唐毒疫)으로 불렸던 성홍열이 전국에서 유행하자『벽역신방』이라는 치료서를 엮어내기도 했다.

이 책에는 병의 기원과 증세에서부터 시작하여 치료법과 약방문에 이르기까지 치료에 임하기도 쉽고 효험이 큰 방법들이 간결하고도 요령 있게 서술되어 있다.

이와 같이 의학 연구 및 저술과 병든 백성의 구호에 진력하던 허준은 광해군 7년(1615년) 11월에 70세를 일기로 조용히 그의 생을 마감하였다. 그가 죽은 다음에 광해군은 그의 공적을 기려, 그의 생전에는 중신들의 반발로 취소하였던 '양평군'의 관작을 추증하여 주었다.

그는 조선뿐만 아니라 동양 의학계 전체에 지워질 수 없는 큰 발자취를 남겼고, 중국에서도 그를 가리켜 '동국 의성'이라고 추앙하였으며 그의 책을 대량으로 발간하여서 질병 치료에 길잡이로 사용했다.

또한 오늘날에도 『동의보감』은 여러 나라에서 번역 출판되어 세계적인 의서로 그 의학적 가치가 높이 평가되고 있다.

『동의보감』의 내용과 가치

『동의보감』은 의학서에 대한 허준의 해박한 지식과 풍부한 임상 경험을 토대로 써진 실용적인 의서이다. 각종 질병에 따른 처방을 상세히 기술한 것은 물론 반드시 단방(單方) 치료 방법을 열거하였고, 약만으로 효과가 없을 경우에 쓰는 침구법도 덧붙여서 완벽한 치료에 임할 수 있도록 했다.

또 약재에 있어서도 중국산과 국산을 구분하여 국산 약재는 산지, 지방별 명칭, 채취 계절과 제약 방법을 기술해서 약재를 구하기 쉽도록 안내했다. 그리고 처방의 출전(出典)을 밝혀두어 질병에 대한 고금의 치료 방법을 계통적으로 찾아볼 수 있도록 일목요연하게 정리하였으며, 속방(俗方)까지 기술해 두었다.

특히 잡병편에서는 증세를 중심으로 각종 질병을 알아낼 수 있도록 배열하여 임상 경험이 부족한 의원도 이 책을 기초로 하여 환자를 보면 쉽게 진맥을 할 수 있었다. 처방약의 용량도 임상 경험을 바탕으로 표준치를 만들어 적절히 가감하여 조제하도록 하였고, 복용 방법까지 명시하였다.

무엇보다도 그의 의학 사상에서 기본을 이루고 있는 정(精)·기(氣)·신

(神)의 중요성에 대한 인식을 바탕으로 내장기의 생리적 기능 변조 가능성과 그 직접적 병증을 다루어서 400년 전에 이미 현대 의학에 가까운 의술이 모색되었다는 측면에서 경이로울 따름이다.

그렇게 그는 고금의 각종 의서를 통달하여 다양한 치료 방안을 취사선택한 후 실제 임상 경험을 거쳐서 치료에 효과가 있는 정수만을 뽑아내느라고 15년이라는 긴 세월이 필요했던 것이다.

『동의보감』 전편에 흐르는 이념적 바탕은 도교적 공리(功利) 정신과 실용주의적 사상으로서 이에 따라 이 책은 정확성과 함께 실제적 활용 가능성이 무엇보다도 중요시되어 있다.

또한 한의학(漢醫學)을 총 집성하여 토대로 삼았지만 우리 민족의 체질에 맞는 민족 의학으로 정립시켰기 때문에, 한방(漢方)이 아니라 한방의학(韓方醫學)의 결정판으로 보아야 한다. 그리고 가히 의술에 관해서는 모든 것이 수록되었다고 할 정도로 상세하고도 정확하였기 때문에, 고금을 통해 이와 같은 명저가 다시없을 만큼 대단한 가치를 지닌 동양 의학의 경전이라고 할 수 있다.

『동의보감』의 구성은 「목차편」 2권, 내과인 「내경편」 4권, 외과인 「외형편」 4권, 유행병·급성병·부인과·소아과 등을 합친 「잡병편」 11권, 약재와 약물에 관한 「탕액편」 3권, 「침구편」 1권 등 5강목으로 나뉘어서 총 25권으로 발간되었다.

이 방대한 의학 서적의 진정한 가치는 한국적 의학의 우수성과 민족적 재능의 뛰어남을 과시한 대역사(大役事)라는 점에 있다. 또한 기술로서의 의술이 아니라 인술(仁術)로서 의학을 대하였던 한 인간의 고귀한 인간 존중의 정신을 확인할 수 있다는 점에서 그 의미가 자못 깊다 하겠다.

인습의 굴레 속에서 자아를 구현한 여류시인 허난설헌

▶ **허난설헌**은 조선 규방 문학의 새 지평을 연 대표적 인물이다. 그녀는 평생을 집안의 틀 안에서 살아가야 하는 것을 운명처럼 받아들이도록 강요받았던 조선 여인들의 한을 시로써 표현하여, 생명 있는 문학의 진수를 선보인 여류 문인이다.

그 시절에 여자가 학문이나 시를 배우는 것도 어려웠지만, 하물며 두터운 남존여비 사고의 각질을 뚫고 두각을 나타낸다는 것은 더더욱 어려운 일이었다. 설사 재능이 있어 작품을 남겼다 하더라도 그것이 세상에 알려지기는 또한 쉽지 않았다.

그런데 그녀는 스스로 자신의 재능을 알고 숨 막히는 인습의 굴레 속에서도 감연히 붓을 들어 올올이 아름다운 꽃 시를 수놓았으며, 그녀의 재능을 존경하고 아까워하여 누이의 작품을 모아서 세상에 소개한 동생이 있었기에 작가의 감정이 소롯이 담겨 있는 시들을 오늘날에도 볼 수 있는 것이다. 그러나 그녀는 자신의 시들이 알려지는 것을 원치 않았다.

죽음을 앞에 두고 자신이 간직하고 있던 작품들은 모두 스스로 불태워 버렸으며, 다른 곳에 남겨진 것도 없애줄 것을 유언으로 남겼다.

그녀는 타인에게 보이기 위해 시를 쓴 것이 아니라 어찌할 수 없는 자신의 감정을 담아내는 수단으로 붓을 잡았던 것이다. 그런 의미에서는 그녀의 작품은 작가 자신의 성정을 제대로 표현하지 않은 다른 규방 작품들과 좋은 대비가 된다. 그녀 이외에 조선의 다른 여성 작가들의 작품들은 고달픈 일상사의 감정 표출이 억제되어 있는 것이 대부분이기 때문이다.

그녀는 '일부종사', '여필종부'로 대변되는 당시의 인습과 자신의 감정 표현까지 억제할 것을 강요당하는 현실에 항거하고 싶었는지도 모른다. 그래서 그녀의 많은 작품들은 남성 위주의 사회에서 유탕(遊蕩)에 가깝다는 비난을 받기도 하였다.

개방적이고 다정다감한 집안에서 자라난 그녀는 숨 막히는 시집살이에 질식되어 갔고, 상처받기 쉬운 여린 심성 때문에 작은 아픔도 서럽기만 하였다. 그래서 애초의 밝고 맑았던 심성이 차츰 우울과 번민으로 어두워져 가면서 하루하루의 지친 삶이 지루하게만 느껴졌는지, 그녀는 가장 무성하고 아름다워야 할 젊은 나이에 생을 마감한 비운의 여인이었다.

뛰어난 예술적 재능

허난설헌은 조선 13대 왕인 명종 18년(1563년)에 강릉 초당리에서 초당 허엽과 김씨 부인의 딸로 태어났다. 그의 아버지 허엽은 양천 허씨의 명문가 출신이며 부제학, 경상도 관찰사, 동지중추 부사 등 내외의 요직을 지냈던 인물로 첫 번째 부인 한씨가 1남(허성) 2녀를 두고 죽자, 두 번째 부인 김씨를 들여 2남(허봉, 허균) 1녀(난설헌)를 얻었다.

전처 소생 자식들은 대체로 아버지의 유학자다운 면모를 많이 물려받았는데, 후처 소생들은 어머니 김씨의 예민한 감수성을 닮아서 모두 뛰어난 예술가적 자질을 보였다.

난설헌의 본명은 초희였고 자는 경번, 호는 난설헌이었는데 그녀의 자(字)인 경번(景樊)에 대해 훗날 세간에 억측이 생기기도 하였다.

당나라 시인 번천(樊川)은 두목지를 경모하는 뜻이 내포되어 있는 이름으로 번연히 남편이 있는 사대부가의 여인으로 합당하지 않은 처신이라는 것이다. 아무튼 그녀는 5세 때 아버지가 성균관 대사성으로 임명되어서 그때부터 한성의 건천동에서 살았다.

그녀는 어려서부터 영민하여 동생 균과 함께 글공부를 같이 배웠는데, 둘째 오빠 허봉이 초년의 글 선생이었고, 그 후에 서애 류성룡과 서얼 출신 시인 손곡 이달에게서 학문과 시를 배웠다.

그녀의 아버지 허엽은 화담 서경덕에게서 수학하여 화담의 도교적인 분위기를 체득하였던지라 집안에 도교 관련 서적들을 많이 소장했었다.

그녀는 자라면서 이런 책들을 통해 신선 세계에 대한 상상력을 길렀는데, 7세 때에 신선 세계의 광한전에서 백옥루라는 누각을 새로 짓고 있다는 상상을 바탕으로 그 건물의 상량문을 자신이 직접 지어보기도 했다. 이 시가 바로 명나라의 문인 조문기가 "마치 신선이 되어 백옥루에 올라 있는 느낌이 든다."고까지 극찬한 「광한전 백옥루 상량문(廣寒殿 白玉樓 上樑文)」이다.

그녀의 집안은 일반적인 사대부가와는 달리 상당히 개방적이고 진보적이어서 남매간의 우애도 유별나게 좋았으며, 자랄 때 그녀는 남자 형제들과 큰 차별 없이 같이 공부하면서 스스럼없이 어울려 지냈다.

그러나 집안 경향은 그 후 오빠 허봉과 동생 허균의 행적을 보아도 충분히 알 수 있다. 이 점은 엄격한 사대부가의 풍속을 철저히 지키며 살았던 배다른 큰오빠 허성이나 두 언니들과 좋은 대비가 되기도 한다.

또한 그녀는 시인으로서 천부적인 재능을 가진 데다 그녀의 예민한 감수성이 시 선생 손곡의 낭만적인 시풍에 영향을 받아, 성품마저도 다소 곳함보다는 자유분방하였다.

그녀의 시 선생이었던 손곡은 3당(三唐) 시인의 한 사람으로 손꼽히는데, 낙천적이고 낭만적인 백락천의 시풍을 많이 이어받은 사람이었다.

백락천은 당나라 시인으로 고통받으며 어렵게 살아가는 백성들의 편에서 시를 썼던 사회파 시인으로도 유명한데, 이러한 그의 경향이 손곡을 통해서 난설헌에게까지 이어졌던 것이다.

고달픈 환경과 절망스러운 생활

난설헌은 17세 때 둘째 오빠 허봉이 중매를 서서 안동 김씨 문중으로 시집을 갔다. 신랑 김성립은 그녀의 오빠 허봉과 호당에서 사가독서 하던 동료인 김첨의 아들로서 그녀보다 한 살 위였다.

그녀의 시집은 대대로 명문가로서 시할아버지 김홍도는 과거에 장원급제하고 홍문관 전한을 역임하면서 명종 대에 윤원형을 탄핵하다가 죽었으나 후에 영의정으로 추증되었고, 시증조부 김로는 첨중추 부사를 지냈으며, 시고조부 김희수도 대사헌까지 역임한 바 있었다.

그야말로 더 이상 고를 수 없는 최고의 집안으로 시집간 것이지만, 그녀의 불행한 삶은 이때부터 시작되었다.

시집의 분위기는 친정과는 완전히 다르게 엄격한 사대부가의 표본과 같은 모습이었다. 시어머니인 송씨 부인도 이조판서를 지낸 송기수의 딸로서 그 아버지의 엄격함을 그대로 배우고 자란 여인이었다.

완전히 바뀐 생활환경에서 예민한 감성을 가진 난설헌은 제대로 적응하지 못했다. 더구나 그녀는 자라면서 실과 바늘보다 먹과 붓을 더 가까이하였기 때문에 가정 살림에 익숙하지도 못하였다. 자연히 반듯한 시어머니와 뜻이 맞지 않았고, 남편과의 사이도 썩 좋지 못했다.

가정에서 점점 소외되어 간 그녀는 더욱 시문과 독서에 몰두하여 텅 빈 가슴을 메우려 했다. 그러나 그러면 그럴수록 시댁 식구들과의 관계는 더욱 소원해져 갔다. 게다가 가녀린 심성을 가진 새색시의 한은 그녀의 불행한 가족사 때문에도 갈수록 쌓여만 갔다.

그녀가 시집온 이듬해에 아버지가 상주의 객관(客館)에서 돌연히 세상을 떠났고, 그 3년 후에는 그녀를 끔찍이 아끼고 사랑해 주던 둘째 오빠 하곡 허봉이 동인의 선두에 서서 율곡을 탄핵하다가 갑산으로 유배되었다. 믿고 의지하던 두 기둥이 모두 그녀의 곁을 떠나 버린 것이다.

더구나 두 자식이 모두 어려서 죽자 그녀의 삶은 삭막함과 애절함에 더욱 빠져들 수밖에 없었으며, 그녀가 죽기 한 해 전에는 둘째 오빠 하곡이 귀양에서 풀려났으나 관직에 뜻을 잃고 세상을 유랑하다가 금강산에서 병사하여 삶에 대한 의지의 끈이 더욱 희미해졌다.

친정의 배다른 큰오빠 악록 허성은 근엄하여 심중을 하소연하기도 어려웠고, 동생 교산 허균은 아직 과거에도 합격하지 못한 어린 소년일 뿐이었다. 천지간에 어디 하나 의지할 곳 없이 홀로 남겨진 외톨이처럼 느껴진 그녀는 자신의 죽음을 예언하는 「몽유(夢遊)광상」이라는 시를 짓기도 하였다.

그리고 그녀는 27세 되던 해(1589년) 어느 날 몸을 깨끗이 씻고 새 옷으로 단장한 후에 집안사람들에게 이렇게 말하고는 그동안 자신이 시를 짓고 책을 읽던 초당에서 홀연히 숨을 거두었다.

"올해는 내 나이 세 번째 아홉수에 해당하는 해인데, 마침 오늘 연꽃들이 서리를 맞아 붉게 변했으므로 미리 말했던 것처럼 바로 내가 죽을 날이다. 내가 죽은 다음에는 지은 시들을 모두 불태워, 나처럼 불행한 여인이 다시는 조선 땅에 태어나지 않도록 해주기 바란다."

사후에 다시 태어난 여인

27세의 젊은 나이에 요절한 규방 여인의 존재와 그 작품이 세상에 알려지게 된 것은 특이하게도 명나라에서 먼저 그녀의 작품의 가치를 인정하고 널리 애송된 후였다.

중국인들 중에서 제일 먼저 그녀의 시를 접한 인물은 정유재란 당시에 명의 원군을 따라 조선에 온 오명제라는 시인이었다. 그는 한때 허균의 집에 머물렀는데, 허균으로부터 난설헌의 시 200여 수를 전해 받고 중국으로 돌아가서는 『조선시선』이라는 시집에서 이를 소개했다.

그 다음으로 그녀의 시를 알게 된 중국인들은 선조 39년(1606년)에 황장손(皇長孫)의 탄생을 알리는 사신으로 온 주지번과 양유년이었다. 이때 그녀의 동생 허균이 원접사 유근의 종사관이 되어 이들을 영접하며 친교를 맺는 과정에서 그들이 시를 좋아하는 것을 알고, 자신이 보관하고 있던 누이의 유고를 보여주게 되었다. 난설헌의 시들을 살펴본 두 사람이 경탄을 금하지 못하자 허균은 그들에게서 찬사의 서문을 받아두고 자신이 만들었던 누이의 문집 필사본을 전해주었다.

그 후 광해군 원년(1609년)에 책봉 조서를 가지고 온 명나라 사신 유용과 서명도 허균에게 난설헌의 문집을 얻고자 요청할 정도로 중국에서 인

기가 있었다. 그러나 조선에서는 그녀의 동생 허균이 광해군 10년(1618
년)에 역모에 연루되어 처형되자 한동안 매장되었다가 숙종 18년(1692
년)에 동래에서 재간행된 후 본격적으로 알려지게 되었다.

숙종 37년(1711년)에는 일본에도 이 시집이 전해져서 분다이야 지로
등에 의해 간행되어 널리 애송되기도 하였다.

그러나 중국에서 그녀의 시가 애송되기 전에 조선에서 완전히 사장되
어 있었던 것은 아니다. 동생 허균이 그녀가 죽은 다음해에『난설헌고』
라는 문집을 꾸미서 스승인 류성룡의 발문을 붙인 다음 필사본으로 몇몇
이들에게 전해준 적이 있었기 때문이다.

하지만 한때 그녀의 시가 허균이 자작하여 놓고 죽은 누이가 지은 것
처럼 세상을 속였다는 의심을 받기도 하였지만, 그 당시 유명한 문인이
었던 남용익이 그의 저서『호곡시화(壺谷時話)』에서 이 문제를 명쾌하게 해
명해 주었다.

"하곡의 시는 아름답게 빼어나고 고법(古法)을 알아, 동생 교산의 그것
보다 훨씬 격이 높았다. 그런데 난설헌의 시는 격조가 하곡보다 높기 때
문에 교산이 미치지 못한다."

허씨 가문 삼남매의 시를 짓는 능력에 대해 평을 한 것인데, 시에 있어
서는 셋 중 가장 실력이 뒤처지는 허균이 제일 뛰어난 난설헌의 시를 꾸
며서 지어낼 수 없다고 말한 것이다.

그러면 난설헌의 시가 왜 중국에서 그토록 칭찬과 인기가 높았는지를
알아보자.

중국에는 예로부터 악부(樂府)라는 시의 한 형태가 있어서 그들은 옛 악
부 속의 시들을 변형하여 자기만의 새로운 시를 짓는 것을 즐겨 했었다.
그런데 손곡을 통해서 당나라의 시 경향에 많은 영향을 받은 난설헌도

악부의 소재들을 재각색하여 많은 시를 지었다.

즉, 난설헌의 시에는 중국 시인들의 시구와 시상(詩想)들이 반영된 작품들이 많았기 때문에 중국인들의 친근감을 샀던 것이다.

허난설헌의 시 세계

현재 그녀의 시는 숙종 18년(1692년)에 동래에서 목판본으로 간행된 『난설헌집』에 수록된 242수가 전해지고 있다.

그녀는 자신의 시 속에서 현실에 대한 절망스러움을 '그리움'으로 승화시켜 표현했으며, 그 질곡 같은 현실에서 벗어나기 위한 대상으로 '신선 세계'를 택하여 정신적 탈출을 시도했다.

그녀는 숨 막힐 것 같은 자신의 현실을 이겨낼 수 없자 그것을 스스로 순간의 것으로 만들어버리고 부질없는 찰나의 고통에서 탈피하는 도피처로서 신선 세계를 동경하여 자신을 현세의 사람이기보다는 선계의 존재로 감정이입을 했던 것이다.

「유선사(遊仙詞)」라는 제목의 87수나 「동선요(洞仙謠)」 등 신선 세계와 관련된 100여 수는 모두 현실의 고통 때문에 환상의 세계에 절실하게 빠져들었던 그녀의 모습을 대변하는 내용들이다.

자신의 죽음을 예언한 「몽유 광상산」에서도 그녀는 자신을 신선 세계와 인연이 있는 존재로 묘사하였던 것만을 보아도 그녀의 정신세계가 얼마나 선계를 동경하였는지 알 수 있다. 이는 어릴 적에 많이 보았던 도교 관련 책들의 영향도 컸던 듯하다.

또 하나 그녀의 시의 큰 특징은 악부체 시가 대부분이라는 것이다. 「선

유사(仙遊詞)」를 비롯하여 밝고 화려한 분위기 속에서 그려진 20여 편의 「궁사(宮詞)」들을 포함한 170여 수가 악부체 형태로 지어졌다.

악부체의 특징은 앞서 언급한 대로 옛 시의 시상이나 구절 등을 빌려 와서 자신만의 새로운 시로 재구성해 내는 형태의 시작(詩作) 방법인데, 대체로 제목이 요(謠), 사(詞), 원(怨), 곡(曲), 악(樂), 행(行), 음(吟) 등으로 끝나 며 중국적 소재가 많이 인용되었다.

또한 그녀의 시는 악부체 경향과 함께 시어가 풍요롭고 화려한 것은 물론 현란한 감정 또한 전편에 풍성하게 흐르는, 당의 시풍이 두드러진 것이 특색이다. 이것은 최경창, 백광훈과 함께 3당 시인으로 일컬어지던 그녀의 스승 손곡 이달의 영향 때문이었음은 이미 기술한 바와 같다. 아 무튼 그녀는 자신의 작품 속에서 감정과 현실을 숨김없이 표현해 냈다는 점에서 더욱 그 가치가 인정된다. 그녀의 작품을 접해 보면 거기에서 배 어 나오는 그녀의 현실을 느낄 수 있으며, 그로 인해 그녀의 지나온 삶을 오늘날에도 마주앉아 대화하듯이 알 수 있다는 점에서 그 의미가 크다.

실제 작품 감상

그녀의 시를 내용이나 소재 면에서 대별해 보면 크게 네 가지 모습으 로 구분할 수 있다.

첫째는 행복하고 꿈 많은 시절을 노래한 것이고, 둘째는 불행과 절망 가운데 그 한과 아픔을 새겨낸 것이며, 셋째로는 가난하고 천대받는 이 웃에 대한 연민을 담아낸 것과, 넷째로는 사회에 대한 원망과 걱정을 토 로한 것 등이 있다. 여기에서는 그녀의 삶과 죽음을 조명해 보는 의미에서 행복과 불행을 다룬 작품 몇 편만 감상해 보자.

먼저, 소녀 시절이나 신혼 초에 썼을 것으로 생각되는 행복하고 아름다운 모습을 노래한 시들을 살펴보자.

隣家女伴 競鞦韆 인가여반 경추천
結帶蟠巾 學半仙 결대반건 학반선
風送綵繩 天上去 풍송채승 천상거
佩聲時落 綠揚烟 패성시락 녹양연
[이웃집 여자 친구와 그네뛰기 경주할 적에 수건으로 허리춤을 질끈 동여매고 신선인 양 반쯤 배운 모습이 바람을 일으키며 오색 그넷줄을 타고 하늘로 치솟아 올라가는데 우거진 버드나무 위로 패물 소리만 흩날리는구나.]

그야말로 세속적인 근심이 하나도 묻어나지 않는 꿈 많던 소녀 시절의 모습을 밝고 가벼운 분위기 속에 그려내고 있다. 오색 새끼로 꾸며진 그네를 타고 창공을 차고 오르는 광경이 눈앞에 선히 떠오르는 듯하다.

湖裏月初明 호리월초명
采漣中夜歸 채연중야귀
輕撓莫近岸 경뇨막근안
恐驚鴛鴦飛 공경원앙비
[이윽고 돋은 달이 호수로 비쳐드니 연 캐던 조각배는 밤으로만 돌아오는데, 저 배야 기슭으로는 들지 말아라. 단잠 든 원앙이 놀라 날아가겠다.]

이 시는 신혼의 단꿈을 노래한 것으로 행복이 영원히 계속되기를 기원하는 여인의 바람이 잘 표현되어 있다. 그러나 이렇게 행복한 시간도 잠시뿐이었고, 그녀에게는 시집살이의 고통과 절망스러운 나날들이 닥쳐왔다. 그녀는 부푼 낭만과 정열을 뒤로한 채 수심과 고뇌를 안고 생활해야 했고, 그것이 다감한 그녀의 가슴에 오롯이 상처로 남아서 한으로 쌓여갔다. 이처럼 불행한 시기에 썼던 작품들에는 그녀의 심정이 그대로 배어 나온다.

盈盈窓下蘭 영영창하란

枝葉何芬芳 지엽하분방

西風一披拂 서풍일피불

零落悲秋霜 영락비추상

秀色縱凋悴 수색종조췌

淸香終不死 청향종불사

感物傷我心 감물상아심

涕淚沾衣袂 체루첨의몌

[창 아래 피어난 아름다운 난은 가녀린 줄기 같은 이파리가 그리도 예쁘기만 하였는데, 가을바람 소슬함에 그 잎마저 애처롭게 흔들리더니 시들어 떨어지며 찬 서리를 슬퍼해야 하는구나. 빼어난 그 자태가 시들어 떨어진다 해도 맑은 향기는 끝내 다하지 않겠지만, 초라해진 모습에 마음이 상하여서 흐르는 눈물로 소매를 적시는구나.]

난 속에 자신을 투영시켜서 서리 맞은 난이 영락하듯이 아름다운 모습에서 절망의 나락에 떨어진 자신의 모습을 그리면서, 스스로 아무리 힘들어도 맑은 향기만은 잃지 않겠다는 애처로운 다짐을 하고 있다.

그녀의 불행은 시집살이의 어려움과 남편과의 소원한 관계에만 국한
되지 않았다. 어린 자식 둘을 강보에서 잃어버리고 그 애끓는 모정을 가
눌 길 없어 지은 「곡자(哭子)」라는 작품에는 그녀의 가슴에 일었던 비통이
절절이 묻어 나온다.

去年喪愛女 今年喪愛子 거년상애녀 금년상애자

哀哀廣陵土 雙墳相對起 애애광릉토 쌍분상대기

蕭蕭白楊風 鬼化明松楸 소소백양풍 귀화명송추

紙錢招汝魂 玄酒奠汝丘 지전초여혼 현주전여구

應知弟兄魂 夜夜相追遊 응지제형혼 야야상추유

縱有腹中孩 安可冀長成 종유복중해 안가기장성

浪唫黃台詞 血泣悲吞聲 낭금황태사 혈읍비탄성

[지난해에 잃은 딸과 올해에 잃은 아들을 울며 울며 묻던 흙이 두 무덤으로 마
주섰구나. 백양 숲에 소슬바람 불고 송추에는 귀신불이 밝아도 지전으로 너희
혼을 불러놓고 무덤 위에 술 부을 뿐이지만, 너희 형제 혼은 서로 알아서 밤이
되면 따라서 놀겠지. 뱃속에 새 생명이 생긴다 한들 다시 낳아서 잘 자랄 수 있
을까. 허무한 황태사만 읊조리고 슬픈 울음을 삼키며 피눈물만 흘릴 뿐이구나.]

어린 자식들을 앞서 보내고 그녀는 더욱 자신을 잃고 말았는지도 모른
다. 참척(慘慽)의 고통은 그녀에게 살고 싶은 의욕을 모두 빼앗아 가버려
서 사슬 같고 절망스러운 삶을 어서 빨리 마감하고 싶은 심정만이 가득
했을 것이다.

위민 정신으로 일관한 경제 전문가 **김육**

▶   **김육**은 자신의 정치 신념에 대하여 누구보다도 투철하였고, 그 신념을 평생에 걸쳐 이루어낸 의지의 정치가였다. 그는 연이은 왜란과 호란으로 전 국토가 유린되고 백성들의 생활이 극도로 피폐되었던 시절에 살면서, 평생토록 오로지 백성을 잘살게 하고 나라를 부강하게 만드는 데에 매진했던 사람이다.

그는 일찍이 인간에게 도움을 주기 위해서는 모든 만물을 아끼고 사랑하는 마음을 가져야 한다고 역설했다. 그래서 허황한 정신세계에 몰두하기보다 실제 생활에 유용한 학문을 추구해야 한다는 실용주의적 자세를 가지고 있었다. 그리고 물질의 가치는 인간을 위함에 있는 것이지 물질 그 자체에 매달려서는 안 된다고 경계하여, 오늘날의 황금만능주의와는 현격히 다른 가치관을 보여주고 있다.

실제로 그는 평생을 청빈하게 살았던 사람이다. 그는 항상 강인하게 자신의 주장을 피력했지만, 자신의 안위를 도모하기 위한 것이 아니라 고통받는 백성들 편에서 일체의 사심도 없이 신념을 실천하였기 때문에 반대파조차 그를 무작정 매도할 수는 없었다. 그가 강인한 의지로 철벽 같은 신념을 역설하면서도 파란과 굴곡으로 점철되는 정치판에서 귀양

한번 가지 않고 생애를 마칠 수 있었던 것도 그의 반듯한 삶의 자세와 무관하지 않다.

사실 그가 활동하던 시기는 조선시대에서 가장 명분론이 횡행하던 때였다. '북벌론'에서 출발한 성리학적 명분론은 '조선 중화주의'로까지 발전되어 갔으니 그 정도의 심각성은 익히 알 수 있는 바인데, 그는 그러한 시기에 위험을 무릅쓰고 현실적인 주장을 줄기차게 역설했던 것이다.

그의 정치 철학의 근본은 오로지 위민 정신에 있었고, 이를 위해서 줄기차게 특권층의 철폐를 주장했으며, 부의 편재가 백성을 고통스럽게 할 뿐만 아니라 나라도 위태롭게 한다고 생각했다. 그의 민심 논리는 다음과 같은 그의 통찰에서도 잘 알 수 있다.

"세상에서 제일 두려운 것은 하늘, 외적, 백성 세 가지이다. 그중에서 가까운 데 있는 두려운 존재인 백성들을 안정시킨다면 멀리 있는 다른 두 가지 두려움은 자연히 해소될 것이다."

그는 조선시대에 몇 안 되는 경제전문가이자 과학기술자였으며, 실천적 학문을 추구하여 반계 유형원에게 이어진 실학사상의 문을 열어놓은 인물이다.

굳세고도 단정한 인물

김육은 조선 14대 왕인 선조 13년(1580년)에 한성의 마포에서 재랑 김흥우의 맏아들로 태어났다.

그의 본관은 청풍이고 자는 백후이며 호는 잠곡이다. 그의 고조부 김식은 중종 대에 조광조와 함께 개혁 정치를 추진하다가 죽음을 맞은 '기묘명현(己卯名賢)' 중 한 사람이었다.

그는 12세 때 이미 『소학』을 통달했고, 커가면서 성품이 굳세어지고 몸가짐도 단정했으며 말수도 많지 않았다.

13세 되던 해에 임진왜란이 일어나자 해주로 피난을 갔는데, 그곳에서 그의 아버지가 세상을 떠나 졸지에 어머니를 도와서 할머니와 어린 동생들 3남매를 보살펴야 하는 가장이 되었다.

그러나 피난 중에 우계 성혼이라는 훌륭한 스승을 만나 학문의 진보를 이루는 데는 큰 도움을 받았다.

19세 때 정유재란이 발생하여 이번에는 황해도 연안으로 피난하였는데, 그해에 할머니가 죽었고 이듬해에는 어머니마저 세상을 떠났다.

전쟁은 생활의 고통과 함께 육친과의 이별까지 그에게 강요한 것이다. 그는 어린 나이에도 꿋꿋하게 장례 절차를 마친 후에 아버지 묘까지 이장시켜, 부모를 남양주 미금 땅에 합장하기까지 하였다. 그만큼 그는 굳건한 성품의 소유자였던 것이다.

그 후 한성으로 돌아와서 이모부 댁에 의지하고 살다가 25세에 윤급의 딸인 파평 윤씨를 맞아 결혼을 하고, 그 이듬해인 선조 38년(1605년)에는 사마시에 응시하여 합격하였다. 그 후 성균관에서 공부하면서 재임(齋任)으로 봉직하다가 광해군 3년(1611년)에 공자의 문묘를 관리하는 책임을 맡자 김굉필, 정여창, 조광조, 이언적, 이황 등 5명의 명현을 공자의 문묘에 함께 모시자는 상소를 올렸다. 그러나 북인 정권의 실권자인 정인홍이 이를 반대하자 그는 성균관 학생들과 함께 유학자 명부인 청금록에서 정인홍의 이름을 삭제해 버렸다.

정인홍은 자신의 스승인 조식보다 다른 사람이 먼저 공자의 문묘에 봉양되는 것을 인정하지 않았던 것이다. 그러나 정인홍은 광해군 왕위계승에 공이 큰 대북파의 거두로서 이 사건은 등극 초기에 권력 기반이 불안정했던 광해군과 정권 실세들을 자극시켜서 김육을 비롯한 성균관 학생들은 그 자리에서 모두 쫓겨나고 말았다.

성균관에서 쫓겨난다는 것은 대과에 응시할 자격을 박탈당하여 관직에의 진출이 봉쇄되는 것을 뜻한다. 그 후에도 광해군 친위세력에 의하여 반대파를 제거하기 위한 옥사(獄事)가 연이어 일어나자 김육은 35세 되던 해인 광해군 6년(1614년)에 가족들을 데리고 경기도 가평군 잠곡으로 들어가서 칩거하고 말았다.

잠곡은 17세 때 고모부를 따라 가본 적이 있는 곳으로 어린 김육에게 깊은 인상으로 남아 있던 곳이었다.

잠곡에 숨어 들어온 그는 화전을 일구고 숯을 구워 팔아 생계를 충당하였다. 이렇게 잠곡에서 10년 동안 살면서 그는 호를 회정당에서 잠곡으로 바꾸기까지 하였고, 일반 농민들과 어울려 지내면서 민본 위주의 사상적 터를 닦았다.

본격적인 관직 진출과 지방관 생활

김육이 잠곡에 은둔하여 조용히 살고 있는 동안 세상은 또 한 번 바뀌고 있었다. 광해군 15년(1623년)에 인조반정이 일어난 것이다.

인조는 등극하자 광해군 대에 박해를 받았던 인사들을 조정에 불러들였는데, 김육도 부름을 받고 올라와 의금부 도사직을 제수받았다. 이때 그의 나이 벌써 44세의 중년이었다.

그러나 죄인 압송 과정에서 문제가 생겨 관직에 나간 지 얼마 안 되어서 파직당하고 말았다. 그런데 그가 파직당한 다음해에 반정의 논공행상에 불만을 품은 이괄이 반란을 일으켰다. 당시 한성이 반란군에게 점령당하자 왕은 공주까지 피난을 가게 되었는데, 이때 김육은 인조를 따라가서 피난길의 임금을 극진히 봉양하였다.

난이 평정되자 그 공으로 김육은 음성 현감을 제수받았고, 그해 9월에 중광 별시에 장원으로 급제하여 고위직 진출을 위한 자격을 얻기도 했다. 당시 음성은 두 개의 면만을 관장하는 작은 현이었는데, 그나마도 백성들은 수탈을 견디다 못해 흩어져서 사람을 찾기 어려웠고 논밭은 황폐해져 있었다. 차마 눈뜨고 볼 수 없는 현실을 목도하여 그는 분연히 잘못된 정치의 폐단을 고치기 위한 건의로서 「음성현진폐소」를 적어 올렸다.

현실과 동떨어진 세금과 요역의 징발이 민폐의 원인으로 이를 감하여 줄 것을 청하고, 이웃 충주가 관할하기 어려운 죽산과 진천을 음성현 소속으로 행정구역을 바꾸어 달라는 등의 내용이었다.

그러나 그의 이러한 요구는 받아들여지지 않았고, 그는 1년도 채 못되어 중앙으로 불려 올라와 사간원 정언, 병조좌랑을 역임하다가 이듬해에 사간원 헌납을 거쳐 사헌부 지평이 되었다. 그해(인조 4년)에 호패청이 신설되었으나 실효를 거두지 못하면서 폐단만 늘어나자 그는 이의 폐지를 건의하여 관철시키기도 하였다.

정묘호란(1627년) 이듬해에는 홍문관으로 자리를 옮겨서 대소직을 역임하다가 인조 10년(1632년)에 53세의 나이로 사간원 부수장(副首長)으로 종3품인 사간이 되었다.

병자호란이 일어난 해(1636년) 3월에는 동지사로 명나라에 들어갔다가 연경에서 호란 발생과 삼전도의 굴욕 소식을 듣고는 통곡을 하기도 했다.

이듬해 6월에 1년 만에 귀국한 그는 잠시 쉬다가 충청 감사를 제수받아서 또다시 목민관이 되었다. 그가 충청도에 부임하여 현지 사정을 살펴보니, 전쟁을 겪고 난 후라 백성들의 생활이 예전 현감으로 일할 때보다 더욱 피폐해져 있었다. 그런데도 각종 세금으로 인한 수탈은 한층 극심해져 견디기 힘든 형편이었는데, 그중에서도 공물의 폐단이 제일 컸다. 여기에서 그 유명한 '대동법(大同法)' 시행에 대한 그의 주장이 나오게 된 것이다.

'대동법'이란 물품을 징수하는 공물 대신 쌀이나 무명으로 통일하여 내는 세금 징수 제도를 말한다. 대동법은 광해군 때 이미 경기 일원에서 시범적으로 실시하였고, 인조 대에는 강원도까지 확대 실시하고 있었다.

그는 양 도에서 실시해 본 결과 그 정당성과 유용성이 확인되었으므로 충청도에도 실시하자고 주장하였고, 더 나아가서 충청도뿐만 아니라 전국적으로 확대 실시하는 것이 국리민복을 위하여 가장 타당한 길이라고 역설하였다. 그는 대동법 실시의 근거를 확보하기 위해 충청도의 경작 토지 면적과 관청이 필요한 경비를 조사한 결과 대동법이 실시되면 백성들의 부담이 훨씬 줄어든다는 계산까지 뽑아서 재차 건의를 올렸으나, 이때에는 수용되지 않았다.

그것은 고위 관리들이나 권문세가의 반대가 완강했기 때문이었다. 즉, 대동법이 실시되면 대토지를 소유하고 있던 그들의 이익이 침탈되는 것을 우려하였던 것이다.

결국 기득권층의 방해로 일반 백성을 위한 제도가 도입되지 못한 것이다. 그리하여 그는 대동법 시행의 결과를 얻지 못한 채 1년여 임기를 마치고 동부승지를 제수받아 중앙으로 돌아오게 되었다.

그렇지만 대동법 시행에 대한 의지는 잊지 않아서 그 후 기회가 있을 때마다 이를 실시할 것을 건의했다.

중앙 정계에서의 활동

중앙 정계로 돌아온 그는 형조참의 겸 대사성, 홍문관 부제학, 사간원 대사간, 한성부 우윤 등을 거쳐 인조 21년(1643년)에 64세의 나이로 도승지에 임명되었다.

도승지로 임명된 해에 왕세손의 보양관이 되어 심양에 다녀와서는 대사성, 이조참판, 병조판서, 우참찬, 대사헌, 관상감 제조 등을 역임하였다. 그리고 인조 24년(1646년)에도 우의정 이경석, 서장관 유심 등과 함께 또 한 번 연경에 다녀오기도 했다. 귀국 후에는 68세의 나이에 개성유수로 발령을 받아 세 번째 지방관 생활을 하였고, 70세가 되던 해(1649년)에 인조가 죽자 국장의 책임을 맡아 수행하였다.

국장을 마치고 효종에 의해 대사헌을 거쳐 우의정에 임명되어 마침내 정승의 반열에 올랐다. 그러나 그는 나이가 많은 것을 이유로 사직을 청하였고, 이것이 받아들여지지 않자 재차 사임을 요청하면서 아울러 또다시 대동법 실시를 간하였다. 참으로 옳다고 생각하는 바에 대하여 줄기차게 주장을 거듭한 셈이다.

이때 대동법 실시에 따른 나라의 이해득실에 관하여 김집과 첨예하게 대립하다가 우의정을 사직하고 양주로 내려갔으나(1650년), 효종은 그를 영중추부사에 이어 다음해(1651년)에 영의정으로 임명하였다. 그러나 그가 계속 사임을 고집하자 "지금 청나라에서 사절이 곧 도착하는데, 조정 안에 수장도 없이 맞아들일 수 없으니 정 사직하려면 그들이 가고 난 다음에 하는 것이 합당하다."고 달래서 그를 불러들였다.

왕이 이렇게까지 나오자 그는 별수 없이 홍제원으로 나가서 청사(淸使)를 영접하고는 그들이 떠나자 또다시 사직을 청하였다. 평소에도 그는 70세가 넘으면 생각에 한계가 오기 때문에 후배에게 자리를 물려주어야 한다는 생각을 가졌던 터라 거듭 물러나기를 간청한 것인데, 왕위에 오른 지 얼마 안 된 효종은 그와 같은 노재상이 필요한 입장이어서 그를 계속 붙들어 두었던 것이다.

결국 왕의 뜻을 완전히 물리칠 수 없어서 잠시나마 조정에 더 남아 있기로 결정하였다. 그런데 그해(효종 2년)는 그에게 있어서 굉장히 의미 있는 한 해가 되었다. 그의 주장을 받아들여 8월에 충청도에서 대동법이 실시되었고, 11월에는 그의 둘째 아들 우명의 딸이 세자빈으로 책정되었던 것이다.

그해 12월에 건강이 나빠지자 영의정을 정태화에게 물려주고 우의정으로 나앉았다가 이듬해(1652년) 3월에 좌의정이 되었다.

그 다음해(1653년)에는 채유후, 이경여, 이후원 등과 함께 『인조실록』 50권을 찬진하였으며, 효종 5년(1654년) 6월에 다시 영의정을 제수받았다. 그의 나이 벌써 75세로 물러날 기회만 기다리던 노인에게 조정의 수장이라는 자리는 너무 벅차서 2개월 후에 곧 사임하고 말았다.

그러나 이듬해(1655년) 7월에 다시 영의정에 임명되었고, 12월에 그의 계청에 따라 행전법(行錢法)의 과조(科條)를 정하기도 했다. 즉, 김육에 의해 화폐 유통이 추진된 것인데, 그에 따라 상평청에 관전낭청이 신설되어 이를 주관하였다.

또 그해에는 맏아들 좌명이 대사간이 되어서 부자가 함께 당상관의 지위에 재직하는 영광을 얻었다.

효종 8년(1657년)에는 『선조실록』을 개수해 내고 전라도에도 대동법을 실시하자는 상소를 두 번 올렸다.

실로 관직 생활 내내 일관되게 백성의 편에 서서 자신이 옳다고 생각한 바를 줄기차게 추진한 셈인데, 그의 이런 노력에 의하여 대동법이 전라도 일부 지역에서나마 실시될 수 있었다.

그런데 그는 평생의 숙원이었던 대동법의 전국적 시행을 끝내 보지 못한 채 그 이듬해(1658년) 9월 79세를 일기로 세상을 떠나고 말았다.

그러나 훗날 장남 좌명이 아버지의 간절한 뜻을 이어받아 현종 3년(1662년)에 전라 감사를 자청하여 나가서는 전라도 전 지역에 걸쳐 대동법을 실시하였다.

대동법 시행의 의미

김육에 의하여 추진된 대동법은 공납을 대신하여 시행되었던 조세 제도이다. 왜 그가 그토록 평생에 걸쳐 일관되게 대동법 시행을 주장하였는지를 알려면 당시의 공납에 의한 폐단을 이해하여야 한다.

공납은 관청에서 필요한 물품을 백성들에게 부과하여 납부하게 하는 세금인데, 가짓수도 많거니와 필요할 때마다 수시로 부과되었기 때문에 가장 부담이 큰 조세였다. 더구나 그 지방에서 나지도 않는 물건을 납부하도록 요구하기도 하였고, 부과 기준이 고을의 대소에 따라 차이가 없이 동일하였으며, 현지에서도 빈부를 따지지 않고 징수되었음은 물론 각 호마다 부과되어 도리어 빈민이 부호들보다 세금을 더 내는 형국이었다.

거기에다 지역에서 구하기 힘든 물품에 대하여는 대신 납부해 주고 그

수수료를 받는 방납(防納) 제도가 도입된 이래 공물을 심사하는 점퇴(點退) 관리와 방납업자의 협잡에 의하여 백성들은 물품의 실제 가격의 몇 배에 해당하는 값을 치러야 했다.

이에 따라 중과세를 견디다 못한 백성은 유랑민이 되었고, 농지는 경작할 자가 없으니 자연 황폐화되었으며, 이에 따라 국가 재정도 궁핍해질 수밖에 없었다.

사태가 이 지경인데도 일부 기득권층의 이익을 위해 악법이 계속 실시되고 있었던 것이다. 이런 폐단을 고치고자 김육이 줄기차게 주장한 대동법은 어떻게 보면 간단하게 시행할 수 있는 법 체계였다. 즉, 과세의 방법을 토지 소유를 기준으로 하여 물품이 아닌 쌀과 베[布]로 내게 하자는 것이었다. 그런데도 일찍이 조광조가 그 시행을 제기한 이래 율곡 등 여러 사람이 시행을 주장하였으나, 적극적인 도입이 저지되고 100년 이상 논쟁의 대상이 되어온 까닭은 대토지 소유자들인 고위 관리들의 조직적 방해 때문이었다.

대동법이 광해군 즉위 해에 경기도에 처음 도입된 이후 인조 즉위 해에 강원도에만 확대 적용된 까닭도 남부지방에 비해 관료 지주들의 소유 토지가 적었던 관계로 시행에 대한 반대가 극심하지 않았기 때문이었다.

아무튼 효종 즉위 해에 김육의 상소로 촉발된 대동법 논쟁으로, 당시 조정은 완전히 둘로 갈라졌다. 반대론의 선두에 선 인물은 이조판서 김집이었다. 김집은 율곡의 제자인 김장생의 아들로서 송시열, 송준길 등 당대의 뛰어난 직계 제자들을 거느리고 있던 서인의 영수격인 인물이었다.

직위상으로는 찬성파인 우의정 김육, 좌의정 조익, 연양군 이시백 등이 상급자였지만 반대파들은 서인 정권의 직계 주류의 인물들이자 일대 세력을 형성하고 있었다. 결국 대동법 시행을 둘러싸고 집권 세력인 서인은 파를 나누어 갈등을 빚게 되었다.

대동법을 찬성하는 김육 등을 한당(漢黨)이라 하였고, 반대하는 김집 등은 산당(山黨)이라 했다. 그러나 대동법 실시는 명분이나 현실적 필요에서 어찌할 수 없는 대세였기 때문에, 효종 대에서 충청도와 전라도에서 확대 실시한 이후 함경도는 현종 7년(1666년), 경상도는 숙종 3년(1677년), 황해도는 숙종 34년(1708년)에 실시되었다.

실로 광해군 즉위년(1608년)에 경기도에서 처음 실시된 이후에 전국적으로 확대 정착되기까지 꼭 100년의 세월이 흘러야 했던 것이다.

각지에서 대동법이 실시될 때 그 기준이 되었던 자료는 김육이 충청도에 그것을 시행하기 위해 계획서로 제출하셨던 「대동사목」이었으며, 대동법의 과세 기준은 전국적으로 시행되면서 1결당 대동미 12말로 통일하게 되었다.

대동법이 시행되면서 부호의 부담은 늘고 가난한 백성의 부담은 줄었으며, 국가의 재정 수입은 증가되었으므로 결과적으로 사회 안정에 큰 역할을 한 셈이었다.

대동법 시행으로 변화된 사회 현상은 또 있다. 그것은 공납의 폐지로 조정에서 필요한 물품을 공급하는 공인(貢人)의 등장이었다. 공납 청부업자이자 어용상인인 공인의 등장은 수공업과 산업 발달을 촉진시켰으며, 초기 형태의 산업자본가로 발전되어서 그 후 신분 제도의 변화와 사회 발전을 주도하였다.

김육이 평생을 걸고 줄기차게 추진해 온 대동법은 조선 사회의 일대 변화를 유도한 셈인데, 그의 이러한 끈질긴 노력에는 어린 나이부터 가장으로서 겪은 경험과 잠곡에서의 생활이 바탕이 되었음은 이미 언급한 바와 같다.

그는 『소학』의 「가언(嘉言)」편에 나오는 송나라 성리학자 정호의 다음과 같은 말을 가슴 깊숙이 담아두었다가 이를 현실 정치에서 실행에 옮겼던 것이다. 그것은 '일명지사 구존심어애물 어인필유소제(一命之士 苟存心於愛物 於人必有所濟)'라는 구절로 '관직에 나간 사람은 만물을 아끼는 마음을 가진다면 반드시 사람에게도 혜택을 줄 수 있을 것이다'라는 뜻이다. 이 구절을 그는 65세 때 지은 『종덕신편(種德新編)』이라는 책의 서문에서 '어려서 느낀 애물제인(愛物濟人)은 지금도 마음에 남아 있다'라고 축약해서 쓰기도 하였다.

그에 의하여 제기된 기타의 개혁 조치

김육은 대동법 실시 이외에도 후기 조선 사회에 지대한 영향을 끼친 인물이다. 우선 거론할 수 있는 것은 역법(曆法)의 개정이다.

조선은 그동안 300년에 걸쳐 세종 대에 만들어진 '칠정산 내외편'을 사용하고 있었는데, 절기가 맞지 않는 등 많은 문제점을 가지고 있어서 농업 활동에 실제적인 도움을 주기 위해서는 정확한 역법이 필요한 실정이었다.

당시 중국에서는 예수회 소속 선교사 아담 샬이 국립 천문대격인 흠천감의 책임자로 있으면서 서양의 과학 기술에 의하여 고안된 '대청 시헌력'을 사용하고 있었다.

이에 인조 23년(1645년)에 관상감 제조로 있던 김육은 행호군 한흥일이 중국에서 가져온 『신력효식(新曆曉式)』이라는 신역법에 관한 책을 연구하여 조선 실정에 맞는 달력을 만들기로 하였다.

그러나 내용이 난해하여 이해하기 어려워서 사행 시에 일관을 대동시켜 역법을 배워 오게까지 하여 효종 4년(1653년)에 조선에 맞는 시헌력을 만들어낼 수 있었다. 이때 만들어진 시헌력은 고종 33년(1896년)에 태양력을 사용할 때까지 조선의 공식 달력으로 사용되었다.

두 번째로 그에 의하여 제기된 과학 기술은 수차(水車)를 이용한 영농 방법이었다. 전답에 대한 종래의 급수 방식은 일일이 사람이 퍼올리는 원시적인 방법에 의존하고 있었는데, 그가 적극적으로 도입할 것을 역설한 중국식 수차는 이러한 노력을 대폭 줄여줄 수 있었다. 이뿐 아니라 그는 물을 다루는 데 있어서는 선각적인 의식을 가지고 있어서 하천을 정비하자는 '성중구거수치계(城中溝渠修治啓)'를 제안하기도 했다.

세 번째로는 교통 및 운송 방법에 있어서 수레를 이용하자는 획기적인 제안을 했다. 종래의 운송 수단은 말을 이용하는 방법이 최상이었는데, 중국에 사신이 오갈 때 연변의 백성들은 이 뒷수발을 하느라 인마가 배겨날 수 없는 지경이었다.

그는 중국에 사신으로 오가면서 수레를 이용하는 모습을 보고 조선의 교통과 운송에도 수레를 적극 사용하여 백성들의 어려움을 덜고 그 편리함을 도모하자고 역설했다.

조선은 중국과 달리 산지가 많아 수레 사용이 용이하지 않다는 반대 여론에 대하여 그는 중국이라고 험한 고개가 없는 것이 아니라며 당차게 밀어붙였다.

수레를 이용하면 많은 사람들이 말이나 나귀 한 마리만 가지고도 이동할 수 있으며, 수레에 장막을 설치하여 사용하면 밤에 잘 때 별도의 장막을 치는 번거로움도 줄일 수 있다고 주장했다.

네 번째로는 화폐 통용을 위한 주조 사업에서 파생된 작업으로 활자를 제조하여 많은 서적을 인쇄해 내는 데 큰 기여를 했다.

양대 전란 후에는 제대로 된 서적이 부족한데도 불구하고 새로운 책을 찍어내지 못하는 실정이었다. 활자 제조와 서적 인쇄에 대한 책임을 맡았던 교서관도 완전히 그 기능을 상실한 입장이었고, 그나마 필요한 서적은 목활자를 만들어서 근근이 찍어내고 있었다.

당시 상평청과 선혜청에서 경제 관련 업무를 맡았던 김육은 예산 지원을 통해 교서관에서 다시 책을 만들 수 있도록 조처하였다.

효종 7년(1656년)에는 궁중 약국인 내국(內局)의 책임자로 있으면서『만병회춘』10권을 찍어냈고, 이듬해에는『정유식년 사마방목』을 인쇄했으며, 효종 9년(1658년)에는『삼대가 시전집』10권을 찍어내며 학문의 진전에 큰 기여를 했다.

또한 그는 화폐를 주조하기 위해 금속 합금에 관한 많은 지식을 가지고 있었으며, 그의 영향으로 그의 집안은 아들 좌명과 손자 석주에 이르기까지 활자에 대하여 남다른 관심을 가지고 있었다.

그에 따라 현종 9년(1668년)에는 아들 좌명이 구리를 재료로 한 '삼주갑인자'를 만들어『기효신서』를 찍어냈고, 숙종 대에는 손자 석주가 '한구자'를 만들어 많은 서적을 인쇄하였다.

다섯 번째로 안전한 조운(漕運) 사업을 위하여 체재(替載) 방식의 도입을 추진했다. 이 방법은 태안반도의 인근 도서에 창고를 지어놓고 세선(稅船)들은 이곳에 화물을 내려놓은 후에 육지까지는 작은 배로 운반하는 방법이었다. 당시 남부지방에서 중앙으로 반입되는 세미는 주로 서해안을 따라 배로 운송되었는데, 서해안은 세계적으로 조차가 심하고 암초가 많기 때문에 미곡선이 파손되기 일쑤여서 이러한 방법을 제안한 것이다.

이렇듯 김육에 의해서 제안되고 만들어진 모든 제도는 가난하고 힘없는 백성들을 위한 일념에서 비롯되었다. 그는 백성들이 현실의 잘못된 제도와 정치 때문에 그 피폐함이 이루 말할 수 없는 지경이라는 것을 어려서부터 익히 알고 있었다. 그는 향리에 있을 때에는 스스로 농사일을 하면서 생산에 종사했으며, 관직에 나가서는 백성들의 궁핍을 구제하기 위해 전력을 다했다.

스스로의 생활에 대하여는 엄격하고 철저하였으며, 항상 검소하고 청빈하였다. 평생을 유기로 만든 제기는 사용하지 않고 항상 목제 그릇을 사용했으며, 우의정이 된 71세까지 한성에 집 한 칸 없이 셋집에서 살았다고 한다.

바쁜 공무 중에도 학문에 정진하였음은 물론 『잠곡집』, 『해동명신록』, 『유원총보』, 『기묘록』, 『구황촬요』 등 다양한 저술을 남겼다.

항상 단정한 몸가짐을 잃지 않고 살아간 그는 자신이 옳다고 생각하는 것에 대해서는 절대로 물러서지 않는 강인한 일면도 두드러진 인물이었다.

송시열 신념과 용기의 원칙주의자

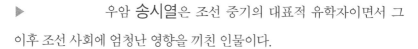

▶ 　　　우암 **송시열**은 조선 중기의 대표적 유학자이면서 그 이후 조선 사회에 엄청난 영향을 끼친 인물이다.

그의 지나친 원칙주의는 찬양과 비난을 동시에 받았지만, 형식에 얽매인 배타주의 사조를 후세에 남겨 조선 사회가 발전하지 못하는 구조적 모순을 제공한 것은 사실이다.

쓸데없는 명분과 격식이 만연하였던 근원도 그로부터 더 심해졌고, 그의 배타적 경향은 더욱 철저한 보수주의 경향으로 사회를 몰아갔다. 그는 주자의 기본 노선 이외의 사상적 모색을 일체 차단하여 결과적으로 사회에 획일적 사고를 고착시켰고, 학문 내용도 관념의 세계에 치중하게 하여 현실과 겉돌게 만들었다.

그의 완고한 주자 존중 자세는 형식 논리에 보다 집착하게 만들어 당쟁을 격화시켰고, 심하게는 학문을 자기 논리와 입장만을 비호하는 방편이나 득세의 수단으로 전락시키는 폐해를 증폭시켰다.

또한 뛰어난 학식과 논리 체계로 인하여 그의 문하에서 많은 인재가 배출되었으나, 성격이 천성적으로 과격하고 시비곡직을 가리는 데에 주저하거나 회피하지 않아 많은 적을 만들기도 했다.

그는 일찍이 "하늘과 땅이 만물을 낳고 성인이 만사에 응하는 까닭은 오직 '곧음'뿐이다."라고 갈파하였으며, 자신의 믿는 바를 지키는 데 절대 굽힐 줄 모르는 인물이었다.

스스로도 일거수일투족을 주자의 원칙에 어긋남이 없도록 처신하였고, 출사해서는 왕의 스승이 되었으며, 산림에 은거해서는 일세를 풍미하는 대학자로서 살아갔다. 나라를 걱정하고 임금을 위하는 데는 열렬하고 절실하였으며, 자신의 생각을 속임 없이 말하고 행동한 직선적인 사람이기도 했다.

다만 자신이 살았던 절박한 시대 상황과 그의 과격성이 어우러져 상황에 따라 대처하는 방법이 다를 수 있는 다양한 수단이 존재한다는 것을 아예 외면했던 것이 그의 한계였다.

그에 의한 배타적인 사조는 그 후 조선 사회의 지배적 가치관이 되어, 후대에는 지도층들의 개인적 이익을 보존하는 수단으로 그의 이론이 악용되어서 국가 사회의 진정한 발전은 저해되고 말았다. 그를 관찰해 보면 자신의 생각과 다른 자세에 대하여 관용적인 태도를 갖는다는 것이 얼마나 중요한 것인지 새삼 깨닫게 된다.

치욕의 호란으로 은거하다

송시열은 조선 14대 왕인 선조 40년(1607년) 충북 옥천에서 송갑조와 곽씨 사이에서 셋째 아들로 태어났다. 그의 본관은 은진이고 자는 영보이며 호는 우암이다.

그의 출생에 대하여 여러 이야기가 전해지고 있는데, 그중 몇 가지를 살펴보면 이러하다.

그의 어머니는 밝은 달과 같은 구슬을 삼키는 꿈을 꾸고 나서 태기가 있었다 하며, 그의 아버지가 제사를 모시러 종갓집에 갔을 때 밤에 자다가 꿈을 꾸었는데 공자가 여러 제자를 거느리고 나타나서 한 제자를 가리키며 "이 사람을 너에게 보내니 잘 키우라." 하고는 사라졌다고 한다. 이상한 생각이 든 그의 아버지가 급히 집에 돌아왔을 때 우암이 태어났다고 한다. 그의 부친은 기쁜 마음에 아들의 이름을 성뢰(星賚)라고 지었는데, 이것이 우암의 어릴 때 이름이다.

또, 그가 태어나기 며칠 전 마을 앞을 흐르던 적등강이 까닭 없이 말라서 바닥을 드러내다가 그가 출생하자 물이 다시 흘렀다는 이야기도 있다. 모두가 심상치 않은 인물이 출생한 것을 설명해 주는 설화들이다.

그는 어려서 아버지에게 학문의 기초를 배우다가 8세 때 부친의 이종(姨從)인 송이창의 문하에서 수학하였는데, 이때 송이창의 아들 송준길과 같이 공부하였으며, 그 후 그들은 평생을 동지로 지내게 되었다.

19세 때 이덕사의 딸과 결혼하였고, 22세 때는 하늘같이 믿었던 아버지가 세상을 떠났다.

24세가 되어 상복을 벗은 그는 연산에서 은거하고 있던 사계 김장생의 문하에 들어가 더욱 학문의 길에 정진하였다. 그러나 이듬해에 노 스승이 84세를 일기로 세상을 떠나, 우암은 존경하는 스승을 1년 만에 잃어버렸다. 다행히 타계한 노 스승의 아들인 신독재 김집도 그 아버지 못지않은 대유학자였으므로, 계속 김집의 문하에서 공부할 수 있었다. 이때 같이 수학하고 교류한 이들은 송준길, 이유태, 윤선거 등으로 훗날 하나같이 뛰어난 학자가 되었다. 27세 되던 해인 인조 11년(1633년)에 생원시에 장원으로 급제하였고, 당시 과거 시험관으로 우암의 답안 내용을 격찬했던 최명길의 천거로 경릉참봉을 제수받았으나 곧 사직하였다. 그러나 그 2년 후에 왕자의 사부로 임명되어서 훗날 효종이 되는 봉림대군과 인연을 맺게 되었다.

그가 30세 되던 해(1636년)에 병자호란이 일어나자 어가(御駕)를 따라 남한산성으로 들어갔다가 삼전도의 굴욕을 당한 후에 관직을 내놓고, 향리인 회덕으로 돌아가 버렸다. 그는 오랑캐에게 항복했던 조정에서 벼슬을 했다는 것을 수치로 여겨, 아예 황간 땅으로 들어가 칩거하기도 하였다.

관직에서 사퇴한 이듬해에는 용담 현령에 임명되었으나 사양하고, 고향인 옥천 구룡촌으로 돌아왔다. 그 후 조정에서 수차례 관직을 제수하고 출사할 것을 요청하였으나, 그는 향리에서 10년이 넘게 은거하며 오직 학문에만 몰두했다.

호란의 치욕 이후 우암뿐만 아니라 뜻있는 많은 인물들이 벼슬을 마다하고 초야에 묻혀 살았다.

우암은 42세 때 거주지를 진잠의 월전리로 옮기고, 인조 때에는 끝내 관직에 나가지 않았다.

설욕을 위한 북벌 추진

그 이듬해(1649년) 5월에 인조가 죽고 효종이 등극하자 그는 「기축봉사(己丑封事)」로 알려진 장문의 상소를 올렸다. 이 상소는 외부에 알려져서는 안 되는 내용이 들어 있다 하여 밀봉한 채로, 어려서 자신이 가르쳤던 새 임금에게 바쳐졌으며, 임금이 마음에 새겨두어야 할 사항을 13개항으로 나누어 기술하였다.

밀봉하기까지 해서 외부에 누설하지 않으려던 내용이 바로 맨 마지막 항인 '정치를 바르게 해서 오랑캐를 몰아내야 한다'는 제목의 글이었다. 거기에서 그는 청에 항복한 처사가 너무나 큰 치욕이었음을 지적하고, 왜란 때 명나라가 조선을 구해준 사실을 상기시킨 후에 와신상담하여 청에 복수할 기회를 찾아야 한다고 강조했다.

당시 조선과 청나라 간의 관계를 감안할 때 이 내용이 누설되어 청에 알려진다면 엄청난 파장을 몰고 올 것이 뻔하므로 밀봉하여 제출하였던 것이다.

이 상소 이후 효종은 우암을 송준길과 함께 세자시강원 진선에 임명하였다가 다시 사헌부 장령을 거쳐 집의에 등용하였다. 그러나 영의정 김자점이 김경록·송준길 등의 탄핵으로 파직된 후, 이에 앙심을 품고 역관 이형장을 사주하여 청나라에 '조선이 북벌을 계획하고 있으며, 우암이 지은 장릉의 지문에 명나라의 연호를 쓴 사실'을 고자질한 사건이 일어나 청의 압력으로 사직하고 말았다.

김자점은 인조반정에 적극 가담한 공서파의 일원으로 반정 성공 후 정사(靖社) 1등 공신으로 책봉되었으나, 효종 원년에 자리에서 밀려나게 되자 앙심을 품고 청에 조선의 사정과 정서를 밀고하였지만, 사태가 무마되자 유배되었다가 효종 2년(1651년)에 역모죄로 처형된 인물이다.

얼마 후 진상 조사와 문책을 위해 왔던 청나라 사신을 회유하여 사태를 무마하고, 김자점은 광양으로 유배를 보낸 뒤에 효종은 다시 우암을 조정으로 불렀으나, 그는 끝내 사양하고 향리에서 학문에만 몰두하였다. 그의 거듭된 사양에 효종은 계속 관작을 올려 입조를 재촉했으나, 때가 이르지 않았음을 들어 오랫동안 출사를 하지 않았다.

청은 계속 조선을 감시하여 자기 나라에 비판적인 인물이 중책에 등용되는 것을 용인하지 않고 있었고, 당시 조선 조정은 이러한 청의 압력을 거부할 수 없었다.

우암은 조정에 나가지 않는 동안에도 국사에 대해 완전히 등한시하지는 않았다. 왕과의 교감을 통해 여러 차례 서면을 통해 진언을 하였고, 효종은 이에 화답하여 약재와 식량을 하사하기도 했다. 다시 출사하기 1년 전에도 「정유봉사(丁酉封事)」라는 장문의 상소를 올렸는데, 19개 항목으로 구성된 이 상소에서 그는 북벌의 뜻을 확실히 할 것을 촉구하였다.

그렇게 세월이 흘러서 효종 9년(1658년)에 이르러 청나라 황제가 주색에 빠져 정사를 등한시하고 참된 신하가 내몰리는 상황이 빈번하다는 사실이 조선에 알려지면서, 기회가 왔다고 생각한 효종은 마침내 북벌을 단행하고자 하였다.

이에 효종은 우암을 이조참의로 명하여 조정에 불렀으나 또다시 응하지 않자 아예 예조참판을 거쳐 이조판서를 제수하였다. 이에 우암은 때가 이르렀음을 깨닫고 향리에 칩거한 지 9년 만에 조정에 다시 나갔으며, 복수 설욕을 노리는 왕과 신하가 비로소 머리를 맞대고 대사를 도모할 수 있게 되었다. 이때 우암의 나이는 52세였다. 이 시절 우암과 효종의 관계를 알 수 있는 일화가 있다.

조정에 다시 나온 그해 12월에 효종이 초피(貂皮) 옷을 하사하자 우암은 과분하다 하여 사양하였다. 그러나 효종은 그를 은밀히 불러 자신의 본심을 말해 주었다.

"머지않아 오랑캐 땅의 찬바람 속으로 나와 함께 달려 나가야 하겠기에 미리 준비하여 줄 것일 뿐인데, 왜 내 뜻을 그리도 모르시오?"

이렇듯 두 사람이 북벌의 의지로 뭉친 것은 치욕적인 국권을 회복하고 명과의 의리를 들어 복수하여야 한다는 대의명분 때문이기도 하였지만, 개인적인 원한과 응어리도 적지 않게 작용하였다.

먼저 효종부터 말하자면 왕자 시절 소현세자와 함께 청에 볼모로 잡혀 갔다가 청이 중원 천하를 모두 통일하자 그제야 조선에 대한 견제를 풀어 8년 만에 겨우 귀국할 수 있었다.

그의 형 소현세자는 청에 있는 동안 당시 수입된 서양 문물과 사상을 접하여 개방적 사고를 갖게 되었으며, 청과의 관계도 현실을 인정하여 가급적 원만하게 이끌려고 노력했다. 이 점이 부왕인 인조의 노여움을 사 결국에는 급작스러운 죽음을 맞게 된 것도 잘 알려진 사실이다.

그런데 같이 볼모로 잡혀갔던 효종은 소현세자와 상반된 생각과 입장을 가졌다. 효종은 청나라 조정에서 소현세자를 각종 전쟁터에 동행하도록 요구하며 시달림을 주자, 세자인 형을 보호하기 위하여 자신이 대신 가겠노라고 고집하여 이를 막아내기도 했다.

이에 따라 효종은 볼모로 있는 동안 그 형을 대신해 외지로 계속 끌려다니며 갖은 고생을 다하여서 차츰 청에 대한 원한이 쌓여갔던 것이다. 또 전쟁터에서 타민족에 대한 청나라의 고압적이고 잔혹한 태도를 목격하고 적대감을 갖게 되었다.

우암으로서도 청에 원한을 가지게 된 개인적인 동기가 있었다. 정묘년(1627년) 청의 1차 침공 당시 그의 맏형인 송시희와 운산 현감이었던 매형 윤염이 청군에 의해 살해되었던 것이다.

이렇게 청에 대한 개인적인 감정과 대의적인 뜻이 같은 왕과 신하가 만나 설욕의 계기를 함께 마련하던 중에 효종 10년(1659년) 3월에는 북벌을 위한 마지막 점검과 의논을 위해 효종과 우암 두 사람만의 독대(獨對)

가 이루어졌다. 그런데 이러한 독대는 전례가 없었다 하여 안팎으로 큰 의심과 시기를 불러일으키기도 하였다.

그러나 북벌을 최종적으로 재확인하는 독대가 있은 지 2개월 후에 10년의 적공(積功)이 모두 무너지는 통한의 사태가 벌어지게 된다.

효종이 41세의 젊은 나이로 급사하고 만 것이다. 효종이 죽고 현종이 등극하자 북벌론은 실효성이 없다는 이유로 중단되어, 더 이상 중원을 노리는 의지는 사실상 포기하게 되었다.

북벌 추진 과정과 그 실제적 의미

우암이 다시 입조했던 그 시기 얼마 전쯤에 효종은 말을 타다가 낙마하여 큰 부상을 입은 일이 있었다. 효종은 장차 북벌 길에 나서기 위한 준비를 스스로도 철저히 한 것이지만, 이 부상으로 기력이 크게 손상되었다. 더구나 귀밑에 종기까지 나서 오래도록 낫지 않아 고통이 더 심했다.

그런데 그해에 가뭄이 크게 들자 쇠약해진 몸으로 몸소 제단에 나아가 기우제를 올리느라 더욱 고생했었다. 결국 더위와 피로가 겹친 데다 종기까지 악화되어 급작스럽게 위독한 상태에 빠져서 다시는 일어나지 못하였다.

재위 기간 내내 청에 대한 설욕의 기회를 기다리며 군비 확충에 전력을 기울였던 효종이 죽자 북벌 추진은 사실상 취소되었다. 그 이후에 북벌론은 오로지 조선 사회의 사념적 근저에만 남겨져 공허한 자기 존재를 확인하기 위한 이념으로나 존재하게 되었다.

그렇다면 실제 북벌 계획은 어느 정도 추진되었으며 우암과 효종이 그토록 그것에 매달린 근본적 이유는 무엇이고, 당시의 북벌 계획이 그 후 조선 사회에 끼친 영향은 어떤 것인지에 대하여 알아보자.

먼저 효종이 추진한 북벌 계획은 어느 정도까지 진행되었는가에 대해 알아보자.

김자점 역모 사건을 처리한 뒤에 국내 정세가 어느 정도 안정되자 효종은 본격적으로 군사력 강화 작업에 착수했다.

효종 3년(1652년)에 군병의 훈련을 담당하던 어영청을 정비·강화하여 군보(軍保)를 정하고, 이완을 어영대장으로 임명해서 북벌의 본영으로 삼았다. 어영군은 별초병과 기병을 위주로 한 정예부대로서 황해, 강원, 경기, 충청, 전라, 경상 등 6도에 분산하여 배치했다.

또 왕궁을 경비하고 왕을 호위하던 금군을 190명에서 1,000명의 정예 기병으로 대폭 증원하여 왕의 경호를 강화하였고, 한성 외곽 방어를 맡고 있던 수어청을 재정비하여 수도 방위 태세도 튼튼히 하였다.

이뿐 아니라 각지의 성곽을 수축하였으며, 지방군 부대인 속오군(束伍軍)의 편제를 정비하여 훈련을 강화하였고, 부대 기본 단위인 각 초(哨)의 조직과 기능을 철저하게 정비했다.

한편 제주도에 표류해 온 네덜란드인 하멜 등을 훈련도감에 편입시켜 화약과 무기 제조에 힘쓰게 하고, 의주 부윤 임경업을 통해 은밀하게 남명(南明)과의 대청 연합전선을 구축하게 하였다.

그리고 청의 요청으로 당시 만주지방을 침범하는 러시아인들을 제압하기 위한 정벌에 나서서 변급(1654년), 신유(1658년)의 지휘 아래 두 차례 모두 성공적으로 마무리지어 군사력을 시험해 보기도 했다.

한편 이러한 군사력 확충은 재정 부족으로 제대로 진행되지 못하기도 하였고, 지나친 군비 강화로 민생 안정에 소홀해져 조정에는 이에 대한 찬반의 갈등이 빚어지기도 했다.

그러나 이와 같은 효종의 노력에도 불구하고 청나라의 세력은 더욱 강성해져 실제로 거병할 기회는 점점 없어지고 있었다. 다만 이때 확립된 강한 군사적 기반이 그 후 국정의 안정을 도모할 수 있는 바탕이 된 것은 사실이다.

다음으로 우암이 그토록 북벌을 주장한 이념적 배경을 알아보자.

유학의 이념을 기조로 건국된 조선에서 삼전도의 굴욕은 단순한 전쟁에서의 패배 이상의 후유증을 가져온 사건이었다.

유교적 윤리 개념으로 볼 때 상국으로 존중하던 명나라를 저버리고 자식이나 종처럼 여겨왔던 여진족 국가인 청나라와 군신 관계를 맺었다는 것은 패륜적 행동일 수밖에 없었다.

국력의 부족으로 어쩔 수 없었다고 정당화하려는 것은 '충신불사이군 (忠臣不事二君)'이라는 유교적 근본 가르침을 국가 차원에서 무시하는 것일 뿐이고, 그렇게 되면 국가 내에서도 신하와 백성이 군주에게 반드시 충성할 이유도 없어지는 모순이 생기게 되는 것이다.

따라서 삼전도의 굴욕은 조선 왕조 체제의 존재 이유에까지 심각한 위기를 초래한 사건이었다.

조선이 엄청난 참화를 당하기는 하였으나 실질적으로 승리하였던 왜란 이후 왜국에게는 비교적 관대하였지만, 단기간 동안에 패주하여 항복하고 말았던 청나라에게 내면적으로는 조선 후반기까지도 강경하였던 숨은 이유가 바로 여기에 있었다.

전쟁의 피해로 봐서는 왜란이 몇 곱절 심했지만, 정신적 기층을 무너뜨렸다는 점에서 호란의 영향이 더한층 심각했던 것이다. 이 점이 명·청 교체기에 현실론을 내세워 능동적으로 대처하고자 하였던 광해군의 논리가 당시에는 결코 수용될 수 없었던 까닭이기도 했다.

또한 전 국토를 왜군의 말발굽에 수년 동안 짓밟혀 왔던 왜란 종결 이후에는 복수를 위해 남벌하자는 논란이 없었지만, 그보다 피해가 훨씬 적었던 호란 이후 북벌의 주장이 대두된 연유가 바로 여기에 있었다. 즉, 호란은 조선 왕조의 존립 가치를 붕괴시킨 사건이었던 것이다.

이러한 체제 부정의 위기를 극복하기 위하여 우암은 더욱 교조적 원칙론에 입각할 수밖에 없었다. 그렇지 않으면 조선 왕조의 모든 기초가 다 무너지게 된다고 보았기 때문이다.

그러나 호란이 남긴 체제 부정의 위기를 극복하고 유교국가로서 존립해 나갈 수 있는 정당성을 확보하기 위한 그의 노력은 당시의 관점에서는 절실한 까닭이 있었지만, 그 이후 조선 사회에는 엄청난 후유증을 남기게 되었다.

북벌론이 조선 사회에 미친 영향

우암이 통찰한 바에 의하면, 앞에서도 지적한 것과 같이 삼전도의 굴욕으로 청과 군신 관계를 맺은 것은 유교적 이념 위에 세워진 조선 왕조의 존재 이유를 송두리째 빼앗아 가버린 사건이었다.

당시 그가 판단한 조선 사회는 극도의 패배적 염세주의와 함께 사회를 지탱해 주는 정상적 가치관이 온통 붕괴되어 사회 각 계층 간에 존재해 있던 기본적 윤리 의식마저 상실되는 심각한 자기 부정의 상황이 위험

수위에까지 치솟아 있었다.

따라서 이미 강국이 되어 있는 청나라에 대해 실제적으로 전쟁을 일으키기는 불가능하더라도 북벌 의지를 고양하고 군사력을 강화시키는 정책을 통해 전쟁을 불사하겠다는 정신만이라도 천명해 나가는 것이 그나마 조선의 존재 이유를 지탱하고, 혼란스러운 가치관을 정립시킬 수 있는 방법이라고 생각했던 것이다.

말하자면 정치 세계에서 종종 내부 모순과 불만을 해소하는 한 방편으로 외국과의 갈등 조성이나 전쟁을 유발하는 것과 비슷한 이치의 정책으로 보면 된다. 다만 우암 시대의 모순은 그렇게 단순히 정책적 돌파구로서만 북벌을 채택했다고 말할 수 없는 근본적 문제가 내재되어 있다는 점은 앞에서 언급한 바 있다.

어쨌든 당시의 상황은 현실적으로는 불가능하더라도 관념적으로라도 청나라와 대결 자세를 유지시켜 국민을 단합하고 국론을 통일시켜 정신적 기반을 지탱하는 것이 절실했다.

우암은 이를 위해서는 군사력을 강화시켜 그 의지를 수행하는 자세를 보여주는 일면, 정신적으로는 더욱더 확고한 성리학적 이념으로 무장해야 한다고 믿었다. 따라서 주자는 그에게 있어서 완벽한 모범이었다.

남송대의 주자도 국가적으로 볼 때 멸시했던 이민족 국가인 금(金)과 군신 관계의 나락으로 떨어지는 치욕을 맛본 사람이었다. 주자도 절박한 당시 상황을 극복하기 위하여 더욱더 성현의 가르침을 철저히 지키자는 근본주의적 입장을 고수했었다.

유학자로서 주자는 마땅히 존숭의 대상이기도 하지만, 자신의 시대에 닥친 상황이 주자의 그것과 똑같은 모습이었으므로 우암은 주자의 선택과 같은 현실 대응을 하게 된 것이다.

그가 올린 「기축봉사」에서 '정치를 바르게 해서 오랑캐를 물리쳐야 한다'는 뜻으로 마지막 항의 제목을 '수정사이양이적(修政事以攘夷狄)'으로 했던 것은 주자의 말을 그대로 인용한 것이다. 주자가 생각했던 송나라의 최선책도 금나라와의 전쟁에서 승산이 없더라도 현실을 그대로 받아들여서 이민족과 화해해서는 안 된다는 것이었다.

우암의 뜻도 위기의 시대를 맞아서 모두가 분발하여 나라를 강하게 만들려는 소명의식을 갖도록 하고, 동시대의 사람들에게 근본을 저버려서는 안 된다는 정신적 각성을 일깨우려는 것이었다.

그런데 그 이후 조선은 그의 기대처럼 강력한 국가가 되지 못했으며, 지도층의 기풍도 전혀 새로워지지 않으면서 주자에 의거한 관념적 대의명분론만 극히 배타적으로 증폭되어 버렸다. 이 교조적인 명분론은 주자학 이외의 다른 사상이나 학문은 일체 이단시하면서 조선의 국가 발전에 결정적 장애가 되었으며, 시간이 가면서 점점 현실과 유리된 허황한 관념론으로 흐르고 말았다.

또한 중화(中華)의 본산인 명나라가 멸망한 이상 성현의 가르침을 좇는 유일한 국가인 조선이 그 뿌리를 잇는다는 공허한 '조선 중화주의'에 빠져 결과적으로 시대 조류에 뒤떨어지게 되면서 국가 전체가 깊은 침체의 수렁 속에서 벗어나지 못하게 되었던 것이다.

이에 따라 북벌론은 점점 관념의 세계에서나 존재하게 되었고, 입으로만 얘기하는 허구적 존재로 전락하여 기득권 세력의 사적인 이익을 지켜주는 배타적인 방어 논리로만 악용되었다.

결국 북벌론이 우암 시대에는 나라를 지키려는 단호하고도 기개 있는 의지였으나, 그 후에는 사회 발전에 결정적 걸림돌로 작용하는 아이러니를 불러왔다. 그 후 이처럼 불합리하고 위선적인 태도는 박지원이나 박제가 등 실학자들에 의해 통렬히 비판되기도 하였다.

예송 논쟁

형식적 명분론에 얽매인 갈등은 효종이 죽고 나서 곧바로 발아하기 시작했다. 효종이 급사했을 때 선왕 인조의 계비인 장렬왕후 조씨가 자의대비로 생존해 있었다. 그래서 법통상 아들인 효종의 죽음을 맞아 자의대비가 상복(喪服)을 몇 년간 입어야 하는가에 대해 논란이 있었다.

당시 우찬성이었던 우암은 원칙론자답게 주자의 예법에 충실하여 "자의대비는 이미 소현세자가 죽었을 때 장자의 예에 따라 3년복을 입었으므로, 둘째 아들인 효종의 죽음에 임해서는 기년(朞年: 1년)복이 마땅하다"고 주장하였다. 더구나 왕위는 계승했지만 장자가 아닌 '체이부정(體而不正)'이므로 3년복은 부당하다고 부가하여 설명했다.

이에 대하여 맨 먼저 이의를 제기하고 나선 사람이 윤휴였다. 우암보다 10년 연하였던 그는, 전일에는 우암과 교류하며 지내다가 경전 주해 문제로 대립하여 그 즈음에 와서는 사이가 멀어진 상태였다. 윤휴는 유교 경전에 대하여 주자의 해석과는 다른 독자적인 접근을 모색하려 했기 때문에 당시의 학계에 신선한 충격을 주기도 하였으나, 절대적인 주자 원칙론자인 우암과는 도저히 부합될 수 없는 인물이었다. 그는 우암의 원칙적인 종법주의에 반대하여 이렇게 주장하였다.

"예법에 장자(長子)에 대하여 3년복을 입는 것은 조상의 종통을 승계하였기 때문인데, 한 나라의 왕통을 이은 임금은 아무리 차자(次子)라고 하더라도 등극 후에는 적자로 보아야 하므로 3년복이 당연한 것이다. 또 체이부정의 논리는 돌아가신 선왕의 왕통을 부정하고 그것이 소현세자의 아들에게 있음을 인정하는 궤변이 되고 만다.”

우암은 주자의 원칙에 충실하여 임금이라 하더라도 '가례'의 일반적인 예법에 따라야 한다는 것이었고, 윤휴의 논리는 왕권 계승의 정통성과 관계된 정치적 고려에서 출발한 현실적 사고의 결과였다.

사헌부 장령 허목도 왕권의 정통성 부정이라는 위험성을 지적하여 우암의 ‘체이부정’ 논리를 공박하고 나왔고, 급기야 윤선도는 “우암이 선왕의 은혜를 입고도 장례 과정과 장지에까지 위신을 낮추어 해를 끼치는 것을 보면 불순한 뜻이 있는 것이 분명하다.”고까지 몰아붙였다.

처음에는 예론의 해석 차이에서 비롯된 단순한 복제 시비였던 것이 어느덧 우암에 대한 인신공격으로 변하고 말았다. 또한 이 과정에서 권력을 둘러싸고 우암이 속한 서인과 윤선도 등이 속한 남인 사이의 공방전으로 바뀌어 버렸다.

표면적으로는 학문 논쟁이면서 내면적으로는 양대 세력 간의 권력 투쟁 양상으로 변모되었던 것이다. 그 결과 세력 구조상 우위에 있던 서인의 승리로 끝나 자의대비 복상은 기년복으로 결정되고, 윤선도는 모함을 하였다는 탄핵을 받고 유배되었다.

사실 우암은 그 후에도 효종의 기일만 되면 하사받은 초피 옷을 안고 깊은 산중에 들어가 몸부림치며 통곡하고 돌아오기를 평생토록 계속했었기 때문에, 효종에게서 남다른 은혜를 받고도 왕의 죽음에 이르러 그 위신을 추락시키고 해를 입히려 한다는 윤선도의 공격은 지나친 감이 있었다. 그는 단지 그 누구라도 주자의 원칙에 벗어나서는 안 된다는 점을 강조한 것뿐이었다. 그러나 우암 자신도 오해를 불러일으키는 빌미를 제공했다 하여 현종 원년(1660년) 5월에 스스로 사직하고 회덕 땅으로 돌아갔다.

그 후 그는 여러 직책으로 출사의 종용을 계속 받았으나, 모두 사양하고 향리에 묻혀 지내면서 학문에만 전념하였다. 그러나 이 동안도 현종으로부터 빈사(賓師)의 대우를 받아 국사에 자문 역할을 했다. 또한 자신은 물러나 있었지만 조정의 주요 세력은 서인이 주도권을 잡고 있었기 때문에, 그는 이들의 지주로서 자리 매김을 하고 있었다.

현종 9년(1668년)에는 우의정으로 임명되었으나 곧바로 사임하였다가 계속되는 조정의 부름에 따라 66세가 되는 현종 14년(1673년)에 좌의정을 제수받고 관직에 돌아왔다.

그런데 이 이듬해에 효종비 인선왕후가 죽자 다시 예송(禮訟) 논쟁이 고개를 들었다. 이번에도 생존해 있던 자의대비의 복상이 문제가 되었다. 서인 측에서는 효종을 차자로 인정한 전일의 예에 따라 9개월을 복상하자는 대공복(大功服)을 주장하였고, 남인 쪽에서는 큰며느리로 인정하여 기년복을 내세웠다.

이때에 서인은 내부에서 분란이 일어나서 1차 예송 때와 같이 강력한 단합을 통해 힘을 발휘하지 못하였다. 당시 현종의 왕비 명성왕후는 대동법의 주창자 김육의 손녀였는데, 대동법 시행 과정에서 김육과 우암의 스승 김집 사이에 충돌이 있은 후 김집의 문도와 김육의 집안은 지속적으로 불화하여 왔다.

김육의 후손들은 그동안 우암의 권위에 차마 맞상대를 못하였지만, 이번에는 왕비가 자기 집안인 것을 기화로 세력이 강해지자 서인 정권의 주도권을 잡을 목적으로 남인과 결탁하여 우암 측을 공격하고 나왔다. 그 선봉에 현종의 장인 김우명과 그의 조카 김석주가 나서서 남인들과 함께 협공을 하고 나오는 데다, 그 무렵 성인이 된 현종까지 자신의 부모를 적자로 대접하지 않은 서인의 태도에 극도의 반감을 나타냈다. 결국 우암도 양사의 탄핵을 받고 파직되어 향리에 칩거하였고, 그 사이에 현종이 34세의 젊은 나이로 서거하고 14세의 어린 나이로 숙종이 등극하였다.

이때 완전히 정권을 장악한 남인은 우암을 끈질기게 탄핵하여 결국 덕원으로 유배시켰다가 다시 장기로 이배시켰으나, 이에 만족하지 않고 시비의 근원이 되는 그를 끝내 죽이려고 하였다. 당시 정권을 잡게 된 남인은 서인의 치죄 과정에서 강경파인 청남과 온건파인 탁남으로 나뉘어 대립하기도 하였다.

그러나 효종과 현종에 걸쳐 왕의 사부로 예우를 받던 그를 함부로 죽일 수 없어, 숙종은 그를 거제도로 다시 이배시켜 위리안치의 명을 내렸다. 이 시절 그는 배소에서 저술에 몰두하여『주자대전차의』,『이정서 분류』,『주자어류소분』등을 짓고 퇴계의『경서질의』와『기선록』을 증정(增訂)하였다.

노·소론의 분당 과정

숙종이 즉위한 후에까지 권력을 계속 장악한 남인 정권도 그리 오래가지 못하였다. 숙종 6년(1680년)에 소위 '삼복(三福)의 변'이 일어나 실권에서 모두 제거되어 버렸기 때문이다.

숙종 등극 초기에는 완전히 남인 세상이 되어 있어서 왕은 모후인 명성왕후의 사촌 동생 김석주를 통해 이를 일부나마 견제하고 있었다. 김석주는 서인 정권의 주도권을 잡기 위해 2차 예송 논쟁 때 남인과 결탁하여 우암 측을 공격하였으나, 그 결과 남인이 득세하게 되자 다시 우암 세력과 암암리에 손을 잡고 정권을 되찾을 궁리를 하였다.

숙종 6년 3월에 숙종이 남인의 영수인 영의정 허적의 조부에게 충정공의 시호를 내려서 그의 집에서 큰 잔치가 베풀어졌는데, 도중에 큰비가 내리자 숙종은 이를 걱정하여 기름 먹인 어용 천막인 '용봉차일(龍鳳遮日)'을 내주도록 분부한 적이 있었다.

그런데 허적이 벌써 허락도 없이 가져간 사실을 알고 허적과 남인들이 그 위세를 믿고 방자하게 왕실의 물건까지 무단 사용하는 것이라고 생각하며 대로하였다. 따라서 남인들의 전횡을 더 이상 방치해서는 안 되겠다고 생각하였다.

그런 상황에서 4월에 허적의 서자 허견이 숙종의 오촌 아저씨들인 복성군·복창군·복평군 3형제를 부추겨서 역모를 꾀하였다는 고변이 들어왔다. 이에 따라 관련자 모두는 붙잡혀 처형되었고 허적, 윤휴 등 남인의 거두들도 유배당하였다가 결국에는 사사되었다. 이로써 남인은 완전히 몰락하고 서인이 정권을 잡게 되니, 이것이 '경신대출척'으로 숙종시대 환국 정치의 서막이 되었다.

이때 우암은 거제도에서 청풍으로 이배되어 있었는데, 경신환국의 결과로 유배에서 풀려났다가, 그해 10월에 왕의 부름을 받고 영중추부사로 관직에 복귀할 수 있었다. 이렇게 남인 정권을 몰아내는 일에 앞장섰던 인물들은 김석주와 어영대장 김익훈 등 왕의 근친 세력들로 이때의 일은 남인의 득세에 불만을 갖게 된 숙종의 친위 쿠데타 성격이 강하다.

권력을 틀어잡은 김익훈 등은 남인의 나머지 무리들도 철저히 색출해서 처벌하기 위하여 음험한 방법까지 동원하여, 같은 서인 내에서도 비난의 소리가 높았다. 수단과 방법을 가리지 않는 이들의 남인 축출 작업에 조지겸 등 강직한 소장파들이 엄중히 항의하여, 무고한 인명을 살상하는 김익훈 등을 탄핵하였다. 소위 임술 삼고변(1682년)이 발생하여 김익훈 등의 조작 정탐 정치에 대한 비판이 고조되었던 것이다.

이에 대하여 우암 등 노장층이 김익훈 등을 비호하자 박세채 등 소장파들이 강력하게 반기를 들고 나왔다. 여기에다 조선 건국 300주년을 기념하여 태조의 위화도 회군의 의의를 더욱 고양시키기 위해 '소의명륜(昭義明倫)'이라는 시호를 내려 기리자는 우암의 주장에 대하여 소장파들이 일제히 반대하면서, 서인 조정은 완연히 노·소로 구분되어 갈라지고 말았다.

우암은 평소에 신임하던 박세채와 제자인 윤증에게까지 공격을 당하자 사태가 이 지경에 이른 것을 한탄하며, 표연히 관직을 버리고 향리로 돌아가 버렸다. 이것은 귀양에서 풀려 관직에 다시 돌아온 지 3년 만인 숙종 9년(1683년)의 일로 그의 나이 77세에 비로소 봉조하(奉朝賀)가 되어 정계에서 완전히 은퇴한 것이다.

윤증과의 사제 분쟁

서인 내부에서 발생한 노장층과 소장층의 분쟁 과정에서 파생된 우암과 그 제자인 윤증 간의 갈등은 우암이 살던 회덕과 윤증이 살던 이산의 첫 글자를 따서 '회니(懷尼)' 분쟁이라고까지 일컬어질 정도로 유명하며, 양자는 결국 숙종 7년(1681년)에 이로 인해 절교하고 말았다.

양자의 분쟁은 윤증의 아버지 윤선거와 우암의 관계에서부터 비롯되었다. 윤선거는 병자호란이 일어나던 해에 성균관 학생으로서 전쟁이 발발하기 전에 청나라에서 군신 관계를 맺자는 방자한 요구를 가지고 사신이 오자 '그 목을 베어 대의를 밝히라'는 상소를 올려 명성을 떨쳤다. 그러나 정작 호란이 발생하자 강화에서 죽음으로 항쟁한 친구들과는 달리 성을 탈출하여 연명을 했다.

그는 이것을 자책하여 평생 관직에 나가지 않고 학문에만 정진했는데 서인인 우암과 유계는 물론 남인이었던 권시, 윤휴와도 두루 교류를 했다. 당시 윤휴는 주자의 해석에 동조하지 않고 독자적인 견지를 피력하여, 주자를 철저히 존숭하던 우암과 격렬히 대립하고 있었다. 양자의 대립에서 윤선거는 윤휴의 재주를 아껴 그를 두둔하며 중립적인 태도를 취하였다. 그러나 우암은 윤휴를 사문난적(斯文亂賊)으로 몰아붙여 통렬히 공박했는데, 그때 효종이 죽고 예송 논쟁이 터져 급기야 정치적 대립으로까지 비화된 것이다.

1차 예송 논쟁 당시에 윤선거는 일개 처사가 국가의 대신을 함부로 공격하는 것은 도리가 아니라며, 우암의 편을 들어 윤휴와 절교하게 되었다. 그 뒤 윤선거가 현종 10년(1669년)에 죽자 우암이 조문을 지어 추모하였는데, 윤휴도 제문을 지어 문상하였다는 말을 듣고 윤선거가 겉으로는 윤휴와 절교한 척했지만 실상은 그렇지 않았다고 짐작하여 좋지 않은 감정을 갖게 되었다.

몇 해 뒤 윤선거의 아들이자 우암의 제자인 윤증이 선친의 연보와 박세채가 고인을 위해 지은 행장, 윤선거 생전의 글 등을 가지고 와서 비문을 지어달라고 부탁하였다. 전일의 의심스러운 생각 때문에 썩 내키지는 않았지만, 제자의 부탁이라 하는 수 없이 비문을 짓기 위해 윤선거의 유품을 살펴보던 중에 윤휴를 두둔하는 내용의 글을 발견하고 매우 마음이

언짢았다.

그렇지만 기왕의 부탁을 받은 것이라 비문을 짓기는 하면서도, 탐탁지 않은 마음에서 비문에 지은 글이 자신의 생각이 아니고 박세채의 행장에서 인용한 것일 뿐이라고 후기하여 두었다. 자기가 비문을 쓰기는 하였어도 그 사실을 인정하지 않는다는 뜻을 은연중에 내비친 것이다.

이에 윤증은 여러 차례 비문의 정정을 요청하였지만, 끝내 뜻을 이루지 못하였다. 심지어 2차 예송 논쟁 때 실각되어 유배되었던 우암의 배소에까지 찾아가 간청하였지만, 비문의 내용을 완전히 정정하지는 못했다.

그 후 경신대출척으로 조정에 돌아온 우암이 소장파들에게 공격을 받았을 때, 윤증은 소론의 종주(宗主)로 나서 우암을 맹공하는 데 앞장섰다. 이때 윤증이 우암에게 보냈던 맹렬한 비난의 글을 보면 그들 사이의 감정의 골이 얼마나 깊었는지 확인할 수 있다.

제 몸 이기는 데 과감한 바를 굳센 것이라고 하거늘 선생님께서는 남 꾸짖는 데 맹렬한 것을 굳센 것으로 알며, 의리가 이욕(利慾)을 이기는 것을 굳세다 하거늘 선생님은 권력으로 남을 복종시키는 것을 굳센 것으로 아시니 어찌 합당하다 하겠습니까? 또, 남을 꾸짖고 조롱하며 치켜세우고 깎아내리는 것이 입으로나 붓으로나 모질고 각박하여 남을 치면 반드시 이기고야 말고, 한 가지 일이나 말이라도 자신과 어긋나는 바가 있으면 그것을 분통하게 여겨 평생의 정분까지 헌신짝처럼 버리시니, 은혜를 저버리고 정을 얇게 하는 것이 극에 달하였다고 하겠습니다. 이런 선생님에 대해 비열한 자들이 그 위세를 두렵게 여기고 떠받드는 것이 예의에 지나치므로 완연히 부귀문정(富貴門庭)의 모습이나 조금도 선비의 풍채를 찾을 수 없으니, 어찌 그 그림자를 미루어 실상을 짐작하지 못하겠습니까?

실로 신랄하고 맹렬하기가 이루 말할 수 없는, 인신공격적인 내용이었다. 이렇게 정국 운영 방법과 역사관의 차이, 그리고 개인적 감정까지 뒤섞여서 서인 세력은 노론과 소론으로 분당되었고, 그 후 안동 김씨 세도 정치가 등장할 때까지 조선 정치의 한 형태로 고착되어 갔다.

거유(巨儒)의 최후

노·소론 분쟁에 책임을 느껴 사직하고 향리에 돌아온 우암은 학문 연구에 몰두하였지만, 기어코 그의 생을 마감하게 되는 사건에 휘말리게 되었다. 이른바 기사환국(1689년)으로 서인이 실각하고 남인이 집권하는 계기가 되는 사건이 발생하고 만 것이다.

숙종은 계비 인현왕후 민씨에게서 여러 해 동안 후사를 얻지 못하던 차에 총애하던 숙원 장씨가 왕자를 낳자 서둘러 원자로 책봉하고, 장씨를 희빈으로 삼으려 했다.

이때 정권을 잡고 있던 서인들은 왕비의 나이가 아직 젊기 때문에 그녀에게서 후사를 기다려 적자로 왕위를 계승하는 것이 옳다고 주장하며, 원자 책봉을 반대했다. 그러나 숙종은 서인의 반대에도 불구하고 왕자 균을 원자로 결정하고, 숙원 장씨를 희빈으로 책봉하였다.

이때 향리에 칩거하고 있던 우암은 '중국 송나라의 철종도 부왕의 후궁에게서 장성한 왕자가 여러 명 있었지만 열 살이 넘어서 태자에 봉해졌다'는 예를 들면서, 분연히 부당하다는 상소를 올렸다.

이에 숙종은 "소위 원로라는 사람이 이미 결정된 국가 대사에 대하여 쓸데없는 상소질을 통해 정국을 어지럽게 만든다."고 분개하였고, 이 기회에 숙종의 환심을 사고 서인들을 몰아내려던 남인들이 우암을 비난하는 상소를 빗발치듯 올렸다. 그러자 숙종은 기다렸다는 듯이 그를 제주도로 유배시켜 버렸다.

이어서 자신의 결정에 반대하는 서인들을 조정에서 축출하고 그 자리를 남인으로 교체한 다음, 인현왕후를 폐출하고 희빈 장씨를 정비로 삼았다. 왕세자 책봉 문제로 일거에 정권을 잡은 남인들은 자신들의 권력을 공고히 하기 위해 민암, 목창명 등이 나서서 우암을 처형하라는 강력한 주장을 전개하였다.

결국 숙종 15년(1689년) 3월에 제주 북포에 귀양 가 있던 우암은 재심문을 이유로 한성으로 압송되던 도중인 그해 6월에 정읍에서 왕명으로 사사되고 말았다.

일세의 거유이자 정치가인 그의 나이 83세 때의 일이었다. 제주도의 배소에서도 짧은 기간이나마 『논어 맹자 혹문』과 『논어 맹자 문의 통고』를 편수하였던 그는 격렬한 정치가이면서도 주자학의 대가여서 훗날 '송자'라는 성인 칭호까지 받았다. 그가 죽은 지 5년 뒤에는 갑술환국이 일어나 서인이 재집권하여, 관직이 회복되고 '문정공'이라는 시호가 내려졌다.

그는 율곡의 학통을 계승하여 기호학파의 주류를 이루었으며, 사단칠정을 모두 기발(氣發)로 보는 일원론적 주기론을 발전시켰다.

그에게 있어서 주자는 모든 면에서 귀감이었지만 『주자어류』 중에서 '사단이발(四端理發)·칠정기발(七情氣發)'이라는 구절은 그의 이론 전개에 장애가 되자 그 의미를 거듭 탐구한 결과 『주자론동이고(朱子論同異考)』에서 '사단이발' 부분은 잘못된 기록으로 단정하는 융통성을 보이기도 하였다.

그는 심성론에 있어서도 '심(心)은 곧 기(氣)'라고 보았으며 "움직이는 것이 심이요, 움직이게 하는 것은 성(性)이다."라고 갈파하여 주기론자로서 자신의 태도를 확실히 하였다.

이익 실사구시 정신의 선구자

▶   이익은 평생을 재야에 묻혀서 학문에 몰두하면서도, 관념론적 성리학에만 매달리지 않고 실생활에 필요한 모든 학문을 섭렵하고 연구한 인물이었다.

또한 죽은 노비를 위해서 비문을 지어줄 정도로 진보적 성향과 인권 평등의 정신을 가지고 그것을 실천하며 살았던 인물이기도 하다. 그가 살았던 시대가 중세 봉건사회였던 점을 감안하면 가히 파격적인 행동이라고 아니 할 수 없으며, 자신의 이익 기반까지 뜯어고쳐야 한다고 주장한 일면을 생각한다면 시대의 선구자라고 불러도 손색이 없을 것이다.

그러나 그는 관직에 나가 투쟁하면서까지 자신의 이념을 정치 현실에서 실천하려고 하지는 않았다. 자신의 신념을 오직 학문적 가치로서만 추구했고, 그 내용을 실천해 줄 몫은 자기의 차지가 아니라고 생각했다.

어쨌든 그는 현실 정치에는 가급적 관여하려 하지 않으면서도, 자신의 일상에서는 되도록 배우고 믿는 바를 실천하여 지식인으로서 도리를 지키려고 노력하였다.

그는 욕심에 기초한 이해와 떳떳한 방법을 통한 인부(仁富)를 잘 구별할 줄 알아서 좇을 바를 잃지 않아야 군자라고 했다. 그래서 재부를 차지하고 덕이 없느니보다 재부 없이 덕을 지니는 것이 낫다고 하였다.

사실 자기가 공부한 내용을 반드시 스스로 정치 현실에 나가 실천해야
만 가치가 있는 것은 아니다. 오히려 사회 각 분야에서 연구하는 사람과
실행에 옮기는 사람이 각각일 수 있는 상태가 더 건강한 사회라고 할 수
있다.

만약 모든 사람이 자신의 생각을 직접 나서서 실천하려고 한다면 이
세상은 또 하나의 쟁투 마당이 될 것이며, 다양성이 실종되고 경직된 사
회가 될 것이다. 그래서 그와 같은 명리를 욕심 내지 않고 자기 분야에서
묵묵히 자신의 길을 걸어가는 사람들이 많은 사회가 제대로 발전될 수
있으리라고 믿어진다.

그는 사회 비판에 있어서도 주관적인 가치 개념을 앞세워서는 안 되
며, 시비의 관념을 떠난 실증적 견지에서 임해야 한다고 생각했다. 그래
서 모든 상황이나 역사는 개별적으로 고립되어 있는 것이 아니라, 그것
이 일어날 수밖에 없는 필연적인 조건이 있다는 점을 간과하지 말아야
한다고 역설하였다. 그리하여 김육으로부터 발아되고 유형원에게서 꽃
이 피기 시작한 학문의 새 경향을 선도하여 그의 호인 성호(星湖)의 뜻 그
대로 실학에 있어서는 별들의 호수처럼 커다란 학해(學海)의 물줄기를 이
루었다.

그러나 그가 도달하려고 했던 이상적인 사회는 요순시대와 같은 과거
의 것이었고, "나라의 흥망이 임금의 한 마음에 달려 있다."고 생각한 점
에서 어쩔 수 없는 왕조시대 인물로서 한계를 안고 있었다.

학문에만 전념했던 일생

이익은 조선 19대 왕인 숙종 7년(1681년)에 이하진과 권씨 사이에서 막내로 태어났다.

그의 부친은 남인 출신으로 대사간과 진주 목사를 역임했으나, 그가 태어나기 한 해 전에 발생한 경신대출척으로 정계에서 쫓겨나 평안도 운산으로 유배당한 상태였다. 그래서 그는 아버지의 유배지에서 태어나게 되었다.

여주 이씨인 그의 집안은 대대로 명문가였지만, 부친 대에 이르러 당쟁의 된서리를 맞고 가운이 기울어지고 말았다. 더구나 그가 태어난 다음해에 부친이 유배지에서 55세를 일기로 세상을 떠나버려, 더한층 집안의 쇠락을 재촉하였다. 홀로 된 그의 어머니는 자식을 데리고 고향인 안산의 첨성촌으로 돌아왔다. 그의 어머니 권씨는 부친의 후처로 자신의 소생인 2남 2녀뿐 아니라 전처 이씨 소생의 3남 2녀까지 양육하면서, 어떻게든 양반가의 체모를 잃지 않으려고 노력하면서 살았다.

그의 호를 성호로 지은 것은 첨성리의 성호장에서 살았다고 하여 스스로 붙인 것이며, 그의 자는 자신이다.

그는 어려서부터 몸이 약하고 잔병이 많았지만 스스로 분발하여 학문에 정진해서 어머니의 사랑을 듬뿍 받으며 자랐으며, 둘째 형 염계공 잠이 그의 초년 시절 글 선생이었다. 그는 25세가 되는 해에 처음으로 과거에 나갔으나 낙방한 후, 다시는 과거에 응시하지 않고 초야에서 학문에만 몰두하며 살았다. 26세 때 존경하고 따르던 둘째 형이 장희빈을 두둔하는 상소를 올렸다고 역적으로 몰려 장살되는 화를 당하였기 때문이다.

형이 죽은 다음해에는 한성 삼각산에 있는 백운대에 한동안 틀어박혀,

가슴에 맺힌 한을 삭이고 돌아오기도 했다.

다행히 그에게는 관직에 나가지 않아도 구차하게 살지 않을 만큼 조상으로부터 물려받은 재산이 있었다. 또 부친이 청나라에 사신으로 다녀올 때 구입해 온 수많은 서적들이 남아 있어서 공부하기에도 부족함이 없는 환경이었다.

그는 어려서부터 맑고 깨끗한 성품이어서 음험한 구석이나 명리를 좇는 법이 없었으며, 스스로 예절을 엄하게 지키고 극히 검소한 생활을 하여 향리에서는 물론이고 널리 사람들에게도 존경을 받았다.

그가 35세 때에는 어머니마저 세상을 떠나자 복상을 마치고는 노비와 집기 등을 종가로 보낸 후에 스스로 농사를 지으며 살았다. 일찍이 형의 참화를 겪은 탓인지 그의 일가에 대한 애정은 각별하였다. 죽은 둘째 형에게 자식이 없자 양자를 들이게 하였고, 여러 조카들을 데려다 가르치며 친아들처럼 돌봐 주어 가문의 지주 역할을 했다.

그의 일생은 외면적으로 볼 때 별다른 굴곡이 없었다. 평생을 성호장에 은거하여 오로지 학문에만 정진하며 후학을 가르치는 일만 하였기 때문이다. 47세 되던 해인 영조 3년(1727년)에는 선공감 감역에 학행으로 천거되었으나, 애초부터 관직에 뜻이 없던 그는 사퇴하고 부임하지 않았다. 그가 62세 되던 해(1742년)에 아들 맹휴가 정시(庭試)에 장원 급제하여 말년의 기쁨을 맛보았고, 그 후에 지방의 수령으로 부임하자 훈계 8조를 지어 보내 치도의 각성이 되게 하였다.

그러나 이 아들이 영조 27년(1751년)에 38세의 젊은 나이로 병사하여 71세의 그를 가슴 아프게 했다. 그 자신도 평생토록 크고 작은 병으로 고생하였는데 노년에 접어들면서는 그 정도가 더욱 심해졌으며, 아들을 먼저 잃고 난 뒤에는 심신이 더한층 쇠약해졌다.

자신의 궁핍이 상혼(喪婚) 비용에 가산을 남용하여 스스로 자초한 것이라고 자탄하기도 하였는데, 75세 무렵에는 자신의 경제적 무능을 고백하는 글을 남기기도 하였다.

나는 글 읽기나 좋아했으니 어찌 가난하지 않겠는가? 실 한 오리, 낟알 한 알도 생산하지 못하고 있으니 가히 좀 같은 존재라고 할 수 있다.

그가 83세 되던 해인 영조 39년(1763년)에는 우로전(優老典)에 따라 첨지중추 부사로 승자(陞資)되는 은전을 받았으나, 그해 12월에 세상을 떠나고 말았다.

그는 초서에도 능했으며, 죽은 후에 이조판서로 추증되었다.

당시의 사회상

그가 살았던 시기는 왜란과 호란의 여폐가 사회 각 부분에 남아 있었으며, 무너진 사회 질서가 좀처럼 복구되지 못하던 때였다.

동서 분당으로 발단이 된 당쟁은 지배층의 극심한 분열을 가져왔으며, 사회 상태가 좀처럼 개선되지 않자 당쟁은 더욱 격화되는 양상이었다. 또 과거 제도마저 그 기능을 상실하여 오직 문벌과 당색만이 입신양명을 좌우하는 요인이 되었다. 과거 제도는 시험 자체도 사장(詞章) 중심의 경향을 갖고 있어서 실제 사회 문제를 해결할 수 있는 식견이나 능력은 무시되고 있었다.

사회적으로는 양란의 결과 황폐화된 전지가 제대로 복구되지 않고 있는 데다 궁방, 관아, 영문(營門)에서 어장, 염전, 전지 등을 넘겨받아 자신들의 이익에만 전용하였으며, 대토지 겸병 현상과 면세지의 증대는 백성들을 더욱 고통에 빠뜨리고 국가 재정 수입을 악화시키는 원인이 되었다. 이에 따라 국가 재정은 주로 환곡에 의존하게 되었는데, 환곡은 빈민 구휼이라는 그 본래의 뜻과는 달리 관가의 영리 사업이 되고 만 셈이며, 오히려 억지로 주고 고리대로 이자를 받아서 백성들의 고통을 더욱 가중시키고 있었다.

더구나 당쟁의 여파는 정치 기강을 더욱 문란하게 하여, 관리들은 줄서기에나 관심을 가지고 갖은 수탈을 통하여 백성으로부터 얻은 재물을 자신의 영달에만 이용하는 작태가 일반화되고 있었다.

대동법이 실시되었지만 현물 공납이 모두 없어지지 않은 데다, 정남(丁男)에게서 거두어들이는 군포는 백성들에게 가장 견디기 힘든 부담이었다. 공납의 어려움을 못 견디고 유민이 생기면 일가친척이나 이웃에게까지 그 책임을 전가시켰고, 심지어는 죽은 사람과 유아의 몫으로도 거두어들였다.

또 화폐는 오로지 재정 수입을 원활하게 하기 위해 주조되어서 일반 백성들의 수중에 들어가지 않고 관리들의 농간으로 이자 놀이의 자금으로나 악용되었다. 이렇게 사회의 모든 기반이 온통 뒤틀린 상태에서 지배층은 유교적 관념 논리에만 집착하여 국가 운영을 더욱 강화시키고 있었다. 거기에다 거듭되는 재황(災荒)과 전염병의 창궐은 백성들의 생활을 더욱 깊은 수렁으로 몰아넣고 말았다.

이제는 사회 체제의 전면적인 개편이 이루어지지 않으면 국가 재정의 파탄과 백성들의 피폐(疲弊)를 구해내기 어려운 지경에 이르렀다.

결국 일부나마 뜻있는 학자들에 의해 사회 현실에 대한 비판과 각성이 싹트기 시작하였고, 청나라로부터 유입되던 새로운 학풍과 문물에 영향을 받아서 사회 개혁과 실생활에 도움을 줄 수 있는 학문을 연구하는 경향이 늘어나고 있었다.

당쟁에 대한 이해와 양반 비판

성호는 당쟁의 소용돌이 속에서 자라났다고 해도 과언이 아니다. 출생지부터가 그의 아버지의 유배지였고, 둘째 형도 당파 싸움의 와중에 비참한 죽임을 당했다. 그래서 자신의 가문과 적대 관계에 있던 노론에 대하여 원한을 가질 법도 하지만, 조금도 당파색을 띠지 않고 객관적인 입장에서 당쟁의 원인을 가려내려고 했다.

그는 당쟁의 기본적인 성격을 다음과 같이 전제하였다.

"붕당은 쟁투에서 비롯되고, 쟁투는 이해에서 일어난다. 이해가 절실해지면 그 당이 뿌리 깊어지고, 이해가 오래 계속되면 그 세력으로 인하여 당파가 견고해진다."

말하자면 모자라는 밥그릇 수에 따라 필연적으로 붕당이 일어난 것이지 다른 이유가 있지 않다는 것이다. 그리고 밥그릇 수가 부족한 까닭은 수요 공급을 계산하지 않은 잘못된 과거 제도에 있다고 지적했다.

더구나 관직 인사에 원칙이 없고 정실에 좌우되는 폐단이 이를 더욱 심화시켰으며, 결국에는 나라가 인재를 구하는 것이 아니라 사람이 관직을 구하는 형상이 되었다고 개탄했다.

또 당쟁이 거듭되면서 원한은 누적되고 후대에까지 세습되어 그 끝이 나타나지 않을 정도라고 보았다. 그리고 일단 당파가 대립하면 자파의 이익만을 좇게 되어 국리민복은 아예 뒷전이 되고 만다는 점을 지적하였다. 실로 오늘날의 정치 현실에도 좋은 교훈이 되는 지적이라고 할 수 있다. 이러한 관점에서 그는 근본적으로 양반 정치의 모순을 비판하고 나왔다.

조선의 양반 사대부들은 생업에는 종사하지 않으면서 오로지 관직에 진출하는 것을 최고의 목표로 삼고 있는데, 이것이 당파의 대립을 불가피하게 만드는 근본 원인이라는 것이다. 그는 사람이 태어나면서부터 차등이 생기는 것은 잘못이라고 생각하였다. 그리하여 사회적 신분은 후천적으로 노력 여하에 따라 결정되는 것이 타당하다고 믿었다.

따라서 그는 견고한 신분 질서가 고착되었던 봉건시대 인물이면서도 자기의 이익 기반까지 무시하는 근대의 평등적 인권 개념을 가졌던 셈이다. 또한 양반 사대부들도 무위도식하지 말고 농토에 돌아가서 실제 생산에 종사해야 한다고 역설하였다.

그러기 위해서는 육체적 노동을 천하게 여기는 양반의 생리를 뜯어고쳐야 하며, 관리도 실제 생업에 종사하는 선비 중에 우수한 자를 뽑아 쓰는 것이 폐단을 없애는 첩경이라고 주장했다.

말하자면 사농합일의 정신이 무엇보다도 중요하다는 점을 내세운 것이다. 그리고 선비들도 문장이나 시가에만 몰두하지 말고 실제로 경세치용(經世致用) 할 수 있는 재구(材具)를 갖추게 하는 현실적인 학문에 주력해야 한다고 강조했다.

제도 개혁론

성호는 당시의 피폐한 사회 현실을 구제하기 위해서는 국가의 모든 제도를 전면적으로 개편해야 한다고 생각했다.

먼저, 정치 기구를 간소화하고 그 기능을 제대로 살리는 작업이 시급하다고 보았다. 무엇보다 우선하여 무계획적인 과거 제도를 뜯어고쳐야 모든 것이 해결 가능하다고 생각했다. 그래서 관리 채용을 위한 정기 시험은 5년마다 한 번씩 실시하되, 전 과목을 일시에 보지 말고 매년 과목을 나누어 실시하여 응시생이 과목마다 충실한 준비를 할 수 있도록 하자고 하였다.

이는 관직 대기자 수를 줄이고 과거 시험 합격자의 실력 향상을 도모하기 위함이었다.

또한 과거 시험 이외에도 천거에 의하여 등용시키는 공거제(貢擧制)를 병행하여, 훌륭한 인재를 파벌에 좌우되지 않고 공평히 선발하는 기회로 삼자고 했다. 그리고 기존의 관리들에 대하여는 고과를 철저히 실시하여 진급·증봉(增俸)·출퇴(黜退)의 기준으로 삼고, 관리에 대한 감찰과 징계를 실효적으로 담당할 총장국(總章局) 같은 기관을 신설하자고 주장했다. 다음으로, 관청의 기구를 전면적으로 개편하여 축소시키고 관리의 수를 줄여야 한다고 역설했다. 그 대신 관원의 녹봉을 높여서 생활 보장을 해주어야 그들의 부정부패를 근절시킬 수 있다고 생각했다.

기실 당시 관청의 실상을 살펴보면 군국 기무를 담당하던 비변사는 유명무실해졌고, 국가의 최고 의결 기관인 의정부도 본연의 기능을 상실하여 원로원이 되고 말았다. 또 간언의 임무를 담당하고 있던 사간원도 정치적 문제에만 매달려 백성의 고통이나 요구는 전혀 돌아보지 못하였고,

허다한 겸직 체제 때문에 관리들의 책임 한계가 모호해져서 직책을 나누어놓은 의의를 상실한 상태였다. 더구나 관리가 너무 자주 바뀌어 실무가 완전히 이서(吏胥)에게만 맡겨져 그들의 농간과 협잡의 작태가 극심하여, 시급한 개혁이 필요한 실정이었다.

세 번째로 재정의 유실 요소를 강력히 차단해야 한다고 주장했다. 우선 환관과 궁녀의 수를 줄여서 임금부터 절약을 솔선수범하여야 한다면서 이렇게 말하였다.

> "임금이 없어도 백성은 살아갈 수 있지만, 백성이 없으면 임금도 없는 것이다. 따라서 백성의 은혜가 임금의 그것보다 더 중하다고 할 수 있는데, 어찌 임금만을 위하여 억조(億兆)의 힘을 낭비하고 물자를 부족하게 만들어 은혜가 고루 돌아가지 않게 할 것인가?"

참으로 왕조시대 사람으로, 그것도 지배계급 소속 일원으로서는 파격적인 발상이라고 하지 않을 수 없다. 그는 나라의 이익이 소수에 의해 독점되어 백성에게 골고루 혜택이 돌아가지 않는 현실은 이치에 어긋나는 일이라고 통렬히 비판한 것이다.

네 번째로는, 토지 제도의 전면적 개편을 주장했다. 성호는 토지 경제를 기본으로 한 자급자족 위주의 농업 사회를 전제하였기 때문에, 경제 체제 개혁 문제는 토지 문제에 집중되어 있었다.

그는 재부(財富)의 원천인 토지의 소유가 소수의 사람들에게 집중되어서 부익부 빈익빈 현상이 심화되는 것을 반드시 고쳐야 한다고 생각했다. 그러기 위해서는 소규모 토지를 경작하는 일반 백성들의 몰락을 막을 수 있는 방책을 강구해야 하는데, 가장 현실적인 방안으로 일정 면적

이내의 정전(正田)에 대해서는 팔아서 없애지 못하도록 법으로 강제하자는 것이었다. 그러나 이 방안은 기득권층과의 마찰을 최대한 줄이고 일반 백성들의 기초 생산 단위가 상실되지 않도록 할 수는 있으나, 이미 대토지를 겸병하고 있는 사람들에게는 추가 획득의 기회만을 봉쇄하는 것에 불과하고 토지를 모두 상실한 백성들에게는 근본적인 해결책이 되지 못하는 한계가 있다.

다섯 번째로, 백성의 생활을 안정시키기 위해서는 조세 감면과 화폐 유통을 억제해야 한다고 생각했다. 먼저 지나치게 많은 잡세부터 모두 없애고 오직 10분의 1세의 원칙을 준수하여 백성의 최저 생활을 보장해 주는 선정을 베풀어야 한다고 했다. 또 간상배들의 협잡과 모리(謀利)에만 기여하고 백성들에게는 아무런 도움이 되지 않고 고통의 도구로만 통용되는 화폐의 유통을 중지하고, 상행위의 발호를 억제해야 한다고 주장했다.

이 주장은 시대 발전에 역행하는 발상 같아 보이지만, 당시 일부 부유층이 청나라로부터 사치품을 사들이는 데 국내 은화를 과도하게 사용하여 사치 풍조를 조장하는 것은 물론 국가 재산을 국외로 유출시키는 폐단이 있었다. 또 그가 판단한 현실은 화폐 유통의 악순환으로 농촌은 더욱 피폐해져 가고 있었으므로, 차라리 화폐 사용을 막고 상업 활동을 억제하여 농촌이 자급자족하는 편이 낫다고 생각한 것이다.

여섯 번째로는 편재되어 있는 사유 노비의 수를 제한하고 노비 매매를 막아야 한다고 주장했다. 그는 먼저 노비 제도의 모순에 대하여 "조선의 노비법은 천하고금에도 없는 것으로 한번 노비가 되면 백세를 고통받아야 한다."고 갈파하였다. 그래서 한 사람이 소유할 수 있는 노비의 수를 제한하고 그 한도를 넘는 인원은 해방하여 양민으로 만들면서, 5세 이하의 어린아이들은 노비적에 올리지 못하도록 하여 점진적으로 노비 제도가 폐지되는 것을 상정하였다.

4가지 경제 회생 방안

성호에게 있어서 재(財)의 근본은 농업 생산물에 있었다. 그것은 타 산업 분야가 억제된 농업 위주의 경제 질서 속에서 살았던 조선 중기의 인물로서는 어쩔 수 없는 한계였을 것이다. 그는 농산물 생산을 장려하고, 앞서 거론한 것과 같은 자신의 이념들을 실천하기 위하여 다음과 같은 4가지 방안을 제시하였다.

첫째는 생중(生衆)으로 무위도식하는 사람이 없도록 하고, 모든 사람을 생산에 종사하게 해야 한다는 것이다. 그는 이 점에 대하여 다음과 같은 말로 그 중요성을 강조했다.

"조선에는 일하지 않고 사는 무리가 지나치게 많다. 벼슬이나 학식이 없는 자라도 양반이라 하면 아무리 가난해도 일하려 하지 않는다. 이를 고치기 위해서는 양반이 직접 농사를 지으면 이를 멸시하고 교류도 하지 않으려 하는 의식부터 없애야 한다. 따라서 관직을 엄격히 제한하고 노비 제도를 고쳐서 누구든지 농업 생산에 종사하게 해야 한다."

둘째는 식과(食寡)로서 관리의 수를 줄이고 생산 노동력을 늘려야 한다고 주장했다. 여기에 대해서도 그의 직접적인 언급을 살펴보자.

"조선은 토지가 좁고 생산량이 적은데도 불구하고 관리의 수는 중국과 거의 같은 수준으로 방만하다. 마땅히 기구와 인원을 줄여서 경비를 절약해야 한다."

셋째는 위질(爲疾)로 농번기에 부역을 시키지 말고, 농민의 생활을 방해하지 말아야 한다는 것이다. 그는 민생 안정의 가장 큰 걸림돌로 관청의 강제 노역 동원을 지적하고 이의 억제를 강조했다.

"백성들의 자력갱생을 위해서는 스스로의 생산에만 몰두하게 하고, 나라에서는 도적을 방지하여 벽지의 미개간지도 안심하고 개간하도록 장려하면 10년 안에 전국의 황무지가 비옥한 경작지로 변할 것이다."

넷째는 용서(用徐)로서 근검·절약하는 사회정신을 진작시켜야 한다고 했다. 그는 검소한 생활 자세가 정착되어야 나라의 근본이 확립된다고 보았던 것이다.

"사치를 즐기는 것은 사람의 본성이라고 하지만, 사치를 방치하면 아무리 힘써 생산하여도 소용이 없다. 또 지금 사용하는 화폐는 사치를 조장할 뿐이며, 절약하고 검소하게 생활하는 풍속을 해친다. 그런데 지금 중국으로부터 진기한 물건과 호화스러운 비단을 사들여서 상하 간에 사치가 성행하니, 이 어찌 개탄스러운 일이 아니겠는가? 그리고 상업에 눈이 멀면 농민은 농구와 토지를 버리고 장사꾼으로 나서려 할 터이니, 이를 절대 억제해야 한다."

이상은 300여 년 전에 살았던 인물이 내세운 주장이지만 지금의 세상에도 일견 타당한 내용이 적지 않으며, 근검절약과 적극적인 근로 자세를 강조한 것은 시대를 초월하여 언제나 귀감으로 삼아야 할 정신이라고 하겠다.

외국 문물에 대한 이해

평생을 성호장에서 칩거하며 학문에만 몰두하였던 성호의 식견은 넓고 깊었다. 성리학은 물론이고 천문과 지리, 민속에서부터 의술에 이르기까지 실로 통하지 않은 것이 없었다. 심지어는 중국을 통하여 유입된 서양 학술이나 천주교에 대한 지식도 상당했다.

명말 청초 중국에는 서양인 선교사들이 적지 않게 들어와 활동하면서 서양 문물과 기독교 사상을 소개하고 있었는데, 조선에서는 중국을 왕래하는 사신들을 통해서 이러한 것들이 들어오고 있었다. 당시 서양 학문에서 조선 학자들이 가장 관심을 두었던 분야가 천문과 역법(曆法)에 관한 것이었다.

성호도 이마누엘 디아즈의 '천문략'을 통해서 천문 지식을 습득하고, 아담 샬의 '시헌력'을 통하여 역법을 익혔다.

또 지리에 관하여는 마테오 리치의 『만국전도』, 훨비스트의 『곤여도설(坤輿圖說)』, 우르시스의 『간평의설(簡平儀說)』, 쥬리오 아레니의 『직방외기(職方外記)』 등을 읽고 그 식견의 폭을 넓혔다.

그리고 학자적 호기심으로 서양 의학, 심리학, 기하학, 교육학 등 모든 분야의 서적을 입수하여 탐독하고 그 진보적인 과학 기술을 적극 수용하면서, 실사구시 하는 실학의 기초를 열었다.

그러나 과학적 지식은 받아들이면서도 천주교의 정신은 황망한 것이라고 하며 배척하였다. 그는 『천주실의 발(跋)』을 쓰면서 이렇게 말했다.

"천주교를 받드는 것은 마치 유가에서 상제(上帝)를 받드는 것과 같고, 불가에서 석가를 섬기고 믿는 것과 같을 뿐이다."

그러면서 천주의 자비에 대한 설이 진실이라면 어찌하여 온 세상이 모두 평화롭지 않으며, 천주의 기적들이 동양에서는 왜 나타나지 않느냐면서 한갓 허황한 설일 뿐이라고 일축했다. 성호로서는 당시 상황에서 그리스도의 정신을 제대로 이해하지 못한 까닭에 그러한 결론에 이른 것이다.

그는 일본에 대하여도 남다른 견해를 갖고 있었다. 일본을 다루는 근본 정책은 회유와 교린책을 통하여 경제적으로 원조하고, 사절의 왕래를 정례화하여 시문을 숭상하게 한다면 관계가 원만해질 수 있을 것으로 내다보았다. 또 천황은 명목상의 일본 대표 인물이고 실권은 막부의 관백(關白)이 가지고 있다는 사실을 직시하여 정확하게 대처하되, 조선은 국왕이 국가 통치권자인데 일본은 상징적으로라도 천황이 존재하므로 의전상 격차가 생길 수 있다는 점도 지적하였다. 그에 의한 이러한 지적은 조선 말기에 현실적 문제로 대두되었으니, 그의 통찰력은 가히 세기를 앞서 갔다.

실제 일본 사신을 동래까지밖에 오지 못하게 했던 관례는 메이지 유신 이후 일본 내에서 정한론이 대두되는 발단이 되기도 하였으며, 국왕의 호칭 문제도 대등한 대일 외교에 장애가 된 것이 사실이다.

실학의 비조로서의 역할

성호는, 이념적 기반은 성리학에 있으면서도 반계에게서 봉우리가 영글어진 실사구시 정신을 계승하여 조선 후반기의 중요한 사상적 경향이었던 실학의 물꼬를 튼 인물이다. 그는 '사칠론'이란 현실에 긴요한 것이 아니라고 주장하면서, 실제 인간의 생활에 도움을 주지 못하는 학문은 가치가 없다는 인식에서부터 출발했다.

그래서 그때까지 관념론적 사조에만 빠져 있는 성리학의 폐단에 일대 경종을 울리고, 영락되고 퇴색해 가던 조선 후기 사회에 그나마 한 줄기 햇불이라도 밝히게 해주었다.

그러나 그의 사상과 이념은 당대에는 실제 사회구조 개혁에서 전혀 실천되지 못했다. 그가 정치현장에는 나오지 않고 평생을 칩거하면서 학문에만 몰두하였기 때문이다. 결국 자신이 익혀왔던 학문을 한 번도 현실에서 실천해 보지 못하고 뜻만 품은 채 죽었지만, 그의 사상은 일문의 자제들과 문도들에 의하여 면면히 계승되었다. 직계에서 살펴보아도 많은 준재를 찾아볼 수 있는데 손꼽을 수 있는 인물들로 아들 맹휴, 조카 병휴·용휴, 손자 구환과 증손으로 삼환·가환·중환 등이 있었다.

문도로서는 윤동구·안정복·신후담·권철신 등이 있으며 모두 당대에 대학자가 되었던 인물들이며, 그 흐름은 다산에게까지 이어져서 실학의 일대 금자탑을 이루었다.

그의 사상과 진면목이 그대로 집약되어 후학들의 길잡이가 되었던 『성호사설』은 그가 40여 년 동안 배우고 느낀 점을 적은 것으로 족자(族子)들이 정리했다가 순암 안정복이 간정(刊正)해 낸 것이다.

사설이란 본래 여러 가지 내용을 세세하게 기술한 것이라는 뜻인데, 성호 자신이 겸사의 의미로 붙인 이름이다. 그 외에도 직접 저술한 작품들을 통하여 그의 해박하고도 깊고 넓은 학문적 면모를 보여주었는데, 정치 이념을 피력한 『곽우록』을 비롯하여 『도동록』, 『사칠신편』, 『예설』, 『해동악부』, 『이자수어』 등 허다한 작품을 남겼다.

박지원 시대를 앞서갔던 외로운 선각자

▶　　　　연암 **박지원**은 신문물을 도입하여 낙후된 조선을 개혁시키려고 했던 선각자였다. 그는 '이용후생론(利用厚生論)'으로 대변되는 실용주의 사상을 바탕으로 삼아, 선진된 문물은 아무리 이민족의 것이라 하더라도 받아들여서 조선 사회의 고유성과 결합시키고 정착시키고자 하였다. 정치적으로 볼 때는 자신의 출신 바탕인 노론의 성리학적 본질주의에서 완전히 비켜나지 않았으며, 조선 사회의 구조적 모순을 점진적으로 개혁하는 실용주의적 견해에 입각하였다.

연암도 당시의 모습과는 완전히 다른 근대 사회를 상정하고 이에 접근하려는 체제 변혁적인 구상을 가지고 있었던 것은 아니다. 그러나 당시 권력층과 동일한 기반에 뿌리를 둔 집안 출신이면서도, 자신의 기득권을 포기하고 일반 백성의 입장에서 사회를 개혁하려고 한 희생적 사회운동가였다.

또 한편으로 연암은 많은 문학작품을 저술한 문학가이기도 했는데, 18세부터 소설을 쓰기 시작하여 연행(燕行) 이전에 이미 첫 작품인『광문자전』을 포함하여 9편을 썼고,『열하일기』속에도「호질」과「허생전」이라는 두 편의 단편소설이 포함되어 있으며, 지방관 재직 시 저술한『열녀함양

박씨전』까지 합하면 모두 12편의 소설을 남겼다.

이 작품들 속에서 일관되게 양반 사회의 위선에 찬 실상을 폭로하고 지도층의 무위무능을 신랄하게 풍자하였으며, 사회 일반에게 실용적인 사고방식을 고취시키고자 노력하였다. 당시의 일반적인 사고방식과는 달리 조선의 낙후성을 인식하고 이를 개선하기 위한 방안을 끊임없이 찾는 과정에서 당시에는 내심 오랑캐라고 청나라의 문화적 수준을 인정하지 않던 사회적 분위기를 깨고, 배울 것은 과감히 배우자고 주장한 철저한 현실주의자였다.

또, 학문이나 진리의 가치는 시대의 변화에 따라 바뀌는 것으로 그것의 존재 의미도 현실의 생활에 도움을 줄 수 있어야 한다고 믿었고, 세상의 발전이란 항상 새로운 관점을 통해 변화할 때만 얻을 수 있다는 진보적 자세를 가졌다. 시대적 요청에 남보다 먼저 부응하여 그 누구의 것이라 하더라도 국가 사회를 발전시키려면 적극 수용해야 한다고 주창하는 진보적 개혁 사상가였던 그는 자신이 믿었던 시대적 당위의 실현에 일생을 건 참된 지식인의 표본이었다.

그의 개방주의는 주체성을 굳건히 지키는 상태에서 신문물만을 수용하자는 자세였기 때문에 민족의 자존이나 원칙이 흔들릴 이유가 없었는데도, 당시의 단단한 구각을 완전히 열지는 못했다. 그러나 그의 개방적 사조는 그 후 실학파와 개화파에 의하여 면면히 이어진 조선 진보주의 운동의 시초가 되었다.

신학문에 몰입하다

박지원은 조선 21대 왕인 영조 13년(1737년)에 한성 반송방 야동(현 서대문)에서 아버지 박사유와 어머니 함평 이씨 사이의 2남 2녀 중 막내로 태어났다.

자는 중미라 하였으며, 호는 한때 피세 은거하였던 금천의 연암협의 지명을 따서 연암이라 하였다. 그의 본관은 반남으로 조선 개국공신 박은의 13대 손이자 선조의 부마였던 금양위 박미의 5대 손으로 명문가의 후손이었다. 그러나 그의 아버지 사유는 벼슬길에 나가 보지도 못한 백면서생으로 지내고 있었고, 조부 필균은 지돈령 부사까지 역임하였으나 평생을 청렴하게 살아서 그의 집안 형편은 가난을 면치 못하였다.

그래서 16세 되던 해에 동갑인 전주 이씨 보천의 딸과 결혼한 후에야 비로소 공부다운 공부를 시작하게 되었다. 연암이 아직 글공부를 제대로 한 적이 없는 것을 안 장인이 나서서 직접 『맹자』까지 가르친 후, 동생인 홍문관 교리 이양천에게 학문을 계속 배울 수 있도록 조치하여 주었던 것이다. 연암으로서는 장인과 처숙을 스승으로 모신 셈이었다.

이때부터 처남 이재성과 둘도 없는 문우(文友)로 지내면서 학문에 몰두한 그는 20세 전후까지 두문불출하며 경서는 물론이고 제반 학문에 관련된 모든 서적을 두루 섭렵했다. 늦은 나이에 장인과 처숙에게 처음 학문을 배운 이후로는 뚜렷한 스승도 없이 독학을 한 연암이었지만, 태생적으로 뛰어난 글재주를 가지고 있었던지 20대 초반에는 이미 출중한 재능을 드러냈다.

당시 대문장가인 강한 황경원이 연암의 글을 보고는 "장차 나의 자리를 차지할 인물은 이 젊은이밖에 없다."고 경탄하였다고 하니, 연암의 진보가 얼마나 대단하였는가를 미루어 짐작할 수 있다.

청년 시절 연암은 스스로도 자신의 진보에 흡족했던지 천하의 모든 일은 하지 못할 것이 하나도 없다고 자신만만해할 정도였다. 기고만장할 정도로 패기에 넘쳤던 연암이 과거에는 원래 뜻이 없었는지, 계속 실패를 한 것인지는 알 수 없으나, 35세부터는 아예 응시조차 하지 않았다. 그러나 한때 성균관에 적을 두고 성균관 자체 과시에도 정기적으로 참가했던 흔적이 있는 것으로 보아서 애초부터 과거에 뜻이 없지는 않았을 것이다.

그렇다면 연암은 왜 세속적인 영달의 기회를 포기한 것일까? 이 답은 그의 성격과 당시의 정치적 현실, 그리고 신학문인 북학에 몰입했던 그 무렵의 행적에서 찾아볼 수 있다. 그는 성품상 타협을 모르는 독존적인 성품이었고, 언행 자체도 준격하여 주변의 배척과 질시를 받기 쉬웠다. 또한 어느 시대를 막론하고 지식인의 일반적 경향처럼 당시 시대 분위기에 불만을 품고 세도가와 권귀(權貴)들에 대하여 비판 의식이 높아서 권력층의 비호는커녕 혐오의 대상이 되었다.

또 하나의 이유로 볼 수 있는 것으로 정조의 외척 정치 관여 방지정책이다. 정조는 즉위하기 전에도 외척인 홍봉한과 김귀주 사이에서 위협을 받았기 때문에, 아무리 능력이 있다 하더라도 외적 출신은 가급적 관직에 등용하지 않으려 했다.

그런데 연암의 집안은 앞서 언급한 대로 왕실과 인척 관계에 있었기 때문에 당시 조정에서 의도적으로 기피한 일면도 있지만, 집안의 정치적 무게 때문에 여전히 주변의 심한 견제도 뒤따랐다.

그러나 이것만이 그가 과거를 포기한 원인은 아닐 것이다. 보다 깊은 이유는 그 무렵부터 그가 북학 사상에 깊이 빠져들고 있었다는 점에서 찾아야 한다. 담헌 홍대용과의 교류를 통하여 신학문을 접하게 된 연암은 가족을 아예 처가에 맡겨놓고 전의감동(典醫監洞) 숙소에 홀로 거처하면서, 여러 북학파 사람들과 함께 학문 탐구에만 골몰할 정도였다.

결국 그는 견제가 심하기도 했지만 탐탁지 않은 세속적 영달을 포기하고, 새로운 세계를 알게 해주는 신학문에 심취하여 학문 탐구의 길을 인생의 목표로 정한 것으로 보아야 한다.

고통과 핍박의 세월, 그리고 연행

그는 시대에 앞선 식견을 가지고 새로운 세계에 부응할 수 있는 사상을 개척해 나가는 긍지와 자부심은 있었겠지만, 아무런 경제력의 뒷받침이 없는 그의 생활은 궁핍할 수밖에 없었다. 어떻게 보면 이 시기가 연암에게 있어서 정신적으로는 개안의 시기이면서 현실에 있어서는 가장 불우한 시기였다.

그의 생활은 남이 보기에도 딱할 지경으로, 그의 제자이자 평생 동지였던 이서구는 연암의 비참한 생활을 목도하고 눈물로 한탄하기도 하였다. 이렇게 경제적으로는 폐인이나 마찬가지인 생활을 하던 연암에게 정치적으로도 위험한 시기가 다가왔다. 그의 나이 40세 때 영조가 죽고 정조가 등극하여, 왕의 측근으로 홍국영이 득세할 때의 일이다. 홍국영은 권력을 잡자 왕세손 시절 정조를 위해하던 세력들을 완전히 제거하려고 했는데, 연암을 아끼던 홍낙성이 이에 연루되자 그 화가 연암에게까지 미치게 되었다.

홍낙성은 홍국영과 같은 집안 출신이었지만 홍국영의 전횡을 비판하였기 때문에, 홍국영에 의해 제거 대상으로 지목되었다. 친구 백영숙으로부터 홍국영이 자신을 옭아 넣으려 한다는 사실을 전해 들은 연암은 가족을 데리고 한성을 빠져나와 무인지경이나 다름없는 금천의 연암협으로 숨었다. 그곳은 개성으로부터 30리쯤 떨어진 곳으로 봄이면 바위 절벽에 제비들이 둥지를 틀고 있었다고 하여 제비 바위라는 뜻의 '연암(燕巖)'이라고 불리던 협곡이었다.

이 골짜기에서 은거하는 동안에 홍국영이 실각하여 다행히 화는 면할 수 있었지만, 궁핍한 생활은 여전히 계속되었다. 연암은 그곳에서 몸소 농사를 짓고 살았는데, 험한 일 한 번 해보지 않았던 서생으로서는 보통 힘든 일이 아니었다. 이때 친구인 유언호가 개성 유수로 재직하며 많은 도움을 주어서 근근이 살아갈 수는 있었다.

연암은 조숙하여 평소 교류하던 친구들이 대부분 자신보다 나이가 많았는데, 유언호도 7살 연상으로 둘은 한성에서 같이 학문하며 금강산 유람도 함께 하였던 절친한 사이였다. 세상인심이 각박해서 이렇듯 곤란한 지경의 연암을 더욱 헐뜯고 비방하는 자들이 많았지만, 그를 신학문의 길로 인도하였던 홍대용만은 멀리서나마 후원을 아끼지 않았다. 당시 태인 현감으로 있던 홍대용도 연암보다는 6살 연상이었다.

2년여 연암에서의 도피 생활을 청산하고 다시 한성으로 돌아온 연암은 평계에 있던 처남 이재성의 집에 한동안 얹혀 살았다. 그즈음 그의 삼종형 되는 영조의 부마 금성위 박명원이 청 황제의 칠순을 축하하는 진하사로 선발되어 연암에게 수행원으로 동행할 것을 권하자 이에 응하여, 그의 인생에 일대 전환점이 되었던 연행(燕行) 길에 나서게 되었다.

정조 4년(1780년)의 이 연행은 생활고와 좌절에 허덕이던 연암으로서는 일종의 돌파구이기도 하였지만, 그동안 몰두했던 신학문의 중심지와 선진 문물을 직접 체험할 수 있는 기회였기 때문에 그로서는 불감청(不敢請)일지언정 고소원(固所願)이었던 셈이다. 당시 그의 나이는 44세였는데, 너무 고생을 많이 한 탓인지 머리가 이미 백발이 되어 있었다.

연암 일행은 압록강을 건너 북경으로 들어갔으나, 청의 황제가 열하로 피서를 떠나 있어서 그곳까지 찾아가야 했다. 연암은 이 여행의 전 과정을 일자별로 자세하게 기록하여 훗날 그의 명저『열하일기』를 세상에 내놓았다.

『열하일기』의 시대적 의의

연행에서 돌아온 지 3년 후쯤『열하일기』를 총 26권으로 발간하자 선풍적인 인기를 끌게 되었고, 그에 대한 평가도 찬반양론으로 극명하게 갈렸다.

신진 사류들에게는 혁신적 사상과 신선한 문체로 호감을 샀지만, 기존 사대부들에게는 극도의 반감을 얻었다. 『열하일기』에서 연암은 청나라의 발달된 여러 문물들을 소개하고 조선도 이를 적극적으로 받아들여 배워야 나라를 부강하게 할 수 있다고 주장하면서, 당시 허구에 찬 양반 사회를 특유의 독설로 풍자하였다. 문체 자체도 당시의 고루한 형식이 아니라 시중에서 쓰이는 비어와 속어를 거침없이 사용하는 일상적인 언어 서술 방법을 택하여 한층 더 충격을 주었다.

『열하일기』의 파문의 근원은 당시 선비들의 일반적 사고였던 '조선 중화론'과 '북벌론'의 허위와 위선을 적나라하게 지적한 데 있었다. 조선은 힘의 열세로 할 수 없이 청나라에 굴복하고 조공까지 바치는 처지가 되었지만, 애초부터 청나라를 오랑캐로 인식하여 심정적으로는 문화적 우월감을 가지고 있었다. 그리고 유일한 문명국으로 떠받들던 명나라가 사라졌으니 이제 참된 문화의 중심 역할을 할 나라는 조선밖에 없다는 '조선 중화주의'가 조선 지도층의 의식에 자리 잡게 되었고, 이에 따라 문명국이 오랑캐들에게 치욕을 당했으므로 언젠가는 보복을 해야 한다는 '북벌론'이 명분상 힘을 얻게 되었다.

그런데 이러한 당시의 일반적 사고의 허구성을 연암이 지적하고 나온 것이다. 세상은 바뀌어 가는데 성리학적 이기론에만 매달려 실제 생활의 변화는 아무 도움도 주지 못하면서 나라의 수준은 오히려 퇴보하고 있는데도, 청나라에서 발전되고 있는 실용 학문을 오랑캐 문화라고 배척하는 무식견을 통렬하게 공박하였다.

또 '북벌론'이라는 것도 실제적인 힘도, 의지도 없으면서 입으로 떠들기만 하는 한낱 구두선에 불과하므로 거기에 집착하는 것은 유명무실한 백일몽일 뿐이라고 거침없이 야유하였다.

더구나 그러한 왜곡된 사회 현실은 모두 독선적이고 허구에 찬 양반 사대부들의 그릇된 사고와 태도에서 비롯되었다고 지적하고 나왔으니, 당시로서는 난리가 날 수밖에 없었던 것이다.

다시 말하면 모순된 시대 기반의 정곡을 찔러버린 셈이었다. 내용도 그토록 파격적인 데다 문체마저 당시에 금과옥조처럼 떠받들던 고문체가 아닌 일반적 생활용어를 사용한 서술체여서 더욱 큰 물의를 일으켰다. 아무튼 『열하일기』가 세상에 나오자 그는 일약 명사가 되었다. 젊은 사류들은 그의 파격적인 사상과 문체에 심취하여 그를 본받는 것이 어느덧 사회 풍조가 되기도 하였다.

그러나 『열하일기』 출간 이후 촉발된 실용 문체에 대한 정권적인 반감의 표출로서 '문체반정' 조치가 훗날 일어나게 된다.

뒤늦은 관직 생활

연암은 이러한 명성과 규장각 소속 관리로 포진한 그의 제자들에 힘입어 정조 10년(1786년)에 종9품에 해당하는 선공감 감역이라는 벼슬을 음보(蔭補)로 제수받았다. 이때 그의 나이 50세로 미관말직이나마 처음으로 생계를 유지할 수 있는 자리를 얻게 된 것이다.

당시 규장각은 연암의 문객들에 의하여 완전히 장악되어 있었다 해도 과언이 아니었다. 검서관으로 있던 이덕문·박제가·유득공·성해응 등은 연암을 학문적 지도자로 떠받든 연암학파의 대표 인물이었고, 각신(閣臣)으로는 연암의 제자들인 이서구·남공철·김조순 등이 있었고, 초계문신(抄啓文臣)으로 서유구·이상황·김매순·심상규 등이 선발되어 교육을 받고 있었다.

규장각은 정조가 외척과 권신의 발호를 억제하고 학문 정치를 펴나가기 위해 설립한 기구로서 신진 관료들을 국왕의 근위 세력으로 양성하고, 탕평 정치를 보좌할 관료들을 키우기 위한 정책적 산실이었다. 외양은 왕실 직속 도서관이었지만, 그 정치적 무게는 실제 이상이었다.

이 규장각이 그 시기쯤 연암학파의 산실이자 온상으로 변해 있었으니, 그 학문의 연원이자 최고 지도자격인 연암을 조정으로 끌어들일 현실적 필요성이 있었을 것이다. 연암은 과거를 통해서 관직에 나가는 것을 일찍이 포기하였지만, 그가 쌓아 올린 학문에 의해 우회적으로 벼슬길에 나서게 된 셈이다.

젊어서부터 세속적 출세를 위한 관직으로의 진출을 스스로 포기하고 학문에만 정진하였던 연암이었지만, 이때는 순순히 벼슬을 받아들였다.

계속되는 경제적 고통도 이유였겠지만, 유언호를 위시한 친구들의 적극적인 권유도 있었고, 무엇보다도 자신의 학문적 이념이 국가 정책에도 반영될 수 있는 환경이 조성되었다는 자신감 때문이었을 것으로 보인다. 자신도 스스로 갈고 닦은 이념을 실제 국가 운영에서 실현해 보고 싶은 욕구가 생겼을 것이다.

관직에 나간 이듬해에는 그에게 시집와서 평생을 고생만 하던 동갑내기 이씨 부인이 별세하였다. 연암이 일생 동안 존경하였던 장인 이보천의 딸인 이씨는 현실을 초월하여 이상 속에 사는 남편 때문에 가난으로 고통받으면서도 여자의 몸으로 가정 살림을 책임지면서 훌륭한 내조를 하였던, 연암에게는 더없이 좋은 반려자였다.

연암으로서는 처음으로 경제적 도움을 줄 수 있는 관직에 나간 지 반년도 못 되어 자신의 비타협적인 삶의 궤적을 따라 고생하면서도 묵묵히 생활고를 감수하였던 아내가 세상을 떠나자 그의 애통함은 이루 말할 수 없었다. 아내가 사망한 뒤 그는 재혼하지 않고 일생을 마쳐서 이씨 부인에 대한 애모의 정을 짐작하게 해준다. 또 상처한 지 얼마 안 되어 부모처럼 따랐던 15살 손위인 유일한 형 희원이 세상을 떠났으니, 연암에게 그해는 호사다마라고 할 수 있는 한 해였다.

뒤늦게 관직에 나간 연암은 사복시 주부, 사헌부 감찰, 제릉령(齊陵令)을 거쳐 55세 되던 해에 한성부 판관을 잠시 역임한 후, 그해 겨울에 안의 현감으로 외직에 나가게 되었다.

안의현은 경상도와 전라도가 인접하는 경계 지역으로 이인좌의 난 때 적극 호응했던 전력 때문에 큰 핍박을 받아, 연암이 부임할 당시에도 민심이 나빴던 곳이다. 이곳에서 사심 없이 자신의 경륜을 최대한 발휘하여 선정을 베풀며 4년여를 근무한 결과, 지역 살림과 정서를 많이 회복시켜 놓았다.

연암의 선정 소식을 들은 정조가 "다스림에 있어 지극히 선량하다"는 치하와 함께 검서관으로 있던 그의 제자 박제가에게 휴가를 주어 외지의 그를 위로하게 할 만큼 큰 인정을 받았다. 연암은 공무 중에도 틈틈이 집필에 정력을 기울여서 미신적인 오행설을 타파하고, 이용후생을 강조하는『홍범우익서』와 모순된 인습을 공박하는『열녀함양박씨전』을 저술하였다.『박씨전』은 아전 임술중의 아내가 남편의 3년상을 마치던 날 자결한 사건을 목격하고 그러한 순절을 칭찬하는 사회적 풍습이 비인간적이라고 비판하는, 여성 해방 사상을 나타낸 글이었다.

문체반정 정책의 대상으로 지목되다

그런데 연암이 안의 현감으로 부임한 다음해(1792년)에 사회 정서의 문란이 경박한 문체를 추종하는 사조 때문이라는 판단 아래 일종의 문풍(文風) 복고 운동인 '문체반정' 정책이 시행되었다. 정조가 주도한 이 정책은 단순한 문예사조의 재정립 문제에 국한된 것이 아니었고, 다극화되었던 국가 여론을 결집시키고 자신의 탕평 정치를 강화하려는 다목적적인 의도가 내재되어 있던 다분히 정치적인 것이었다.

정조는 문풍 변질의 책임을 박지원에게 돌려서 기존 고문체에 입각한 일종의 반성문인「순정지서(純正之書)」를 제출하도록 하였다. 또 다른 의미에서는 격동하는 당시 정치 현실에서 연암을 개혁주의자들의 막후 실력자로 인정하여, 그를 정조 자신의 정치적 지지 세력으로 끌어들이려는 심모원려의 뜻이 숨겨져 있기도 했다.

정조로서는 보수파의 요청을 수용하면서도 그 반대 세력인 개혁 진보파의 실세인 연암을 포섭할 수 있는 일석이조의 정책을 구사한 셈이다. 실제 문제에서 해결을 찾고 혼란에서 유리한 돌파구를 구하는, 정조 특유의 정치 감각을 보여주는 정책이었다.

이 사건은 이동직이 정조의 총애를 받고 있던 이가환을 질투하여 그의 문장과 사조를 문제 삼아 규탄하는 상소를 올렸던 것이 시초가 되었다. 원래 정조는 조선 주체성주의자로서 청나라를 모방하려는 당시 사조가 못마땅하기도 하던 차에 자신의 정치적 목적을 달성하려는 의도로써 문풍의 변화는 이가환의 책임이 아니라, 근본은 연암에게 있다고 지목하고 나왔던 것이다. 개인을 비난하는 상소를 엉뚱하게 확대시켜 사회변화 운동으로 추진하였던 셈인데, 한쪽의 불만을 아예 선수를 쳐서 강경책으로 채색된 방편으로 무마시키고 다른 편은 자신의 지시에 순응하게 만들어 포용하는 고단수 정치 행위를 보여준 것이다.

정조의 이런 의도를 알아챈 연암은 소위 순정지문(純正之文)으로써 농업 관계서인『과농소초(課農小抄)』를 지어 바치고, 정조가 이를 가납하는 형식으로 이 문제를 해결하였다.

연암으로서도 자신의 뜻과는 상반되지만, 몸을 한 번 굽혀서 자신에 대한 비판을 줄이고 정조의 정치적 의도에도 부합하려고 하였던 것이다. 이 시기에 와서는 열혈 강경하였던 연암도 이처럼 노회한 정치적 감각을 갖게 되었다.

사실 당시 사람들의 문장 서술 방법은 육경 고문에 의지하여 옛 사람의 글귀를 표절 인용하여 실제 현실 언어와는 동떨어진 난해한 문체를 사용하고 있었다. 소위 문장은 한나라의 경향을, 시는 당나라 사조를 따라야 한다는 것이었다.

그러나 연암은 "글이란 자기 의사를 표현하면 그만이다."라고 하여 형식에 얽매이는 종래의 태도를 가치가 없다고 반대하였다. 그의 이러한 생각은 「증좌소산인(贈左蘇山人)」이라는 시에도 잘 나타나 있다.

사실대로 쓰는 데에 글의 참맛이 있는 것이지, 하필 먼 옛날에서부터 그 근본을 잡아올 이유가 없다. 한·당은 지금 세상이 아니며, 설사 반고나 사마천이 다시 세상에 나온다 하더라도 과거의 자신들을 따르지 않을 것이다. 지금의 진리도 천년 뒤에는 고대의 것이 되고 마는 법이다.

이렇게 개혁적인 사고를 가지고 있던 연암이었지만 현실과 타협하여, 정조의 치세를 도와주려는 뜻으로 반성문을 제출하고 고비를 넘겼다.

그 무렵 정치적 위기를 겪게 되는 또 한 번의 파문이 있었는데, 연암이 청국의 풍물을 흠모한 나머지 오랑캐의 복색을 하고 다닌다는 유언비어가 나돌았다. 이 헛소문을 기화로 청나라에 대한 척화파의 후손이던 유한준이 북학의 기치를 높이는 연암을 못마땅하게 생각하고 있던 차에 공격을 하고 나왔다. 그러나 곧 사실 무근임이 밝혀져 이때에도 무사할 수 있었다.

이런 우여곡절의 와중에도 지방관의 직무를 훌륭하게 수행하던 연암은 안의 현감의 임기를 마치고 잠시 쉬었다가 정조 21년(1796년)에 60세의 나이로 연천 군수로 임명되었다.

시대의 회귀에 밀려난 천재의 말년

연천 군수 부임 인사차 입궐하였던 연암은 제주도 사람 이방익의『표류기』를 고쳐 쓰라는 왕명을 받고 임지에 부임하기에 앞서『서 이방익 사(書 李邦翼 事)』로 개작하여 바쳤는데, 이 글에서 그는 중국 지리에 대한 해박한 지식을 과시하였다.

또 정조 23년(1799년)에 농업을 진흥하기 위하여 널리 좋은 농사 방법을 구하자 일찍이 지었던『과농소초』를 보강하여 찬진(撰進)하고, 사회 개혁론인 「한민명전의(限民名田議)」 한 편을 추가로 지어 바쳤다. 그 다음해(1800년)에 65세의 나이로 양양 부사로 승진하여 나갔지만, 채 일년도 되지 않아 늙고 병들었음을 이유로 사직하고 한성으로 돌아왔다.

양양 부사로 임명되던 해에는 그를 신임하던 정조가 갑자기 죽고, 순조가 즉위하여 그동안의 개혁 조치마저 무시되는 수구의 바람이 휘몰아쳤다. 또, 노론 벽파가 정권을 틀어쥐고 반대파를 제거하기 위한 방편으로 사학을 타파한다는 구실을 붙여서 개혁적 성향의 관료와 학자들을 탄압하였다. 소위 신유사옥이 발생하여 연암의 문도들이 많은 피해를 보게 되었다.

자신이 관직에 머물러 있을 시대가 아님을 알게 된 연암은 병을 핑계로 스스로 물러나 버린다. 자진해서 사퇴하여 당장에 큰 화는 모면하였지만, 관직에서 물러나서도 편안히 살 수 있었던 것은 아니었다. 사직하고 얼마 후에 연암은 포천에 땅을 구해 부친의 묘를 이장하였다. 사실 연암이 젊었을 때 아무런 기반이 없는 상태에서 부친이 사망하자 장지 문제로 그의 집안과 이유라는 사람의 후손들이 송사를 벌인 일이 있었다. 송사의 결과는 연암의 집안이 쇠락하기는 했지만 당시 권력층과 연이 닿아 있는 까닭에 연암 집안의 의도대로 처리되었다.

실상은 경제적 능력이 없던 연암의 집안이 분쟁의 소지가 다분한 땅에 장지를 정한 것이 문제가 되었던 것인데, 권력의 끝자락이라도 잡고 있던 연암 측이 관의 중재와 도움을 받아 기왕에 쓴 묘지를 인정하기로 결론이 났던 것이다.

이 사건으로 상대방은 자책 끝에 관직까지 물러나고 말아 연암은 항상 죄스러운 마음으로 있다가, 어느 정도 여유가 생기자 인생의 말년에 찜찜한 부분을 정리하려고 했던 것인데, 공교롭게도 새로 구입한 땅이 예전에 그를 공격했던 유한준의 선영이었던 것이다.

원수는 외나무다리에서 만난다고 그 말대로 되고 만 것이다. 유한준은 연암이 기왕에 이장한 부친의 묘를 들어내 버리고, 자기 종친의 묘를 극구 이장해 버렸다. 연암은 어쩔 수 없이 부친의 묘를 양주에 자리를 구해 다시 이장할 수밖에 없었다.

그런데 연암과 유한준의 악연은 그 뒤 그들의 후손에 의해 묘한 인연으로 화해의 계기를 맞게 된다. 연암의 사상과 정신은 그의 손자인 박규수에 의해 전승되어서 구한말 김옥균, 유길준 등의 개화파에게 계승되었는데, 유길준이 유한준의 후손이었던 것이다. 이는 역사가 만들어낸 아이러니라고 할 수 있다.

아무튼 이런 우여곡절을 겪으며 평범한 말년을 보내던 연암은 중풍으로 고생하다가, 순조 5년(1805년) 10월 20일에 69세의 나이로 세상을 하직하였다. 그가 위독하다는 소식을 듣고 제자인 박제가가 달려와서, "선생님! 어찌 미욱한 이 제자를 내버려 두고 가시렵니까?"하고 통곡하였지만 연암은 다시는 눈을 뜨지 못하였다.

연암의 사상과 경향

연암은 일찍이 그의 장인이자 스승인 이보천이 지적한 대로 재주와 총명이 비범하였지만, 시비선악이 너무 분명하여 세상에 적응하기 어려운 성격이었다.

어렸을 때부터 뜻이 높고 일정한 틀이나 형식에 얽매이기 싫어하였으며, 당시 권력가나 양반들의 속물근성을 혐오하여 우스개로 희화화하여 비꼬기를 즐겼다. 그러나 마땅치 않은 세상에 대하여 무조건 부딪쳐 나간 것이 아니고 자신의 비타협적이고 직선적인 성격을 풍자와 해학으로 완화시켜 세상의 풍파로부터 비켜가기도 했다.

술을 즐기고 친구들과 놀기를 좋아했던 일면 때문에 넉넉하지 못한 주제에 근검함을 잃어 질탕하고 방종함만을 즐긴다는 오해도 받았지만, 그러한 술자리는 눈에 거슬리는 세상을 이기고 학문하는 동류들과의 토론과 의견 교환의 장으로 활용했던 것뿐이었다.

연암은 예술가의 호방함과 선비의 근엄함을 함께 소유하고 있었으며, 호오가 너무 분명하여 교류하는 대상을 세심하게 가려서 가까이 대하지 않던 사람들과는 너무나 먼 거리를 두고 상대하였다. 이런 결벽스러운 처세 때문에 관직에 나가서도 잘 맞지 않는 사람들과는 불화하는 경향이 있었으며, 오만한 독불장군으로 치부되기도 하였다. 그러나 공무에 임해서는 기강이 서릿발 같았고, 대체(大體)를 잘 파악하여 처리하면서도 절도와 분변이 틀림없었다. 강인하고 엄격하면서도 우스개로 분란을 해소하기도 하였으며, 인간적인 일면도 두드러져 매로 사람을 다스리는 것을 극히 싫어하였다. 청렴결백한 일면도 빼놓을 수 없는 그의 성품으로 "사대부는 물질로써 사람을 기쁘게 해서는 안 된다"는 원칙을 평생 지키며 살았다.

또 안의 현감의 임기를 마치고 한성으로 돌아와 있을 때, 그의 선정을 치하하기 위하여 현민들이 송덕비를 세우려 하자 굳이 나서서 "비문을 세운다면 자기가 앞장서서 그것을 깨버리고 주모자는 죄주도록 하겠다"고 강하게 저지했다. 그의 사상적 바탕은 "같다면 벌써 진실이 아니다."라는 말에서 확인할 수 있는 것처럼 형식주의와 보수 성향을 거부하는 데 있었다.

특히, '까마귀는 검다'는 식의 경직되고 고착화된 생각을 싫어하였다. 그는 "까마귀 날개보다 더 검은 것도 없어 보이지만, 빛에 비추어 보면 엷은 황색도 돌고 연한 녹색도 보이며 비취색도 있는 것 같다. 이와 같이 매사에는 정해진 일정한 빛깔이 없는데도 사람이 먼저 눈과 마음으로 앞서 정해버리고 만다."고 하며 주관적 독단주의를 비판했다.

그런데 양란 후 조선은 성리학적 명분론에 입각하여 소위 '조선 중화주의'와 '북벌론'을 도출하여 국민적 단합과 국력의 재축적을 도모하려 하였다. 그것이 전대미문의 전란을 연이어 겪은 조선 사회를 통합시키고 지탱해 준 것은 사실이지만, 1세기 정도 세월이 경과하자 그 국수주의적 폐쇄성에 기인하여 조선을 낙후시키는 원인으로 작용하고 있었다.

반면에 오랑캐로 취급하던 청나라는 한족 문화를 적극 수용한 위에 서양의 문물까지 도입하여, 18세기 어간에는 찬란한 건륭 문화를 이룩하였다. 따라서 이제는 허탄한 '북벌론'에 집착하지 말고 청의 발달된 문물을 받아들이자는 것이 연암 등에 의한 이른바 '북학' 사상이었다.

더구나, 조선의 정신 구조를 형성하였던 성리학은 이즈음 그 생명력이 다하여 공리공론에만 매달리는 말폐 현상이 드러나고 있어서, 새롭게 대체할 시대사상이 요구되고 있던 상황이었다. 즉 당시는 사상계가 재편

되어 가는 과정에 있었는데, 정조는 성리학을 올바른 학문이라는 뜻으로 정학(正學)이라 하면서 북학은 속되어서 경박하다고 속학(俗學)으로, 천주교로 대표되는 서양 문물을 지칭하는 서학은 바르지 못해 문제라고 사학(邪學)으로 규정하였다.

그러나 정조는 자신이 정학의 수문장으로 자처하면서도 연암으로 대표되는 북학파 인물들과 이가환으로 대표되는 서학파 인물들 모두를 자신의 개혁 세력으로 포용하여 수구 세력을 견제하려 하였다.

아무튼 당시는 사회적 진보주의 운동으로서 북학 사상이 대두되고 있었고, 변화를 필요로 하는 시대적 요구가 연암과 같은 선각자의 각성을 촉진하였지만, 자신의 개인적 영달을 희생하면서까지 새로운 사조의 길을 열어간 것은 그의 투철한 신념과 사명감에 기인한 것으로 봐도 무방할 것이다.

연암의 사상 세계에서 또 하나 주목할 점은 농민의 입장에서 토지 소유 관계를 변혁시켜야 한다는 주장과 사회의 변화는 옛 인간을 밀어낼 새로운 인간상이 나타남으로써 가능해지고 더욱 촉진된다는 생각이었다. 우선 토지 개혁 방안으로 당시에 사회 문제가 되고 있던 대지주의 토지 겸병 현상을 막기 위하여 토지 재분배를 주장하였다. 개인의 토지를 국가가 전부 회수하여 골고루 재분배하는 것이 최상이지만 비현실적이므로, 차선책으로 들고 나온 것이 한전법(限田法)이었다.

그가 주장한 한전법은 일종의 토지 소유 상한제로 일정 한도 이상의 토지 소유를 금지하고 한도를 넘어선 소유 토지는 타인에게 매매 등의 방법으로 양도하게 하여, 시간이 흐르면 자연히 균등하게 분배되게끔 유도하자는 방안이다.

또 연암이 상정한 새로운 인간형은 상공업의 발달과 유통 경제의 확대에 따라 이러한 시대 경향에 적응할 수 있는 기업가적 인간이었다. 그리고 그런 인간형은 비단 양반뿐 아니라 어떤 계층에도 나타날 수 있다고, 당시로서는 파격적인 사고의 일단을 나타냈다. 이로 인해서 연암은 보수적 인물들로부터 더욱 집중적인 비난과 공격을 받았던 것이다.

다만 그의 출신이 권력층과 연결된 가문이었고, 혈기왕성하며 좌충우돌한 시기에는 재야에 있었기 때문에 직접적인 견제의 대상이 되지 않았으며, 늦은 나이에 관직에 나갔을 때도 거의 외직이나 미관말직에 있었던 것은 물론 그때에는 이미 그의 추종자들에 의하여 관직의 중요 기반이 형성되었기 때문에 극도로 험한 경우는 당하지 않았을 뿐이다.

또 말년에 정조가 죽고 시대사조가 보수 반동으로 회귀하자 더 이상 관직에 미련을 두지 않고 즉시 은퇴하여 얼마 후에는 병으로 죽었기 때문에, 극심한 탄압의 대상이 되지는 않은 것이 다행이라면 다행이었다.

목민 철학으로 일관한 실학사상가 **정약용**

▶ **정약용**은 개혁 사상가이자 엄청난 양의 저술을 남긴 집필가였다. 그는 북학파의 '이용후생론'과 같이 단순히 강대국인 청나라를 흉내내고 답습만 해서는 안 된다고 생각하여, 더 근본적인 조선 사회의 개혁 목표를 제시하였다.

전통적 특성을 바탕으로 이루어진 조선 농업사회의 구조적 모순을 직시하여 오로지 민본주의 입장에서 개혁하려 하였고, 폐정과 악습을 전면적으로 타파시킨 기반 위에서만 안정적인 농민 정책을 수행할 수 있다고 주장했다.

효율적인 개혁을 위해서는 지도층의 각성이 선행 지표가 되어야 한다고 생각하여 개인적 덕성을 함양시키는 유교적 본질주의에 입각하였고, 그 기본 위에 서학 등의 선진 문물을 적절히 수용하여 궁극적으로 조선의 경제적 토대가 되는 농촌사회 발전을 도모하려 했다.

그런 의미에서 그는 고유성과 보편성을 함께 추구한 통합적 사고의 소유자였다. 따라서 그가 상정한 인간형도 무조건 새로운 문물에 대한 적응력이 높은 실용적이거나 기능적으로 편향된 모습이 아니고, 전통 시대의 이상주의 정신과 본질주의 사고에 기초를 둔 개방적 인간이었다. 형태와 방향만 있고 정신은 상실한 오늘날의 인간형에 비추어 보면 그가 전해주는 자세와 사상은 우리에게 경종을 주고 있다.

그의 합리적 사고는 본성의 수양을 강조하는 퇴계의 이론을 좇는 남인 계열이면서도 인식의 주체인 인간의 능동적 실천의 중요성을 인정하는 율곡의 입장도 수용하는 포용성에서 잘 드러나고 있다.

이는 당파적 논리에 의하여 자신들의 이론적 기반과 상이한 주장은 절대 받아들이지 않던 당시의 경직된 사고와는 극명하게 대비되는 자세라고 할 수 있다. 다만 그의 한계는 개혁의 방향을 미래에 다가올 발전된 세계에다 맞추지 않고 과거의 태평성대를 표본으로 하고 있다는 것이다.

또 하나 지적할 수 있는 것은 그의 사상적 근저에서 발전성의 개념이 불명확하고, 사회 발전을 선두에 서서 추진해 갈 개혁의 주체가 불명확하다는 것이다. 아래로부터의 힘을 인정하기보다는 권력으로부터 시혜 성격의 개혁을 상정한 것을 보면 그도 역시 어쩔 수 없는 유교적 사고에 입각한 왕조 시대의 인물이었다.

그러나 그의 사상 바탕에 깔려 있는 애민주의는 일생을 통한 그의 행동과 작품들에 일관되게 나타나고 있으며, 민생의 안정을 가장 중요한 가치이자 이념적 근간으로 하였다는 점에서 민중 철학의 대변자라고 할 수 있다. 그는 수많은 저술을 통해서도 왜곡되고 모순된 현실 사회를 사실적으로 이해하여 이에 대해 가차없는 공격을 가함으로써 민중의 입장에서 현상을 극복해 보려고 했던 민본 철학자이자, 유배지에서도 자신의 좌표를 잃지 않은 조선 시대의 대표적인 지식인이었다.

재상감으로 지목되었던 뛰어난 자질

정약용은 조선 21대 왕인 영조 38년(1756년) 경기도 광주군 초부면 마재(현 양주군 와부면 능내리)에서 정재원과 윤씨 사이의 4형제 중 막내로 태어났다. 그의 본관은 나주이고 자는 송보이며 호는 다산이다. 그의 아버지는 다산이 태어나던 해에 발생한 사도세자의 비참한 죽음에 따른 임오화변으로 관직을 떠나 있었다.

다산은 어린 시절에 아버지로부터 글을 배웠는데, 학문의 진보는 빨랐지만 장난이 무척 심했다고 한다. 학문의 기초를 아버지에게 배운 후 강 건너 양평에 살던 권철신에게서 한동안 수학하였는데, 권철신은 남인 학자로 실학사상의 시조인 성호 이익의 제자이기도 하다.

9세 때 어머니가 죽고 오로지 아버지의 보살핌 속에서 자란 그는 15세의 어린 나이로 승지 홍화보의 딸과 결혼하였다. 그리고 그해(1776년)에 영조가 죽고 정조가 즉위하자 그의 아버지는 호조좌랑으로 관직에 복귀하여 한성으로 이사를 하게 되었다.

한성에 온 다산은 돌아가신 어머니 윤씨의 친정인 외가를 자주 드나들게 되었다. 그곳에는 외증조부인 윤두서가 장서를 많이 보유하고 있어서 그것을 탐독하기 위해서였다.

그의 외조부 공재 윤두서는 고산 윤선도의 증손자로 18세기 초 유명한 문인 화가인 현재 심사정, 겸재 정선과 더불어 삼재(三齋)로 불린 대화가다. 또 둘째 형 약전의 친구 이승훈의 일가인 이가환의 집을 출입하면서, 이가환의 증조부인 성호 이익의 유고를 읽고 학문의 새로운 길을 알게 되었다. 이 시기에 이승훈과 맏형 약현의 처남인 이벽 등을 통하여 새로운 학문으로 유입되기 시작한 서학(西學)에 관심을 가지게 되었으며, 이로 인하여 사학(邪學)으로 취급된 천주교 신봉자로 지목되어 평생토록 끊임없이 규탄받기도 했다.

27세 때 생원시에 급제하였으며, 그해에 장남 학연이 출생하기도 하였다. 소과에 등과한 다산은 성균관에서 공부하게 되었는데, 정조 8년 (1784년)에 왕이 '중용'에 대한 70개 항의 질문을 만들어 성균관 유생들에게 답변을 제출하라는 시험을 실시했었다. 정조의 질문에는 자신이 이끌려고 하는 탕평 정치와 인간의 관계를 설정해 보라는 정치적 의미가 담겨 있었다.

다산의 큰형 약현의 처남인 이벽과 의논하여 답안을 만들어 제출했는데, 정조는 이 다산의 답안을 극찬하였다. 역시 정조는 아무도 모르게 인간에 대한 자신의 생각을 종합한 '사칠 속편(四七 續編)'이라는 책을 집필하여 가지고 있었는데, 다산의 답변이 이 저술 내용과 상당 부분 일치했던 것이다. 다산은 인간 본성의 수양을 강조하면서도 인식의 주체인 인간의 능동적인 활동을 중요시하는 방향으로 답안을 작성했었다. 퇴계의 이론에 율곡의 학설을 접목시킨 것이다.

즉, 인간성이 도덕규범 자체보다 실천 행동의 결과로 이루어진다는 점을 강조했는데, 이것이 정조의 속마음과 합치했던 것이다. 이때 다산에 대해 강력한 인상을 받은 정조는 항상 그의 후원자요 보호자 역할을 해주었다. 그때 다산의 나이 28세, 정조는 38세 나던 해의 일이다.

그 후에도 다산은 성균관에서 수학하는 동안 정조가 친히 하문하는 문제마다 우수한 답안을 제출하여, 칭찬과 함께 포상으로 많은 서책을 하사받았다.

당시에는 성균관 유생들의 학문 정진을 위하여 규장각에서 발행한 서적을 공부의 성과가 우수한 자에게 왕이 친히 하사하곤 하였는데, 다산은 대부분의 포상 서적을 모두 받아서 나중에는 『병학통(兵學通)』이라는 병서까지 받을 정도로 성적이 좋았다.

다산은 이렇게 과거 최종시험에 합격하기 전부터 정조로부터 재상감이라고 칭찬을 받을 만큼 학문에 뛰어났지만, 대과에서 4번씩이나 번번이 낙방했었다. 이는 다산의 집안이 남인 계열이라 당시 실권 세력인 노·소론의 견제가 심했던 때문으로 판단된다.

결국 다산은 남인 지도자 채제공이 우의정이 된 다음해(1789년) 식년시에서야 비로소 차석으로 급제할 수 있었다. 당시는 붕당 간의 갈등이 깊어 탕평의 정치를 주장했던 정조 연간인데도 이미 왕까지 그 학문 실력을 인정한 다산마저도 당쟁의 피해를 입었던 것이다.

끊임없이 배척받은 관직 생활

과거에 급제하고 부사정(副司正)으로 관직 생활을 시작한 다산은 곧바로 초계문신(抄啓文臣)에 선발되었다. 추계문신은 신진 관료 중 우수한 자를 왕실 도서관인 규장각에서 재교육시키는 제도로서 당색이나 문벌이 서로 다른 관직 초기의 인재들을 교류하게 하여 동류의식을 갖게 하고, 탕평 정치를 보좌할 관료 집단으로 양성시키자는 데에 그 목적이 있었다.

관직에 진출한 첫해 겨울에는 한강에 배다리[浮橋] 설치를 위한 설계도를 만들어 제출했는데, 그것이 그대로 채택될 정도로 기술 분야에서 뛰어난 실력을 과시하여 당시에 할 수 있는 학문의 모든 분야에서 능력을 발휘하는 천재성을 일찍 나타내었다.

이 배다리 설치 작업은 조선 역사상 처음으로 시도된 사업으로서 중신들의 반대가 심했으나, 정조는 국가 위신과 기술 문화를 높이는 차원에서 강력히 추진했다.

이 배다리는 정조가 매년 수원에 있는 사도세자의 능에 행차할 때 요긴하게 사용되었으며, 당시로서는 장관을 이루는 대역사였다. 배다리를 이용하면 배로 일일이 이동하는 것보다 빠르기도 하지만 비용도 줄일 수 있어서 백성들에게 위대한 군왕으로서 정조의 이미지를 심어주는 데 큰 역할을 했다.

그러나 관직에 나간 이듬해(1790년)에 예문관 검열로 재직 당시 서학을 신봉했다는 규탄을 받아, 충청도 서산군 해미로 유배되고 말았다. 당시 조정은 그즈음 유입되기 시작하던 천주교와 서학에 대하여 상반된 입장으로 나뉘어 있었는데, 서학을 긍정하는 신서파(信西派)와 이를 배격하는 공서파(攻西派)가 그것이었다.

당시에 신서파는 진보적 성향의 일부 인물들뿐이었고 조정의 주류는 공서파였다. 이 첫 유배는 정조가 곧 개입하여 열흘 정도의 짧은 기간으로 끝나고 다시 관직에 복귀하여 사헌부 지평, 훈련원 감찰을 거쳐 2년 후(1792년)에는 홍문관 수찬에 임명되었다.

수찬으로 임명되던 해 4월에는 진주 목사로 재직 중이던 아버지의 별세로 사직하였으나, 그해 말 수원성을 축조하기로 한 정조가 복상 중이던 다산에게 설계를 지시하여 이 작업에 참여하게 되었다.

다산은 설계에서도 독창성을 발휘하여 선진화된 성제(城制)를 선보였으며, 기계화된 건축 장비들을 제작하여 경비를 절약하고 공기도 단축할 수 있었다.

정조는 수원성 건설을 백성들의 부역 동원으로 하지 않고 임금 노동자인 모군(募軍)만으로 추진하도록 지시하였는데, 다산의 기술력에 의한 보좌 덕분에 이 뜻을 무리 없이 실천할 수 있었다.

부친상을 마친 다산은 정조 18년(1794년) 10월에 복직한 후 곧바로 왕의 특명을 받고 암행어사로 경기도 연천 방면을 순찰하였다. 당시 경기도 관찰사 서용보의 수탈과 폐정이 심하여 원성이 높았기 때문이었다. 조사를 마치고 돌아온 다산은 서용보의 협잡과 부정에 대하여 확인한 그대로 복명하고 엄하게 처벌할 것을 주장하였다.

이로 인해 서용보는 곧 파직되었고, 이때부터 그는 앙심을 품어서 그 후 기회가 있을 때마다 다산을 궁지로 몰아넣으려고 획책했다. 서용보는 왕조의 왕위 계승에 공이 컸던 서종제의 증손으로 당시 조정에서도 지지세력이 많았기 때문에, 이때 다산의 보고에 의하여 한동안 실각하였으나 그 후 복귀하여 정승의 반열에까지 오른 인물이다. 또한 어려서부터 총명하여 각종 과거에 연달아 장원을 했던 재사(才士)이기도 했으며, 일찍이 대사헌과 이조판서와 같은 요직을 역임하였던 중신이었으나 부정과 축재에 눈이 먼 전형적인 탐관오리였다.

이때 서용보의 부정과 궁핍한 백성의 현실을 목격한 다산은 「봉지염찰 도적성촌사작(奉旨廉察 到積城村舍作)」이라는 시를 지어, 피폐한 백성들의 사정과 탐관오리들의 수탈을 고발하였다.

어사의 임무를 마친 이듬해 다산은 동부승지를 거쳐 병조참의로 임명되었으나, 청나라 신부 주문모가 체포되자 둘째 형 약전과 함께 이 사건에 연좌되어 충청도 금정 찰방으로 좌천되고 말았다.

금정에서는 공무 틈틈이 퇴계와 성호에 대한 연구를 해서『성호유고』를 정리하고『도산사숙록』을 저술하면서 지내다가 5개월 만에 용양위 부사직(副司直)으로 중앙에 복귀하였다. 그러나 그를 적대시하던 세력에 의해 천주교 신봉자로 계속 공격을 당하자 정조는 그를 황해도 곡산 부사로 임명하여 다시 외직으로 내보냈다. 그는 곡산에서 지방 수령으로 근무하면서, 혼신의 힘을 다하여 목민관으로서 올바른 행정을 수행하기 위해 노력하였다.

이때의 지방관 경험이 훗날『목민심서』를 저술할 때 바탕이 되었으며, 현지에 근무하면서 천연두가 창궐하자『마과회통』이라는 의학서를 만들어 보급하기도 했다. 2년여 지방 근무를 마치고 정조 23년(1799년)에 병조참지로 중앙 관직에 복귀하여 형조참의의 자리에까지 올랐으나, 또다시 서학에 관련된 여부가 문제되어 반대파에 의하여 집중 공격당하는 처지가 되었다.

이때 그는 자신의 입장을 해명하는『자명소(自明疏)』를 제출함과 아울러 사직하고는 고향인 마재로 돌아와 버렸다. 그의 나이 39세 때 일이었는데, 그 후로는 완전히 벼슬길에서 떠나게 되었다. 그의 적극적인 후원자였던 정조가 이듬해(1800년) 6월에 갑자기 세상을 떠났기 때문이다.

18년의 기나긴 유배 생활

정조가 급작스럽게 서거하자 11세의 순조가 보위에 올라 당시 왕실의 최고 어른이었던 영조의 계비 정순왕후 김씨가 수렴청정을 하게 되었다. 정순왕후는 노론 벽파의 기둥으로서 그녀의 섭정 기간에는 자연히 벽파가 득세하게 되었다. 벽파 정권은 권력을 잡자 천주교 신자를 국가 반역자 집단으로 매도하여 철저하게 탄압하기 시작했다. 당시 천주교 신자 중에는 노론의 정치적 반대파인 남인 계열이 많았기 때문이었다. 결국 벽파 정권은 순조 2년(1801년)에 '척사위정(斥邪衛正)'의 명분으로 신유사옥을 일으켜 이가환, 이승훈, 권철신, 정약종(다산의 셋째 형) 등을 죽이고 다산은 경상도 장기로 귀양을 보냈다.

이때 둘째 형 약전은 전라도 신지도로 유배되었다. 당시 조정 일각에서는 정조가 특히 신임했던 다산만은 석방하려 했지만, 악연 깊은 서용보의 강력한 반대로 무산되고 말았다.

유배지로 내려온 다산은 성수봉이라는 군교(軍校)의 집에 기숙처를 정하고, 외부와 완전히 단절된 생활을 하며 자신의 학문을 체계화하려는 노력에만 매진하였다. 그러나 세월의 시련은 다산에게 이런 생활조차 용납하지 않았다.

조카사위인 황사영이 조선 교회에 대한 박해 사실을 밀서로 북경의 주교에게 전하려다 발각된 '황사영 백서 사건'이 터진 것이다. 벽파 강경론자들은 이 기회에 남인 세력을 완전히 소탕할 목적으로 유배된 인사들까지 재심리한다는 핑계로 한성으로 압송해 모두 죽이려고 하였다. 그러나 이때도 다산의 공적이 인정되어 둘째 형 약전은 흑산도로, 다산은 강진으로 재유배되는 것으로 일단락되었다.

이들 형제는 전라도까지는 동행하다가 나주 근처 율정이라는 곳에서 헤어져 각자의 유형지로 향하였는데, 이때가 생전에 마지막 이별이 되고 말았다. 약전이 유배 중이던 흑산도에서 순조 17년(1816년)에 사망하였기 때문이다.

한편 강진에 도착한 다산은 변두리에 거처를 정하고, 역시 두문불출하며 학문에만 정진하였다. 이 시기에도 그는 여러 권의 저술을 남겼으며, 귀양 생활 8년째인 순조 9년(1808년)부터는 만덕동 산자락에 있던 윤박이라는 선비의 별장을 빌려 생활하였다. 별장이 있던 산 이름이 다산(茶山)이어서 이때부터 자신의 호를 다산으로 삼았다. 당시 다산에 있던 만덕사에는 1,000여 권의 장서가 보관되어 있어서 이 책들이 그의 연구에 많은 도움이 되었다.

유배지에서 수십 권의 책을 저술하며 지내던 다산은 순조 18년(1817년)에 훗날 『경세유표(經世遺表)』로 명명된 『방례초본(邦禮草本)』 40권을 정리하였다. 이 책은 국가 행정기구 및 제도의 축소 계획부터 토지·조세 문제에 이르기까지 기술된 방대한 국가 경영서로서 사법 제도와 기술 분야에 관한 부분은 빠져서 완성되지 못하였다. 왜냐하면 그가 당시 국가 경영에 있어서 가장 시급한 일로 보았던 민생 안정을 위하여 서둘러 지방관의 실무 지침서인 『목민심서(牧民心書)』 저술에 착수해야 했기 때문이다.

집필을 시작한 이듬해 봄에 총 48권의 『목민심서』를 완성하였는데, 이 책은 12강 72조로 구성되어 있다. 주요 내용은 지방관의 청백(淸白) 자세 확립과 이서(吏胥)의 단속을 강조한 것이었다. 또한 백성들의 고통과 탐관오리의 수탈을 폭로하고, 그 해결 방법을 제시한 지방관 지침서로서 그의 애민사상이 구체적으로 전개되어 있는 저술이었다.

다산은 『목민심서』를 완성하던 해 9월에 이태순의 상소에 의하여 기나긴 귀양에서 풀려, 무려 18년 만에 고향 마재로 돌아왔다. 이때에는 다행히도 악연 깊은 서용보가 청나라에 사은사로 다녀온 뒤 벼슬을 떠나 있었기 때문에 반대하는 세력이 없었고, 외척으로 실권을 쥐고 있던 김조순이 찬성하여 간신히 자유를 얻을 수 있었다. 또한 18년이라는 긴 세월의 유배 생활로 그의 정적들도 더 이상 다산을 붙들어 둘 명분이 없기도 했다.

집필에 몰두한 말년

다산은 고향에 돌아온 다음에도 계속 학문에 정진하면서 집필을 계속하였다. 귀양에서 풀린 이듬해(1819년)에는 재판 제도와 각 지방의 관심을 기록한 『흠흠 신서(欽欽新書)』를 30권으로 완성했다. 귀양 생활에서 놓여나기는 했으나 그에 대한 조정의 감시는 여전하여 처신이 자유롭지 못한 가운데 말년을 보내면서도, 의연하게 연구에 정진하며 집필에 몰두하였던 것이다.

그의 나이 66세 때(1827년)에도 또다시 서학을 유포한다는 허무맹랑한 혐의를 받았으나, 헛소문으로 밝혀져 무사할 수 있었다. 또 서용보와의 악연은 말년에까지 이어졌다. 공교롭게도 은퇴한 서용보가 이웃 동네에 내려와 살게 되었던 것이다. 다산은 감정을 풀고자 하였으나 서용보는 겉으로는 응하면서도 끝까지 다산에 대한 응어리를 풀지 않았다. 이러저러한 이유로 다산은 고향에서도 거의 외부 출입을 끊은 채 독서와 집필에만 몰두하면서 말년을 보냈다. 자신의 생활이 자유롭지 못한 상태에서도 그의 애민 사상은 여전하여, 죽기 3년 전인 72세 때 「황년 수촌 춘사십수(荒年水村 春詞十首)」라는 시를 지어 고통받는 농촌의 현실을 한탄하였다.

조용히 저술과 시작(詩作)에 전념하면서 말년을 보내던 그는 헌종 2년(1830년)에 75세의 나이로 마재 자택에서 영면하였다. 원래 그날은 다산 부부의 회혼식 날이어서 조촐한 기념잔치를 하려 했는데, 결국은 경사스러운 날이 애통한 날로 변하고 말았다.

18년의 귀양살이를 마치고 고향에 돌아와서는 다시 18년 만에 세상을 하직한 다산은 시대를 잘못 만난 천재이면서도, 불우한 생활에 굴하지 않고 수많은 저술을 남긴 불세출의 대학자였다.

그는 무려 508권이라는 방대한 양의 저서를 집필했으며, 시(詩)도 무려 2,469편이나 지었다고 한다. 이러한 사실은 스스로 자신의 작품에 대한 목록을 작성해 둔 그의 치밀함 때문에 알게 되었지만, 많은 수의 작품은 소실되어 지금은 찾을 길이 없다.

그의 작품은 당시로서는 연구 가능한 전 분야를 망라한 방대한 내용으로 하나같이 전문적인 관점에서 기술되어 있다. 제반 저술의 근간은 유학적 이념을 바탕으로 하고 있지만, 그를 평생 곤경에 빠뜨렸던 서학 등 새로운 경향의 사상을 적극적으로 접목시켜 애민적 입장에서 서술하였다.

다산의 관심은 쇠퇴하고 있는 국력을 회복하고 고통받는 백성들의 생활을 개선하는 데에 항상 집중되어 있었다. 따라서 그는 헝클어진 조선의 현실을 극복하기 위해서는 유교주의적 관점만으로는 어렵다고 보고, 선진화된 문물을 적극적으로 수용해야 한다고 믿었다.

서학에 대한 그의 관심도 종교적인 관점보다는 과학 기술적인 매력 때문이라고 보는 것이 타당할 것이다. 새로운 학문에 대한 개인적인 흥미도 있었겠지만, 그것들을 통하여 국가 개혁에 기여할 수 있는 길을 모색하려는 목적이 더 강렬했던 것이다. 국가의 개혁과 발전을 위하여 당시로는 금기시되는 학문이라도 위험을 무릅쓰고 배우려던 선각자적인 집념이 그를 곤경의 길로 내몰았던 것이다. 다산은 나름대로 국가 발전의 모델을 가지고 있었으며, 뚜렷한 개혁 의지를 바탕으로 나라와 백성에게 필요하다면 무엇이든지 수용해야 된다는 당시로서는 대단히 열린 사고를 가졌던 인물이다.

사상적 경향

다산은 성호학과 남인 학자의 일반적 경향대로 명말 청초의 경세학풍은 물론 서양의 신학문까지 받아들여야 한다고 생각한, 소위 세계화 추진론자였다.

반면에 그를 적극 후원하였던 정조는 "동국(東國)에 태어난 이상 마땅히 본 모습을 지켜야 한다"고 말하며, '조선 중화주의'에 입각한 주체성 강조론자였다. 이렇듯 지향하는 관점이 다른 두 사람이 일치한 것은 당시 사회적 현실에 대한 개혁의 필요성 때문이었다. 그러나 출발점이 달랐기 때문에 개혁의 지향 방향도 달랐다.

정조는 제도 개혁보다는 실력이 있고 편파성이 없는 테크노크라트에 의한 점진적 개혁을 추진했고, 다산은 국가 체제 전체의 변혁에까지 이르는 제도 개혁을 주장하면서 더 나아가 의식 개혁의 필요성을 강조하였다. 정조는 당시의 체제를 지키며 이끌고 가야 할 대표적인 군왕이었고, 다산은 일반 민중의 시각에서 접근했기 때문에 간극이 있었던 것이다.

당시의 상태가 점진적 개혁을 추진해 나가기에 충분하였는가, 아니면 보다 획기적인 개혁 추진이 필요했던가 하는 점은 지금의 입장에선 명확하지만 당시로서는 선택하기 쉽지 않은 것이었다.

다만 개혁의 최대 기둥이었던 정조가 조금만 더 오래 살면서 다산 등의 개혁 추진론자들을 조직화하고 정치 주도 세력으로 육성시킬 수 있었다면 개혁의 방향이 달라지고, 아울러 조선의 역사도 바뀌었을지도 모른다.

개혁주의자들이 채 기반을 갖추고 세력이 결집되지도 못한 상태에서 그나마도 지지하고 후원하였던 정조가 죽었기 때문에, 수구 세력의 반격을 당하여 완전히 궤멸되었던 것이다.

영·정조 치하에서 발아되고 추진되었던 개혁 의지가 정조 사망 이후에는 완전히 차단되고 무위로 끝나고 말았던 역사의 실상은 그 이전 개혁의 방법과 방향성이 너무 미지근하거나 무력했기 때문이다.

다시 말하면 사회적 이념이 성리학의 이데올로기에서 벗어나지 못한 상태에 있었고, 개혁 추진 세력을 집단화하여 전면에 내세우지 못했으며, 보다 근본적인 제도 개혁에는 등한시했기 때문에 실패했던 것이다. 위로부터의 개혁이 안고 있던 한계였는지도 모른다.

아무튼 어정쩡한 당시의 상황에서 다산은 더 앞자락에 나와서 개혁을 주창한 인물이었다. 그러나 정조 생전에는 그 사상적 완성이 채 이루어지지 않은 상태였으며, 주도적 역할을 할 수 있는 정치적 입지도 부족한 가운데 관직 생활을 끝냈던 것이 그 자신의 불운이자 조선의 불행이었다.

그리고 다산의 개혁 방안 또한 다분히 이상적 방향에 그치고, 실제로 개혁을 추진할 주체도 설정되어 있지 않았다는 점은 지적될 수 있다. 이는 그가 사회 전체를 부정하고 완전히 뒤엎어 버리는 급진적 성향을 가진 것이 아니고, 체제 안에서 잘못된 점을 바꾸어 보려는 온건한 입장을 취하였기 때문이다. 따라서 그의 개혁은 정조와 같은 개혁 군주가 존재하고 그에 의해서 주도적으로 추진되어야만 가능한 내용이었으며, 이것이 바로 다산의 한계였다.

그가 지향했던 사회도 더 발전된 미래의 모습을 상정한 것이 아니고 과거의 이상적 모델인 주례(周禮)의 상태로 돌아가는 것이었다. 그도 결국은 유교주의적 틀에서 벗어나지 못하였고, 국가 개혁을 위해 진보된 신학문을 적극 수용하여 활용하여야 한다는 선각자적 수준 정도에 머물러 있었던 것이다.

그가 주장한 개혁의 방향도 특권층의 권한을 축소·약화시킴에 따라 상대적으로 군주권을 강화시키는 것이었으며, 또한 시대의 변화에 따라 국가와 사회의 구조도 변동되었으므로 통치 기구와 정신 이념도 변경시켜야 한다고 하였다.

그리고 농민들이 토지를 상실하여 민생의 근간이 무너지고 국가의 조세 기반이 약화되었기 때문에, 이 부분의 개혁이 가장 시급하다고 주장하였다. 그는 특히 의식의 개혁을 역설하여 농민들의 주체적 자존 의식을 고취하였으며, 다스리는 자의 자세 변화를 무엇보다도 중요시하여 수령들의 청렴한 자세를 강조하였다. 이에 대해 『목민심서』에도 다음과 같이 기술되어 있다.

"청렴이란 목자의 본분이요, 만 가지 선행의 원천이다."

그는 수령이 먼저 수신을 철저히 하여 덕과 아울러 위엄과 능력을 갖추어야 하며, 여기에 올바른 뜻과 공명함이 있어야 바른 행정을 펼 수 있다고 했다. 즉, 지도자는 전인적인 인격을 먼저 갖추어야 한다고 역설한 다산의 정신과 사상은 경세적인 실학이기에 앞서 인간의 기초 철학이라고 할 수 있다.

홍경래 차별 없는 세상을 꿈꾼 혁명가

▶ 　　　조선실록에는 만고의 역적으로 기술되어 있는 **홍경래**.

그러나 그는 당시 조선 정권에는 반역자일지 몰라도 역사의 반역자로 볼 수는 없다. 오히려 그가 죽은 후에도 일반 백성들은 그가 다시 돌아와 고통받는 자신들의 삶을 구원해 줄 것으로 상상하여서 백성들에게 그는 전설 속의 영웅이 되었으며, 구원의 지도자이자 영원한 장군으로 자리 잡았었다. 그에 따라 그를 흉내낸 대소 봉기가 잇따랐으며, 그의 거사는 각종 민란에서도 빠짐없이 정신적 지주가 되었다.

그는 33세의 짧은 삶을 살다가 세상을 떠난 인물로서는 엄청난 생의 궤적을 역사 속에 남긴 셈이다. 어쩌면 그의 인생 전체는 자신을 옥죄고 있는 부당한 현실에 대한 투쟁의 연속이었을지 모른다.

어려서부터 큰 뜻과 웅지를 가졌던 인물이었지만 그것을 펴나갈 수 있는 기회가 원천적으로 봉쇄되어 있다는 것을 깨달은 순간부터 그는 투쟁의 길로 나서서 일로 매진하다가 마침내 타율에 의해 삶을 끝내고 말았다. 그의 인생 자체는 다른 내용이 전혀 끼여들 수 없는 한 가지 색으로 일관되어 있다. 철이 난 이후에 알게 된 부당한 현실에 대하여 홍경래는 죽을 때까지 그것을 깨트려 버리는 일 이외에 다른 일은 하지 않았다.

아니, 모든 것을 포기하고 그 일만을 위해 살아갔다는 표현이 더 정확할 것이다. 홍경래는 이와 같이 현실에 안주하지 않는 도전적인 자세와 자신의 목표를 달성하기 위해 끊임없이 한 가지 일을 도모하는 본받을 만한 인간상을 보여주고 있다.

그의 궐기가 성공하였다면 역사가 어떻게 변했을지는 알 수 없지만, 성패에 관계없이 그의 존재 자체는 역사에 커다란 영향을 주었다.

다만 그의 한계는 자신의 역량을 과신한 것이고, 다수 민중의 힘보다는 자신이 규합한 세력의 역할을 너무 기대한 것에 있었다. 또한 성공에 대한 근거 없는 확신에 지나치게 사로잡혀 있었던 것도 실패의 한 원인으로 볼 수 있다. 그러나 그는 신음하고 고통받는 삶을 살아가면서도 그것을 숙명으로 받아들이던 그 시대 사람들에게 권리 의식을 일깨워준 선구자였다.

잘못된 세상에 대한 회한

홍경래는 조선 22대 왕인 정조 15년(1780년)에 평안남도 용강군 다미면 꽃장골에서 태어났다.

본관은 남양 홍씨로 그의 조상들이 고려 때 관직을 지냈었다고 하지만, 홍경래가 출생할 당시는 일개 촌부의 집안에 불과했다. 그러나 그는 어려서부터 대담하고 힘이 셀 뿐 아니라 총명하기까지 하여, 동네에서는 장차 한몫 단단히 할 아이로 치부되며 자랐다.

경래의 비범함에 고무된 그의 부모는 문자를 깨우칠 무렵 중화에 있는 외갓집으로 보내서 공부하게 하였다. 그의 외숙 유학권이 그 지방에서 인정받는 유학자로서 훈장 노릇을 하고 있었기 때문에, 말하자면 유학을 보낸 셈이다. 그의 외숙은 경래를 맡아 기르면서 처음에는 그의 총명함과 빠른 학문적 진보에 보람과 기쁨을 느꼈다. 그러나 점점 어린애답지 않은 야심가적인 기질을 발견하고는 두려움을 가지기 시작했다.

경래가 8세 때 지었다는 글을 보면 그의 웅지를 잘 알 수 있다.

踞坐海鴨山 洗足腰浦江 거좌해압산 세족요포강
[해압산에 걸터앉아 포강에 발과 허리를 씻는다.]

불과 8세짜리 꼬마가 이토록 큰 호연지기를 가지고 또한 자기의 뜻을 거리낌 없이 글로 표현하는 것을 보고 경래의 외숙은 그 당돌함에 놀라지 않을 수가 없었다. 평안도 출신의 한계를 숙명처럼 알고 살면서 스스로 시골 훈장 노릇에 만족하던 그의 외숙으로서는 경래가 꺼려지기까지 하였으며, 점점 "장차 이놈이 무엇이 되려고 이럴까?"하고 걱정이 앞서기만 하였다.

커가면서 다른 책보다 『사략(史略)』에 관심이 많았던 홍경래는 "왕후장상의 씨가 따로 있을 수 없다", "대장부가 죽지 않으면 뜻을 이룰 것이고, 죽더라도 후세에 큰 이름을 남겨야 한다"라는 대목들을 특히 좋아하였다.

어느덧 소년으로 성숙한 홍경래가 어느 날 써놓은 글귀 하나는 결국 소심한 그의 외숙을 경악케 하고, 그의 양육을 그만 포기하게 만들었다.

秋風易水壯士拳 白日咸陽天子頭 추풍역수장사권 백일함양천자두
[가을바람 불 때 역수의 장사는 주먹을 들어, 대낮에 함양에 있는 천자의 머리를 노린다]

『사략』에 나오는 구절로 연태자의 총애를 받았던 형가가 진시황을 죽이려다 실패한 고사를 인용한 글이었다.

홍경래를 그대로 자기 집에 두고 기르다가는 훗날 자기에게 화가 미칠 것으로 생각한 외숙은 경래를 귀향시키면서, 그의 부모에게 당부의 편지를 동봉하였다. "경래의 재능은 비범한 것이 분명한데, 그 뜻이 순수하지 않으므로 각별한 지도가 필요하다."는 것이 그 내용이었다.

그러나 어려서부터 자아가 강했던 경래에게 촌부에 불과했던 부모의 훈도가 이미 통할 수 없었다. 이때부터 믿을 것이라고는 자기 자신밖에 없다고 판단한 그는 혼자의 힘으로 갖가지 학문을 탐독하였다.

특히 경사(經史)와 병서에 관심이 많았으며, 술서(術書)나 풍수에도 깊이 몰두하였다. 또한 "문사(文士)라 할지라도 무비(武備)에 부족함이 없어야 한다."고 입버릇처럼 말하면서 신체 단련에도 열심이었다.

이러한 독학 수련의 세월 속에 어느덧 청년이 된 경래는 천성적인 비범함에다 줄기찬 독서로 박학다식한 것은 물론 용력과 무예까지 갖추어 주위 사람들에게는 경외의 대상이 되었다. 또 담력이 크고 의기(義氣)가 높아 약한 자를 많이 도와주었으며, 성품이 쾌활하고 친화력도 좋아서 고향 근처에서는 이미 무엇인가 큰일을 해낼 인물로 인정받고 있었다.

이러한 홍경래가 19세 되던 해(1798년)에 평양에서 향시에 합격한 후, 한성으로 가서 사마시에 응시했으나 낙방하고 말았다. 당시는 영·정조의 탕평책으로 평등한 공직 기회에 많은 노력을 기울였지만, 그것은 세력 있는 양반들끼리의 '그들만의 탕평'에 불과하였고 실력보다는 문벌과 혈연, 그리고 뇌물이 과거 시험의 결과까지 좌우하던 극도로 부패된 시기였으며, 더구나 뿌리 깊은 서북인 차별정책 때문에 애초부터 급제는 기대하기 어려웠다. 고향에서는 천재로 이름이 높던 홍경래였지만, 사회적 악폐의 굴레는 벗어날 수 없었던 것이다.

당시 시대상 고찰

그렇다면 여기서 시대의 기린아 홍경래도 극복하지 못했던 당시의 비뚤어진 정치와 서북인 차별의 실상을 알아보자.

우선 조선 후기를 극도로 혼란에 빠뜨렸던 김씨 일문 세도정치의 발단과 그 진행 과정은 이러했다. 개혁의 왕 정조가 죽고 겨우 11세의 세자가 보위에 오르니(1800년) 이 사람이 조선 23대 임금인 순조다.

왕의 나이가 아직 어리므로 당시 왕실의 최고 어른이 수렴청정을 할 수밖에 없었다. 결국 영조의 계비 정순왕후(경주 김씨)가 왕의 나이 15세가 될 때까지 근 4년 동안 후견 정치를 실시하게 되었다. 그러나 사도세자의 죽음이 부득이한 조치였다는 주장을 하였던 벽파의 후원자였던 정순왕후는 수렴청정을 거둔 지 1년 만에 죽고 말았다.

벽파 정권의 버팀목이었던 정순왕후가 죽자 벽파 세력은 일시에 몰락하고, 이 틈바구니에서 선왕의 고명(顧命)을 받았던 왕의 장인 김조순이 국구(國舅)로서 권력을 잡게 된 것이 김씨 척족에 의한 세도정치의 발단이었다. 원래 세도(世道)라는 것은 세상을 바르게 다스리는 도리라는 의미로서 종종 대의 조광조 등 신흥 사류에 의해 제기된 정치 철학이었는데, 이 것이 이 시기에 와서는 일부 권력자에 의한 전단(專斷)을 뜻하는 세도(勢道)로 변질되어 버렸다.

정순왕후가 죽은 후에는 일시적으로 시·벽파계 공동 정권이 성립되었으나, 얼마 지나지 않아 조정의 중요 직책을 김씨 일문이 독차지하여 파당조차 존재하지 않는 기형적인 독재 정권으로 전변되고 말았다. 왕은 완전히 꼭두각시에 불과했고, 세력을 잡은 김씨 일문이 부패를 일삼자 사회 기강은 급속도로 무너지고, 관리들은 공무보다는 사복을 채우는 데 혈안이 되었다. 거기에다가 연이은 흉년으로 일반 백성의 고통은 이루 말할 수 없는 지경이었고, 각처에서 대규모 산불까지 여러 차례 발생하자 민심은 갈수록 흉흉해졌다.

이렇게 홍경래가 출생하고 장성해 가던 시기는 무슨 변고가 곧 일어날 것 같은 암울한 분위기가 조선 전체를 뒤덮고 있었다. 거기에다 홍경래를 더욱 분노하게 한 것은 조선 조정의 서북인 차별이었다.

자기 발전 의지가 누구보다 강하고 웅지가 높았던 홍경래에게 이러한 사회적 차별은 부당할 수밖에 없었고, 세상을 바꿔놓아야 할 이유가 되기도 하였다.

태조 이후 조선은 서북 사람을 의도적으로 꺼려했는데, 후기로 갈수록 이러한 경향이 관습적으로 굳어지고 노골화되어 심각한 차별 의식을 드러내고 있었다. 조선 초기까지 북방지역은 이민족에게 거의 방치된 상태여서 이곳에는 토착민과 여진인이 혼재하여 살고 있었다. 그래서 조선은 처음부터 북쪽 지방 사람들을 오랑캐 수준으로 천대하는 경향이 있었다. 더구나 조선 창건 세력은 왕으로 추대된 이성계와 소수의 인물을 제외하고는 영남지방 출신이 많았다.

영남지역에서는 이미 오래 전 일이지만 고구려와 신라의 대결구도 시절부터 고구려 지역이었던 북방지역을 경원시하는 풍조가 잠재되어 있었다. 이런 역사적·심리적 배경 때문에 조선의 주류 세력에 의하여 북변은 진압과 다스림의 대상이었지 결코 조선 사회의 동격으로 인정되지 못하는 수모를 받았다.

그런데 이성계에 의하여 조선이 건국되자 동북면(함경도) 지방은 태조가 출현한 지역으로서 대접을 받았으나, 서북면(평안도) 지방은 계속 야만족 지역으로 취급하여 은근히 차별하기 시작하였다. 그러나 함경도 지역에 대한 차별 의식도 완전히 불식된 것은 아니었고, 단지 평안도 지역보다는 다소 완화된 정도였는데 이에 불만을 품고 조선 초기에는 정치적 현실에 기인되기는 하였지만 이시애·이징옥의 난 등이 부단히 일어났다.

거기에다 조선 초기 남부지역 주민을 북쪽으로 이주 정착시키면서 범죄자를 사면해 주거나 천인을 양인으로 속량시켜 주는 등 이주 촉진 및 지역 안정 정책을 추진한 바 있었다. 그러다 보니 조선 중심 세력은 이 지역 거주자들을 심정적으로 무시하고 기피하는 자세를 갖게 된 것이다. 이러한 현상이 정책에도 은연중에 차입되어 실행되었던 것이 서북인 차별의 실상이다. 이러한 경향은 조선 중후반으로 갈수록 더욱 노골화되어 '평치', '서한(西漢)' 하면서 이 지역 사람을 멸시하였고 아무리 능력이 있어도 문관은 지평(持平), 무관은 '첨사' 이상으로 출세할 수가 없었다.

더구나 그 시기에 공교롭게도 사도세자의 비극이 평안도 지역을 무단으로 잠행한 것이 결정적인 시비가 되어 발생하자 이곳에 대한 견제와 감시가 더욱 극심해졌다.

사도세자의 죽음 뒤에는 역사의 표면에는 드러나지 않았지만 자신을 제거하려는 노론 주도 세력과 부왕에 대항하여 평안도의 군사력을 이용하려는 쿠데타 추진 의도가 내재되어 있었다. 당시 평안 감사 휘하에는 북변 경비의 주축 부대가 포진하고 있어서 어느 곳보다 군사력이 결집되어 있었고, 그에 따라 그곳의 세미(稅米)도 중앙으로 운송하지 않고 자체 사용토록 허락되어 있었기 때문이다. 따라서 세자의 평안도행은 불순한 의도로 의심받고 비난되었던 것이다.

아무튼 이러한 사회 구조와 현실 세계에서는 더 이상 자신이 설 자리가 없다는 것을 깨달은 홍경래는 가슴속의 한을 품은 채 한동안 고향에 칩거하다가, 아버지가 세상을 떠나자 초상을 마친 후 홀연히 집을 나섰다. 표면상으로는 입산독서로 학문을 더욱 연마하기 위해서라고 말을 남겼었다.

그때 그의 나이 21세였는데, 그해가 바로 정조가 죽고 순조가 등극한 경신년(1800년)이었다. 그러니까 그가 세상을 방랑하기 시작한 때에는 아직 김씨 세도정치가 등장하기 전이었다.

따라서 애초에는 서북인 차별에 한을 품고 고향을 떠난 그가 주유천하하면서, 김씨 세도정치가 부패하여 나라를 도탄에 빠뜨리는 것을 목격하고 혁명의 의지를 다져간 것으로 볼 수 있다.

그는 방랑 첫해에 평안도 일대를 돌아다녔는데, 평소에 많은 관심을 가졌던 풍수와 무속에 대한 지식을 활용하여 도사처럼 행세하면서 곳곳을 누비고 다녔다. 어느 시대나 사회가 불안해지면 사람들은 갖가지 예언이나 참설에 빠져들기 쉬운데, 그 당시 분위기가 꼭 그러했다.

홍경래는 자신이 혁파하고자 했던 그 시대에 오히려 불안한 사회 경향을 이용하며 방랑 생활을 영위해 나간 셈이다. 다분히 혹세무민(惑世誣民)의 행동으로 볼 수도 있으나, 그로서는 훗날의 거사를 정당화시키려는 사전 포석으로서 목적이 있던 활동이었다.

동지의 규합, 거사 준비

홍경래는 방랑길 첫해에 그의 최고의 동지이자 모사가 되었던 우군칙을 가산군 청룡사에서 운명처럼 만났다.

우군칙은 태천의 명문가 자제였으나 서자로 태어나 신분상 불이익을 받자 집을 나와, 그동안 공부한 풍수 지식을 밑천으로 지관으로서 명성을 얻고 있었다.

부당한 사회 구조의 한계 때문에 불만을 가지고 있던 두 젊은이가 만나게 되었으니, 자연히 그 뜻이 상통(相通)할 수밖에 없었다. 첫 만남에서는 마음만 서로 전달하였으나, 이듬해 다시 만났을 때는 완전히 의기투합하여 일을 같이 도모하기로 굳은 맹약을 하였다.

그 후 홍경래는 압록강 상류 지방까지 두루 돌아다니다가 중국 마적 두목 정시수와도 연통하는 사이가 되면서, 그의 뜻을 실현시킬 세력을 모으는 작업에 본격적으로 나서기 시작했다. 우선 거사를 도모하기 위해서는 경제적 기반이 필요하다는 판단 아래 경제적 능력이 있는 인물을 끌어들이기로 작정하였다. 이 대상으로 떠오른 인물이 가산 거부 이희저였다.

이희저는 당시 신흥 부자들이 그러했듯이 지방 관직을 돈으로 사서 무관으로 관아에 이름을 달아두고 있었다. 말하자면 돈은 있지만 행세하는 가문 출신이 아니었기 때문에, 신분 상승 욕구가 강한 부류의 인물이었다. 이런 이희저를 포섭하기 위해서는 우군칙과 함께 치밀한 계획을 꾸미면서 장기간의 공작을 펴야만 했다.

우선 우군칙의 아내를 점쟁이로 변장시켜 희저의 집에 출입시키면서, "수성(水性)을 가진 인물을 만나면 대운이 터질 것이다."라고 현혹하기 시작했다.

그 후 우군칙이 당대의 명지관으로 행세하며 이희저에게 접근하여 묏자리를 보아주면서, "수성을 가진 자를 가까이하면 당대에 발복할 것이다."라고 넌지시 꾀자, 이희저는 스스로 몸이 달아 수성을 가진 인물을 백방으로 찾아다녔다.

이때 범상하지 않은 언행을 하는 홍경래가 도사 행색을 하고 슬그머니 나타나자, 이희저는 완전히 귀인 도래로 생각하여 홍경래와 뜻을 같이하게 된 것이다. 훗날 혁명군의 본거지가 되었던 다복동도 이희저 소유였으며, 그의 경제적 뒷받침이 거사 추진의 원동력이 되었다.

다음으로 포섭한 인물이 곽산의 문사(文士) 김창시였다. 김창시는 문장에 능한 인물로 평안도 내에서는 꽤 이름이 있던 선비였다. 초시에도 합격하여 김 진사로 통하는 인물이었다. 홍경래는 김창시를 끌어들일 때도 꽤 신비스러운 연출을 했다.

황해도 봉산군 동선령 고개를 지나가는 김창시를 기다렸다가 청의 입은 동자를 보내서 만나자고 청하고는 홍경래가 미리 지어놓은 초막에서 참설과 담론으로 회유하여 포섭한 것이다.

그 다음으로 끌어들인 인물이 곽산의 홍총각이었다. 홍총각은 곽산 사람으로 머슴살이를 하고 있었는데 힘이 장사였다고 하며, 원래 이름은 '이팔'이었지만 늦도록 장가를 못 가서 '총각'으로 불렸다. 또 개천의 이제초와 태천의 김사용, 평양의 양소유를 차례로 끌어들였는데, 이들은 모두 힘과 용맹이 좋은 인물들이었다.

홍경래는 참모와 후원자로서 우군칙·이희저·김창시를, 행동대장 격으로서 홍총각·이제초·김사용을 자기 사람으로 만들어 장차 혁명군의 수뇌부를 일찍이 형성할 수 있었던 것이다.

이외에는 계속하여 평안도와 황해도 일대에서 힘깨나 쓰는 자들과 지역 유지들을 끌어들였다. 주로 당시 싹트기 시작한 개인 상업으로 돈을 모은 상인과 향촌의 신흥 부농 및 지역의 하층 관리, 몰락하여 불만이 많은 지식층이 그 대상이었다.

이들은 훗날 거사 시기에 혁명군 중간 지도부가 되었는데, 그 당시 사회 상황에 불만은 많았지만 구체적으로 지향하는 바가 서로 다르고 동지 의식이 약해 사세가 불리해졌을 때 등을 돌리는 자가 많았다.

혁명 의지가 충일하지도 않으면서 자기 처지에 불만만 많은 기회주의자들이 대거 유입되어서 세력으로는 그럴듯해 보였을지 모르지만, 혁명군의 힘이 조기에 약해지고 마침내 실패하는 원인으로 작용하기도 하였다. 어쨌든 이렇게 사람을 모으는 한편, 홍경래는 자금을 모으고 병력을 기르는 방편으로 광산도 개발하고 염전도 운영했다. 당시는 개인이 광산이나 염전을 운영할 수 없었지만 모두 뇌물을 주고 비공식적으로나마 지방관의 비호 아래 운영할 수 있었는데, 이곳으로 가난에 찌든 유민들이 대거 몰려들었다.

이러한 작업을 홍경래는 고향을 떠난 10년 동안 꾸준히 추진하였으며, 스스로 준비가 완전히 갖추어졌다는 판단이 서자, 순조 11년(1811년) 9월에 고향으로 다시 돌아갔다. 가족들을 자신이 만들어놓은 혁명의 본거지로 데려오기 위해서였다.

입산 공부한다고 집 떠난 지 실로 11년 만의 귀향이었지만, 경래의 숨은 뜻을 아는 사람은 아무도 없었다. 고향에서 대충 가산을 정리한 경래는 가솔들을 이끌고 다복동으로 완전히 들어갔다.

앞서 언급한 대로 다복동은 이희저 소유의 땅이었으나, 홍경래에 의하여 봉기의 근거지로 일찌감치 지목되어 모든 준비를 갖추고 있던 곳이었다. 다복동은 가산과 박천 사이의 은밀한 곳으로 주위는 병풍처럼 깊은 산이 둘러싸여 있는 천연의 요새였으며, 조금만 나가면 한성과 의주로 통하는 대로가 있을 뿐 아니라, 그 앞으로는 대령강이 흘러서 수륙 양면으로 교통도 좋았다. 특히 이곳은 위치상으로 으슥한 곳이므로 남의 눈을 피해 군사 훈련, 무기 제조, 군량 저장 등 거사 준비를 추진하기에는 아주 적당한 곳이었다.

홍경래가 완전히 다복동에 들어앉은 다음부터 각지에서 그동안 포섭한 동지들을 소집하고 본격적으로 병력을 규합하자 그 무렵 다복동에 모인 인원이 2,000여 명에 달하였다.

혁명의 깃발을 높이 들고

이렇게 혁명의 기운이 무르익어 가는 가운데 거사 날짜를 결정하기 위한 비밀 회동이 대령강 가운데 있던 신도(薪島)에서 열렸다.

이 회동에서 비기(祕記)에 경도된 문사들은 이듬해인 임신년(1812년) 정월 기병을 주장하였고, 용맹한 무골 출신들은 당해년인 신미년(1811년) 즉시 기병을 주장하였으나, 이미 홍경래가 내정한 임신년 정월로 결론을 내렸다.

이 임신년 거사에 대한 결정은 『정감록』 등 비결에 관심이 많던 혁명 수뇌부의 암묵적 합의를 공식화한 것으로, 이 거사의 운명적 정당성을 확보하기 위해 세상에 갖가지 참설을 퍼뜨리기도 하였다.

"일사횡관(一士橫冠)하니 귀신탈의(鬼神脫衣)하고, 십필가일척(十疋加一尺)하니 소구유양족(所丘有兩足)이라." 하는 기괴한 말이 그 한 가지로서 '임신기병(壬申起兵)'을 파자(破字)한 것이었다.

또, "30년 전 선천군에 있는 검산 일월봉 아래 군왕포에서 큰 인물이 났는데, 이 사람이 도탄에 빠진 나라를 구제할 것이다."라는 예언도 유포시켰다. 일종의 대민 심리전이자 세뇌 작전을 구사한 셈이다.

암울한 현실에 고통받던 민초들은 이러한 풍설을 듣고 무언가 커다란 변혁을 기대하게 되었고, 긴가민가하던 어설픈 참여자들도 적극성을 보였다. 그러나 다복동에 대규모 인원이 계속 집결하고 많은 군수 장비들까지 유입되다 보니, 아무리 정보가 어두운 시절이고 은밀한 지역이라 하더라도 결국 외부에 노출될 수밖에 없었다.

이에 따라 관청에서 눈치를 채고 조사하려는 움직임이 있자, 거사 계획을 신미년(1811년) 12월 20일로 앞당기기로 하였다. 그러나 이 계획도 혁명의 기폭제로 삼으려 했던 평양 거사가 실패하여 수정하지 않으면 안 되었다.

평양에서 폭동을 유도하여 다복동에 쏠린 주목을 분산시키고 혁명군 출동의 기폭제로 삼을 계획 아래, 12월 15일을 평양 봉기 거사일로 정하고 폭동을 유발시키는 도화선을 만들기 위해 거사 당일 폭발시키려고 평양 감사의 관사인 대동관 밑에 폭약을 미리 매설해 두었다.

그런데 계획일인 12월 15일에 날이 갑자기 풀리고 비까지 와서 화약이 젖었는지 점화를 시켰으나 폭발하지 않았다. 이제나저제나 폭발을 기다리던 행동대원들은 계획이 틀어진 것으로 알고 뿔뿔이 흩어지고 말았다.

결국, 평양 봉기는 무위로 돌아가고 혁명 계획만 노출되고 말았다. 시초부터 불길한 전조가 혁명군의 앞에 도사리고 있었던 것이다.

이때 행동대원 한 명이 관가에 붙잡혀서 다복동의 모습이 완전히 노출되었으며, 선천에서는 비밀 동지인 최봉관이 체포되고 철산, 곽산, 가산 등지에서도 관군이 비밀 동지들을 추적하자, 거사 기일을 더 앞당겨서 12월 18일에 서둘러 기병할 수밖에 없었다.

이때 평서 대원수로 자칭한 홍경래는 다복동에서 출전의 격문을 선포하고 혁명군을 2개 진영으로 나누어 남북으로 동시에 진격해 나가면서 혁명의 깃발을 높이 올렸다. 곧바로 전 병력을 몰아 한성으로 진격하지 않고 2개 부대로 분할하여 북쪽에 대한 공격에도 나선 것은 배후를 안정시키기 위한 작전이었다. 그러나 혁명군의 세력이 나누어짐에 따라 결국 힘을 약화시켜서 이 또한 거사 실패의 한 원인이 되고 말았다.

북군은 부원수 김사용이 지휘를 맡아 제일 먼저 곽산을 공격하여 군수 이영식의 항복을 받아내었고, 남군은 홍경래가 직접 인솔하여 가산을 홍총각의 선발대로 하여금 치게 하니 이곳도 쉽게 함락되었다. 가산 군수 정시와 그의 부친은 격렬히 대항하다가 혁명군에게 참살되고 말았다.

홍경래는 여기서 홍총각과 이제초로 하여금 북행하여 북진군의 정주성 공략을 돕도록 하고, 자신은 박천을 치기로 하였다. 한편 북군은 성 안의 포섭자들의 내응을 얻어 어렵게 않게 정주성을 함락한 후, 북상하던 홍총각·이제초 부대와 12월 22일에 합류하였다. 또한 홍경래의 남군도 20일 새벽에 박천, 그 이틀 뒤 태천을 점령한 후 안주성 공략을 준비하며 북군의 합류를 기다리기로 하였다.

안주는 평안도의 제일가는 군사 요충지로 평안 병사의 본진이 있는 곳이며 남북을 통하는 큰 길목이고, 북쪽에는 청천강이 흐르는 천혜의 군사 요새였다. 이곳은 쉽게 공략할 수 없기 때문에, 북군이 빠른 시일 내에 북쪽 지방을 평정한 후 남군과 합세하여 공격하기로 계획하였다.

그러나 북군은 24일에 선천, 25일에 철산, 용천을 점령한 후에 영변, 귀성, 의주까지 진격하려 했지만, 이 지역 의병군의 강한 저항에 부딪혀 더 이상 북상조차 하지 못하고 있었다.

이렇듯 북군이 계획된 날짜에 합류할 수 없게 되자 홍경래는 더 이상 시간을 지체할 수 없어서 남군만으로 안주성을 공격하기로 결정하였다.

이렇게 혁명군이 합류를 위해 시간을 보내고 있는 동안, 안주에는 인근 각 지역의 관군 병력이 속속 집결하여 군세가 이미 2,000여 명을 넘어서고 있었다. 더구나 중앙에서 진압군이 27일에 출발하였다는 소식까지 전해져 기세마저 높아져 있었다.

결국 혁명군은 초기의 기선 제압에 완전히 실패하고 말았다. 일반적으로 반란이 성공하려면 속전속결로 권력의 중심부에 쳐들어가서 기존 질서를 신속히 무력화시키고 국가 중추기구를 장악해야만 가능하다. 그런데도 홍경래 군은 기병한 지 열흘이 지났지만 아직도 평안도 지역을 벗어나지 못한 채 인근 소읍 8개만 점령하고 우물쭈물하고 있었다.

실패의 전조가 이미 확실하게 보이고 있었다. 어차피 혁명이란 대규모 군세를 동원한 정벌이 아니기 때문에, 거사 즉시 지역 군사 요청지인 안주·평양을 돌파하여 한성으로 진격했어야만 했다. 그런데 홍경래는 병력을 남북으로 분산시켜 힘을 약화시켰고, 지역을 차곡차곡 평정해 나가는 방법을 채택하여 혁명의 신속성을 무시하는 우를 범하고 말았다. 결국 상대는 대비할 수 있는 시간과 여유를 가지게 되어서 혁명군 스스로 강력한 저항을 자초한 셈이었다.

더구나 이때 혁명군은 탄압받는 서북인의 세상을 만들 것으로 공언하여 경기 이남 지역에서는 강한 반감을 불러일으키고 말았다. 또 많은 계층의 호응을 얻을 수 있는 혁명의 구체적인 실천 방안도 부족하여, 차츰 반란군 이상의 취급을 받지 못하였다.

결국 시간을 더 지체할 수 없음을 느끼고 남군만으로 안주성 공략에 나섰으나, 그때는 이미 모든 것이 늦어버린 다음이었다.

실패의 서곡

12월 28일에 홍경래는 안주성이 바라다보이는 송림에 진을 치고 안주성 공략에 나섰지만, 오히려 관군의 공격을 먼저 받게 되었다.

29일 아침, 혁명군이 채 진영을 정비하기도 전에 얼어붙은 청천강을 건너 1,000여 명의 관군이 3개 부대로 나누어서 총공격을 감행하고 나온 것이다. 중앙에서는 평안 우후(虞候) 이해승이, 우측은 순천 군수 오치수가, 좌측은 함종 부사 윤욱렬이 각기 지휘하였다.

이에 홍경래도 부대를 3개진으로 편성하여 홍총각, 윤후험, 변대언이 각각 인솔하여 대응케 하였다. 이때 홍총각은 안주성 공략을 돕기 위해 북군과 헤어져서 이곳에 와 있었다. 드디어 혁명의 성패를 판가름 지을 안주송림 회전이 시작되었다.

처음에는 혁명군이 우세하였으나, 김사용의 북군에게 항복했다가 도망한 곽산 군수 이영식이 지원군을 동원하여 혁명군의 배후를 기습하자 순식간에 전세는 역전되고 말았다. 홍경래는 할 수 없이 후퇴를 결정하고, 비상시에 농성 장소로 정해두었던 정주성으로 패퇴하고 말았다.

그때 정주성은 이미 북군이 점령한 후 주력 부대는 의주로 진격하기 위해 북쪽으로 이동했지만, 다복동에 있던 가솔들과 일부 수비병력이 성을 지키고 있었다. 안주성 전투의 패배로 혁명은 이미 실패의 고비를 넘고 있었지만, 홍경래는 아직 희망을 버리지 않았다. 그것은 당초에 홍경래의 혁명군이 궐기하면 각 지역에서 비밀 동지들이 폭동을 일으켜 호응하고 한성에서는 지배 세력을 암살하고 조정 권력을 붕괴시키기로 약속되어 있었기 때문이다.

따라서 당장의 전투에서는 패전하였지만, 정주성에서 농성을 계속하면 한성으로 진격할 수 있는 날이 올 것으로 굳게 믿었다. 또 외부 동지들이 함경도 지역 포수들을 동원하여 지원하기로 되어 있었고, 만주족들까지 호응하여 원군을 보내주기로 약조하였던 것이 홍경래의 믿음을 뒷받침해 주고 있었다. 그러나 이러한 계획은 결과적으로 모두 이루어지지 않았고, 정주성에 고립된 홍경래의 바람으로만 끝나고 말았다.

아무튼 정주성에 웅거한 홍경래는 북군의 합류를 재촉하기 위해 김사용이 주둔하고 있는 양책참으로 김창시를 급히 보냈다. 그러나 김사용의 북군도 남군의 지원 요청을 받아들여 즉시 합류할 수 없는 처지였다. 그것은 의주에서 허황과 김현신의 의병군이 강력히 저항하면서 오히려 혁명군 진압 지역까지 위협하고 있는 상황이라 섣불리 남행하다가는 배후를 공격당할 위험이 있었기 때문이다.

부득이 이제초 부대를 선천으로 내려보내 남군과의 연결 통로가 두절되지 않도록 응급조치를 취한 뒤에 김사용과 김창시는 의병군과 계속 대전하기로 하였다. 한편, 안주 전투에서 승리한 관군은 여세를 몰아 박천, 가산, 태천을 회복하고 혁명군의 본거지인 다복동까지 쳐들어갔다. 그러나 그때는 이미 다복동 잔류 인원 모두가 정주성에 들어가 버린 뒤라서 다행히 혁명군의 추가 인원 피해는 없었다.

이렇게 남군 점령 지역을 모두 회복한 관군은 북군 점령 지역으로도 치고 올라가기 시작했는데, 곽산 군수 이영식이 순천 군수 오치수의 도움을 받아 곽산을 제일 먼저 회복하였다. 곽산마저 관군의 손에 떨어지자 선천에 있던 이제초의 후원 부대는 곽산을 재장악하기 위하여 황급히 전 병력을 몰고 곽산으로 내달렸다.

결국 곽산 서쪽 사송벌에서 양군이 조우하였고, 혁명군의 운명을 결정하게 되는 2차 대회전을 벌이게 되었다. 이 전투 역시 안주 싸움 못지 않은 격전이었지만, 이제초는 중과부족으로 결국 패전하여 생포된 후 곧 참수되고 말았다. 혁명군의 수뇌부 가운데 첫 희생자가 발생한 것이다. 개천 출신 역사로서 혁명군의 선봉대장 이제초의 죽음을 알게 된 북군은 급격히 전의를 상실하였다.

부득이 병력 증강을 위해 창성 지역의 포수를 동원하기로 하고 김창시가 급히 길을 떠났다. 그러나 가는 길에 이제초 부대 패잔병 조문형을 만나 휘하에 합류시킨 것이 화근이 되고 말았다. 광부 출신 용병이었던 조문형은 이미 사세가 그른 것을 알고, 밤중에 자고 있는 김창시의 목을 베어 선천 부사 김익순에게 1,000냥을 받고 팔아버린 것이다.

혁명군 수뇌부의 두 번째 희생자는 이렇게 내부의 배신으로 허무하게 죽임을 당했다. 이때 김익순은 돈 주고 산 김창시의 목을 가지고 마치 자기의 전공인 양 상부에 보고했다가 처음 반군에게 항복한 것까지 문제가되어, 본인은 사형을 당하고 일족은 '폐족'이 되는 화를 당하였다. '폐족'이란 그 집안 출신에게는 공민권을 완전히 제한시키는 것으로 사회적 사형선고나 마찬가지였고, 후에 김익순의 손자 김병연이 그 유명한 김삿갓이 되어 평생을 방랑하며 살게 되는 원인이 되었다.

아무튼 김사용의 북군도 더 이상 버티지 못하고 남은 병력을 겨우 추슬러서 정주성으로 합류할 수밖에 없었다. 혁명군은 완전히 고립무원의 처지가 되었으며, 기나긴 정주성 농성에 명운을 걸어야 했다.

최후의 항전─정주성 농성

정주성에 웅거한 뒤에도 홍경래는 희망을 버리지 않고 장병들을 독려

하였다. 그로서는 마지막으로 믿는 바가 아직까지 있었던 것이다. 어쩌면 혁명의 깃발을 높이 들고 거병했을 때부터 그의 머리를 떠나지 않았던 생각인지도 모른다.

그것은 자신이 10년 동안 세상을 떠돌면서 보고 느낀 바로서 전국 어디에고 썩어빠진 세상을 한탄하는 소리가 높았으므로, 자신이 기병만 하면 각지에서 불꽃같이 호응해 올 것으로 믿었던 것이다.

또한 곳곳에 동지들을 이미 포섭해 두었으므로, 이들이 폭동의 선봉에 서줄 것으로 생각하였다. 이것이 한성으로의 직격 작전을 버리고 인근 지역부터 차례로 점령해 나가는 방법을 택하게 된 이유이기도 했다.

그로서는 서둘러 한성으로 쳐들어갈 필요가 없다고 생각했을지도 모른다. 오히려 봉기 소식이 차츰 전파되어 각 지역에서 호응해 올 시간이 필요하다고 판단했을 수도 있다. 그러나 이것이 결정적인 착오였다.

어쩌면 자기 확신이 강한 인간의 자기 함정인지도 모른다. 분명히 10년 동안 자신이 목격한 세상은 고통과 불만이 한계까지 차올라 있는 혁명 전야였기 때문이다.

그러나 불만이 있다는 것과 행동한다는 것은 다른 의미라는 것을 간과하였고, 행동하고 싶어도 규합하고 인도해 줄 세력이 없었다. 그동안 포섭했던 동지들도 불만만 있었지 모든 것을 내던지고 앞장설 수 있는 인물보다는 기회주의자들이 더 많았다. 말하자면 민중의 역량은 혁명에 동조할 만큼 아직 성숙되지 못했고, 이를 만들어낼 명분이나 세력도 약했던 것이다. 홍경래는 자기가 본 세계에서 스스로 판단한 암시에 빠져 최후까지도 혁명의 성공을 믿었다.

또, 그는 자기 휘하 병력의 실상에 대해서도 보다 빨리 깨달았어야 했다. 제대로 훈련받지 못했다는 것은 논외로 치더라도 애초에 자발적 참여자는 극소수에 불과했다. 광산이나 염전 노동자였던 사람도 많았고, 대부분의 주력이 용병들이었다.

또한 기병 이후 점령한 지역에서 관군의 동조 세력을 한 번도 얻지 못했다는 것도 약점이 되었다. 어차피 점진적 형태의 혁명 전개라면 점령 지역보다 자기 편으로 세력을 계속 편입시켜 군세가 폭발적으로 늘어나게 만들고 저지 세력의 기반은 무너뜨려야 했는데도, 실상은 그렇게 되지 못했다.

그 당시의 기존 질서가 관군 지도부의 누구도 등을 돌리지 않을 만큼 건강한 것도 아니었는데 말이다. 어쨌든 마지막 희망을 버리지 않고 정주성에 웅거한 뒤에야 부자나 힘 있는 자들에게는 철저한 징발을 통한 농민 문제의 근본적인 해결책을 제시하는 등의 실천 공약을 공포하여, 이때부터는 지역 주민과 농민들의 자발적인 호응을 얻을 수 있었다.

따라서 이즈음에는 혁명군의 인적 구성도 자연히 용병 위주에서 자발적 참여자로 완전히 탈바꿈했고, 군사들의 자세도 기병 당시보다 더욱 강고한 모습으로 변모되어 있었다. 이들은 정주성의 최후까지 한 명의 낙오자 없이 일치단결하였는데, 이때에 와서는 정주성 한 곳에 불과하지만 계획된 반란이 자발적인 민란의 형태로 변모되었던 것이다.

이것은 홍경래의 농민 대책 발표로 혁명의 명분이 더욱 강화된 까닭도 있었지만, 관군이 진압을 위해 정주성 주변을 완전히 초토화하면서 농민들의 반감을 극도로 자극한 때문이기도 하였다.

아무튼 순조 12년(1812년) 1월 3일에 정주성을 처음 포위할 당시만 해도 관군은 단숨에 정주성을 함락시킬 기세였으나, 성 안의 이러한 사정 변화로 인한 결사 항전 자세 때문에 여러 차례 공격에도 피해만 클 뿐 별 성과가 없었다.

성 안의 농성군은 변변한 무기조차 갖추지 못한 농민들이 태반이었고 그 수도 2,000여 명에 불과했지만, 관군의 수는 그 4배인 8,000명에 이르렀기 때문에 초기에는 쉽게 생각하고 공격했다가 번번이 실패하고 말았다. 오히려 홍경래 군으로부터 기습을 당해 군량과 장비를 빼앗기는 사례마저 자주 발생하였다.

이에 조정에서는 진압군 지휘관을 박기풍에서 유효원으로 교체하여 정주성 함락을 서둘렀다. 그러나 성 안의 저항은 만만치 않았고, 계속되는 공성은 모두 실패하면서 세월은 흘러 어느덧 봄이 오고 있었다.

결국 관군은 성 안의 식량이 떨어질 때까지 기다리며 봉쇄 작전으로 장기전을 도모하였다. 또한 자발적으로 해산하면 죄를 묻지 않겠다며 항복을 종용했으나, 성 안에서는 노약자나 부녀자만 두 차례 내보낼 뿐 전병력이 초근목피로 연명하면서도 투항하지 않고 버티고 있었다.

농성군이 항복할 기미가 없자 더 이상 시간을 끌 수 없다고 판단한 관군은 총공격에 나섰다. 그동안 다른 방법으로는 성을 공략하지 못했기 때문에, 이번에는 아예 성곽의 일부를 폭파시키기로 하였다. 농성군이 눈치채지 못하게 녹은 땅을 파 들어가 4월 19일에 성 밑에 화약 1,800근을 묻고는 북장대를 폭파시켜 버린 것이다.

천지가 진동하는 폭발로 성은 무너지고, 성 안으로 관군이 물밀듯이 밀어닥쳤다. 선두에 서서 독전하던 홍경래는 총에 맞아 죽고 김사용도 전사하였으며 우군칙, 이희저 등 나머지 수뇌부와 성 안의 모든 병력은 관군에 의해 몰살당하고 말았다.

1811년 12월 18일에 다복동에서 기병하여 이듬해 4월 19일에 이렇게 정주성이 함락됨으로써 근 다섯 달 동안 평안도 지역을 휩쓸며 조선을 발칵 뒤집어 놓았던 홍경래의 거사는 결국 실패로 끝나고 말았다.

사실 홍경래의 난은 초기 보름 정도 평안도 내의 각 지역을 혁명군이 장악하였던 것을 제외하고는 4개월 반 동안의 정주성 농성 기간이 전부였다. 하지만 불과 30세를 갓 넘은 청년이 10년을 준비하여 경천동지할 일대 사건을 이끌었으므로, 보통 사람의 힘으로는 도저히 불가능한 일을 홍경래는 실행한 것이다.

더구나 아무런 정치·경제적 기반도 없는 평민으로서 몸을 일으켜 자기의 웅지를 실천한 것이니, 비록 실패는 하였어도 한(恨)은 없었을 것이다. 또한 실제 형태에서 홍경래 군은 자신들이야 혁명군으로 자임하였지만 처음에는 일종의 반란군이라고 보아야 한다.

그러나 정주성 농성 이후로는 완전히 자발적인 민란 형태로 변모되었고, 그 후 수많은 민란 발생에 영향을 주었으며, 이로 인한 조선 후기 사회의 변화에 기폭제가 되었다.

결국 홍경래는 자신의 거사를 통해 채 불러 모으지 못했던 기층 민중의 역량을 그가 죽은 다음에 결집하게 만드는 데 결정적인 역할을 한 것이다. 그는 모순된 사회 구조로 인해 자신의 미래를 마음껏 펼칠 수 없게 되자, 좌절하거나 포기하기보다는 스스로의 힘으로 신세계를 개척해 내려고 한 치열한 도전자였다.

김정희 서예와 금석학의 거목

▶　　　　　김정희는 자신이 독창적으로 개척한 서법인 추사체로 일세를 풍미한 서예가이다. 그는 금석학에도 일가를 이루어 국사학의 발전과 연구에 큰 기여를 하였으며, 실학사상 형성에도 일정 부분 공헌하였다.

또 경학에도 통달하였고, 당시에 접할 수 있는 모든 학문에서 상당한 수준의 경지에까지 이르렀던 박학다식한 인물이다.

일찍이 청나라의 대학자로부터 '해동 제일의 통유(通儒)'라는 격찬을 받을 정도로 학문에도 출중하였으나, 서예에서의 독보적인 경지만큼 경학에서는 체계적이고 종합적인 결과를 남기지 못했다. 다방면의 관심이 천부적 자질을 분산시켰는지 모르지만, 젊은 시절의 재기에 비하면 서예 이외의 다른 분야에서 별다른 업적을 발견하기 힘들다. 그러나 어느 분야이든 최고의 단계에 다다를 수 있는 것은 평범한 사람으로는 쉽지 않은 일이기 때문에, 그의 성취를 낮추어 볼 수는 없다. 오히려 자기 분야에서의 전문가가 요구되는 오늘날에는 더욱 그러한 각성을 갖게 한다.

다만 서예가 추사로만 알고 지나쳐 버리기에는 그의 재능과 젊었을 적에 새로운 학문을 접할 수 있었던 그의 환경이 너무 아쉬운 생각이 드는 것은 어쩔 수 없다. 그래서 그가 젊은 시절의 선각적인 자세를 계속 지키고 발전시켜 나갔더라면 그 자신은 물론 조선의 모습도 더 낫지 않았을까 하는 아쉬움이 들기도 한다.

또한 역사적 관점에서 볼 때 그의 존재는 실학사상과 개화사상을 연결시켜 주는 확실한 가교가 될 수 있었는데도, 이 점에 있어서 그의 역할은 그리 인정할 바가 못 된다. 그러나 그는 수많은 문도를 통하여 역사 인식의 단편적 편린이나마 후대에 전하여 주었고, 그로 인해 새로운 시대로의 전이가 가능한 씨앗을 싹트게 해주었다. 그래서 젊은 시절의 선각적 자세가 나이가 들면서 현실에 안주하는 안일한 모습으로 바뀌어 갔지만, 그의 글씨가 세상을 감동시킨 것처럼 새로운 가치를 추구하고 창조했다는 점에서 그의 존재를 인정해 주어야 한다.

죽음의 그림자에 젖은 명문가의 자제

김정희는 조선 22대 왕인 정조 10년(1786년)에 유당 김노경과 유씨 부인 사이에서 장남으로 태어났다.

그가 태어난 곳은 충남 예산군 신암면 용궁리였고, 본관은 경주이며 자는 원추이고, 호는 원당이었다가 후에 추사로 바꾸었다.

그의 집안은 고조부 홍경이 영의정까지 지냈고, 증조부 한신은 영조의 부마로 충남 예산군에 별사전을 받았었는데 여기에 화엄사가 있어서 그의 집안과 불교는 이때부터 깊은 관계를 맺게 되었다. 또 조부 이주도 의정부 우참찬을 지냈고, 그의 생부 노경은 판서를 역임했으며, 백부이자 양부인 노영은 대사헌까지 이르렀던 명문가의 후손이었다.

그는 어려서부터 영민하여 6세 때 입춘첩을 썼는데, 이를 본 박제가가 스스로 그의 스승이 될 것을 자청하였으며, 7세 때에 쓴 글씨를 보고는 당시 좌의정 채제공이 장차 명필이 될 것이라며 극찬하기도 했다. 어려서부터 뛰어난 서예가가 될 자질이 보였던 것이다.

그는 태어난 지 얼마 안 되어 관직에 있던 조부와 부친을 따라 고향 예산에서 한성의 장동으로 이사와 살면서, 어려서부터 경학과 서도를 배웠다.

그는 당대의 명문가 출신이지만, 어려서부터 집안에 큰 화가 미치는 일들이 연이어 발생하여 마음에 큰 고통을 받았다.

그가 9세 때 집안의 큰 어른인 백부 노영이 개성 유수로 있다가 귀양을 갔고, 그 다음날에 곡성 부사로 있던 둘째 백부가 세상을 떠났다. 또 11세 때에는 그를 끔찍이도 아끼던 할머니가 세상을 떠났고, 이듬해에는 대사헌까지 역임한 백부와 할아버지까지 세상을 하직하여 온 집안에 줄초상이 나버렸다.

백부가 후사 없이 죽자 그는 집안의 뜻에 따라 큰집에 양자로 들어갔고, 16세 되던 해에 동갑인 한산 이씨와 결혼을 하였다. 그가 결혼하기 전 해에 정조가 죽고 순조가 11세의 나이로 등극하자 대왕대비 정순왕후 김씨가 수렴청정을 하게 되었는데, 정순왕후는 경주 김씨로 그의 증대고모뻘이었다. 이런 연고로 그의 집안은 다시 빛을 보게 되었지만, 그때 그의 생모가 34세의 젊은 나이로 세상을 떠나, 그는 비탄과 허무에 빠져 한동안 고향 예산에 내려가 불교에 심취하기도 하였다.

그뿐 아니라 그가 20세 되던 해에 부인 이씨가 죽고, 그 무렵 스승 박제가도 함경도에 귀양 갔다가 풀려난 지 얼마 안 되어 죽었으며, 곧이어 양모까지 세상을 등졌다. 그는 연이어 가까운 사람들이 죽어가는 죽음의 그림자 속에서 살았던 셈이다. 이로 인해 그가 불교에 더욱 의지하고 몰두하게 되었으리라는 것은 쉽게 추론할 수 있다.

양모의 3년상을 마친 후에 그는 한 살 아래의 예안 이씨와 재혼하고, 그 이듬해에 24세의 나이로 생원시에 급제하였다.

그해에 그의 생부 노경이 동지사 겸 사은사의 부사로 연행하게 되었는데, 그때 그는 자제군관(子弟軍官)으로 사신 일행을 따라갔다. 이 청국행은 그의 생애에 큰 전환점이 되었고, 이때 깨우친 의식과 견문이 그의 일생을 좌우하였다.

청나라 학자들과의 교류

순조 9년(1809년) 말에 북경에 도착한 그는 청나라의 젊은 학자 조강을 제일 처음 만났다. 그러나 그에게 가장 큰 영향을 준 인물은 옹방강과 완원이었다.

옹방강은 학계의 원로로 경학과 문장에 능하고 특히 금석학과 서화, 그리고 시에 조예가 깊었다. 당시 청나라의 학풍은 한나라 시대의 학문을 숭상하고 송·명대의 이학(理學)을 배척하는 풍토가 주류였지만, 옹방강은 한·송의 절충적 입장을 견지하고 있었다.

두 사람은 그가 북경에 도착한 이듬해에 만났는데, 그때 옹방강은 78세의 노인이었고 그는 겨우 25세였다. 옹방강은 한·송 절충의 학풍과 금석학 및 서화로 그에게 큰 영향을 미쳤다.

완원은 내각의 대학자를 거치고 태자의 태부(太傅)가 되었던 인물로 경학의 대사(大師)였다. 이때 49세의 장년이었던 완원은 청년 추사의 비범한 재주를 알아보고 극진히 환대하였다 한다. 완원은 추사의 『실사구시

설』을 비롯한 그의 한학에 많은 영향을 주었다.

추사는 옹방강과 완원을 존경하는 마음으로 옹방강의 호인 담계와 보소재를 본따서 자신의 호를 보담재라고 짓기도 하고, 완원의 완자를 따서 완당이라고도 하였으며, 옹방강의 호 담계와 완원의 호인 연경재를 합하여 담연재라고 호를 지어 갖기도 했다.

추사는 청나라에서 6개월 정도 머무르면서 이정원, 오숭량, 주학년 등 그 밖에도 많은 학자들을 만나 교분을 쌓고 돌아왔다.

옹방강과 완원은 조선의 젊은 학자인 추사에게 매료되어 그 후에도 지속적으로 그에게 관심을 보였으며, 서신을 통하여 가르침을 주기도 하고 많은 서책을 보내주기도 하였다. 완원은 자기가 편찬한 『황청경해』라는 경학에 관한 서적을 조선의 연행 사절을 통하여 추사에게 보내주었는데 이 책은 183종, 1,400권, 500책의 방대한 분량이었으니 추사에 대한 완원의 배려가 얼마나 깊었는지 잘 알 수 있다.

또 옹방강의 아들 옹수곤은 추사와 동갑이었는데, 그 아버지를 닮아서 금석학에 관심이 많았고 조선의 금석탁본 수집에 열중하여서 추사는 많은 탑본을 그에게 보내주기도 하였다.

추사는 이렇게 옹방강 부자와 친교를 맺었으며, 중년기 추사의 서체가 옹방강의 그것을 빼닮을 정도로 그를 깊게 추앙했다. 추사가 크게 영향을 받은 청나라 학자는 옹방강, 완원 외에 대진과 능정감이 있다.

대진은 청나라의 정통파 학자이자 고증학의 선구자로서 "경전에 나타난 사실에서 옳은 것을 찾는 실사(實事)를 학문의 중심으로 한다"고 하여 학문을 함에 있어서 편향되지 않는 자세를 가졌다. 옹방강은 대진의 학설을 '문리에 어긋난다'고 반박하였지만, 추사는 대진의 생각을 높이 평가하여 자신의 문집에 대진의 이욕설(理欲說)을 그대로 옮겨놓은 「사폐변

(私蔽辨)」을 싣기도 하였다.

능정감은 완원과 함께 학문을 수학한 인물로 예악에 통달하여『예경석례』라는 책을 저술하기도 했다.

이렇게 수많은 청나라 학자들과 교분을 쌓으면서 그의 학문적 경지도 깊어갔는데, 특히 그의 관심이 높았던 분야는 경전의 주석과 예(禮)와 역(易)에 관한 것이었다. 그러나 그는 청나라의 대학자로부터 '해동 제일의 통유'라는 칭찬을 받았지만, 워낙 광범위하고 다양한 학문을 받아들여서 정통 학문인 경학에 대하여는 독창적이고도 계통적인 업적을 남기지 못했다.

그 후 순조 22년(1822년)에 그의 생부 김노경이 다시 연행할 때 그의 동생 명희도 이를 수행하여, 그의 전 가족이 청나라 학자들과 교류하기도 하였다.

이때 동생을 통해 알게 된 청나라 학자 이장욱에게 보낸 편지가 추사의 문집에 실려 있는 「여이월 정서(與李月 汀書)」이며, 그와 탑본과 서적을 교환하며 친분을 쌓았던 유희해는『해동금석원』을 편찬하기도 했다.

금석학과 실사구시 정신에의 몰두

북경에서 돌아온 추사는 10여 년 동안 과거에 응시하지 않으면서 금석학과 고증학에만 몰두하였다.

함흥 황초령에 있던 진흥왕 순수비에 관하여 그 비문의 내용을 고석(考釋)해 낸 것도 그의 노력에 의하여 이루어졌으며, 순조 16년(1816년)에는 김경연, 조인영과 함께 북한산에 올라 무학이 세운 비석으로 잘못 알려진 진흥왕 정계비를 판독해 내기도 했다. 또 비석이 세워진 시기가 신라 진흥왕 29년(568년)에 북한산주를 폐지하고 남천주(이천)를 둔 이후인 것과 '진흥'이라는 명칭이 왕이 죽은 뒤에 붙인 시호가 아니라 생전에 사용하던 칭호라는 것도 밝혀냈다.

그리고 그는 평양성에 새겨진 '소형(小兄)'이라는 글자도 고증하여 그것이 고구려의 관직 명칭임을 밝혀냄으로써 국사학 연구에 커다란 공헌을 하기도 하였다. 금석을 자료로 역사를 연구하려는 추사의 자세는 오직 감별과 감상을 주로 하던 옹방강의 태도와는 분명히 다른 일면이며, 이 점에 있어서 추사가 더 높은 평가를 받아야 할 것이다.

추사의 금석 연구는『금석과안록』에 잘 투영되어 있는데, 이는 '실사구시(實事求是)'를 지향하는 그의 학문적 경향이 그 분야에 적용된 것이라 할 수 있다.

'실사구시'라는 말은 '실학'으로 대표되는 영·정조 시대의 학풍을 대변하는 구호가 되다시피 하였는데, 그의 저서『실사구시설』에서 인용된 용어이다. 이『실사구시설』은 그가 북한산의 진흥왕 정계비를 발견하기 전에 써진 것으로 학문적 체계는 다소 엉성하였으며, '실사구시'의 본래 뜻과는 다른 통속적 개념으로 사용하는 한계를 드러냈다. 사실 '실사구시'는 "경전에 나타난 실제 사실에 근거하여 옳은 것을 찾는다."라는 뜻으로 고증학의 근본 정신이다.

고증학은 송·명의 이학(理學)을 거부하는 것이므로, 한·송 절충을 따르는 추사의 자세는 제대로 된 '실사구시'가 될 수 없었던 것이다. 그에게 있어서 진정한 의미의 '실사구시'는 오로지 금석학뿐이라고 할 수 있고, 만년에는 불교에 정진하여 실용주의 자세에서 벗어났으므로 그를 엄격한 의미의 실사구시 학파라고 볼 수는 없다.

그는 일찍이 청나라로부터 새로운 학문을 접했음에도 경세치민의 학문을 끝까지 추구하지도 않았고, 현실 정치에 적용시켜서 경륜을 펼쳐 보이려고도 하지 않았다. 오히려 만년에는 주위에 위원의 『해국도지』를 읽기를 권하면서도 서양세력 배척을 강조했다.

학문으로 배우는 것과 실제 행동이 판이하게 달랐던 것이다. 결국 청년 추사를 통해서 시대의 선각자라는 바람직한 모습을 볼 수 있었지만, 나이가 들수록 그도 보수주의적 시대 환경에서 벗어나지 못하고 현실에 안주하는 모습을 보여주었다.

관직과 유배 생활

추사는 젊은 시절에 연행을 통해 배운 신학문에 몰두하며 보내다가 34세에 문과에 급제하고, 그 이듬해에 한림 소시에 합격하였다. 그때부터 그는 자신의 재능과 가문의 후광에 힘입어 순조로운 관직 생활을 할 수 있었다. 그의 관직은 세자시강원의 설서(設書), 예문관 검열, 규장각 대제 등을 거쳐서 충청우도 암행어사, 의정부 검상, 성균관 대사성, 병조참판에까지 이르렀다.

그러나 이 과정에서 위기가 아주 없었던 것은 아니다. 순조 24년(1824년)에는 한림회 사건으로 삭직되었으며, 안동 김씨 측과의 대립으로 순조 30년(1830년)에는 생부 노경이 고금도로 유배되고 그는 파직되는 좌절을 맛보기도 했다.

순조가 죽고 헌종이 등극하여 그는 51세에 대사성이 되었고, 그 2년 뒤에 생부 노경이 죽었다. 부친이 죽은 이듬해에 형조참판이 되었으나,

안동 김씨가 풍양 조씨를 밀어내고 다시 권력을 잡자 그에게도 위기가
왔다.

안동 김씨들이 반대파인 윤상도, 허성 등을 숙청시키면서 추사도 같
은 통속으로 인정하여 제주도로 유배를 보내버린 것이다. 제주도에 귀양
간 지 4년째 되던 해에 그의 두 번째 부인 예안 이씨가 사망했다는 비보
를 들었고, 유배지에서 병고로 극심한 고통을 받기도 했다. 제주도로 귀
양 간 지 만 9년이 지난 헌종 14년(1848년)에야 유배에서 풀려났으나, 철
종 2년(1851년)에 영의정 권돈인의 예론에 연루되어 북청으로 또다시 유
배되었다가 다음해에 방면되었다.

그는 전후 두 번에 걸쳐 10년 이상 유배 생활을 하면서, 그의 명성을
듣고 찾아온 문인들을 가르쳐서 많은 제자를 둘 수 있었다.

한때 '추사의 문하에는 3천 명의 선비가 있다'라는 말이 생길 정도로
일대 학군을 이루기도 하였으며, 그의 문하로부터 조선 말기 개화사상의
싹이 트기도 하였다.

그는 유배 생활 중에도 제자들을 통하여 서적을 전해 받아 학문과 서
예에 정진하였으며, 그 시기에 그린 「세한도」는 그의 힘 있는 기백과 품
격이 잘 드러나서 신품으로까지 격찬을 받았다.

그는 70세 때 부친의 묘소가 있는 과천의 관악산 기슭에 '과지초당(瓜地
草堂)'이라는 거처를 짓고 살면서, 광주 봉은사에 가서 불법의 구족계(具足
戒)를 받고 불가에 완전히 귀의한 후에 71세의 나이로 생을 마쳤다.

그가 일찍이 불교에 관심이 많아서 북경에 다녀올 때에도 많은 불교
경전과 불구를 가져와서 마곡사에 400여 권의 불경과 불상을 기증하기
도 했다. 그는 평소에도 「금강경석주」를 좌우명처럼 애송하였으며, 자신
의 문집에도 「천축고」를 비롯하여 많은 게구(揭句)와 당시의 고승 백파와

초의에게 보낸 서신들을 담기도 하였다.

그런데 달레(C. C Dallet)의 『한국 교회사』는 그의 특이한 행적을 전해주고 있다. 그가 역관이자 천주교인이었던 유진길로부터 교리를 전도받아 입교하기로 하였다가 유배 조치되어 그 뜻을 이루지 못했다고 기술되어 있는 내용이 그것이다. 그는 한때 정약용에게도 사사한 일이 있었고 다산의 유배지인 강진에까지 찾아가서 유묵(遺墨)을 남긴 행적이 전해지므로, 아예 없는 사실은 아닐 것으로 추측된다.

서예의 대가로서의 일생

추사는 서예 부문에 있어서 현재까지도 독보적인 명필로 인정받고 있으며, 그의 글씨는 금석학을 통한 국사학에의 공로와 함께 그의 양대 업적으로 꼽히고 있다.

어린 시절에 추사의 서체는 명나라의 명필 동기창의 서법을 따르고 있었는데, 연행 후에 옹방강을 본받아서 농후하고 기골찬 형태로 바뀌었다. 그 후 송의 소식과 미불의 서체로 옮아갔다가 다시 당나라의 이옹의 그것을 본받았다.

추사의 서체는 이러한 편력과 발전을 거듭한 후에 당나라 구양순의 서품을 받아들여서 서법의 대성을 보게 되었다. 실로 그의 서체는 여러 대가의 장점을 모아서 서법의 일가를 이루어 낸 것으로 독창적이면서도 정통적인 일면이 함께 내재된, 힘차고 굳센 추사체를 완성한 것이다.

그는 일찍이 글씨에도 족보가 있다고 말했다. 즉 전(篆), 예(隸), 해(楷), 행(行), 초(草)의 서체 변천 과정을 지칭하는 것으로, 전서나 예서를 모르면서 해서나 초서를 쓰는 것은 뿌리가 없는 것과 같다고 했다.

추사는 금석학을 연구하여 전서나 예서에 통달한 후에 그만의 독특한 서법을 창안해 낸 것이다. 그는 글씨란 청고(淸高)·고아(古雅)한 뜻이 없으면 쓸 수 없다고 하였다. 글씨를 쓰는 사람의 문자향이나 서권기(書卷氣)가 없으면 손끝에 청고·고아한 뜻이 절대로 나타나지 않는다고 늘 강조했다. 그는 서예뿐만 아니라 그림에도 출중하여 난과 대나무, 산수화, 불화 등에도 능하였으며 서론(書論)에 있어서도 일가를 이루었다.

울분과 회한의 방랑객 **김병연**

▶ **김병연**은 그 본명보다 '방랑시인 김삿갓'으로 잘 알려진 인물이다. 그는 집안의 치욕스러운 비밀과 스스로 조상을 욕되게 한 자신에 대한 회한으로 평생을 몸부림쳐야만 했던 예민한 감성의 소유자였다. 세상 어디에도 소속될 수 없으며 가족에게조차 타인처럼 살아야 했던 외톨이 같은 인간상, 그는 왜 구름같이 떠돌아야만 했을까?

선비로서 수치스러운 집안 내력이 그렇게도 참기 힘들었을까? 아니면 그를 에워싼 자책의 념(念)이 도저히 그로 하여금 피를 나눈 가족같이 살수 없을 정도로 강했던 까닭이었을까? 오히려 아무것도 할 수 없다는 무력감이 자학으로 바뀌어 그를 세상 밖으로 몰아낸 것은 아닐까? 그리고 결국에는 자신을 구속하고 있는 당시 사회에 대해 무엇인가 반항하고 싶었던 것이었을까?

그의 복잡한 심정을 확실하게 꼬집어 낼 수는 없지만, 그 모든 것이 어우러져서 결국 그를 견딜 수 없게 만들었을 것이다.

그는 세상과 자기 스스로에 대해 다 같이 분노를 가졌던 나약한 지식인의 표본이며, 자학과 세상에 대한 조롱으로 그나마 카타르시스를 가질 수 있었던 센티멘털리스트이기도 했다.

김병연은 자기를 둘러싼 속박을 적극적으로 깨부수기보다는 스스로 더욱 자신만의 세계로 몰입해 버린 일종의 현실 도피자라고 볼 수도 있다. 그러나 그대로 자신을 소진시켜 버리지 않고 굴레 같은 삶을 벗어보려고 나름대로 날개를 펴고 살아간 자유인이었다.

꼼짝하지 못하도록 얽매이게 한 구속된 세상을 향해 스스로의 방법으로 저항과 울분을 터뜨렸던 소극적 사유(思惟)의 소유자로서 김병연은 뜻을 이루지 못한 지식인의 또 다른 모습일 수밖에 없었다. 그렇지만 그는 주저앉지 않고 세상을 향해 뛰쳐나갔다.

얼마나 잘난 세상인가 보겠다는 심사도 있었겠지만, 스스로 자폭하지 않고 세상을 향해 발산시키는 적극적 행동으로 평가할 수 있다.

사실 아무런 준비도 없이 세상을 돌아다닌다는 것은 보통의 용기로는 불가능하다. 더구나 교통이나 숙박이 모두 미흡하고 불안정한 조선 후기 사회에서는 더 말할 것도 없다. 그래서 그는 뜻을 이루지 못한 소극적 지식인의 모습보다는 세상사를 해탈한 자유인의 모습으로 우리들에게 전해지고 있는 것이다.

치욕의 가문

김삿갓의 원래 이름은 병연으로 조선 23대 왕인 순조 7년(1807년) 양주(현 의정부)에서 김안근의 차남으로 태어났다. 자는 성심이고 호는 난고라 하였지만, 평생을 김삿갓으로 통했다.

삿갓 하나로 세상을 가리고 방랑하며 일생을 살았던 그였지만, 태어날 무렵 그의 집안은 유복하였다. 그런데 그의 나이 여섯 살 때 그를 일생

동안 온통 허무와 비통 속에서 살게 만든 사건이 일어나고 만다.

서북인 차별에 불만을 가졌던 평안도 용강 출신 홍경래가 난을 일으켰는데, 그때 선천 부사로 재직 중이던 조부 김익순이 반군들에게 붙잡혔다가 겨우 살아나왔다. 그런데 그 후 김익순은 반군 장수 김창시의 목을 돈 주고 사서 자신의 전공인 양 처리하려다가 발각되어 처형되고 말았다. 처음에는 일가 '멸족'의 형벌을 받았다가 '폐족' 처분으로 사면되어, 멸문지화는 겨우 면할 수 있었다. 그러나 '폐족'이란 오늘날 기준으로 보면 공민권을 박탈하는 것으로 사회적 사형선고나 마찬가지였다.

결국 병연의 일가는 고향에서 살지 못하고 충복이었던 김성수의 도움을 받아 황해도 곡산 땅에 숨어 살아야 했다. 이곳에서 병연의 아버지인 김안근이 화병으로 죽자 그의 어머니는 자식들을 이끌고 다시 강원도 영월 땅까지 이사하여 살게 되었다.

그의 어머니는 혼자 몸으로 어렵게 어린 자식들을 키우며 통한의 세월을 살아간 것이다. 그녀로서는 자식들에게도 가문의 내력을 숨긴 채 죽은 듯이 살아갈 수밖에 없었다. 그러나 선비 집안의 피는 속일 수 없었던지 병연은 어려서부터 학문에 재주가 많았다. 그의 나이 25세 때 그동안 갈고 닦은 글재주를 시험해 보기 위해 영월 감영에서 개최한 백일장에 참가하였다. 여기에서 병연은 장원을 하였는데, 그때 주어진 시제가 '논, 정가산충절사 탄, 김익순죄간천(論, 鄭嘉山忠節死 嘆, 金益淳罪干天)'으로 홍경래의 난 당시 '가산 군수 정시의 충절을 기리고, 선천 부사 김익순의 하늘까지 사무치는 죄를 통탄한다'는 내용이었다.

자기 가문의 내력을 모르는 병연은 피 끓는 젊은이의 기개로 김익순의 죄상을 공박하는 글을 써서 장원을 한 것이다. 그러나 이 사실을 알게 된 그의 어머니가 결국은 한 많은 집안 내력을 병연에게 알려주었고, 그때부터 그는 세상과 자신을 한탄하게 되었다.

자신의 부질없는 글재주가 조상을 욕되게 하였고 '폐족' 가문 출신으로 양명(揚名)은 아예 불가능하다는 것을 알았기 때문에, 자기가 익힌 학문이 도리어 고통의 불씨로 변해버린 것이었다.

상심과 냉소로 반년 가까이 두문불출하다가 문득 자신을 얽매고 있는 가정이라는 틀에서도 벗어나고 싶은 충동을 느껴, 병연은 백일장이 열렸던 이듬해 금강산 구경이나 다녀오겠다는 말을 남기고 집을 나섰다. 그때 병연은 이미 결혼하여 돌 지난 아들까지 있는 처지였다. 길을 나서자마자 '조상을 욕되게 한 자가 하늘 아래 얼굴을 들고 다닐 수 없다'는 생각에 큰 삿갓을 눌러 쓰고 다녔다.

김병연 김삿갓이 되어버린 연유가 바로 여기에 있었던 것이다.

금강산과 함경도 유람

금강산을 향해 길을 나선 병연은 평창을 거쳐 대관령을 넘어 강릉 땅에 도착했다. 여기까지 오는 동안에 벌써 양반사회를 조롱하는 시작(詩作)의 경향을 보여주고 있었다. 강릉 근처에서 참판 벼슬을 은퇴하고 낙향하여 살고 있다는 어느 대갓집에 남겨놓은 그의 시는 교만한 양반에 대한 반감과 울분이 담겨 있다.

江湖白首老如鷗 鶴膝烏精價易牛 강호백수노여구 학슬오정가이우

環若張飛蹲蜀虎 瞳成項羽沐荊猴 환약장비준촉호 동성항우목형후

靈疑濯濯穿籬鹿 快讀關關在渚鳩 삽의탁탁천리록 쾌독관관재저구

少年多事懸風眼 春栢堂堂倒紫騮 소년다사현풍안 춘백당당도자유

[갈매기처럼 앞머리가 벗겨진 벼슬길 떠난 늙은이가 우스꽝스럽게도 황소하고
바꿀 만한 안경을 쓰고 있네. 그 꼴이 장비의 고리눈처럼 둥글고 촉나라의 범이
웅크리고 있는 것 같으며, 눈동자가 두 개라던 항우를 흉내내고 형주 땅 원숭이
가 물에 빠진 형상이로다. 울타리를 탁탁 뚫는 사슴으로 갑자기 의심되기도 하
지만 물가에서 울어대는 비둘기처럼 글은 잘 읽겠구나. 어려서 쓸데없는 일을
많이 했는지 안경까지 걸치고도 봄날 화창한 대낮에 화려한 말을 거꾸로 타고
있는지도 모르고 있구나.]

강릉에서 방랑 첫해 겨울을 보낸 병연은 봄이 오자 동해 바닷가를 따
라 북상하며 방랑 행각을 계속하였다. 낙산 관음굴에서 자살하려는 여인
을 말리며 지었다는 시에는 병연의 천재성이 잘 나타나 있다.

此竹彼竹化去竹 風打支竹浪打竹 차죽피죽화거죽 풍타지죽랑타죽
飯飯粥粥生此竹 是是非非付彼竹 반반죽죽생차죽 시시비비부피죽
賓客接待家勢竹 市井賣買歲月竹 빈객접대가세죽 시정매매세월죽
萬事不如吾心竹 然然然世過然竹 만사불여오심죽 연연연세과연죽
[이런 대로 저런 대로 세상 되어가는 대로 살고, 바람 불면 부는 대로 물결치면
치는 대로 삽시다. 밥 있으면 밥을 먹고 죽 나오면 죽을 먹으면서 이대로 살아가
고, 옳은 것은 옳은 대로 틀린 것은 틀린 대로 저대로 놔둡시다. 손님 접대도 집
안 형편대로 하는 것이고 시장에서 장사도 시세대로 하는 법이니, 모든 일이 내
마음대로 할 수 없으니, 그렇고 그렇고 그런 세상 그런 대로 지냅시다.]

구미(句尾)에 빠짐없이 대나무 '죽(竹)' 자를 나열한 것도 특이하지만, 여

기서는 우리말 뜻인 '대'로 읽어서 시를 지었던 것이다.

낙산을 떠나 간성까지 북행한 병연은 어느 날 관동 8경의 하나인 청간정을 찾았다. 청간정에는 마침 한 무리의 선비들이 시회를 하면서 술을 마시고 있었다. 술이라도 한잔 얻어먹을 욕심에 시회에 동참하게 되자 상대들은 먼저 통성명을 요구했다.

우리나라 사람들이 얼마 전까지만 해도 처음 만났을 때 이름과 함께 본관이나 출신지, 조상의 벼슬 등을 얘기하며 그 뿌리를 확인하는 것이 관습이었다. 이것은 조선 후기 사회로 갈수록 양반 중심 신분사회가 고착화되었다는 의미도 되지만, 반면에 돈 많은 서민들이 양반 행세하는 것이 늘어나 그 진위를 확인하기 위한 방편이기도 했다. 즉, 신분사회가 동요·와해되어 가던 현상의 반증으로 볼 수 있는 습속이었다.

병연은 이런 때가 가장 고통스러웠다. 결국 자신의 오욕스런 내력이 다시 반추되는 것이 싫은 그는 "시골 촌놈이 무슨 변변한 이름이나 가졌겠습니까? 성은 김가고 이름은 입(笠)이라고 합니다."하고 얼렁뚱땅 대답하였다.

이런 대답을 들으면 상대방도 대충 말 못할 사연이 있는 것으로 여기고 더 이상 그의 내력을 캐묻지 않았다. 그의 행색과 이러한 문답을 통해서 어느덧 그의 호칭이 김삿갓으로 통하게 된 것이다. 여기서도 청산유수와 같은 즉흥시를 지어 선비들을 놀라게 한 뒤 술 몇 잔을 얻어먹을 수가 있었다. 병연으로서는 방랑 행각에 이골이 나고 있었던 것이다.

사실 한시는 형식이 까다로운 정형시인 데다가 운자라는 제한을 두고 있어 시 짓기가 여간 어려운 것이 아니다. 따라서 아무리 한문이나 학문에 대해 소양이 깊더라도 즉석에서 손쉽게 짓기는 쉽지 않았다. 바로 이 점에서 즉석 시를 많이 지어낸 김삿갓의 천재성이 뚜렷하게 드러나고 있는 것이다.

고성에서 온정리를 통해 금강산 산행에 오른 병연은 곳곳에서 유산객들과 만나 술을 얻어 마시며 아름다운 경관을 노래한 시작을 많이 남겨 놓았다. 병연은 특히 금강산을 가보지도 않은 자가 풍류를 아는 체하는 것은 무식한 소치라고 질타했다고 한다. 외금강 일대를 빠짐없이 돌아본 병연은 온정리로 다시 돌아와 며칠을 쉰 다음, 이번에는 옥류동과 동석동 계곡을 유람하였다.

어느 날 어두워지자 근처 유점사에서 하룻밤 묵기로 하고 절을 찾았다. 유점사는 워낙 넓은 절이라, 유숙을 청하기 위해서는 이곳저곳 승방을 기웃거리며 사람을 찾아야 했다. 다행히 한 승방에서 노승 한 사람이 젊은 선비와 필담을 나누고 있는 모습이 눈에 들어왔다. 반가운 마음에 그곳으로 달려가서 하룻밤 잠자리를 부탁하자 그들은 한창 재미있는 선문답의 흥이 깨졌다는 투로 시큰둥한 반응을 보였다.

그러자 불쑥 반감이 생긴 병연은 자신도 시를 조금은 할 줄 아니 대화에 끼워 달라고 은근히 도전적 자세로 청을 하였다. 그러자 두 사람은 행색도 남루한 자가 시를 논한다는 것이 가소롭게 느껴졌지만, 어디 한 수 지어 보라는 식으로 지필묵을 내주었다.

병연은 두 사람의 얼굴을 힐끗 보더니, 툇마루에 걸터앉아 일필휘지로 시를 써 내려갔다. 어둑어둑해지는 승방 안에서 병연을 불러들이지도 않고 있던 그들은 어쭙잖게 선비인 양 무언가 끄적거리는 병연이 아니꼽게 보였던지, 그러지 말고 언문풍월이나 한번 하자고 제의를 하였다.

이미 두 사람을 잔뜩 비꼬는 내용으로 시를 다 지은 병연은 모른 척 한쪽으로 지필묵을 밀쳐놓고는 그러자고 대꾸하였다. 노승은 김병연을 골려주려는 심산으로 일부러 어려운 운자를 고르려고 한동안 생각에 잠겼다. 병연이 운자를 부르라고 채근하자 노승은 금방 생각났다는 듯이 "타" 하고 운자를 부르고서는 고소하다는 표정으로 병연을 쳐다보았다. 그러나 병연은 운자가 불리자마자 절의 경내를 돌아보면서 거침없이 한 구(句)를 뽑아냈다.

"사방기둥 붉어타."

노승은 요행으로 첫 구는 지었겠지 하는 표정으로 또 운을 불렀다.

"타"

"석양행객 시장타."

이번에는 조금은 제법이다는 생각을 하며 또 운을 뗐다.

"타"

병연은 자리를 털고 일어서며 마지막 구를 내뱉고는 횡하니 돌아서 나와 버렸다.

"네 절 인심 고약타."

노승은 대꾸를 못하고 재수 없다는 듯이 혀만 끌끌 찰 뿐이었다.

소년 선비는 방 안에 같이 있던 노승과 병연의 수작이 재미있다는 표정으로 승방을 나오다가 조금 전 병연이 밀쳐놓은 시작(詩作)을 펼쳐 들었다. 그러자 그때까지는 미소를 머금고 있던 소년 선비도 그 내용을 보고는 분기탱천하여 길길이 뛰며 어찌할 바를 몰라했다.

僧首團團汗馬閬 儒頭尖尖坐狗腎 승수단단한마랑 유두첨첨좌구신

聲令銅鈴零銅鼎 目若黑椒落白粥 성령동령령동정 목약흑초락백죽

[둥글둥글한 중 대가리는 땀난 말 불알 같고, 뾰족뾰족한 선비 머리는 앉은 개 좃 같구나. 목소리는 구리 방울이 구리 솥에 부딪친 것 같고, 눈깔은 검은 후추가 흰죽에 빠진 것 같구나.]

귀향, 그리고 평안도 유람

금강산 유람을 마친 병연은 안변에서 며칠을 지내다가 함홍을 둘러보기 위해 다시 길을 나섰다. 때는 겨울이라 고원 땅에 들어서자 눈으로 길이 끊겨 봄이 될 때까지 그곳에 머물러야 했다.

봄이 오고 얼음이 녹자 그는 함홍으로 다시 방황의 발길을 옮겼다. 함홍은 그의 조부 김익순이 선천 부사로 부임하기 전에 근무했던 곳으로 내심 가보고 싶었던 곳이었다.

함홍을 향해 길을 나섰을 때는 병연이 집 떠난 지도 벌써 3년이 지난 헌종 1년(1835년)으로 그의 나이 28세였다.

이윽고 함홍을 구경하고 난 뒤에는 단천에서 한동안 머물렀는데, 이곳에서 가련이라는 기녀에게 지어주었다는 시 한 수가 전해지고 있다.

可憐行色可憐身 可憐門前訪可憐 가련행색가련신 가련문전방가련
可憐此意傳可憐 可憐能知可憐心 가련차의전가련 가련능지가련심
[가엾은 몰골에다 초라한 몸이 가련의 집 앞에서 가련을 찾는구나. 애절한 나의 뜻을 가련에게 전해주면 가련은 이 불쌍한 내 마음을 알아주기나 할까?]

그의 작품으로는 희귀한 구애시 한 편을 남겨놓았던 셈이다. 기생 가련의 집에서 한동안 머물다가 단천을 떠난 병연은 계속 북행길에 나서 함경도 북쪽 지방을 모두 유람하고는 부령 땅에서 또 한 해의 겨울을 보냈다. 다시 봄이 오자 두만강 지역까지 돌아보고 나서 문득 가족 생각이 났는지 영월 땅으로 돌아왔다. 다행히 병연이 집으로 돌아오고 얼마 뒤에 어머니가 세상을 떠나서 임종은 지켜볼 수 있었다. 그리고 맏형 병하

가 이미 죽고 없었기 때문에, 상주 노릇을 하느라 3년여는 집에서 머물게 되었다.

이때 젊은 아내는 둘째 아이를 잉태하고 낳았다. 공허한 마음을 가눌 길 없었던 그였지만 음양의 섭리는 막지 못했던 모양이었다.

그때 맏아들 학균이도 잘 커서 귀엽기만 하였다. 이제는 마음을 잡고 가족들과 함께 살아보려고 노력도 해보았다. 그러나 그러면 그럴수록 고통과 회한의 상념들만 물밀듯이 밀려올 뿐이었다. 4년여 방랑길을 끝내고 집에 돌아왔건만, 뼛골까지 스며든 허망함을 떨쳐버릴 수가 없었던 것이다.

결국 병연은 또다시 방랑의 길을 나섰다. 아무것도 할 수 없다는 회한과 가족과 같이 있으면 자신의 고통에 대한 어찌할 수 없는 인연의 끈이 잊히지 않기 때문이었다. 이제 그의 아내도 그런 남편의 태도에 체념을 하고 말았다. 가족과 같이 있는 시간이 고통이었던 그는 내몰리는 심정으로 다시 방랑의 길을 나서게 되었다.

병연은 이번에는 원주 쪽으로 방향을 잡았다. 원주 근방을 구경하고 한성 방향으로 길을 떠났는데, 도성이 가까워지자 인심이 사나웠는지 지평 근방에서는 하룻밤 유숙을 청하여도 문전축객 당하기 일쑤였다.

어쩔 수 없이 한뎃잠을 자면서 고단한 나그네의 삶을 비유한 시 한 수를 남겼다.

二十樹下三十客 四十家中五十食 이십수하삼십객 사십가중오십식

人間豈有七十事 不如歸家三十食 인간기유칠십사 불여귀가삼십식

[스무 나무 아래 섫은(서른) 나그네가 망할(마흔) 놈의 집에서 쉰(50)밥밖에 얻어 먹지 못했으니 인간으로서 어찌 이런(일흔) 일이 있단 말인가? 차라리 집에 돌아

가 설은(서른) 밥을 먹는 것만도 못하구나.]

숫자를 묘하게 배열하여 형용사로 차용한 시였다. 지평에서 겨우 하루를 지새운 그는 마침내 망우리 고개를 넘어서 한성의 초입에 다다랐다. 병연은 이즈음에 우연히 유일하게 평생의 교분을 가졌던 우전 정현덕을 만났다. 정현덕은 어려서 등과한 수재로서 훗날 형조참판까지 지냈지만, 대원군과 민씨 일파의 권력 투쟁 틈바구니에서 희생되어 사약까지 받은 인물이다.

병연이 정현덕보다 3살 위였지만 서로를 인정하는 사이가 되어, 병연이 한성에 있는 동안 정현덕의 도움으로 편안하게 구경하며 지낼 수 있었다. 그러나 아무리 편하다고 해도 한 곳에 오래 머무를 수 없는 것이 나그네의 숙명인지, 어느 날 정현덕의 친구들과 목멱산 계곡에서 한창 풍류를 즐기다가 잠시 할 일이 있다고 자리를 뜨더니 영영 돌아오지 않았다. 병연은 그 길로 북쪽으로 방향을 잡아 파주로 향했던 것이다. 그 후 파주를 떠나 개성에 이르러서는 또 문전축객을 당했던지 개성 인심을 한탄하는 시가 남아 전해진다.

> **邑號開城何閉門 山名松嶽豈無薪** 읍호개성하폐문 산명송악기무신
> **黃昏逐客非人事 禮儀東方子獨秦** 황혼축객비인사 예의동방자독진
> [고을 이름이 개성이면서 어찌하여 문들은 모두 닫아 걸었으며, 산 이름은 송악
> 인데 왜 땔나무가 없다고 하는가? 어두워서 손님을 쫓아내는 것은 사람의 도리
> 가 아닌데, 동방예의지국에서 너희들만 홀로 야만족 진나라 사람이냐?]

개성을 떠난 병연은 평양에서 그의 소문을 듣고 흠모하던 소야월이라

는 기생을 만나 한동안 지내다가 어느 날 또 홀연히 길을 나서 안주 땅에 도착했다. 여기서부터는 병연 일가의 비극이 시작되었던 지역이었기 때문에, 그는 다시 밀려드는 회한으로 몸서리를 쳐야 했다.

안주에서 그의 조부 김익순이 처형되었던 정주성을 고통 속에 지나면서 주변 아무것도 둘러보지 않고 오로지 걷고 또 걸어서 하루 만에 철산까지 이르를 수 있었다. 이곳에서는 날이 어두워지자 아예 서당을 찾아 유숙을 청해보기로 하였다.

병연의 입장에서는 문자 나부랭이라도 아는 서당 훈장이 상대하기 마음 편했다. 시골 서당 훈장은 병연의 뜻을 듣자마자 객주나 찾아보라고 구박을 하다가 자기도 스스로 심하다 싶었던지 불한당이 아닌 선비라면 재워주겠노라고 조건부로 유숙을 허락했다.

선비라는 것을 증명하려면 자기가 부르는 운자에 맞추어 시를 지어야 한다는 것이었다. 인심 사납지 않게 아무 이문 없는 손님을 쫓아 보내는 나름대로의 방법이 시 짓기를 조건으로 내거는 것이었던 모양이었다. 시골 훈장은 까다롭고 어려운 글자를 고르느라 한참을 궁리하다가 마침내 운자를 불렀다.

"멱!"

병연이 물었다.

"무슨 멱자입니까?"

훈장이 그것 보라는 듯이 대꾸했다.

"찾을 멱(覓) 자도 모르시오?"

병연은 잠시 뜸을 들이다가 첫 구를 지어냈다.

"허다운자하호멱(許多韻字何呼覓), 수많은 운자 중에 하필이면 멱자를 부르는가?"

훈장은 또다시 운자를 불렀다.

"멱!"

이번에는 스스럼없이 곧바로 대응해 낸다.

"피멱유난황차멱(皮覓有難況此覓), 아까 멱자도 어려웠는데 이번에도 또 멱자인가?"

훈장은 은근히 약이 올랐는지 공연히 운자를 떼는 소리가 커졌다.

"멱!"

"일야숙침현어멱(一夜宿寢懸於覓), 하룻밤 묵는 것이 멱자에 달렸구나."

훈장은 기가 찼는지 목소리에 힘이 없었다.

"멱!"

"산촌훈장단지멱(山村訓長但知覓), 산골 훈장이 아는 글자라고는 멱자밖에 없는 모양이다."

이제 훈장은 못 당하겠다는 표정으로 병연을 쳐다보며 말투마저 공손해졌다.

"나도 글줄이나 한다고 자신하지만, 노형처럼 사멱난운(四覓難韻)을 거뜬히 해결하는 사람은 처음 봅니다."

이리하여 그곳에서는 시 짓기를 조건으로 유숙을 허락한 훈장 덕택에 하룻밤을 바깥에서 자지 않을 수 있었다. 사실 병연은 곳곳을 유람하면서 자연히 서당의 신세를 많이 질 수밖에 없었는데, 훈장들에 대한 인식이 좋지 않았는지 훈장을 조롱하는 시들이 꽤 많다.

그중에서 통렬한 우스개로 전해지는 시 한 수를 감상해 보자.

書堂乃早至 先生來不謁 서당내조지 선생래불알

房中皆尊物 生徒諸未十 방중개존물 생도제미십

[서당에 일찍이 찾아갔지만 선생은 내다보지도 않는도다. 방 안에는 모두 귀한
물건으로 가득하지만 배우는 학생은 채 열 명도 되지 않는구나.]

내용도 내용이지만, 이 시는 지독한 욕설의 나열이다. 각 구의 말미 세
글자들을 음독하면 차마 입에 옮겨 담을 수조차 없는 쌍욕이 된다.

병연은 철산에서 의주까지 올라갔다가 압록강을 따라 계속 북상하여
초산에 이르렀다. 초산에서 뜻하지 않은 인연을 만나 한동안 가정을 꾸
며, 훈장 생활로 2년여를 보냈다.

첫 번째 방랑길 중에도 고원 근방에서 간질병 있는 처녀의 서방 노릇
을 잠시 한 적이 있었는데, 이번에 두 번째로 팔자에 없는 객지 혼인을
경험한 것이다. 방랑 생활 동안 간혹 여자 경험이야 있었지마는 본격적
인 살림을 차린 것은 이번의 경우를 포함하여 두 번 있었다.

병연은 어느 가을날 밤 야반도주하듯이 초산 땅을 벗어나 만포진까지
올라가며 유랑 생활을 다시 시작했다. 마음으로는 백두산 등정까지 하고
싶은 생각이 굴뚝같았지만, 길이 험하고 겨울이 닥쳐오고 있어서 부득이
남쪽으로 발길을 돌렸다.

백두산 대신 겨울 묘향산을 둘러본 병연은 2년 반 만에 평양을 다시
찾아왔다. 평양에 들어서자마자 북행길에서 한동안 정이 들었던 기생 소
야월의 집을 찾았지만, 그녀는 이미 병들어 죽고 없었다. 인생이 한낱 뜬
구름같이 부질없다 하지만 아직은 젊디젊은 그녀가 죽었다는 것이 도대
체 믿어지지 않았다. 한동안 삶의 무상함에 넋을 잃고 지내던 병연은 황
해도 은율의 구월산으로 가서 심신의 허탈함을 털어버리고 한성으로 다
시 돌아왔다.

한성에서 지우(知友)인 정현덕과 그 친구들에게 신세를 지며 한동안 지

내고 있었는데, 고관으로 있던 족제(族弟)인 김병익으로부터 한성을 떠나 달라는 채근을 받고 가족이 있는 영월 땅으로 두 번째 귀향을 하게 되었다. 세상을 주무르고 있던 안동 김씨 주류(主流)의 입장에서도 그의 존재는 공연히 껄끄러웠던 모양이었다.

남도 유람

영월에 돌아왔을 때 그의 나이는 벌써 42세가 되었다. 20대에 처음 집을 나와 30대가 되어서 돌아갔다가, 또다시 길을 나서 40대가 되어서 집이라고 찾아든 것이다.

아내는 이제 완전히 남처럼 무심한 처지가 되어버렸고, 자식들도 그리 살갑게 느껴지지 않았다. 그런 생각은 가족들도 마찬가지였다. 결국 병연은 다시 방랑길에 나설 수밖에 없었다. 그가 머리 두고 숨쉴 수 있었던 세상은 자기와는 무관한 사람들이 살고 있는 곳뿐이라는 것을 새삼 알게 된 것이다.

이번에 그는 남도지방을 여행하기로 하였다. 집을 나서 며칠 지나지 않아서 충주를 거쳐 문경새재까지 나아갔으나, 한창때처럼 고갯길을 쉬지 않고 넘기가 힘에 부쳤던지 문경에서 한동안 머물러 지냈다. 이곳에서는 뜻하지 않은 묘지 분쟁에 휩쓸려 옥살이까지 하다가 헌종이 죽고 철종이 등극하자 일종의 특사로 겨우 풀려났다.

지금도 마찬가지지만 당시는 풍수설이 일반에 널리 퍼져 있어, 이른바 명당자리를 잡기 위한 분쟁이 꽤 많았다. 이것을 산송(山訟)이라고 하는데, 심한 경우 명당이라고 알려지면 남의 땅에 시신을 몰래 묻는 투장(偸

葬)까지 하였다. 이런 진흙탕 싸움에 어쩌다가 휘말려 들어서 공연한 옥살이로 방랑에 찌든 그의 몸만 더 상하게 되었다.

문경에서 겨우 풀려난 병연은 낙동강을 건너 대구로 들어갔다. 대구에서 며칠을 보낸 후에 운문산을 유람하고 경주, 의성을 거쳐 안동까지 올라갔다. 안동에는 그의 시조인 삼태사(三太師)의 분묘가 있는 곳이고, 이퇴계의 사당도 있었다. 김병연은 이곳에서 한동안 훈장 생활을 하며 지내기도 했다.

그로서는 자신의 뿌리에 대한 그리움과 성인으로 추앙받는 이황의 향기를 그리기 위해서였는지 그곳에서 상당 기간 머물렀다. 또한 문경에서의 옥살이 때문인지 건강이 좋지 못해 쉽게 먼길을 떠날 수 없었기 때문이기도 하였다.

김병연은 어느 정도 몸이 회복하자 또다시 아무 미련 없이 북쪽으로 길을 떠나서 예천, 영주를 지나 죽령을 넘기로 하였다. 그러나 한번 허한 이 든 방랑객의 몸은 쉽게 회복되지 못하였는지, 풍기쯤에 이르러 길에서 정신을 잃고 쓰러지고 말았다. 마침 지나가던 그 지방 촌부가 그를 발견하고 자기 집에 데려가 간호해 주어 겨우 정신을 차리게 되었다. 그로서는 첫 번째 객사할 위기를 간신히 넘긴 것이다. 이 집에서 꼬박 한 달 이상 누워 지내다가 늦가을쯤 아직도 말리는 촌부의 손길을 뒤로하고 다시 길을 나섰다.

너무 오래 신세를 지는 것이 바늘방석 같아 길을 나섰지만, 아직 험한 길을 돌아다닐 상태는 아니었다. 결국 아픈 몸을 이끌고 영월 땅 가족들에게로 잠시 돌아가 있기로 결정하였다. 그로서는 가족에게 염치없는 일이기는 하지만, 그대로 병든 몸을 의탁하여 정양할 수 있는 곳은 가족들이 있는 집밖에는 없었던 것이다. 그가 병든 몸을 이끌고 세 번째로 집에 돌아왔을 때의 나이는 벌써 50세였다.

20대 청춘에 집을 떠나 10년쯤마다 한 번씩 죽지 않고 얼굴이라도 보여주는 것이 반갑기는 하지만, 그의 가족에게도 그는 타인 같은 존재였다. 이미 아내도 늙었고, 맏아들 학균은 장가를 들어 그에게는 손자까지 생겨 있었다. 첫 번째 귀향 때 얻었던 둘째 아들 익균도 어언 헌헌장부가 된 것은 물론이다. 병연은 그들에게 아무것도 해주지 못한 자신이 죄스럽게 느껴졌다.

늙고 병든 몸으로 돌아온 자신이 가증스럽게 느껴지기까지 하였다. 자식들 보기도 면목이 없고, 낯선 며느리에게는 부끄러운 심정까지 들었다. 결국 건강을 어느 정도 되찾자 가족들의 만류를 뒤로한 채 병연은 또다시 집을 나섰다. 그 길로 그는 정현덕을 만나보고 싶어 곧장 한성으로 향했다. 그러나 그때 정현덕은 동래 부사로 부임하여 있어 상면하지 못하자 그를 찾아보기로 하고, 이번에는 충청도 쪽으로 길을 잡아 떠났다. 차령 고개를 넘어 공주, 부여를 둘러보고는 석성에서 전라도 방향으로 길을 잡아서 전주까지 들어갔다.

어느 날 전주 명물인 완산에 올라 만경대 부근에서 산천 경계를 살펴보다가 일단의 풍류패들을 만나서 같이 동참하게 되었다. 여기서도 술 얻어먹은 값으로 시 한 수를 남겼는데, 거들먹거리는 양반들을 통렬히 비판하는 내용이었다.

풍류객 중 한 사람이 운자를 불렀는데, 술자리의 취흥에다 그의 초라한 행색을 보고 무시하는 심사로 한글 자음을 닥치는 대로 불렀다. 일종의 희롱이었다.

"기역!"

"요하패 기역(腰下佩 기역, 허리춤에 'ㄱ'을 꿰어차고)."

"이응!"

"우비천 이응(牛鼻穿 이응, 소의 코는 'ㅇ'을 뚫었구나)."

"리을!"

"귀가수 리을(歸嫁修 리을, 집에 돌아가서 'ㄹ'을 닦아야지)."

"디귿!"

"불연점 디귿(不然點 디귿, 그렇지 않으면 'ㄷ'에 점을 찍게 되겠구나)."

허리에는 낫을 차고 있다는 것이고, 둥그렇게 코뚜레 뚫은 소를 그렸으니 목동의 모습을 노래한 것인데, 세 번째 구의 리을은 한자의 자기 '기(己)' 자를 대신한 것이고, 마지막 구의 디귿에 점을 찍으면 망할 '망(亡)' 자가 되는 것이다.

병연은 별다른 할 일도 없이 대낮부터 술이나 마시며 놀고 있는 풍류객들을 철모르는 어린 목동에 비유하여, 더 배우고 수양하여 자중하지 않으면 패가망신한다는 경고를 시로 표현한 것이다.

병연은 그 길로 전주를 떠나 지리산을 넘어 경상도 땅으로 들어가서 드디어 정현덕이 있는 동래에 도착했다. 동래에서 옛 친구를 만나 한동안 머물다가 해변을 따라 다시 전라도로 들어가서 무장 땅에서 잠시 훈장 생활로 겨울을 보내고, 그 다음해에는 전라도 전 지역을 돌아다녔다. 이 시절 그는 몸이 많이 약해져서 힘들어하면서도 술만 만나면 정신없이 마셔대는 자학의 일단을 보여주기도 했다.

늙고 병든 자신의 처지를 한탄한 파격시도 이 시절에 지은 것인데, 그의 해학적 기지가 번뜩이고 있다.

天長去無執 花老蝶不來 천장거무집 화로접불래

菊樹寒沙發 技影半從地 국수한사발 지영반종지

江亭貧士過 大醉伏松下 강정빈사과 대취복송하

月移山影改 通市求利來 월이산영개 통시구리래

[하늘 길어서 잡을 수 없고 꽃은 늙어 나비도 오지 않는다. 국화꽃이 찬 모래에서 피고, 가지 그림자는 땅위에 반쯤 쫓아왔다. 강변 정자 옆을 가난한 선비가 지나가다가 크게 취하여 소나무 아래 엎어졌다. 달이 옮겨가자 산 그림자마저 바뀌니, 부지런한 장사꾼은 벌써 시장을 통하여 이익을 얻으러 오더라.]

이 시의 내용은 자신의 처절한 모습을 그린 것이지만 우리말 발음대로 읽어보면 '국수 한 사발', '지영(간장) 반 종지', '강정'에 '빈사과'에다가 '대취(대추)'에 '복송하(복숭아)' 등의 음식을 늘어놓기도 하고 '월이산 영개(계)'에다 '통시 구리래(구린내)'까지 해학의 절정을 보여준다.

전라도에서 또 한 해의 겨울을 맞이한 그는 동복 땅에서 마침내 체력의 한계를 느끼고 길에 쓰러졌다. 다행히 인근 주민에게 구조되었지만, 다시는 일어나지 못하고 철종 14년(1863년)에 56세의 나이로 운명하고 말았다. 죽기 얼마 전에 둘째 아들 익균이 그를 찾아와 몇 번이나 귀향을 채근하였으나, 끝내 도망치듯 사라져 버렸다.

그는 자기의 시에서 이미 자신의 운명을 예견하고 있었다.

돌아가자니 그것도 어렵고, 머물러 있자니 그 또한 어렵다.

몇 날이고 방황하다가 길가에서 쓰러지게 된다.

가슴 시린 체념이 가득 담겨 있는 이 시처럼 그는 일생을 방랑한 나그네답게 먼 타향 땅 길가에서 죽음을 맞이하였다.

김대건 순교한 조선 최초의 신부

▶　　　순교자의 길을 걸어간 **김대건**은 오로지 신앙을 향한 일념으로 살다가 짧은 생애를 마감한 조선 최초의 신부이다.

그는 천주교 교인의 집안에서 태어나 다른 생각은 아예 해보지도 않은 채 15세의 어린 나이에 신부가 되기로 작정하고, 이역만리 타국 땅으로 신학 공부를 떠났던 굳센 신앙인이었다.

그의 집안은 일찍부터 천주교를 참 신앙으로 받아들여서 순조 원년에 일어난 신유년 교난부터 박해를 받아왔고, 이를 피하기 위해 고향에서 살지도 못하고 타지로 이주해야만 했던 독실한 천주교 가정이었다.

그는 집안을 신앙으로 이끌었던 할머니에 의하여 일찌감치 신붓감으로 키워졌으며, 그 자신도 어린 나이에 이미 강한 신앙의 힘으로 무장하여 스스로 시련의 길을 가기로 결심했다.

그 당시 조선의 실정에서는 일반 신도도 견디기 어려운 형편이었는데 신부가 된다는 것은 고난의 단계를 넘어서 죽음을 예상해야 하는 형극의 길이었기 때문에, 보통의 결심으로는 어려운 일이었다.

더구나 그 어떤 새로운 문물도 수용하지 않을 정도로 극히 경직된 보수주의 사회였던 조선에서 최고의 이단으로 손꼽히는 천주교의 지도자가 되겠다는 생각은 아무리 신앙의 힘이라고 하더라도 쉽게 가질 수 있는 생각은 아니라고 보아야 한다.

그런 의미에서 그는 진정한 신앙인이기도 하지만, 미지의 세계에 적극적으로 도전하는 능동적인 인간상의 표본이다. 아무도 가지 않았던 전인미답의 세계를 향하여 자신만의 의지와 천주에 대한 신앙으로 칠흑같이 어두운 흑암을 뚫고 나아간 것이므로, 그의 도전 정신만으로도 타인의 귀감이 되기에 충분하다.

인간의 역사는 항상 새로운 세계로 도전한 사람들에 의하여 발전되어 왔다. 그 시대 일반적인 삶의 모습 그대로 살아가는 것은 보통 사람들의 자세이고, 세상을 이끌어가는 사람들은 항상 위험을 무릅쓰고라도 타인이 가지 않은 길을 가는 법이다.

김대건 또한 현실에 편안히 안주하기보다 가시밭길일지언정 미지의 세계로 나갔기 때문에, 그는 참된 신앙인의 모습과 함께 적극적인 인간 정신의 발현으로 주목해야 할 인물이다.

천주교 집안에서 출생

김대건은 조선 23대 왕인 순조 22년(1822년)에 김제준과 장흥 고씨 사이에서 태어났다. 출생지는 경기도 용인의 '골배 마실'이라는 산중 마을이었으며, 본관은 김해이다.

그의 집안은 증조부 진후 대까지 충남 내포에서 살았는데, 둘째 며느리로 들어온 조모 이씨의 전도로 전 집안이 천주교 신자가 되었다. 그의 조모는 일찍부터 교회를 만들고 충청도 일대를 전도하며 천주교의 교세를 넓혀나간 이존창의 질녀였다.

그러나 순조 원년(1801년)에 발생한 신유사옥 때 증조부가 잡혀가 옥고를 치른 후 계속 감시와 박해를 받다가 순조 5년(1805년)에 또다시 붙잡혀 결국 해미에서 처형당하고 말았다. 이에 그의 조부 택현은 고향에서 살지 못하고, 가족들을 데리고 용인 땅으로 숨어들었던 것이다.

조부에게는 아들이 셋 있었는데, 그의 부친 제준은 둘째 아들이었다. 그의 부친은 '이냐시오'라는 세례명으로 영세를 받은 독실한 신자로 김대건을 천주교의 교리에 따라 양육했다.

김대건의 아명은 재복으로 일찍이 집안을 전도했던 할머니는 그를 어려서부터 신부로 키우기로 작정했다. 그러나 그는 어려서 영세를 받지 않았다. 연이은 교난으로 집안이 불안하기도 하였지만, 신부로부터 정식 세례성사를 받기 위해 미루고 있었기 때문이다.

당시 조선 교회는 아직 신부의 인도 없이 신도들 스스로 교리 연구회를 만들어 운영하고 있었으므로 체계적이지도 못하고, 교리에 대해 제대로 이해하지도 못했다. 말하자면 조선의 천주교인들의 신앙적 힘만으로 교세를 이어온 자생적 형태의 모습이었다. 그러나 교인들의 수가 늘어나자 이들을 올바르게 지도해 줄 신부가 절실하게 필요했고, 이에 따라 중국 천주교단에 조선에도 신부를 파견해 줄 것을 간청하였다.

이러한 조선 교인들의 요청으로 청국인 신부 주문모와 유빠치피꼬가 입국했고, 곧이어 프랑스 신부들도 맞아들이게 되었다. 그러나 조선의 실정과 말에 어두운 외국인 신부들로는 효과적인 포교가 용이하지 않아 조선인 신부가 필요하다는 의견이 대두되었다.

조선에 최초로 입국한 프랑스 신부 모방도 이 점을 절실하게 깨닫고 신학생을 물색하게 되었는데, 이 대상자로 선발된 사람이 과천 지방의 회장(신도 대표) 아들인 최양업과 홍주에 사는 최한지의 아들 방제였다.

이렇게 두 사람을 선발하여 모방이 기초 교리를 가르치기 시작한 때가 헌종 원년(1835년)이었다. 그러나 두 사람만으로는 부족하다고 생각하여, 그 이듬해에 추가로 선택한 사람이 김대건이다.

모방은 자신이 직접 김대건에게 영세를 주고 상경시켜서 먼저 선발되어 공부하던 두 사람과 합류시켰다. 김대건은 선배 두 사람과 함께 교리 공부를 하며, 중국으로 유학을 가기 위하여 역관 유진길로부터 중국말을 배웠다. 이렇게 6개월 동안 기초를 닦은 후에 헌종 2년(1836년) 12월에 본격적으로 신학 공부를 하기 위해 압록강을 건너 중국으로 들어갔다. 이때 그들의 나이 15세 안팎이었다.

험난한 신학 공부

사실 신부의 길로 나설 작정을 한다는 것은 요즘도 평범한 사람으로서는 어려운 일인데, 유교적 전통이 강고하던 당시에는 더 말할 나위도 없었다.

우선 독실한 신자여야 함은 물론이고, 성직자가 되기 위한 확고부동한 신념도 있어야만 했다. 또 빗발처럼 쏟아지는 비난을 이겨낼 수 있는 의지와 언제 죽을지도 모르는 위험 속에서 버텨낼 용기와 지혜가 있어야 했다. 이처럼 어려운 환경을 극복하고 그때 신부의 길을 선택한 어린 소년들의 심중은 어떠했을까? 오로지 진리에 대한 목마름과 믿음을 바탕으로 한 신념이 없었다면 조국을 떠나 낯선 타국 땅까지의 장도를 이겨내지 못했을 것이다.

더구나 당시의 조선은 외국인의 입국을 막았던 것은 물론 내국인의 월경도 철저하게 금지하였다. 나라 밖으로 나간다는 자체가 발각되면 곧바로 죽음을 의미하는 중죄였던 것이다.

　이러한 내외의 어려움을 딛고 천신만고 끝에 그들이 도착한 곳은 마카오였다. 당시 마카오에는 중국인을 위한 신학교가 있었고, 조선 선교의 책임을 맡은 파리의 외방 전교회 지부도 있었기 때문이다. 실로 조선을 떠난 지 8개월여의 긴 여행이었다. 이때 외방 전교회 경리 책임자였던 르그레스와 신부는 먼길을 걸어온 조선의 어린 세 소년을 보고 감동하여, 청국인 신학교나 동남아의 다른 지역 신학교로 보내지 않고 마카오에서 전교회 지부의 책임 아래 직접 교육시키기로 결정하였다.

　이렇게 하여 세 소년은 이역만리 마카오 땅에서 서로를 의지하며 신학 공부에 매진하게 되었다. 그러나 당시 중국의 정세도 극도로 혼미하여 민란이 자주 일어났기 때문에, 마카오에 도착한 지 두 달도 안 되어 김대건 일행은 난을 피해 마닐라에 가기도 했다. 이렇듯 불안정한 상황 속에서도 계획된 교육 일정에 따라 공부하던 중에 최방제가 병을 얻고 죽고 말았다. 마카오에 도착한 지 1년 만의 일이었다.

　대건과 양업은 의지하던 벗을 잃고 그를 이역 땅에 묻으면서도 슬픔을 삼키며 공부에 전념할 수밖에 없었다. 조국에서 그들이 신부가 되어 돌아오기만을 애타게 기다리는 수많은 교인들이 있기 때문이었다.

　조선을 떠난 지 4년째 되는 1839년 봄에 또다시 민란이 발생하여 마닐라로 피난했다가 그해 11월에 다시 마카오로 돌아와 학업을 계속하였다. 한편 그때 조선 국내 정세는 천주교도들에게 더욱 고통과 박해를 가져다주고 있었다.

　헌종 4년(1838년)에 조선 선교의 책임을 전담한 프랑스 신부 앙베르가 입국하여 적극적인 선교활동을 하였으나 외국인으로서의 한계에 부딪히자, 전도의 효율성을 위해 김대건 등이 공부를 마치기 전에 조선 내에서도 신부를 양성하기로 했다. 그리하여 정하상 등 4명을 뽑아서 교육을 시켰지만, 그 이듬해에 발생한 기해박해로 이 모든 것이 무산되고 말았다.

이 기해년 박해로 프랑스 신부 앙베르, 모방, 샤스탕도 잡혀 처형되었고, 천주교를 믿지 말라는 소위 척사윤음(斥邪綸音)이 전국에 반포되었으며, 5가작통의 압제가 철통같이 가해졌다. 이때 대건의 아버지 제준도 사위 곽가의 고발로 잡혀서 죽고, 어머니는 겨우 변을 피해 도망을 했다.

양업의 부모도 모두 죽임을 당했다. 그러나 마카오에 있는 대건과 양업은 이런 사실을 모르고 학업에만 열중하고 있었다.

귀국을 위한 진통

동양으로의 진출에서 영국보다 늦은 프랑스는 1842년에 세실 제독이 지휘하는 군함을 마카오에 파견하였다. 늦게나마 중국에 진출할 통로를 개척하고 극동의 다른 나라들도 개척하기 위해서였다.

마카오에서 정세를 살피던 세실은 중국과 이어져 있는 조선에 진출하기로 결정하고, 지리를 알고 통역을 할 수 있는 사람을 구하였다.

대건과 양업은 신부 수업을 모두 마치고 귀국할 채비를 하고 있다가 이 소식을 듣고 프랑스 함대의 통역을 맡았다. 대건은 지휘선 에리곤 호에 승선하여 세실의 통역이 되고, 양업은 보조함 파보리트 호에 승선하여 함장 바즈의 통역을 맡았다. 드디어 프랑스 함대는 1842년 2월에 마카오를 출발하여 마닐라에 들렀다가 대만을 거쳐 상해에 도착하였다.

그러나 그해에 아편전쟁이 끝나고 난징조약이 체결되는 것을 본 세실은 중국에서 영국에게 선수를 모두 빼앗기자 작은 나라 조선으로의 진출을 포기해 버렸다. 결국 프랑스인들을 따라 입국하려던 대건의 계획은 좌절되었고, 다른 길을 모색할 수밖에 없었다.

프랑스 배에서 하선한 대건은 양업과 함께 프랑스 신부 한 명을 대동하고 육로를 통해 조선으로 향했다. 이리하여 그들이 요동반도 서남단에 도착한 것은 그해 10월 말이었다. 그곳에서 입국 기회를 엿보던 중에 중국 상인을 통하여 비로소 기해년 박해 소식을 듣게 되었다.

피 맺힌 소식을 접한 그들은 마음이 조급해져서 귀국을 재촉하기 위해 의주로 통하는 변문 땅에 당도하였다.

변문에서 의주까지 140리 길을 달리듯이 걸어서 국경을 경비하는 군졸들의 눈을 속이고 압록강을 건넜으나 곧 발각되어, 다시 중국으로 도망쳐 나와야만 했다.

대건 일행은 그 길로 몽고의 빠자스까지 들어갔다. 그곳에는 조선 선교 책임자로 새로 임명된 페레올 주교가 거처하고 있었기 때문이다. 빠자스에서 한동안 머물던 그는 페레올 주교의 지시에 따라 헌종 10년(1844년) 초에 두만강변의 경원을 통해 입국을 시도하기 위해 다시 길을 떠났다. 빠자스에서 경원까지 2,000리 길의 만주 벌판을 걸어서 도착한 것은 그해 설 무렵이었다.

경원에서 2년마다 장이 서는 것을 기회로 삼아 조선으로 잠입할 예정이었으나, 조선에서 온 안내자가 경원으로 입국하는 것은 의주로부터 가는 것보다 더 위험하다고 만류하여 어쩔 수 없이 포기하고 다시 빠자스로 돌아갔다. 결국 프랑스 신부까지 대동하고 여러 사람이 조선으로 들어가는 것이 어렵다는 것을 알게 되자 페레올 주교는 대건 혼자만이라도

입국할 것을 명령하여, 헌종 11년(1845년) 정월에 드디어 대건은 의주를 거쳐 조선에 들어오게 되었다.

실로 귀국을 시도한 지 3년 만의 일로 대건 자신도 감개가 남달랐고, 그를 맞은 신도들도 기쁨이 컸다. 그러나 그는 신변의 안전을 위해 자신의 거처와 소식을 몇몇 교회 간부 외에는 일체 알리지 않고 비밀에 부쳤다.

그는 조선에 입국해서 신학생을 뽑아 교육을 시키면서, 순교자에 대한 사료 수집에 나섰다. 1785년에 조선에서 처음 순교자가 나온 이래 아무도 손대지 못한 사업이었다. 이때 그는 추사 김정희가 입교 준비를 했다는 사실도 알게 되었고, 각지의 순교자 수도 파악하였다.

이러한 와중에 갑작스러운 병을 얻어 한동안 극심한 병고에 시달리다가 겨우 일어나기도 했다. 병석에서 일어나자 그는 페레올 주교를 조선으로 데려오기 위해 배를 구하러 다녔다. 외국인 신부가 육지를 통해 입국하는 것은 당시 조선 사정에서는 매우 어려웠기 때문이었다.

최초의 신부가 되다

드디어 길이 8미터, 넓이 3미터짜리 소형 배를 구해서 중국으로 향한 것은 그가 입국한 지 4개월이 지난 1845년 4월 말이었다. 서해의 험한 파도를 헤치고 상해에 도착하여 그곳에서 비로소 신부의 서품을 받았다. 그동안 신학 공부는 마쳤지만 아직 나이가 어리고 경력이 부족하였기 때문에 신부가 되지 못했는데, 조선 선교의 막중한 임무 때문에 재입국하기 전에 신부로 승품되었던 것이다.

그는 금가항 신학교에서 우리나라 최초의 신부가 되어 만당성당에서 처음으로 미사를 집전하였다. 그는 신부로 서품되자마자 그해 8월에 페레올 주교와 다블뤼 신부를 데리고, 떠나왔던 뱃길을 따라 다시 조선으로 돌아왔다.

목적지를 연평도로 정하고 출발했지만, 도착한 곳은 충남 강경 근처의 황산포였다. 해풍이 그들을 목적지보다 먼 곳으로 데리고 간 것이었다. 우선 강경의 신자들 집에 두 사람의 프랑스 신부를 은신시켜서 말을 배우게 하고, 그는 신부들이 거처할 집을 구하기 위해 상경하였다. 상경하여 집을 구한 후에는 신자들의 실태를 파악하고 조직적인 연락망을 작성하여, 체계적인 포교를 위한 기초 작업에 들어갔다.

그동안 말이 잘 통하지 않던 외국인 신부들만 모셨던 신도들도 조선인 신부가 지도하고, 또 제대로 진행되지 않던 일들이 순조롭게 풀리자 모두 좋아하였다. 홀로 상경하여 프랑스 신부들이 활동할 수 있는 터를 닦아놓은 그는 그해 말에 페레올 주교를 한성으로 데리고 와서 본격적인 포교 활동에 나섰다.

이때쯤 프랑스 신부들도 어느 정도 말을 익혀서 간단한 의사소통은 할 수 있었다. 상경한 페레올 주교는 자신이 한성교회를 맡기로 하고는 그에게 지방 선교를 명하였다.

그때 김대건은 어렸을 때 그가 살던 골배 마실에서 가까운 은이 마을로 내려갔다. 그리고 그제야 유리걸식하고 다닌다는 어머니를 수소문하여 모셨다.

귀국한 지 2년이 지나도록 어머니를 찾아볼 여유가 없었던 그는 은이 마을에 머무는 5개월 동안 포교 활동을 하면서 겨우 어머니를 찾아내어 모자 상봉의 기쁨을 얻었지만, 만난 지 얼마 지나지 않아서 곧 이별할 수밖에 없었다.

페레올 신부의 명으로 또 다른 신부들과 최양업의 입국을 안내하기 위하여 다시 바다를 통해 출국해야 했기 때문이다. 그러나 이것이 이 세상에서 마지막 여행길이 될 줄은 그때까지는 아무도 몰랐다.

순교자의 길

헌종 12년(1846년) 4월에 상경하여 중국으로 떠날 기회를 엿보던 그는 연평도로 떠나는 어물상선에 유람객으로 가장하고 편승하였다.

이번에는 직접 배를 구하여 여행을 하는 모험을 하지 않고 조기잡이 철에 조선 근해까지 출항하는 중국 배를 이용하기로 하고, 연평도 부근에서부터 육지까지 항로를 확인하는 지도를 작성할 작정이었다.

그해 5월 중순에 마포를 떠난 배는 연평도를 지나 5월 말에 등산진에 닿았다. 여기서 중국 배를 만나 사례를 하면서, 페레올 주교의 서신과 자기가 그린 지도를 상해에서 기다리고 있는 신부들에게 전해줄 것을 부탁했다. 이렇게 목적을 달성하고 배가 돌아갈 때만을 기다리고 있던 차에 수상한 행색을 의심한 관리들의 불심검문을 받아 체포되고 말았다. 그의 수중에 있던 소지품을 통해 천주교 신자임이 발각되었고, 선원들의 밀고로 중국 배에 전달한 편지와 지도도 압수되었다.

그는 해주 감영에 이송되어 심한 문초를 받았다. 사태가 파국에 이르렀음을 안 그는 죽음을 각오하였지만, 해주 감사는 그를 중국인으로 오해하고 자신이 함부로 처리할 수 없다고 판단하여 한성으로 압송하였다.

김대건은 한성으로 압송되어 문초를 받을 때 자신은 조선 사람이며 '안드레아'라는 이름으로 영세를 받은 신부임을 똑똑히 밝혔다.

취조받는 과정에서 세계 지도를 그려내고 각국의 말에 능통한 것은 물론, 세계 대세를 논하면서 조선의 낙후성을 역설하자 문초관들도 그의 학식에 놀라 그를 쉬이 보지 못하였다. 또 천주교는 세계 강국에서 자유롭게 믿을 수 있는데 유독 조선만이 박해하고 신자들을 죽이는 것은 야만적인 행위라고 당당하게 통박하기도 했다.

그에 대한 문초가 한창 진행 중일 때, 프랑스의 세실 제독이 군함 3척을 이끌고 나타나서 천주교 탄압에 항의하면서, 프랑스 신부를 죽인 이유를 확인하겠다고 시위하는 사태가 발생했다.

느닷없는 사태에 직면한 조선 조정은 외국과의 전쟁을 피하기 위하여 김대건을 내세워 프랑스 신부를 처형한 이유를 해명하고 화의를 제의하기로 하였다.

김대건으로서는 사태가 급반전하여 살아날 길이 열린 것이다. 그러나 세실 제독의 프랑스 함대는 항의 국서만 전달한 채 김대건이 교섭 대표로 나서기도 전에 떠나 버렸다. 이렇게 프랑스 함대가 별다른 적대 행위 없이 떠난 것은 8월이었는데, 조선 조정은 9월에 접어들자마자 그를 처형하기로 결정하였다.

그는 정말 마지막임을 직감하고 자기를 가르친 신부들에게 하직 편지를 쓰고「전국 신자에게 보내는 글」을 남겼다.

또 페레올 주교와 최양업에게 자신의 어머니를 부탁하는 편지를 쓰기도 하였다. 신앙을 위해 자신의 피로 혈제(血祭)를 드리게 된 그였지만, 육친에 대한 걱정은 어쩔 수 없었던 모양이다. 결국 그는 사형 선고를 받은 그 다음날인 9월 16일에 처형되고 말았다.

천주교에서 세상은 잠시 쉬었다 가는 여관 같은 곳이고 인생은 나그넷길이라고 한 것처럼, 그는 25세의 젊은 나이로 순교의 제물이 된 것이다.

그는 1857년에 교황청에 의하여 가경자(可敬者)로 선포되었고, 1925년에는 시복식(諡福式)이 거행되었으며 조선의 전 성직단 대주보로 정하여졌다. 그 후 그는 1925년에 복자위(福者位)에 올랐고, 1984년에는 성인품에 올라 조선 천주교의 영원한 성인이 되었다.

김옥균 개화의 신념으로 매진한 풍운아

▶　　　　　김옥균은 명운이 꺼져 가던 조선을 걱정하며, 시대의 새로운 사조에 맞게 개화를 해야 나라의 부흥 발전을 꾀할 수 있다고 주장한 자주적 개국론자였다.

그는 민씨 일파의 굴욕적 외교에 대한 폐쇄적인 위정척사 주장도 반대했지만, 외세의 강요에 의하여 어쩔 수 없이 무분별하게 개방하는 것도 배척했다. 그러나 나라의 개국이 세계 대세이기 때문에 조선이 '내수외양(內修外攘)'할 만큼의 능력을 갖추기 위해서는 적극적으로 외국의 장점을 배워야 한다고 역설했다.

처음에 그는 평화적 수단에 의한 개혁 운동을 추진했으나, 청나라와 결탁한 민씨 일파의 벽에 부딪히자 부득이 쿠데타적인 방법을 동원했다. 위로부터의 점진적인 개량주의가 한계에 봉착하여 앞으로 나아가지 못하는 현실이 그로 하여금 폭력적인 수단에 의탁하게 만들었던 것이다. 그렇기 때문에 그가 주도한 갑신정변을 단순히 정권 탈취 음모로만 매도할 수 없다. 내적으로는 제도를 혁신하여 힘을 기르고, 외적으로는 나라의 독립을 보전하기 위한 그의 사상과 행동의 집약점이 현실적인 장애로 인하여 정변의 형태로 나타났을 뿐이다.

그러나 그의 개혁 추진은 결과적으로 실패하고 말았다. 젊은 혈기와 더 이상 물러설 곳이 없다는 조급함으로 인한 어설픈 준비가 그 원인으로 지적되고 있지만, 보다 근본적으로는 일부 개명한 소수 귀족 자제들에 의하여 독점적으로 추진되어 일반 민중과 유리되었다는 점과 지나치게 외세에 의존했다는 점을 들 수 있다.

말하자면 정변의 주체 세력이 너무나 허약했던 것이 주된 이유이며, 또한 수구파의 후견자인 청나라 세력이 아직까지 조선에서 강성하다는 점을 너무 간과한 것도 실패의 원인으로 꼽을 수 있다. 결국 내외의 조건이 모두 불리한 상태에서 무리하게 정변을 감행하였기에 이미 실패가 전제되었던 셈이다.

그러나 그가 주도한 혁명은 실패로 끝났다 하더라도 조국을 부강한 나라로 만들려 했던 그의 의지와 애국심을 결코 무시할 수 없다.

그는 "일본이 아시아의 영국이라면 조선은 아시아의 프랑스로 만들어야 한다"고 입버릇처럼 말하면서, 이를 위해서는 문벌 폐지와 같은 사회체제의 대변혁과 자주적 개국이 우선되어야 한다고 역설했다. 그런 의미에서 자신의 이익 기반까지 타파하여 조국을 질곡으로부터 건져내려 했던 그는 진정한 애국자이자 개혁 운동의 선구자라고 할 수 있다.

개혁 사상에 눈을 뜨다

김옥균은 조선 25대 왕인 철종 2년(1851년) 충남 공주에서 호군(護軍) 김병태의 맏아들로 태어났다. 본관은 안동이고 자는 백온이며 호는 고균으로서 인조 때 우의정을 지낸 문충공 김상용의 10대 손이다.

옥균이라는 이름은 그의 외모가 '백옥같이 곱고 희다'고 해서 짓게 되었다고 한다.

그는 6세 때 5촌 당숙인 좌찬성 김병기의 양자로 들어갔다. 원래 맏아들은 양자로 보내지 않는데, 당시 김병기가 일문 내에서는 가장 권세가 있었기 때문에 총명한 그의 장래를 위해 아버지가 큰 결정을 내렸던 것이다.

11세 되던 해에 양아버지 김병기가 강릉 부사로 부임해 그곳의 송담 서원에서 학문의 기초를 닦았다. 16세 때 중앙으로 전임하는 양아버지를 따라 한성으로 올라온 후 더욱 면학에 정진하여, 고종 9년(1872년)에 22세의 나이로 알성시 문과에 장원 급제하였다. 그는 과거에 응시하기 한두 해 전쯤부터 북촌(北村: 서울 북쪽의 양반 거주지)에 드나들던 개화사상가이자 의원인 유대치를 만나 이미 개화사상을 접하고 있었다.

그는 급제하던 해에 성균관 전적으로 관직에 진출하여, 이듬해에 대원군이 민씨 세력과 유림들의 연합 공격으로 권좌에서 물러나는 과정을 목격하였다.

대원군은 고종이 등극한 1863년부터 10년 동안 강력한 통치권자로 군림하였지만, 외척의 발호를 극도로 경계하다가 몰락한 가문에서 들인 며느리에 의해 권력의 정상에서 내려오고 말았던 것이다.

대원군 실각의 결정적인 계기는 동부승지 최익현의 탄핵 상소에서부터 비롯되었지만, 그 배경에는 10년간의 강권 통치로 반대 세력을 많이 양산한 것과 특히 야심 많은 고종의 왕비 민씨의 권력욕이 큰 몫을 차지하였다. 대원군이 물러나자 정권은 완전히 민씨 일파의 독무대가 되었고, 대원군이 퇴치했던 사회적 악폐가 다시 되살아났다. 특히 민씨 일파는 자신들의 세력 확장과 부귀영화를 위해 갖은 악업을 자행하여 역사의 시계를 완전히 되돌려 놓고 말았다. 대원군의 극심한 쇄국정책으로 새 시대로 나갈 기회를 놓친 조선은 민씨 일파의 득세로 완전히 퇴행의 길로 빠져들게 되었던 것이다.

초임 관리였던 김옥균이 보고 느꼈던 조선의 현실은 미몽에 빠져서 허우적대고 있는 형상으로, 이를 극복하고 조국을 수렁에서 건져 올리자면 신사상에 의한 일대 혁신이 필요하다고 생각했다.

관직에 나오기 전부터 접하여 알고 있던 선진 외국의 모습과 개혁 사상은 이즈음 더욱 확고한 신념으로 자리 잡게 되어, 나라의 개화에 뜻을 같이하는 인물들과 깊은 교류를 하게 되었다. 대원군이 물러난 그 다음 해에 김옥균은 24세의 나이로 홍문관 교리를 거쳐 정언이 되어 출세 가도를 달리게 되었다.

김옥균의 사상에 영향을 준 사람들

김옥균의 사상과 신념을 이해하기 위해서는 그에게 큰 영향을 준 4명의 인물에 대한 관찰이 선행되어야 한다. 먼저 그에게 실용적 사고의 틀을 갖추게 해준 인물로는 실학사상의 계승자인 박규수를 꼽을 수 있다. 박규수는 연암 박지원의 손자이며 열하 부사로 청나라에 다녀오기도 한, 그 시대의 사대부로는 상당히 개화된 인물이다. 또한 고종 3년(1866년)에는 평안도 관찰사로 있으면서, 미국 상선 셔먼 호가 대동강변에서 행패를 부리자 이를 공격하여 불살라 버린 강골이기도 하다.

이 셔먼 호 사건은 고종 8년(1871년)에 발생한 신미양요의 원인이 되기도 하였지만, 당시는 불법 해적 행위에 대한 응징 차원이었지 결코 대원군과 같이 쇄국을 실천하려고 했던 것은 아니었다. 운양호 사건(1875년) 이듬해에 일본이 수교를 요구하자 최익현 등의 척화 주장을 물리치고 강화도 조약을 맺게 한 것이 이를 증명해 주고 있다.

좌의정으로 있으면서 민씨 세력이 득세하자 관직에서 물러나, 젊은 청년들에게 신문물과 개화사상을 교육하면서 말년을 보냈다. 그래서 재동에 있던 그의 집 사랑방은 언제나 의기충천한 청년들이 모여서 민족과 국가의 장래에 대하여 토론하던 모임의 장소로 사용되었다. 이러한 모임은 박규수가 중앙으로 부임한 고종 6년(1869년) 무렵부터 시작되어, 그가 사망하던 고종 13년(1876년)까지 약 7년 동안 지속되었다.

다음으로는 앞서 언급한 바 있는 한의원 유대치가 있다. 그는 중인이면서도 치료를 위해 북촌을 드나들면서, 자신의 개화사상을 뜻이 맞는 귀족 청년들에게 전파했다. 그는 일찍이 역관 오경석과 개화승 이동인 등과 교류하며 선진 문물들을 소개한 서적들을 탐독하여, 오래 전부터 개화사상에 눈을 뜨고 있었다. 그는 자신의 이념과 지식을 혈기 방장한 청년들에게 전수하여 백의정승이라고 불렸으며, 그들과는 봉건적 신분 구조를 탈피하여 스승과 제자로서의 교분을 쌓았다.

김옥균은 갑신년 거사 전에도 수표교 근방에 있던 그의 집을 방문하여 와병 중이던 그를 위문하고, 거사 계획에 대하여 의논하기도 했다. 그 후 유대치는 청년 귀족들에 의한 정변이 실패했다는 소식을 듣자 병든 몸을 이끌고 깊은 산속으로 들어가 행방을 감추었고, 그의 아내는 자결하였다.

세 번째로 중요한 인물은 역관 오경석이다. 그는 한역관으로 중국을 여러 차례 방문하면서 급변하는 국제 정세를 알게 되었고, 나라의 장래를 걱정하여 북경에서 돌아올 때마다 새 지식들이 담긴 서적들을 구해 와서 여러 친구들에게 권했다. 이때 그와 같은 뜻을 가진 사람이 유대치였는데, 오경석이 입수하여 온 신서적은 유대치를 통해 김옥균과 같은 청년들에게 전해졌다.

오경석은 병자년(1876년)에 있었던 일본과의 수호조약 당시 척화파들의 반대를 극복하고 협상을 추진하도록 노력했다. 그는 일개 역관이었지만 당시에는 대청 외교에 대한 공로로 당상관의 대접을 받았으며, 빈번한 중국 출입으로 국제적 외교 교섭의 절차를 아는 유일한 조선 관리였기 때문에 교섭 막후에서 지대한 영향력을 발휘했다.

그는 금석학에도 관심이 높아 중국 역대의 금석문을 많이 수집하였고, 그의 외아들인 오세창은 기미년 독립운동 때 33인 중 한 사람으로 활약하면서 아버지를 닮아 전자(篆字)의 대가로 인정받았다. 그는 병자수호조약을 끝낸 지 3년 후에 49세의 나이로 세상을 떠났다.

마지막으로 살펴보아야 할 인물은 개화승 이동인이다. 이동인은 서울 근교에 있던 봉원사 소속 승려이며, 일본통으로 알려진 인물로서 처음에는 유대치와 교류하다가 그의 소개로 김옥균 등과 접촉하게 되었다. 그는 일본 본원사 부산 별원을 왕래하면서 입수한 『만국사기』와 세계 각국의 풍물 사진을 청년 관리들에게 전달하여, 개화사상에 눈을 뜨게 하였다.

고종 16년(1879년)에는 김옥균 등의 주선으로 일본을 여행하여 신문물을 직접 눈으로 확인하였고, 이때 후쿠자와 유기치와도 친교하게 되었는데 이것이 후쿠자와와 조선 개화파의 첫 인연이 되었다.

이동인은 일본에 머무르고 있던 1880년 6월에 수신사로 방일한 김홍집과 만났으며, 그의 식견에 감동한 김홍집의 추천으로 조선 정계에도 연이 닿게 되었다. 그런데 귀국한 다음해에 소위 '신사유람단'이라고 하는 '관신(官神) 시찰단'의 일본 파견에 동행하기로 하였으나, 출발 직전에 왕궁에 들렀다가 행방불명이 되고 말았다. 당시에는 이동인의 실종에 대하여 척화파들에 의하여 암살되었다는 소문이 퍼졌다.

일본 시찰과 임오군란 발생

일본과의 병자수호조약 이후에 김옥균 등의 신진 개화파 청년들은 나라의 자주 독립을 위해 개혁을 뒷받침할 세력이 필요하다고 생각하여, 사회 각 계층의 동지들을 모아 '충의계(忠義契)'라는 비밀조직을 만들었다.

당시의 강고한 신분의 틀을 뛰어넘어 뜻을 같이하는 사람들을 포섭하였던 것인데, 외부적으로 오해를 받지 않기 위해 전통적으로 전해져 내려온 계의 형태로 결사를 구성하였던 것이다. 물론 지도부는 김옥균을 위시한 청년 귀족 출신들인 홍영식, 서광범, 박영교, 박영효, 서재필 등으로 김옥균이 가장 연장자였다.

또한 김옥균은 사고가 깨어 있던 선배 관료들인 김홍집, 어윤중, 김윤식 등과 동지적 유대 관계를 형성하고, 그들을 통하여 국왕과 그 측근을 설득하여 개화의 필요성을 호소하였다.

그는 조선을 부강한 나라로 만들려면 낡은 인습을 타파하고 새로운 지식과 문물을 도입하여 근대화하는 길밖에 없다고 강조하였으며, 이 길만이 격동하는 국제 정세 속에서 나라의 독립을 지키는 방법이라고 역설했다. 이에 따라 고종 18년(1881년)에는 일본 시찰단에 동행하여 선진 문물 도입에 모종의 역할을 하기로 한 이동인이 실종되자 그해 12월에 자신이 직접 나서 일본을 시찰하였다. 그는 도일할 때 2만 엔의 자금을 마련해서 생산용 기계를 구입하면서, 일본의 산업 시설을 자세히 살펴보았다.

먼저 나가사키에 도착하여 조선소, 제련소, 탄광 등을 시찰한 뒤 오사카로 가서 군수공장과 조폐국을 둘러보고 교토와 고베를 거쳐 다음해 3월에야 도쿄에 도착했다.

도쿄에서는 조선 개화파의 일본 내 후원자 역할을 해준 후쿠자와의 별저에서 4개월 정도 머물면서 일본의 발전상을 관찰하고 정계와 재계의 여러 인물들을 만나, 일본의 대조선 정책의 진의를 파악해 보려고 노력했다. 그런데 김옥균이 아직 일본에 머물러 있는 그 시기에 조선에서는 큰 변란이 일어났다. 고종 19년(1882년) 6월에 구군영 소속 군인들에 의하여 임오군란이 일어났던 것이다.

김옥균은 귀국 도중인 7월에 시모노세키에서 이 소식을 들었다. 임오군란은 당시에 군인 급료 지급 책임자인 선혜청 당상 민겸호의 부정이 발단이 되어 무위영·장위영 소속의 구식 군인들이 들고일어난 폭동이었다.

구식 군대 2개영은 그해 초에 훈련도감·용호·금위·어영·총융의 5영(營)을 통폐합한 것으로 그 전해(1881년)에 일본의 후원으로 만들어진 신식 군대 별기군과 차별 대우를 받고 있는 데에 심한 불만을 갖고 있던 차에, 민겸호의 부정이 폭동을 촉발했던 것이다.

대원군과 교감하고 연결되었던 구군영 소속 군인들은 민씨 척족들을 살해하고, 별기군 병영을 습격하여 일본인 교관 호리모토 소위를 죽이고 일본 공사관까지 난입하였다.

폭동 이튿날에는 도시 빈민까지 합세하여 대궐로 진입하자 고종은 사태의 수습을 위하여 대원군을 급히 불러들여 전권을 위임하였다. 이에 따라 며느리에 의해 정권에서 물러난 지 10년 만에 대원군이 권력의 전면에 다시 등장하게 되었다.

한편, 대궐을 겨우 탈출하여 장호원까지 도피하였던 왕비 민씨는 천진에 주재하고 있던 영선사 김윤식을 통해 청나라의 군사 원조를 요청하였다. 이에 따라 청국은 4,500명의 군대를 조선으로 출동시키고, 자신들의 군영으로 찾아온 대원군을 납치하여 천진의 보정부(保定府)로 호송시켜 버렸다.

일본도 하나부사 공사의 보고를 통해 군변의 전말을 알게 되자 군함 4척과 보병 1개 대대를 조선에 파견하였지만, 청군의 신속한 군사 행동으로 사태는 이미 끝나 버린 다음이었다. 그러나 일본은 피해의 책임을 물어 제물포 조약을 체결하고 50만 원의 피해 배상, 공사관 경비를 위한 일본군 주둔 허용, 군란 주모자 처벌, 수신사를 파견하여 공식 사과할 것 등을 요구하였다.

결국 민씨 일파의 사리사욕과 무분별한 권력 욕구가 외국 군대의 조선 주둔이라는 반국가적 결과까지 불러왔던 것이다.

군란 직후에 잠시 권력을 잡았던 대원군은 김옥균이 귀국하는 즉시 체포하라는 명령을 내렸지만, 그가 도착하기 전에 대원군이 청군에게 납치되어 천진으로 끌려가는 바람에 김옥균은 무사할 수 있었다.

수신사 파견과 개화파의 좌절

제물포 조약에 의해 일본에 파견되는 수신사의 정사에는 철종의 부마인 박영효가 결정되고 부사는 김만식, 종사관은 홍영식, 수행원으로는 서광범 등 여러 명이 임명되었다.

김옥균은 일본에서 귀국한 지 얼마 되지 않았지만, 민영익과 함께 수신사의 고문이 되어 다시 도일하게 되었다.

일본은 수신사 일행을 국빈으로 대접하고 극진한 환영을 하여, 젊은 개화파 일색인 조선 사신들의 환심을 사서 친일 세력으로 만들기 위한 노력을 기울였다. 외무대신 이노우에는 17만 엔의 차관까지 주선해 주면서, 고종의 신임장을 가져온다면 더 많은 차관을 구할 수 있도록 해주겠다고 약속하기까지 했다. 당시 수신사 일행이 기채한 17만 엔의 차관 중 5만 엔은 대일 배상금 1회분으로 지급하고, 나머지는 대일 유학생 파견 경비와 수신사 체재 여비로 모두 일본에서 사용되었다.

그해 11월에 수신사 일행은 새로 부임하는 일본 공사 다케조에와 함께 귀국하였지만, 김옥균은 홀로 남아서 일본 정세를 더 살펴보면서 협조와 지원에 대한 가능성을 집중적으로 타진해 보기로 했다.

그가 다른 수신사 일행보다 6개월 정도 더 일본에 체재하면서 얻게 된 중요한 정보는 일본이 술과 담배에 세금을 부과해서 국가 재정을 늘리고 있다는 것과 그 재원으로 육해군의 확장에 노력을 기울인다는 점이었다.

일본은 자기들의 군세 확장이 일본의 국방에만 목적이 있는 것이 아니라 조선의 독립을 도와주기 위한 목적도 있다는 감언이설을 흘리면서, 앞서 언급한 것과 같은 차관 주선의 용의와 같은 선심 공세도 잊지 않았다. 김옥균은 그때 아직 젊은 탓인지 일본이 개화파의 조선 개혁 운동을 지원하는 체하면서 사실은 침략적 진의를 숨기고 있다는 것을 깨닫지 못하였다.

한편, 귀국한 개화파 일색의 수신사 일행 앞에는 국내에서도 암초가 놓여 있었다. 청국을 뒤에 업은 수구세력이 권력을 독점하여 귀국한 개화파를 한직으로 내쫓아 박대하였던 것이다.

박영효는 한성 판윤을 거쳐 광주 유수로 좌천시켰고, 김옥균은 포경사(捕鯨使) 겸 동남제도(東南諸島) 개척사라는 이상한 직책을 맡겨 중앙에서 내몰았다. 그러나 김옥균은 외아문 참의라는 명분으로 한성에 계속 머무를 수는 있었다. 또 급진 개혁파 주력들이 일본에 가 있는 사이에 조영하가 청국의 소개로 불러들인 독일인 묄렌도르프가 정부의 재정 고문으로 있으면서, 자기를 초빙해 준 수구파의 입맛에만 맞추는 책동을 하고 있어서 더더욱 정책적 퇴행을 불러오고 말았다.

특히 파탄 상태에 이른 국가 재정을 해결하기 위한 방안이 정부에서 논의될 때 묄렌도르프는 수구파의 이익을 좇아, 이미 경복궁 중건 당시 그 폐해가 익히 드러난 당오전의 주조를 주장하였다. 이에 대하여 김옥균은 당오전과 같은 악성 화폐는 실질적인 재정 확보에는 도움이 되지 못하면서 백성들의 고통만 가중시키는 구상이라고 절대 반대의 의견을 냈다.

새 돈의 주조를 앞두고 민영익의 집에서 김옥균은 거의 한나절에 걸친 토론을 통해 묄렌도르프를 논리적으로 몰아붙여, 그 후 두 사람은 반목하고 증오하게 되었다. 결국 권력을 장악하고 있던 수구파의 의도대로 당오전은 발행되었고, 그 결과 물가는 폭등하고 국가 재정은 탐관오리들의 농간으로 더욱 어렵게 되었다.

왜냐하면 당오전은 상평통보의 5배 명목가로 만들어졌지만 실질적으로 시중에서는 상평통보와 동일 가치로 통용되어서 관리들이 조세를 상평통보로 거두어들이고서 국고에 상납할 때는 당오전의 액면가로 납부하고 그 차액을 착복했기 때문이다.

또 당오전 발행 이전에는 엔화에 대한 조선 화폐의 비교 가치는 1대 2.5 정도였는데, 당오전 통용 이후에는 1대 8로 급락하여 무역 수지에도 엄청난 손실을 가져왔다. 그야말로 잘못된 통화 팽창 정책으로 국가 경제는 완전히 파국에 이르고 말았다. 그런데도 민씨 일파와 묄렌도르프는 자신들의 정책 과오를 오히려 김옥균과 개화파에 대한 공격으로써 호도

하려고 책동할 뿐, 별다른 대책을 세우지도 못했다.

일본의 배신—차관 도입 실패

그즈음 미국 공사의 통역으로 귀국한 윤치호를 통하여 일본 외무성의 요인으로부터 국왕의 위임장이 있으면 외채 모집이 가능할 것이라는 언질이 왔다. 그동안 수구파의 방해와 재정 부족으로 개혁 추진에 장애를 느끼던 김옥균은 이 소식을 듣자 즉시 대궐로 들어가 고종에게 피폐한 국가 재정 확보를 위해서는 외채 도입이 필요함을 역설하여, 위임장을 받아내는 데 성공했다.

고종의 위임장을 받아 든 김옥균은 새 희망을 갖고 고종 20년(1883년) 6월에 서재필, 서재창 등 50명에 이르는 유학생까지 인솔하여 세 번째로 일본행에 나서게 되었다. 그러나 그의 희망을 좌절시키는 비열한 음모가 배후에서 진행되고 있을 줄은 그때까지는 꿈에도 모르고 있었다.

그가 고종으로부터 위임장을 받았다는 사실을 인지한 묄렌도르프와 수구파는 방해 공작을 백방으로 펼쳤다.

먼저 고종의 생각을 바꾸려고 시도하다 실패하자 일본 공사 다케조에에게 김옥균이 일본에 가져가는 위임장은 위조된 것이라고 무고하였다. 다케조에는 이를 곧이곧대로 믿고 본국에 보고하여, 일본에서는 김옥균의 방일을 탐탁지 않게 생각하고 있었다. 이러한 사실도 모르고 일본에 도착한 김옥균은 외무대신 이노우에를 통하여 차관 교섭을 벌였으나, 그의 희망과는 달리 냉담한 반응만 얻게 되었다.

무언가 잘못되었다고 판단한 김옥균은 일본 정부를 상대로 한 차관 도입은 단념하고, 일본 주재 외국 상사와 민간 은행을 통한 기채 방법을 강구했다. 그러나 모두 일본 정부의 보증을 요구하여, 차관 도입을 위한 방일은 결국 완전히 실패로 끝나고 말았다.

이 차관 도입 실패는 수구파의 모략 방해 책동도 한몫을 했지만, 당시 일본의 대조선 정책의 변화에도 주요 원인이 있었다. 그동안 일본이 개화파를 지원했던 것은 그들의 조선 진출을 용이하게 하기 위해서는 개방적인 인사들이 조선 정부의 실력자가 되어야 한다는 일반론적인 현실 인식에서 비롯된 것이었다.

그런데 그즈음의 민씨 정권은 말만 수구파지 자신들의 이익을 위하여 일본의 조선 진출을 묵인해 주는 매판성 경향을 나타내고 있어서 오히려 그 어떤 개방적 정권보다 다루기 쉬웠다. 그래서 자주성이 강한 개화파 정부가 조선에 들어서면 도리어 조선 진출에 장애가 된다고 판단하게 되었다. 그래서 개화파의 입지가 강화되도록 조선에 차관을 빌려주느니, 그 돈으로 군비 확장에 더 주력해 조선에서 가장 강력한 경쟁 상대인 청국을 무력으로 제압하는 것이 더 나은 길이라고 생각한 결과 김옥균의 차관 교섭단을 박대하게 된 것이다.

이러한 이면의 사실을 알 수 없었던 김옥균은 일본이 차관 제공에 당연히 협조해 줄 것으로 믿었지만 의외의 배신을 당하자 낭패와 분노를 삭이면서, 이듬해(1884년) 2월에 어쩔 수 없이 빈손으로 귀국할 수밖에 없었다.

김옥균이 아무런 성과 없이 귀국하자 그동안 차관 도입을 기대하고 개화파가 벌여놓았던 사업은 모두 중지되고 말았다. 박영효가 추진하던 양병 사업은 자금 부족으로 양성해 오던 병력들이 한규직·윤태준 휘하의 친군 전후영에 편입되고 말아 수구파의 군사적 기반만 강화시켜 주었고,

박영효는 광주 유수 자리에서도 물러나게 되었다.

또 최초의 인쇄 및 출판 기관이던 '박문국'에서 간행한 「한성순보」도 청병의 행패를 보도한 것이 말썽이 되어 일본 기술자들이 추방되고, 이 또한 자금 부족으로 어려움을 겪게 되었다.

더구나 외채 도입 실패를 추궁하는 수구파의 압력이 거세지자 김옥균은 신변의 위협까지 느껴서 정계에서 물러나, 한성 동쪽 교외에 있던 별저에 칩거하고 말았다. 이렇게 해서 근 2년 동안 공들여 추진해 왔던 모든 노력이 수포로 돌아가게 된 것이다.

폭풍 전야

이제 수구파들은 공공연하게 '김옥균을 죽이라'고 주장하면서 노골적으로 신변에 위협을 가하고 있었고, 그나마 깨어 있다고 믿었던 민영익마저 수구 회귀 대열에 가세하자 김옥균 등은 마지막 방법을 강구하게 되었다.

민영익은 김옥균보다도 9살 어린 25세였는데, 그해 4월에 구미 시찰을 마치고 귀국하여 누구보다도 선진 외국의 발달된 문물을 견학하였음에도 불구하고 가문의 이익을 위해 수구파에 앞장을 서서 반역사적 책동을 일삼고 있었다. 이에 순리적 방법을 통한 개혁 운동은 더 이상 불가능하다고 생각한 김옥균과 급진 개화파는 쿠데타에 의하여 일거에 국정 개혁을 수행하려는 계획을 세웠다.

이때의 국내외 정세는 절망적인 상태에 빠져, 죽음까지 각오하였던 개화파들에게 거사 실행의 결심을 더욱 재촉하게 만들었다. 국내적으로는 전국 각지에서 농민들의 저항이 빈발하여 수구파 정권을 흔들고 있었고, 국제적으로는 청국이 프랑스와 베트남을 장악하기 위한 전쟁을 벌이다가 계속 패퇴하자 그해 6월에 조선 주둔군의 절반인 1,500명의 병력을 차출하여 전선에 투입했다.

개화파 내부에도 그즈음 동원 가능한 군사력이 꽤 많이 확보되어 있었다. 우선 '충의계'에도 40여 명의 비밀 조직원이 있었고, 미국과 일본에 유학 갔다 돌아온 사관생도들도 서재필을 비롯하여 십수 명이 뜻을 같이하고 있었다.

거기에다 개화파 동료 윤웅렬이 함경남 병사로 재임하면서 500여 명의 군대를 양성하고 있었고, 비록 수구파가 장악한 양 군영으로 편입되기는 했지만 박영효가 양성하던 병력도 어느 정도 동원할 수 있었다. 그러나 거사를 위한 병력은 자체 조달이 가능하겠지만, 수구파의 배후에 있는 청군을 견제하기 위해서는 어쩔 수 없이 일본군의 협조가 필요했다.

청군이 병력을 절반으로 줄였다 하더라도 1,500명이 아직 남아 있어서 개화파 군사력으로 대항하기에는 역불급이었기 때문이다.

김옥균은 일본 측의 의향을 타진하기 위해, 본국에 소환되었다가 귀환한 일본 공사 다케조에를 그해(1884년) 9월 12일에 만나서 차관 교섭 비협조 건을 질타하고 조선의 국정 개혁 필요성을 은근히 역설하였다. 이때 다케조에는 차관 교섭 건은 자신의 판단 잘못이었음을 시인하면서, 앞으로는 그의 활동에 적극 협조하겠다는 다짐을 하였다. 달라진 다케조에의 태도에 안심이 되면서도 전날의 행태에 비추어 지원에 대한 확신이 들지 않자, 며칠 후에 박영효를 보내 다시 의중을 탐색하게 하였다. 이에 다케조에는 다음과 같이 부추기는 말까지 하면서 협조를 약속했다.

"청나라는 장차 망할 것이니, 귀국의 개혁 지사 제위는 이 기회를 놓치지 마시오."

예전의 의심 많고 소극적이던 태도와는 완전히 달라진 다케조에의 모습이었다.

김옥균은 다케조에의 변화된 자세에 의구심이 가시지는 않았지만, 본국에서 다시 귀환한 다음부터 달라진 다케조에의 언행에서 일본 측의 정책 변화를 읽고 거사를 작정한 대로 추진할 것을 결심하였다.

당시 일본은 청불 전쟁에 의한 청나라의 곤경에 편승하여 조선의 개화파를 부추겨서 청나라와 연결된 수구파 정권을 약화시키고, 그 틈에 자신들의 입지를 강화하려는 의도를 가지고 있었다. 이러한 일본의 책동을 알아챈 김옥균이 그 점을 거사에 역이용하기로 한 것이다.

그 뒤 20여 일 동안 거사 준비를 진행시키면서 보내던 김옥균은 거사 10일 전쯤 다케조에를 다시 만나서 소위 '3책(三策)'을 알려주고, 협조에 대한 확답을 받아내었다.

김옥균이 전한 3책이라 함은 첫째, '충의계'를 중심으로 한 개화파의 단결을 통하여 쿠데타를 계획대로 추진시키고 둘째, 고종을 설득하여 정변을 승인받아서 거사 명분을 확립한 다음 셋째, 청군의 간섭이나 방해 책동은 일본군이 막아준다는 내용이었다.

이에 따라 거사 5일 전인 10월 12일에는 대궐에 들어가 고종과 독대하여 세계 정세와 청국과 결탁한 수구파의 매국적 작태를 설명하고, 개혁을 추진할 수 있는 새 정부의 필요성을 역설했다.

그의 역설에 감동한 고종은 마침내 "국가의 대계가 위급한 때의 조처는 경의 지모에 일임한다"는 '친수밀칙(親手密勅)'을 내렸다.

고종의 동의를 얻는 데 성공한 그는 미국 공사에게도 정변을 암시하고 협조를 부탁하여, 대내외적으로 거사를 위한 정지 작업을 마쳤다.

일본 측이 완전히 미덥지 않아 거사 일자를 정확하게 알려주지는 않았지만, 우정국 낙성식 날을 거사일로 내정하고 동지들과 준비를 마무리하였다. 다케조에로부터 본국의 정확한 훈령을 받은 후에 거사하자는 요청을 받았지만, 그는 더 이상 지체할 수 없다고 판단했다.

무리한 정변의 강행

드디어 운명적인 거사의 날은 밝았다. 고종 21년(1884년) 10월 17일 오후 6시에 정동에 신축한 우정국 낙성식에는 총판(總辦) 홍영식의 초청으로 많은 내외 귀빈이 참석하여 축하연이 벌어졌다.

연회가 한창 무르익을 무렵 김옥균은 옆자리에 앉아 있는 일본 공사관 시마무라 서기관에게 이날 거사할 것임을 은밀히 알려서 일본군 동원을 준비시키도록 하였다.

연회가 거의 끝날 무렵 우정국 북쪽에서 불길이 치솟으며 화재가 발생했다. 가장 먼저 건물 밖으로 뛰쳐나갔던 민영익이 매복하고 있던 개화파 측 장사들의 칼을 맞고 한쪽 귀가 떨어진 채 피투성이가 되어 허겁지겁 다시 들어오자, 연회장 안은 완전히 아수라장이 되었다.

이때를 틈타 김옥균, 박영효, 서광범 등은 급히 우정국을 빠져나와 매복하고 있던 서재필 휘하 사관생도들과 장사패들을 경우궁으로 이동시키고, 교동에 있는 일본 공사관으로 가서 일본군의 출동을 확인한 후에 대궐로 향했다.

창덕궁 금호문 앞에 당도한 그들은 김봉균·신복모 등이 이끌고 온 40여 명의 장사패들을 금호문 밖에서 경비하게 하고는 미리 내통되어 있는 수문군(守門軍)의 도움으로 대궐 안으로 들어섰다.

전문(殿門) 앞에서 윤경완이 인솔한 무장 병력 50여 명으로 하여금 지키게 하고는 김옥균·박영효·서광범 3인은 침전으로 올라가서 고종에게 우정국에서 반란이 일어난 것과 사고의 근본이 수구 세력에게 있음을 고하고, 형세가 위급하므로 경우궁으로 어전을 옮길 것을 요청하였다. 처음에는 사태의 자초지종을 따지던 고종 내외도 침전 동북쪽 통명전 부근에서 엄청난 폭발음이 들려오자 놀라서 그들을 따라나섰다.

경우궁에 도착하자 박영효가 다케조에 공사와 함께 일본군 200명을 거느리고 와서 외곽 경계를 서고, 서재필이 지휘하는 사관생도 13명이 왕의 거처 바로 앞을 지키면서 출입자를 통제하도록 조치한 후에 왕명으로 중신들을 불러들여서 일단의 수구파 세력들을 척살해 버렸다.

그 밤 안에 개화파 쿠데타로 살해된 수구파 인사들은 윤태준, 이조연, 한규직, 민영목, 조영하, 민태호 등과 내시 유재현이었다. 수구파의 거두들을 제거한 개화파는 다음날 날이 밝자 대내외에 신정부 발족을 알렸다.

새 정부 주요 직책의 면면을 살펴보면 고종의 사촌형 이재원을 영의정에 내정하고 홍영식은 좌의정에, 박영효는 전후영사, 서광범은 좌우영사, 서재필이 병조참판, 윤웅렬이 형조판서, 이조참판에 신기선, 도승지에 박영교가 포진하여 국가 중추기관을 개화파가 완전히 장악하였다.

김옥균은 내무와 재무의 실권을 쥐게 되는 호조참판을 맡아, 개혁을 뒷받침하는 재정의 조달을 담당하기로 했다. 조각을 마친 새 정부는 다음과 같은 혁신적인 새 정책을 발표하였다.

1. 청국에 잡혀간 대원군은 환국시키고 동시에 청국에 대한 조공을 폐지한다.
2. 문벌을 폐지하여 평등권을 실시하고 능력에 따라 인재를 등용한다.

3. 조세 제도를 개혁하여 관리의 부정을 막고, 가난한 백성을 보호하며, 국가 재정을 키운다.

4. 내시부를 없애고 그중에 우수한 자는 관직에 등용한다.

5. 탐관오리 중에서 그 죄가 극심한 자는 치죄한다.

6. 백성에게 빌려주었던 정부 소유 환자미는 탕감하여 받지 않는다.

7. 규장각을 폐지한다.

8. 빠른 시일 내에 순검을 두어 치안에 주력한다.

9. 혜상공국(惠商公局)을 폐지한다.

10. 유배되거나 구속되어 있는 자는 감형한다.

11. 4개 영을 1개 영으로 통폐합하되 그중에서 장정을 뽑아 근위대를 곧 설치한다.

12. 일반 내정은 호조에서 통합하고, 기타 모든 재부아문(材簿衙門)은 폐지한다.

13. 대신과 참찬은 매일 합문(閤門) 안의 의정소에 모여 정령을 의결·반포한다.

14. 6조 이외의 모든 불필요한 기관은 없애되, 대신과 참찬이 이를 결정하게 한다.

그 외에도 개화파 혁명 정부는 다음과 같은 구체적인 개혁안도 발표하였다.

1. 전 국민은 단발한다.

2. 외국 유학생을 선발하여 파견한다.

3. 궁내성을 별도 설치하여 일반 국무와 구분한다.

4. 국왕을 '폐하(陛下)'로 칭해서 타국의 황제와 동등하게 예우하여 대조선국의 군주로서 존엄을 유지한다.

5. 재래의 관제를 폐지하고 내각에 6개의 부서를 둔다.

6. 과거 제도를 폐지한다.

7. 내외의 공채를 모집하여 국가 재정을 충실히 한다.

이와 같이 청년 개화파 관료들은 갑신년 혁명으로 부패와 무능에 젖어서 자신들의 안일만 추구하던 수구 세력을 몰아내고, 조선의 내정을 개혁하려는 희망에 가득 차 있었다. 이때 김옥균은 34세, 홍영식이 30세, 서광범은 26세, 박영효는 24세, 서재필은 불과 19세였다. 그러나 민중의 기반을 확보하지 못하고 외세에 의지하여 조급하게 서둘러서 단 한 번의 반격에 그대로 밀려버리는 허약한 체질을 불과 3일 만에 여지없이 드러내고 말았다.

삼일천하

문제의 발단은 왕비 민씨에게서부터 나왔다. 그녀는 경우궁으로 옮긴 다음날 아침부터 이상한 낌새를 느꼈는지, 거처가 너무 협소하다고 창덕궁으로 환궁하자고 졸라댔다.

경우궁으로 국왕을 옮기게 한 것은 좁아서 경비가 용이한 때문이었는데, 왕비 민씨가 이를 트집 잡고 나온 것이다. 할 수 없이 조금 더 넓고 비교적 안심이 되는 계동궁(영의정 이재원의 집)으로 옮기도록 하였으나, 왕비는 계속 환궁을 요구했다.

이것은 수구파 일원인 전 경기 감사 심상훈이 문안을 빌미로 국왕 내외를 배알하여 사건의 실상을 고자질하자, 민비 측에서 청군과 내통하여 그들의 무력 간섭을 예정한 의도적인 행동이었다.

이러한 사실을 전혀 눈치채지 못한 김옥균 등이 외부 문제에 분주한 틈을 나서 민비는 경비를 책임지고 있던 다케조에를 졸라서 기어코 환궁 의지를 관철시키고 말았다.

뒤늦게 이를 알게 된 김옥균이 다케조에를 책망하였지만, 다케조에는 "창덕궁으로 환궁해도 경비는 문제없다."고 큰소리 쳤다. 이미 환궁이 결정되어 고종도 채비를 마친 터라 어쩔 수 없이 박영효 등이 일본군 무라카미 중대 병력과 함께 호위하여 국왕을 창덕궁으로 모셔갔다.

그러나 해질 무렵 대궐 문을 닫으려고 하자 선인문 밖에서 진을 치고 있던 청군들이 폐문을 방해하여, 양측 사이에 일촉즉발의 긴박한 상태가 조성되었다. 박영효는 강경하게 대응하자고 했지만, 김옥균과 다케조에는 타협책을 쓰기로 하여 궐문을 닫지 않고 궐 밖은 청군이 경비를 서고 궐내는 일본군이 지키는 것으로 청군 측과 합의하였다.

그런데 정변 3일째 되는 다음날 아침이 되자 다케조에는 돌연하게 태도를 바꾸고 나왔다. 일본군은 형편상 오래도록 조선의 궐내에 머무를 수가 없다고 하면서, 그날 안으로 철수하겠다고 통보해 왔던 것이다.

김옥균으로서는 일본으로부터 또 한 번 배신을 당한 셈이지만, 감정을 억누르고 다케조에와 담판을 벌여서 개화 정부의 자위 태세가 갖추어질 때까지 3일간 철병을 유예하고, 개혁 사업의 추진을 위한 자금 조달에 협조할 것을 약속받았다. 그러나 이 모든 것들은 허망하게도 그날 안에 모두 수포로 돌아가고 말았다.

그날 오전에 청군 제독 오조유로부터 시내가 평안하다는 봉서가 고종에게 전해졌고, 그 얼마 후 원세개가 600여 명의 병력을 대동하여 국왕의 접견을 요청했다.

김옥균 등은 원세개의 접견은 허락할 수 있으나 군사들이 대궐로 들어

오는 것은 불가하다고 주장하여, 이 요구는 물리칠 수 있었다. 그러나 오후에 접어들자 원세개는 전 우의정 심순택으로 하여금 청군 출동을 요청하게 하여 자신들의 군사 행동에 대한 정당성을 억지로 확보한 다음, 마침내 500명의 1대는 오조유 지휘 아래 선인문 쪽으로, 800명의 다른 1대는 자기가 직접 지휘하여 돈화문 쪽에서 창덕궁으로 공격해 들어왔다. 이에 따라 궁궐 외곽을 지키고 있던 일본군들과 청군 사이에 교전 상태가 발발하고 말았다. 당시 창덕궁을 에워싸고 공격했던 인원은 조선주둔 청군 전 병력과 수구파가 장악했던 좌우영 소속 조선 군졸에다가 개화파가 일본과 결탁하여 국왕을 연금하고 있는 것으로 오해한 일반 백성까지 가세하여 엄청난 수의 대부대였다.

이에 반하여 궁궐을 수비하던 병력은 일본군 200명과 개화파 자체 동원 병력 800명 정도로 그 수에서 이미 결판이 나 있었으며, 더구나 조선 병력은 변변한 무기조차 없었다.

양쪽의 충돌이 일어나자 왕비는 청군 진지를 통해 북묘(北廟)로 이미 옮겨갔고, 고종도 뒤따라가려고 하자 신정부 주요 인사 모두는 부득이 일본군과 함께 이를 호위하여 나가다가 도중에 각자의 판단에 따라 방향을 달리하게 되었다.

홍영식·박영교 및 사관생도 7명은 국왕과 함께 북묘로 향하고, 김옥균·박영효·서광범·서재필·변수·이규완 등과 나머지 사관생도는 다케조에를 따라 일본 공사관으로 향하였다.

홍영식 등은 개화파 중에서 비교적 온건하였던 데다가 원세개와 친교도 있고 수구파 쪽에도 가까운 사람들이 많아서 왕을 따라가면 신변은 안전할 것으로 믿었지만, 북묘에 도착한 직후 그들 모두는 참혹하게 죽임을 당하고 말았다.

한편 일본 공사관에서 하룻밤을 지새운 김옥균 등은 10월 20일 오후에 다케조에와 함께 일본군 호위 아래 인천으로 탈출하여, 이튿날 아침에 인천항에 정박 중이던 찌또세마루 호에 승선할 수 있었다.

고통스러운 망명

그러나 그들이 안전하다고 믿은 그곳에서도 또 한 번 생사의 갈림길에서는 일대 곤욕을 치르게 된다. 수구파의 집요한 추적과 다케조에의 세 번째 배신이 어우러져 자칫 배에서 내몰리는 상황에 빠지고 만 것이다.

수구파는 그 사이에 벌써 심순택을 영의정으로 하는 새 조각을 마치고, 김옥균 등을 5적으로 규정하여 인천까지 쫓아와서 다케조에에게 김옥균 등의 신병을 인도해 달라고 요구하였다.

인천까지 쫓아와서 '조선의 죄인을 인도하지 않으면 중대한 국제 문제로 비화된다'고 협박하며 개화파 인사들의 신병 인도를 요구한 인물들은 조병호, 홍순학, 묄렌도르프 등이었다.

묄렌도르프는 당오전 주조 시비에서부터 김옥균과 다툰 후 그를 특히 증오하고 질시하였다. 이런 상태에서 식언을 밥 먹듯이 해온 다케조에가 김옥균들에게 극도로 무책임한 하선을 요청했다.

김옥균 등은 이제 자결하는 방법 이외에 달리 도리가 없게 되었다. 이때 다케조에를 막고 나선 사람이 찌또세마루 호의 쓰지 선장이었다. 그는 다케조에와 김옥균 등의 대화를 듣고 있다가 다케조에를 힐난하고 나섰다. 쓰지 선장은 "이 배에 조선 개화당 요인들을 승선시킨 것은 공사의 체면을 존중했기 때문이다. 이분들은 공사를 믿고 모종의 일을 도모하다가 잘못되어 쫓기는 모양인데, 죽을 줄 뻔히 알면서도 하선하라는 것은 도대체 무슨 도리인가? 이 배에 승선한 이상 모든 것은 선장인 내 책임이니, 인간의 도리로 도저히 하선시킬 수 없다."고 말하고는 김옥균 등을 배 밑의 밀실에 숨겨준 뒤, 수구파 인사들에게 "그런 사람들이 탄 사실이 없다."고 잡아떼었다.

이런 상황이 되자 추적자들도 외국 선박을 수색할 수가 없는 노릇이라 별수 없이 돌아서고 말았다. 이렇게 김옥균 일행은 죽음의 문턱에서 겨우 목숨을 연명하여, 10월 24일에 찌또세마루 호가 인천항을 떠날 때까지 4일 동안 꼼짝없이 배 밑바닥 밀실에 갇혀 있어야 했다.

인천항을 출발한 지 3일 후에 배가 나가사키에 도착하자 젊은 망명객들은 그제야 안도와 좌절감이 함께 밀려와서 서로 붙잡고 통곡을 하며 회한을 삭였다. 그들은 도쿄로 옮겨가 전일의 연고를 의지하여 한동안 후쿠자와의 집에서 지내다가 셋집을 얻어서 합숙하며, 피곤한 망명 생활을 시작했다. 그러나 조선 정부는 망명지에 있는 그들을 죽이려고 끊임없이 책동을 거듭하였다. 갑신정변 때 발생한 일본의 피해를 보상하기 위해 '한성조약'을 체결하면서도 김옥균 등의 신병 인도를 요구했으나, 일본이 정치범은 국제법상 인도하지 않는다고 거부하여 뜻을 이루지 못했다. 그러나 비열한 일본은, 자객을 보내서 드러나지 않게 처리한다면 이를 묵인하겠다는 이면 양해를 했다. 김옥균으로서는 일본으로부터 네 번째 배신을 당하게 되는 것이었다.

한편 조선에서는 개화파의 정변이 실패로 끝나자 민씨 일파가 정권을 장악하여 전보다 더 심한 악폐를 자행하고 있었다. 특히 가렴주구가 심한 민영준·민영환·민영소·민영달을 4민(閔)이라고 지탄할 정도로 그 원성이 가히 하늘을 찌르게 되었다. 그리고 개화당의 가족들은 모조리 붙잡아 처형하여 피의 보복을 자행하였다.

이러한 때에 김옥균은 일본에 도착한 직후부터 외무대신 이노우에를 만나려고 하였으나, 이미 이용 가치가 없어진 그를 일본 측은 따돌리기만 했고 노골적으로 귀찮아하기까지 했다. 일본의 배신에 분노한 김옥균은 갑신정변의 경위와 일본 측의 간여를 만천하에 공표하겠다고 나섰지만, 이 또한 망명지에서는 여의치 않은 일이었다.

일본은 1885년 4월에 청나라와 '천진조약'을 맺고 조선에서 양국이 공동 철병하기로 한 후 거리낌 없는 조선 경제 침략을 추진할 수 있게 되어 이제는 조선 개화파의 협조가 필요 없었기 때문에, 김옥균 등을 더욱 박대하였다.

김옥균은 심화를 겨우 다스리고 거처에 틀어박혀 자신의 개혁 운동을 회고하는 『갑신일록』을 집필하면서, 망명지에서의 생활을 보낼 수밖에 없었다.

연이은 자객과 암살

김옥균을 제거하려는 조선 자객은 그의 목숨을 노리고 끊임없이 일본으로 건너왔다. 제일 먼저 온 사람은 장은규인데, "옥균이 자유당 계열 무사들과 결탁하여 조선을 침공하려 한다."는 소문을 퍼뜨려서 이른바 '오사카 사건'을 일으켰을 뿐 김옥균에게 위해를 가하지는 못했다.

이 사건이 국제적으로 문제가 되자 일본 정부는 김옥균에게 일본을 떠나달라고 요청하였지만, 빈곤한 조선 망명객 처지에 일본 이외의 어떤 나라에도 가기가 쉬운 일이 아니었다.

두 번째 자객으로는 지운영이라는 사람이 왔다. 이자는 김옥균의 역공작에 휘말려 일본 경찰에 체포되었다. 김옥균은 이 사실을 거론하며, 외무대신 이노우에에게 신변 보호를 요청하는 서신을 보냈다. 그러나 이 사건이 일본 신문에 보도되자 일본 정부는 지운영을 조선에 송환하고, 김옥균에게 일본과 조선의 우호에 방해가 된다는 이유로 야마켄 내무대신 명의로 공식적인 국외 퇴거를 명했다.

김옥균은 이에 항의하며 이노우에를 상대로 한 문서를 공표하고, 일본 신문에 고종에게 보내는 장문의 상소와 청국 북양대신 이홍장 앞으로 사건의 책임을 따지는 공개서한을 게재하였다.

이렇게 김옥균으로 인해 국내외적으로 큰 문제가 계속 발생하자 일본 정부는 1886년 7월에 그를 오가사와라 섬에 강제 연금시켜 버렸다. 그로서는 일본으로부터 다섯 번째 배신을 맛보게 된 것이다.

오가사와라에 동행한 동지는 이윤과 한 사람뿐으로, 이 고도에서 그는 2년 동안 실의의 나날들을 보냈다. 그러나 습한 기후와 악조건을 견디지 못하여 연금 해제를 탄원하자 1888년에 북해도로 이송되었다가 1890년에야 겨우 풀려나올 수 있었다. 오가사와라 섬에서는 소일 삼아 아이들을 모아 가르치기도 했는데, 이때 만난 와다라는 청년이 그를 추종하여 상해에서 죽음의 순간까지 동행하게 되었다.

연금에서 풀려나 도쿄로 돌아온 그는 한동안 방탕한 생활을 보내다가 마지막 승부를 걸기 위해 청국으로 들어가 실권자 이홍장과 담판을 짓기로 했다. 이는 마침 주일 공사로 새로 부임한 이홍장의 아들 이경방이 자신의 아버지가 그를 만나고 싶어 한다는 서신을 건네준 것이 계기가 되었다.

일본에서의 거듭된 재기 노력이 모두 수포로 돌아가자 아직도 조선에 영향력이 큰 청국의 실권자를 만나서 협조를 얻어보려는 의도였지만, 그것은 외세의 도움을 받지 않고는 스스로 일어설 수 없었던 날개 꺾인 조선 지식인의 한계를 보여준 것이었다.

청국행을 결심한 그는 백방으로 여비 조달을 위해 노력하던 차에 오사카의 한 후원자에게서 경비를 협조해 주겠다는 연락을 받게 되었다.

동료들은 그의 신변을 걱정해서 비밀리에 운신하고 여러 명의 수행원과 함께 가도록 권했으나, 그는 와다와 심부름 역할을 할 수 있는 또 한 사람만 데리고 떠났다. 그런데 오사카 역에 도착하자 의외의 마중객이 나와 있었다.

조선인 자객으로서 이일직과 홍종우가 그들이었다. 이일직은, 자신은 청일 양국을 왕래하면서 약종상을 하는 사람이고 홍종우는 프랑스 유학생이며 자신의 친지라고 거짓 소개했다. 그러면서 평소부터 김옥균을 존경해 왔기 때문에 자기가 청국행 경비를 제공하겠노라고 자청하였다.

김옥균은 한눈에 자객임을 알아보았지만, 이들을 역이용하려는 심산으로 도움을 승낙했다. 이일직은 자기가 동행하면 좋겠지만 자신은 아직 업무가 남아 일본에 더 있어야 하고 대신 홍종우가 동행하며 도와줄 것이라고 말하면서, 김옥균의 의심을 줄이려고 하였다.

실은 김옥균이 상해로 떠난 것을 확인한 후에 이미 작당한 권동수와 함께 박영효까지 암살하기 위해 도쿄로 돌아간 것이지만, 이들은 박영효의 기지로 체포되어 훗날 홍종우의 배후가 밝혀지기도 했다.

한편 1894년 2월 말쯤 상해에 도착한 김옥균 일행은 미국 조계 안에 있는 동화양행에 여장을 풀었다. 투숙한 다음날 오후에 김옥균 일행은 거리를 구경하기로 하고, 오전에는 각자 용무를 보았다.

밖으로 나갔다가 얼마 후 돌아온 김옥균은 피곤하다고 침대에 누우면서, 와다에게 일본에서 타고 온 배의 사무장인 마쓰모토에게 전할 말이 있으니 그를 불러 오라고 했다. 이때가 김옥균에게는 운명의 시간이 되고 말았다. 와다가 나가자 김옥균의 주위에 아무도 없음을 눈치챈 자객 홍종우는 이때를 놓치지 않고 김옥균을 향해 권총을 발사하여 그를 절명시켜 버렸기 때문이다.

사건이 발생하자 상해 경찰은 홍종우를 체포하고, 김옥균의 사체는 와다의 요청에 따라 일본으로 운구하기로 했다가 갑자기 태도를 바꾸어 홍종우와 사체를 청국 측 상해 주재 관리에게 넘겨주었다.

청국 정부는 홍종우의 범행을 조선인 상호간의 문제라고 하여, 홍종우와 사체를 다시 조선에 인계하였다.

조선에 도착한 김옥균의 사체는 상해 및 조선 주재 외교 사절들의 반대에도 불구하고 양화진에서 능지처참되고 말았다. 잘려진 그의 목에는 '모반대역 부도죄인 옥균 당일 양화진두 능지처참'이라고 쓰여진 커다란 천이 나부끼고 있었다. 이렇게 김옥균은 파란만장한 삶을 비극적으로 마쳤다. 그때 그의 나이 불과 44세의 한창때였다.

독립·자주·자립이라는 민족 의식을 바탕으로 문벌을 폐지하고 제민 평등의 국민 국가를 건설하려 했던 그는 이역 땅에서 자기 민족의 손에 의해 암살되는 비운을 맞고 말았다. 이 비극의 개화주의자는 살해된 그 이듬해에 반역죄가 사면되고, 1910년 규장각 대제학에 추증되었다.

그가 주도한 갑신정변은 민중이 중심이 되어 일으킨 것이 아니라 소수 지성인들의 거사였다는 점에서 임오군란과 비교되고, 외세에 대한 투쟁이 아니라 조선 내부의 기층 질서에 대한 도전이었다는 점에서 동학 농민 전쟁과 구분된다. 또 조선 왕조의 체제 자체를 변화시키려 했다는 점에서 갑오경장과도 대별할 수 있다.

전봉준 민중 해방과 구국 투쟁의 선봉장

▶ **전봉준**은 나라 전체가 극도로 부패했던 시기에 태어나 고통받는 농민의 대변자가 되기를 주저하지 않았으며, 외세의 침탈에도 강렬히 맞서 싸우면서 구국의 선봉이 되었던 인물이다. 어떻게 보면 조선 말기 혼란한 시대상으로 인하여 발생하였던 많은 사건들 중의 하나를 주도한 인물 정도로 인식될 수도 있지만, 그는 우리 역사에 있어서 몇 손가락 안에 꼽아야 할 인물 중의 한 사람이다.

그는 단순히 개인적인 야망이나 뜻을 실현하기 위하여 행동한 것이 아니라 그의 말 그대로 "아무런 죄가 없는 민중을 위하여 그 폐해를 없애려고" 봉기하였던, 그때까지의 유일한 인물이기 때문이다.

또한 그는 우리 역사상 최초로 민중의 힘을 결집하여 장삼이사(張三李四)의 백성으로 하여금 역사의 주역이 되도록 지도해 낸 선각자였다. 말하자면 그는 역사를 소수 엘리트가 주도하는 시대에서 다수 일반 민중이 만들어가는 시대로 전환시키는 역할을 하였다.

그리고 "고부군의 폐정이 조선 8도의 그것과 같다."고 갈파하였고, "일본의 조선 침투는 다른 나라의 그것과 다르다."라고 인식하여 반봉건과 항일 투쟁에 일찍이 앞장섰던 그의 넓은 시야와 뛰어난 식견은 충분히 주목할 만한 점이다.

사실 그가 역사의 전면에 등장한 기간은 2년 남짓에 불과하지만, 그가 남긴 파장은 시대의 패러다임 자체를 변화시켜 놓았으며, 그에 의해 제기된 민중운동의 흐름은 오늘날에까지 이어져 주권자로서의 국민의 위치를 자각시켜 주고 있다.

당시의 그 어떤 지도층보다도 더욱 백성을 사랑하고 국가의 안위를 걱정했던 인물, 남보다 조금 더 배웠기 때문에 사회와 민중에게 기여해야 한다고 생각했던 전봉준은 비록 형장의 이슬로 생을 마감했지만, 그 이름은 녹두장군이라는 애칭으로 남아 우리 민중에게 영원히 전해지고 있다. 얼마 전까지 어린이들이 동요로 애창했던 노래가 그의 애절한 한을 잘 나타내 준다.

새야 새야 파랑새야 녹두밭에 앉지 마라.
녹두꽃이 떨어지면 청포 장수 울고 간다.

농민의 대변자

전봉준은 조선 25대 왕인 철종 5년(1854년)에 전라도 태인군 산외면 동곡에서 태어났다. 어렸을 때 그의 이름은 '명숙'이었고, 키가 작고 단단하게 생겨서 '녹두'라는 별명으로 불렸다.

그의 부친 전장혁은 향교 장의(鄕校掌議)를 지낸 향리 출신이었는데, 조병갑이 모친상을 당하여 과도한 부의금을 거두어들이자 이를 거부하다가 매를 심하게 맞아 장독으로 죽었다. 전봉준으로서는 조병갑과 뿌리 깊은 악연으로 얽히게 된 셈이다.

전봉준은 3두락 정도의 토지로 근근이 살았으며, 주로 농촌 자제를 가르치는 것을 업으로 생활하였다. 생활이 곤궁하면서도 선비를 자처하여 학문에 열중하였고, 점치는 일에도 꽤 소질이 있었다고 한다. 한때는 지관의 일도 했었고, 의원 노릇을 겸했다는 기록도 있다.

당시는 세상이 어지러워지자 각종 참설이 많이 유포되었고, 일반 백성들은 자신의 미래를 이러한 것들에 의지하여 살고 있었다. 원래 시대가 불안해지면 사람들은 미신이나 예언 따위에 휩쓸리고 무언가에 기대어 살기 십상인데, 당시의 시대 상황도 각종 민란이 끊이지 않았고, 외세에 의하여 조선 땅이 각축의 대상이 되어가던 불안한 시기였기 때문에 정신적으로 안식처가 필요했던 것이다.

전봉준의 나이 10세 때 철종이 죽고 고종이 등극하여 대원군의 섭정으로 60년 안동 김씨 세도가 무너졌지만, 이미 조선은 내부적으로 그 부패가 깊어져 회복하기 어려운 상태였다.

전봉준이 언제 동학에 입교하였는지는 정확하지 않으나, 30세가 넘은 나이였던 것으로 추측된다. 당시에 일반적으로 동학을 믿게 되는 동기는 앞서 언급한 것처럼 현실적 고통이나 병을 면하려는 무속적 경향에 있었다. 그러나 전봉준의 입교 동기는 그가 훗날 체포되어 심문 과정에서 밝힌 것처럼 '수심경천(守心敬天)' 하여 '보국안민(輔國安民)' 하자는 대의에 마음이 끌렸기 때문이다.

그는 일찍이 학문을 익혀 일반 농민과는 확연히 달랐으며, 이미 향촌 사회에서 지도적 역할을 하고 있었으므로 동학에 입교하고 얼마 지나지 않아서 고부 접주로 임명되었다. 그는 뛰어난 학문의 경지에까지 이르지는 못했지만 꽤 식견이 높아서 재야의 지사쯤으로 인정을 받았던 것이다. 그는 위엄 있고 당차 보이는 외모에 성품은 도량이 크고 기개가 높았다. 스스로도 글을 배운 자로서의 도리를 다하려고 하였고, 힘없는 농민들의 대변자로서 몸을 사리지 않았는데, 갑오년 봉기 전 해에도 두 차례에 걸쳐 수세 절감을 요청하는 연명 진정에 앞장섰다가 구금되기도 하였다. 평소에도 그는 개인의 이해를 초월하여 농민 일반의 계층적 요구를 대변하려고 끊임없이 노력하였고, 농민 봉기를 주도하면서 동학 접주의 위치를 적극 활용하여 비동학 농민과 동학 농민을 결합시키고, 농민군에 동학 조직을 도입하여 규율과 단결성을 유지해 낸 조직가였다.

민란 형태의 1차 봉기

조병갑은 1892년에 군수로 부임하자마자 동진강 상류에 있던 멀쩡한 만석보의 개수 비용에 충당한다고 과중한 수세(水稅)를 거두어서는 사복을 채우는 데 유용하여 원성을 샀다.

또 황폐한 진전을 면세의 약속으로 경작시키고는 강제로 징세하기도 하고, 태인 군수를 지냈던 자기 아버지의 송덕비를 만든다고 강제 모금까지 하는 철면피한 태도를 보이기까지 하였다.

이것도 모자라서 경제적 능력이 조금이라도 있는 군민에게는 갖은 죄명을 뒤집어씌워 방면을 조건으로 수탈하였고, 대동미 징발도 규정을 초과하여 거두어서 착복하기 일쑤였다.

이렇게 되자 고부 농민들은 더 이상 견디지 못하고 군청으로 몰려가서 고통을 호소하였다. 일종의 단체 민원을 낸 셈인데, 조병갑은 이들의 요청을 들으려고도 하지 않고 몰려온 사람들을 아예 구금해 버렸다.

앞서 언급한 대로 이 연명 진정에 전봉준이 앞장섰다. 이러한 합법적인 소청이 받아들여지지 않고 탐학의 정도가 더욱 극심해지자 고부군 농민들은 더 이상 견디지 못하고, 갑오년(1894년) 2월 15일(음력 1월 10일) 새벽에 드디어 봉기하였다.

이날 전봉준은 정익서, 김도삼과 태인의 동지 최경선 등과 함께 1,000여 명의 농민을 이끌고서 고부 군청을 습격하였다. 먼저 창고의 세곡을 풀어 농민들에게 나누어주고는 무기를 탈취하여 말목 장터에 집결한 뒤, 악정의 개선을 요구하는 농성에 들어갔다.

이때 조병갑은 겨우 탈출하여 엿새 후에 전라 감영으로 들어가 폭동이 일어났다고 고변하고는 진압을 요청하였으나, 전라 감사 김문현은 이를 받아들이지 않고 우선 조정에 민란 발생을 보고하였다. 이에 조정에서는 조병갑을 소환한 후 용안 현감 박원명을 후임으로 발령하고, 장흥 부사 이용태를 안핵사로 임명하여 농민들을 진무시키도록 조치하였다.

신임 군수 박원명은 광주 사람으로 농민들의 민원을 해결해 주는 방향으로 노력하자 농민군은 자진 해산하게 되었고, 이에 따라 사태가 원만히 진정되는 것 같았다.

그런데 이 1차 봉기가 단순히 고부만의 폐정을 철폐하기 위해 일어난 것이 아니고, 이때부터 전국적인 대규모 봉기를 목표하여 일어났다는 사실이 훗날 밝혀졌다.

즉, 당시 고부군 일대에 돌려진 사발통문(沙鉢通文)에 의하면 벌써 한성까지 진격할 계획을 세우고 있었기 때문이다. 주모자를 알지 못하도록 둥근 사발 모양으로 빙 둘러 적은 격문의 내용은 다음과 같았다.

1. 고부성을 격파하고 조병갑을 효수할 것

2. 군기창과 화약고를 점령할 것

3. 군수에게 빌붙어 농민을 침탈한 아전들을 징치할 것

4. 전주성을 함락하고 한성으로 진격할 것

전봉준은 이때부터 봉기를 전국적으로 확산시킬 의도를 가졌으나 다른 지역의 동조 의사가 미미하자 부득이 해산하였던 것으로 보인다. 그러나 안핵사 이용태의 횡포가 상황을 다시 악화시키고 말았다. 이용태는 민란의 책임을 농민과 동학교도에게 모두 전가시키며, 주모자를 체포한다고 다시 한 번 고부군을 발칵 뒤집어 놓았다.

사태가 이렇게 되자 전봉준은 악폐의 근본을 뿌리 뽑지 않고서는 모든 문제의 해결이 어렵다는 생각을 하고, 본격적인 무력 항쟁의 길로 나섰다. 애초에는 고부읍만의 자연 발생적인 민란이 대규모 조직적인 농민전쟁으로 전환되는 순간이었다.

전봉준은 우선 근처의 동학 접주들에게 보국안민을 위해 일제 궐기하자는 통문을 띄웠고, 이에 각지에서 수천 명의 농민과 동학교도가 호응하여 전봉준이 진을 치고 있는 고부군 백산면으로 모여들었다.

당시 백산에는 관곡을 저장해 두는 창고가 있어 양곡을 쉽게 조달할 수 있었고, 지형적으로도 주변은 모두 평원인 데 비해 유독 백산만이 높은 지역이었으며, 삼면이 강으로 둘러싸여 있어 군사 활동에 유리하였다.

전봉준은 백산에 창의소를 두고 모여든 농민을 군사 조직으로 편성하여 전투태세를 갖추었다. 당시 백산에 모인 인원은 약 1만 3,000여 명이었는데, 그들은 일반 농민과 동학교도가 대다수였지만 수령의 횡포에 불만이 많았던 각 읍의 소리(小吏)와 경향 각지의 범법 망명자들도 일부 있었다.

때는 고종 32년(1894년) 5월 4일이었다.

혁명군 성격의 2차 봉기

전봉준은 우선 다음과 같은 격문을 지어서 농민 궐기의 당위성을 널리 선포하였다.

우리가 의를 들어 이에 이르니, 그 본의가 단연코 다른 데 있지 아니하고 창생을 도탄 중에서 건지고 국가를 반석 위에 두기 위함이라. 안으로는 탐학한 관리의 머리를 베고, 밖으로는 횡포한 강적의 무리를 구축하고자 함이다. 양반과 부호의 앞에서 고통받는 민중들과, 방백 수령 밑에 굴욕 받는 소리(小吏)들은 우리와 같이 원한이 깊은 자다. 조금도 주저하지 말고 이 시각으로 일어서라. 만일 기회를 잃으면 후회를 하여도 미치지 못하리라.

또 수탈당한 농민을 위하여 싸우는 정의의 봉기군으로서 다음과 같은 행동 강령을 제시하였다.

1. 사람을 죽이거나 재물을 손상치 말 것
2. 충효를 다하여 세상을 구하고 백성을 편안히 할 것
3. 일본 오랑캐를 내쫓아 성도(聖道)를 밝힐 것
4. 한성까지 진격하여 권귀(權貴)를 진멸할 것

이러한 기치를 높이 들고 백산을 나온 농민군이 고부는 물론 금구, 부

안까지 진격해 들어가자 호남 일대는 완전히 격랑의 도가니 속으로 빠져들기 시작했다.

농민군은 전주까지 쳐들어갈 계획이었으나, 전주 영병이 진압을 위해 출동한다는 소식을 듣고 고부로 다시 회군하여 도교산에 진을 쳤다. 여기에서 전봉준은 법성포를 비롯한 인근 각지의 향리들에게 통문을 보내, 누적된 민폐를 개선하라고 요구했다.

실제 군산포와 법성포에서는 일부 농민군의 공격으로 조운 업무가 마비되기도 하였다. 이 당시 세미를 중앙으로 운반하는 전운 사업은 일본인이 기선을 동원하여 장악하고 있었기 때문에, 예전에 세미를 운송하던 조군들과 기존 선상(船商)들까지 완전히 그 기반을 잃고 있었다.

결국 전운 사업은 전운사 소속 일부 특권층과 일본 상인의 배만 부르게 할 뿐, 지역 백성들에게는 오히려 부당한 부담만 가중시키고 있었다. 이렇듯 호남 일대가 농민 봉기군에 의해 점령당하자 조정에서는 민원의 대상이 된 안핵사 이용태, 균전관 김창석, 전운사 조필영을 파면시키고 전라 병사 홍계훈을 초토사로 임명하여 진압에 나섰다.

이때 전라 감사 김문현은 자체 진압을 위해 5월 11일에 전라 감영 소속 관군과 농민봉기로 장사에 지장을 받아 불만이 많았던 보부상 연합군 1,600여 명을 동원하여 농민군 토벌 작전에 나섰다. 그러나 농민군은 이들을 고부에서 동쪽으로 10리쯤 떨어진 황토현이라는 고개로 유인하여 격파시켜 버렸다. 이 전투에서 전라 감영 토벌군은 780여 명이 죽고, 나머지는 뿔뿔이 흩어져 도망치는 참패를 당했다.

그동안 가급적 무력 충돌을 피하던 농민군은 이 첫 전투에서의 승리로 기세가 올라서 당일로 정읍을 장악하고 이튿날 흥덕, 고창을 석권한 후 5월 13일에는 무장까지 쳐들어갔다.

무장은 손화중 포(包)의 근거지로 특히 동학교도에 대한 탄압이 심한 곳이었다. 전봉준은 이곳에 구금되어 있던 40여 명의 동학교도를 구출한 후, 병력을 고산봉에 주둔시키고는 다시 한 번 창의(倡義)의 취지를 선포하였다.

그 후 17일에 영광, 20일에 함평과 무안, 22일에는 나주까지 진입해 들어가서 동학군은 기의(起義)한 지 한 달 만에 전 호남 일대를 장악하게 되었다. 한편 초토사 홍계훈이 인솔하였던 장위영군 800여 명은 인천에서 배편으로 군산까지 이동한 후, 닷새 만인 5월 11일에야 전주성으로 들어갈 수 있었다. 그러나 군산에서 전주까지 이동하는 사이에 탈주자가 속출하여, 전주성에 도착했을 때는 병력이 470여 명으로 줄어 있었다.

이에 따라 홍계훈은 진압 작전에 섣불리 나서지 못하고 부랴부랴 증원군 파병을 요청하여, 장위영 병력과 강화 수비 병력을 추가 지원받기로 하였다.

전주성에서 한동안 사태를 관망하던 홍계훈은 증원군이 출발했다는 소식을 듣고서야 비로소 농민군 추격에 나섰는데, 5월 25일에 함풍 현감 권풍식으로부터 남하하던 농민군이 다시 북상하여 장성 방면으로 진출하였다는 보고를 받고 이를 저지하기 위하여 어쩔 수 없이 장성 방향으로 출전하게 되었다.

결국 농민군과 진압군은 장성군 황룡촌 계곡에서 격돌하게 되었는데, 이곳에서도 진압군은 많은 사상자를 내고 패퇴하고 말았다.

이때 홍계훈은 정부군 주력을 이끌고 영광에 머무르고 있었는데, 5월 27일에 증원군이 법성포를 통하여 합류하였으나 장성에 진출한 선봉대가 대패한 소식을 듣고 다시 추격할 엄두를 내지 못하였다.

이렇게 연이은 전투에서 승리한 농민군은 전주를 향하여 질풍노도와 같이 진격하여, 5월 31일에 별 저항 없이 전주성에 입성하였다.

농민군이 계속되는 전투에서 승리할 수 있었던 것은 정부군보다 지역의 지형에 정통하여 이를 잘 활용하였고, 각 지역 민중에게서 절대적인 지원을 받았기 때문이다.

농민군이 전주성에 입성한 다음날, 화룡촌 전투에서 패배한 정부군도 농민군의 뒤를 쫓아 전주에 도착하여 성 주변의 고지인 완산에 진을 치고 전주성 안으로 포격을 퍼부어 댔다. 이로 인해 성내에 큰 화재가 발생하게 되었고, 부득불 농민군은 정부군의 진지를 탈취하기 위해 성문을 열고 돌격작전을 감행하였다.

그러나 두 차례의 공격은 정부군의 집중 사격에 밀려 많은 사상자를 내고 실패하였다. 당시의 진지 탈환을 위한 공격 과정에서 봉기 직후부터 많은 전투마다 앞장섰던 김순명과 동장자(童壯子)라 불리던 소년 영웅 이복용(당시 14세)이 죽었다.

전봉준이 전주에 입성하면서 전략상 유리한 고지인 완산을 점령하지 않은 것은 나름대로 이유가 있었다.

전주가 조선 왕가의 본관지로서 성을 둘러싸고 있는 완산을 봉산(封山)으로 신성시하여 벌채까지 금지하고 있었기 때문이었다. 말하자면 백성으로서 나라의 신성지역을 침범하지 않으려고 한 것이지만, 군사 전술상으로는 커다란 오류를 저지른 것이었다. 오히려 조정의 명을 받은 진압군은 농민군이 기피한 완산을 거리낌 없이 점령하여 전략상 유리한 위치를 장악할 수 있었다. 정부군도 농민군의 공격을 유리한 지형과 우수한 화력으로 막아낼 수는 있었지만, 성을 직접 공격할 여력은 없었다.

결국 정부군과 농민군은 한동안 대치 상태로 들어갔다. 그러나 양측 모두 이러한 상태로 시간을 오래 끌 수는 없었다.

민씨 일파가 득세하고 있던 조정에서는 홍계훈의 '외병 차용' 안을 채택하여 청군의 출병을 요청하였고, 이에 자극받은 일본도 동시에 군대를 조선에 진주시켜 버린 것이다. 결국 민씨 일파가 자신들의 특권적 위치를 계속 유지하기 위하여 국내 문제를 해결하는 데 외국군을 개입시킨 것이다. 전봉준은 자신들의 봉기가 외적의 침략 야욕에 이용되는 현실을 보고 통탄할 수밖에 없었다.

민씨 일파가 내부적 모순을 시정하려고는 하지 않고 외국군을 끌어들여서라도 자신들의 특권적 위치를 계속 유지하려고 하는 반민족적 자세에 이를 갈았지만, 외국군을 국내에서 철병시켜야 한다는 당면한 과제 때문에 정부군과 타협을 모색하지 않을 수 없었다.

정부군의 입장에서도 사태를 오래 끌어서 좋을 것이 없었으므로, 농민군의 폐정 개혁안을 받아들이는 조건으로 자진 해산을 유도하였다.

폐정 개혁 추진

당시 농민군이 제시한 화약 조건은 다음과 같은 내용을 담고 있었다.

1. 전운사, 균전사 혁파

2. 탐관오리 처벌 및 축출

3. 역전(役錢)은 봄·가을에 호당 1냥씩 배정

4. 미곡 밀수 엄금

5. 수령은 관할지역 토지 매입 금지

6. 보부상 작폐 혁파

7. 국사를 농단하고 매관매직하는 간신 축출

8. 어염세(魚鹽稅) · 보세(洑稅) · 궁방전세(宮房田稅) 폐지

9. 연호세(煙戶稅) · 환곡 재징수 금지

10. 규정에 맞는 전세 납부

이에 따라 6월 10일 순변사 이원회, 초토사 홍계훈의 입회하에 전봉준과 전라 신임감사 김학진 사이에 전주화약(和約)이 성립되고 농민군은 순창, 남원 방면으로 철수하였다.

전주화약의 결과 전라도 53주에는 농민 자치기관으로 집강소가 설치되었고, 전봉준은 금구 · 원평을 근거지로 하여 전라우도를 관할하고, 김개남은 남원에서 전라좌도를 지도하기로 하였다.

그런데 나주, 남원, 운봉에서는 집강소 설치를 완강히 거부하여 이 3군에 대하여는 무력으로 응징한 후, 결국 도내 모든 군에 집강소를 설치할 수 있게 되었다. 이때 전봉준이 무력으로 응징하기 위해 나주에는 최경선 부대, 남원에 김개남 부대, 운봉에는 김봉득 부대를 보냈다.

이렇게 2차 봉기 이후 집강소를 통하여 농민 대표가 지방 행정 자치에 참여한 것은 비록 전라도에 한정된 일이기는 하였지만 조선 역사상 획기적인 사건이 아닐 수 없다. 또한 집강소에 서기, 성찰, 집사, 동몽 등의 직책을 두고 관청의 형태를 갖추어서 지방 행정을 관할하게 되자 기존의 관리들은 별 도리 없이 명맥만 유지하였다.

전봉준 자신은 전라 감사의 요청으로 전주 감영 안에 대도소를 설치하여 각 지역의 집강소를 통괄하고, 원활한 행정의 실행을 위하여 다음과 같은 12개조의 요강을 마련하였다.

1. 동학교도와 관리들은 원한 관계를 버리고 서정에 협력할 것

2. 탐관오리는 죄목을 조사하여 엄징할 것

3. 횡포한 부호도 징치할 것

4. 불량한 유림과 양반배는 징습할 것

5. 노비 문서는 불태워 버릴 것

6. 7반 천인의 대우도 개선하고, 백정의 머리에서 양립을 벗게 해줄 것

7. 청춘과부의 개가는 허락할 것

8. 무명잡세는 모두 없앨 것

9. 관리 채용에 지벌을 타파하고 인재를 등용할 것

10. 외적과 간통하는 자는 엄징할 것

11. 공사채 모두 기왕의 것은 무효로 할 것

12. 토지는 균등하게 나누어 경작하게 할 것

이렇게 농민군과 관청이 협조하여 유례없는 민·관 합동 행정을 시행해 나가자 봉기는 성공하고 사태가 진정되는 것 같았다.

그러나 이때의 정세는 조선 내부의 정치 변화로만 해결될 수 있는 문제가 아니었다. 일본은 1876년 개항 이후 근 20년 동안 조선에 대하여 경제적 침투를 자행하여 이즈음에 와서는 독점적인 이익을 차지하고 있었다. 특히 조선에서 곡물을 싸게 사서 일본으로 반출하면서 큰 이득을 얻자 일본 상인들에 의한 미곡 유출이 심해졌다.

이에 따라 조선에서의 곡물 가격은 자연히 폭등하였고, 다른 생필품의 가격도 동반하여 앙등하게 되었다. 더구나 당시 일본 상인들의 곡물 수매 방법은 생산물을 시장을 통하여 자유 거래로 구입하는 것이 아니라, 고리대금을 이용하여 산지에서 입도선매하는 방식이었다. 이러한 방법

은 영세한 조선 농민의 피해를 가중시켰으며, 특히 곡창지역인 전라도 일대의 피해가 극심했다.

이러한 때에 고부는 왜상들이 각지에서 미곡을 수집하여 반출시키는 중간 요충지 역할을 하고 있었다. 따라서 고부는 선박 운영을 위한 부당한 세금 부담까지 가중되었고, 일반 농민으로서는 이러한 각종 잡세의 부담도 감당하기 힘든 처지였는데 조병갑의 탐학까지 가세하였으니 견디지 못한 것은 당연한 일이었다.

그런데 이러한 고부에서의 민란이 전라도 전역으로 확대된 것은 전운사 조영필과 균전사 김창식의 부정과 수탈에도 원인이 있었다. 앞서 언급한 대로 전운 사업은 세미(稅米)를 중앙으로 운반하는 일로서 전운사(轉運使)는 이 업무를 총괄하는 기구의 책임자였다. 조영필은 이 직위를 악용하여, 규정된 선가미(船價米) 이외에 부족분 발생을 충당한다는 명분으로 과도하게 추가 징수하여 백성의 원성을 사고 있었다.

또, 균전사 김창식은 왕실이 출자하여 개간한 농지를 관리 수조하는 책임자로서 황무지나 폐경지를 신규 개간하면 3년간 면세하게 되어 있는 규정을 무시하고 세금을 부과하여 포탈하였으며, 심지어 무경작지에까지 징세하는 횡포를 자행하였다.

결국 최대 곡창지역인 전라도 일대는 조선 내부의 봉건적 모순이 극심하게 드러나고 있는 데다 일본 상인의 곡물 매점 과정에서 피해가 겹쳐 그 인내의 한계에 도달하고 있었던 것이다.

어쨌든 그동안 조선에서 독점적 이익을 얻고 있던 일본의 입장에서는 동학 농민 봉기로 인하여 청군이 조선에 진주하면 자신들의 독점적 이익이 잠식당할 것을 우려하였다.

일본은 호시탐탐 조선에 군사적 침투를 노리고 있던 차에 자기들에게 배타적이던 민씨 정권이 농민 봉기를 진압하기 위하여 청국을 끌어들이자 천진조약을 빙자하여 자신들도 조선에 군함을 파견하고 병력도 경쟁적으로 증파하였다.

급기야 일본은 청과 협조하여 조선의 내정을 개혁하자고 하면서 군대의 주둔을 기정사실화 하려고 했으나, 청군은 "조선에 내란이 끝났으니 공동 철병하자."고 주장하여 양국 간에 긴장이 높아졌다.

일본은 동학 농민군 봉기를 빌미로 군사 침략 야욕을 노골적으로 드러내고 있었고, 심지어는 농민군을 선동하여 소요 발생을 더욱 획책하려는 음모도 몇 차례 진행시켰다. 일본은 조선의 동학란을 부채질하여 청국 세력을 완전히 몰아내고 조선에서의 세력을 더욱 확고히 하려고 한 것이다.

이에 일본 공사 오토리는 1894년 7월 23일에 군대를 이끌고 궁궐에 침입한 후 고종을 위협하여 허울 좋게 '내정 개혁'을 추진한다는 명분으로 친일 내각을 구성하고는 대원군을 꼭두각시와 같은 섭정의 자리에 앉혔다.

그리고 그 이틀 뒤인 7월 25일에 아산만에 정박 중이던 청국 군함에 불시에 포격을 가하여 마침내 청일 전쟁을 돌발시켰다. 또, '군국기무처'라는 기관을 설치하여 조선 내정에 직접 간섭할 수 있는 기반을 조성한 후, 일본 공사 주도하에 조선의 모든 제도를 자기들에게 유리하게 개악(改惡)해 나가기 시작했다.

결국 9월 15일의 평양 회전을 고비로 청일 전쟁은 일본의 승리로 끝나고, 청군이 물러난 조선은 완전히 일본의 독무대가 되고 말았다.

외세 구축을 통한 보국안민을 궐기의 주요 목적으로 삼았던 전봉준은 이러한 상황을 묵과할 수 없었다. 또 이제는 나라의 상태가 폐정 개혁이라는 내부 문제에만 집착할 단계를 넘어서 그 존망이 걱정되는 위급한 지경이라고 판단하였다.

부당한 외세의 속박을 몰아내지 않고는 나라를 구할 수 없다고 생각한 전봉준은 항일 구국의 차원에서 다시 궐기하기로 결정을 내렸다.

이에 따라 10월 10일에 농민군 재궐기에 대한 회의가 삼례에서 열렸다. 여기에서 남접 지도자들은 일제 봉기를 주장하였고, 동학의 상층 간부들인 북접 지도자들은 신중론을 제기하였으나 결국 무장 재봉기를 하기로 결정하였다. 이번에는 전주에서 공주를 거쳐 한성까지 공격하는 구체적인 진격 방향까지 계획하였다.

이 결과에 대해 최시형을 비롯한 북접 지도부는 불만을 갖고 남접을 사문난적(斯文亂賊)이라고 배척하고 나왔으나, 북접 근거지인 충청도에서도 관군이 무고한 농민과 동학교도를 살육하고 탄압하자 어쩔 수 없이 봉기에 동참하게 되었다.

결국 농민군의 항일 무장 봉기는 전봉준 등 남접 지도자들에 의해 주도적으로 추진 결정되었고, 최시형 등 동학 상층 지도부인 북접은 관군의 탄압과 남접과의 연대 투쟁을 요구하는 하부 조직의 압력으로 합류하게 된 것이다.

아무튼 외세의 침탈에 대하여 국가 권력 상층부는 수수방관하였지만, 힘없고 수탈당하던 민중은 쓰러져 가는 나라를 건져내려고 힘을 모아 일어섰던 것이 갑오년 말의 농민군 3차 봉기였다.

항일 구국 투쟁의 3차 봉기

전봉준은 먼저 전주 대도소를 교통 요충지인 삼례로 옮기고, 각지에 격문을 보내 구국을 위한 재봉기를 촉구하였다. 이러한 전봉준의 호소에 따라 당시 충청·전라 양도에서 봉기한 농민군의 수는 10만에서 20만 가량이라고 말하지만, 실제 공주로 진격하여 전투에 참여한 인원은 전봉준이 인솔한 호남 농민군 주력 1만여 명에다 각지 지원부대까지 합치면 2만여 명이 약간 웃돌았다.

이에 대하여 공주에 포진하고 있던 정부군 병력은 미나미 소좌가 인솔하는 일본군 제19대대 1,000여 명과 충청 감사 휘하 관군 3,500여 명의 연합부대가 주력이었다. 여기에다가 각 지방 병영에서 지원군이 꽤 합류하여 1만 명 정도의 군세를 유지하고 있었다. 불타는 전의나 인원수 면에서는 농민군이 우위에 있었으나, 훈련 정도와 군사 장비에 있어서는 정부군에 비해 열세한 입장이었다.

더구나 농민군은 남북접 연합을 위해 한 달이나 허비한 것이 큰 실책이었다. 왜냐하면 이 기간 동안 농민군이 공격하려 한 공주성에 정부군과 일본군의 연합부대가 견고한 방어망을 구축하였기 때문이다.

어쨌든 11월 중순에 이르러 전봉준이 이끄는 호남 농민군은 공주 남쪽 경천점으로 육박해 들어갔고, 목천 세성산으로는 북접 김복용 부대가 집결하였으며, 효포 쪽으로는 북접의 옥천포 부대가 공격하기로 하였다. 일단 공주를 향하여 삼면에서 공격하는 태세를 갖추었다.

그런데 공주는 주변이 산으로 둘러싸이고 강으로 가로막혀 있어서 지형상 웅거하여 전투하기 용이한 지역이었다. 전봉준은 공주로 진격하기 전에 충청 감사 박제순에게 격문을 보내, 구국을 위한 궐기에 동참하여 줄 것을 요청했다.

농민군의 이번 궐기는 항일 구국 항쟁의 차원이지 정부와 대항하려는 것이 아니라는 것을 천명하여, 관군과의 불필요한 충돌을 피하고 오히려 동조를 얻기 위함이었다.

한편 농민군 재봉기 소식이 전해지자 정부에서는 호위부장 신정희를 순무사로 임명하여, 동학군을 토벌하도록 지시하였다.

이때 일본 공사 이노우에는 더 이상 조선 침략을 위한 이용 가치가 없으며 그 시점에서는 오히려 장애가 되고 있는 동학교도를 이 기회에 완전히 소탕하려는 계획을 세우고, 본국으로 추가 병력 파견을 요청하였다. 이에 따라 진압 부대로 조선에 도착한 일본군 제19대대는 즉시 3대로 나누어 공주 방면으로 진입하여, 북상하는 동학군을 공격하기로 하였다.

1대는 한성에서 강원도로 우회하여 충청도로 들어갔고, 2대는 한성에서 직선거리로 남하하였으며, 3대는 인천에서 해로를 통해 전라도 서남 해안으로 상륙하였다. 그리하여 충청 감사 박제순은 남하하여 온 일본군과 합세하여 이인, 효포, 봉황산, 우금치 등에 진을 치고 북상하는 동학군을 기다리고 있었다.

결국 공주 전투의 첫 회전은 목천 세성산에서 11월 18일에 벌어졌다.

전투의 결과는 충청도 일대에서 살육을 자행했던 죽산 부사 이두황의 관군과 일본군 연합부대가 농민군을 기습하여 북접 김복용 부대가 참패하고 말았다. 그러나 전봉준이 인솔하는 호남 농민군 주력부대는 19일에 1차 공격을 개시하여 공주 전초기지였던 이인에서 서산 군수 성하영의 관군과 일본군 합동 부대를 격퇴하고 웅치에까지 진격하였다.

그 반면 또 하나의 북접 농민군인 옥천포 부대는 안성 군수 홍운섭의 관군이 방어하고 있던 효포를 11월 22일에 공격하였으나, 효포 동쪽 대교에서 후방 기습공격을 받고 패퇴하고 말았다.

이렇게 1차 회전에서 농민군은 전봉준 지휘의 호남 주력부대 이외에는 모두 참패하였다. 전봉준의 주력부대도 22일 웅치에서 성하영의 관군과 일본군 및 경리청 대관 구상조 부대의 삼면 협공을 받아 격전을 벌였으나 승패를 내지 못하고, 다시 경천점까지 후퇴하고 말았다.

이리하여 농민군의 1차 공주 공격은 일본군의 근대화된 화력과 정부군의 지형을 이용한 포위·기습 공격에 밀려 실패로 끝나고 말았다. 1차 공격에 실패한 후 농민군은 반격에 나서려는 진압군과 전투를 계속하면서, 진영을 정비하고 부대 재편성에 힘썼다. 이에 따라 일본군의 해안 상륙을 통한 후방 기습을 저지하기 위해 남아 있던 김개남 부대까지 투입하면서 전열을 재정비한 농민군은 12월 4일에 2차 공주 공격에 나섰다.

2차 공격은 이인·판치의 전투로부터 시작되었는데, 농민군의 총공세로 정부군은 최후 방어선인 우금치까지 후퇴하여 이곳에서 진을 치고 있던 일본군과 합류하였다.

이 고지를 중심으로 쌍방 간에 6~7일에 걸친 치열한 공방전을 계속하였지만, 일본군의 우세한 화력 앞에 농민군은 결국 패퇴하여 고성·논산 방면으로 후퇴하고 말았다.

전봉준은 정부군과 일본군의 급추격을 받아 은진 황화대에서도 또 한 번의 격전을 벌였지만 또다시 패전하여, 금구의 원평과 태인의 석현점까지 밀려가고 말았다. 이제 전쟁의 양상은 농민군의 공주 공격전에서 정부군의 추격전으로 바뀌고 있었다.

전봉준의 농민군은 12월 21일에 태인의 삼산에서 최후의 결사전을 전개했으나, 이곳에서도 패퇴함으로써 농민군의 조직적 투쟁은 사실상 끝나고 말았다. 이후로는 진압군의 일방적인 살육만이 진행되었을 뿐이었다. 이런 양상은 다음해 1월 말까지 계속되었다.

전봉준은 태인의 마지막 전투에서 패배한 뒤 입암산성에 잠시 피신했다가 손화중, 김덕명, 최경선 등과 함께 순창의 피로리라는 산골까지 숨어들었으나, 현상금에 눈이 어두운 지방민 한신현 등에게 붙잡혀서 일본 군에게 인계되었다. 곳곳에서 체포된 농민군 지도자와 함께 전봉준도 한 성으로 압송되었다.

형식상의 재판 끝에 동지들인 손화중, 최경선, 김덕명, 성두한 등과 함께 사형이 집행되었고, 전봉준은 42세의 나이에 오로지 구국안민을 위해 바쳤던 삶을 마감하고 말았다.

마지막 순간에 그는 "나라를 걱정하는 단심을 누가 알 것인가!" 하면서 자기의 피를 종로 거리에 뿌려줄 것을 유언으로 남겼다. 축멸왜이(逐滅倭 夷)를 통해 조국을 구하려던 동학 농민군은 오히려 그들이 몰아내려던 일 본군에 의하여 섬멸되는 비극을 맞이한 것이다.

말끝마다 '조선의 자주독립'을 내세우던 일본이 진정한 자주독립을 요 구하는 조선 민중을 학살하는 만행을 저지르면서 조선 강탈의 야욕을 백 일하에 드러낸 것이 갑오 농민 전쟁의 결말이었다.

갑오년 농민 봉기의 좌절 이후에는 거의 무방비 상태로 일제의 침략이 자행되었고, 조선은 결국 치욕적인 일본의 식민지로 전락하고 말았다. 이는 동학 농민 투쟁이 조선 말기 역사 전개에 있어서 얼마나 중요한 전 환점이었는지를 알게 하는 대목이다. 탐학의 고통에서 벗어나기 위하여 스스로의 힘을 모아 봉기하고, 더 나아가 외세의 침탈로부터 나라를 지 키려는 항일 투쟁까지 전개한 것이 갑오 농민 전쟁의 실상이었다. 그러 나 조선 민족의 자립 중흥을 위하여 봉기한 최초의 민중 투쟁은 이렇듯 외적의 무력에 의하여 좌초되고 말았다.

전봉준은 사형이 집행되기까지 의연한 자세를 지켜서 교도관리들로 부터도 존경을 받았고, 재판에 참여하여 간섭하던 일본 영사를 통렬하게 공박하기도 하였다.

그가 이끈 갑오 농민 항쟁은 일제에 의해 무참하게 짓밟혔지만 이후 반일 의병 운동의 지주가 되었으며, 19세기 아시아 민족 투쟁사를 대표하는 사건이자 제국주의의 침략에 대항하여 투쟁한 최초의 대중적 농민 항쟁으로서 세계사적으로도 중요한 가치를 지닌다.

동학의 내용과 농민 봉기와의 관련성

이제 마지막으로 동학 사상의 본질과 전봉준을 통한 농민 봉기와의 관련성을 살펴보기로 하자.

먼저 동학의 성격에 대해 고찰해 보면 다음과 같다.

동학의 명칭은 그 당시 천주교를 의미하였던 서학에 대립하는 표현으로, 경상도 지방의 몰락 양반 출신인 최제우에 의하여 1860년 4월에 창시되었다.

동학의 기본 이념의 골자는 인간 평등 사상에 기초한 '인내천(人乃天)'이다. 또 인간의 본성은 자연의 섭리와 통한다는 '천인일여(天人一如)'의 정신으로 세상을 바르게 하기 위해서는 인간성의 본연으로 돌아가야 한다고 믿었다. 따라서 이러한 자연적인 질서를 회복하는 것이 동학의 목적이며, 그것이 실현된 세상이 지상천국이라는 것이다. 그런 차원에서 동학은 다른 종교와는 다르게 현세주의라고 할 수 있다.

즉, '천인일여를 통한 무위이화(無爲而化)'가 동학의 목표였다. 따라서 이러한 동학의 평등 사상은 일반 백성에게는 고무적인 내용이지만, 특권 지배층에게는 위협적인 것이었다. 더구나 외세의 침략을 막고 내부적 악폐의 근절을 통한 '보국안민'을 동학 창시의 동기라고 주장하면서, 조선 통치 이데올로기였던 유학적 정치 원리로는 이를 극복할 수 없다고까지 강변하였으므로 더욱 사회 문제가 되었다.

양명학마저도 사문난적으로 이단시하던 당시의 유교적 풍토로 볼 때 동학은 묵인할 수 없는 사학(邪學)이었으며, 결국 1대 교주 최제우는 난정 (亂政)의 죄로 처형되고, 그 후 동학교도에 대한 탄압이 시작되었다. 그런 데 외적을 구축하고 현실의 고통스러운 질곡에서 벗어나는 방법으로서 동학이 제시한 것은 극히 비과학적인 음양 사상과 무속적인 것들이었다. 즉, 동학은 양이고 서학은 음이므로 13자의 주문을 항상 암송하면 양으로 음을 제압할 수 있고, 당시의 상황이 '이재궁궁(利在弓弓)'한 시기이기 때문 에 궁자(弓子)를 종이에 써서 태우면 고통에서 벗어날 수 있다고 하였다.

그러한 비합리적이고 환상적인 방책이 현실의 질곡에서 해방시켜 줄 수 없는 것은 자명한 일이었다. 따라서 동학이 당시 민중의 이해와 요구 를 반영한 종교적 형태로 등장하였지만, 농민 봉기와 무력 투쟁을 자극 하고 촉진하는 직접적 요인은 아니었다.

다시 말하면 전봉준이 갑오년에 주도한 전봉준의 봉기가 동학의 이념 을 실천하기 위하여 발생한 것은 아니라는 것이다. 당시 투쟁을 주도한 전봉준 등이 동학의 지도자였기 때문에 동학이 관련되었다고 하는 것이 지, 동학의 직접적 작용으로 발화된 사태라고 볼 수는 없다. 오히려 동학 의 상층 지도부는 무력 투쟁을 반대하다가 정부의 무차별적인 탄압과 하 부 조직의 강력한 반발 때문에 어쩔 수 없이 끌려 들어갔다.

그러므로 전봉준의 갑오년 농민 무력 항쟁을 동학란이나 동학혁명으 로 보는 것은 타당하지 않다. 또 봉기 초기에는 대다수가 동학교도가 아 닌 일반 농민이었던 것도 간과해서는 안 된다. 다만 시간이 지남에 따라 농민 봉기가 지역적 한계를 넘어서 전국적인 농민전쟁으로 전환·발전될 수 있었던 것은 동학의 조직을 통해서 가능했다는 사실은 부인할 수 없다.

조선 사회에 대한 올바른 이해

조선은 식민사학자들에 의해 그 국가 체제 자체가 폐쇄적이고 발전적 동인이 결여된 부정적 이미지로 윤색되어, 우리에게 전달되어 왔다. 하지만 사실 그 출발은 중세 봉건사회이면서도 다른 나라들과는 다르게 열린 정신으로 운영되었으며, 시대 전체를 관통하는 생활 이데올로기가 생생하게 살아 있던 건강한 사회였다.

또한 사람을 중히 여기는 민본 정신의 구현을 정치의 근본으로 추진하였고, 덕치와 인정(仁政)을 바탕으로 하는 왕도정치를 이상으로 삼았기 때문에 오늘날의 민주정치와 유사한 형태를 보여주고 있었다.

초기부터 법치주의를 토대로 독선적인 국정 운영을 억제했으며, 언관 제도를 활성화하여 절대권력을 견제하고자 하였다.

왕권과 신권의 갈등으로 부단히 정치제도의 변화를 경험하기도 하였으나, 왕조시대이면서도 실질적으로 전문 관료 중심의 의사결정 구조를 일찍이 확립하여 근대 국가의 면모를 가지고 있었다.

또한 신분적 예속이 엄격했던 것으로 알려지고 있지만, 초기에는 신분

간 이동 자체가 차단되지 않았던 열린 사회였다. 따라서 조선은 상당한 역동성을 가지고 출발한 국가라고 보아야 한다.

이렇게 조선은 그 시기의 주변 어느 나라보다도 선진화된 사회였기 때문에, 잘 준비된 국가 발전 동력을 효율적으로 집결했다면 동북아 최고의 선도 국가가 될 수도 있었다. 그러므로 조선의 부침을 잘 관찰하면 현대적 의미의 국가 경영의 지표도 발견할 수 있으며, 지금의 현실과 아주 근접된 형태에서 앞으로의 역사 발전 모습을 조감해 볼 수 있다.

더구나 조선은 현재까지 우리 생활의 저변에 흐르는 가치관이 정립되었던 시기였기 때문에, 우리 모습의 실제와 앞으로의 방향을 비추어 볼 수 있는 훌륭한 반면교사(反面敎師)가 되기도 한다.

조선은 전 시대를 관통하는 사회적 가치 이념이 존재하였던 보기 드문 사회였다. 즉, 유학적 이념에 기초하여 인간의 근본 도리에 대한 철학이 사회 전 분야를 지배하며 이끌고 있었던 것이다. 어느 나라, 어느 사회가 이토록 일관된 가치 체계를 확립하여 전 시대를 관통하여 모든 국민을 통제할 수 있었던가!

당시는 대부분의 나라가 국가적 가치 개념 자체도 확립하지 못했던 상태였다고 해도 과언은 아니다.

오늘날도 마찬가지다. 과연 우리에게 시대 전체에 자리 잡고 있는 발전적 가치관이 있는가? 있다고 해도 인간의 도리나 자연적인 섭리에 기초하기보다는 무조건적인 성공 논리가 지배하고 있는 것은 아닐까?

조선을 들여다보면 과정은 도외시하고 결과에만 집착하는 가치 전도적인 자세가 우리 민족 본래의 모습이 아니라는 것을 금방 알 수 있다.

사실 서구 사회가 아직도 건재할 수 있는 것은 그들의 생활에 가치 체계가 분명히 구축되어 있고, 또한 그것이 건강하기 때문이다. 술수를 억제하는 정정당당한 경쟁, 약자를 보호하려는 기사도 정신, 공사(公私)를 분명히 구분하는 자세 등이 바로 그것이다. 그러나 오늘날에는 조선시대까지 지켜왔던 금도(襟度)가 모두 증발되고 몰가치화된 결과지상주의만이 횡행하고 있다.

역사에서 보아왔듯이 사회정신에 있어서 건전성의 몰락은 국가 파멸의 전조가 된다. 그래서 우리 앞에 다가와 있는 이 질곡의 그늘에서 하루속히 벗어나려면 지금이라도 선조들이 지키고 간직하려 했던 정신을 되찾아 우리 삶의 근본으로 승화·발전시켜야 한다.

그런 의미에서 조선에 대한 새로운 조명은 그 가치가 충분하고, 또한 매력적인 작업이다. 이 글에서 조선 인물에 대한 탐구 노력이 그러한 인식선상에서 출발하였음을 다시 한 번 밝혀둔다. 그러면 이 글의 인물들이 살았던 조선 사회를 이해하기 위한 과정으로 들어가 보기로 하자.

조선 신분사회의 실제 형태

조선시대 하면 일반적으로 양반 위주의 폐쇄된 신분사회로 인식되어왔다. 그러나 그것은 중기 이후에 고착화되었던 현상을 전 시대적으로 왜곡하여 관찰한 시각일 뿐 사실과는 다르다.

양반이라는 신분 자체가 제도상으로 실재하였는지 여부도 논란의 대상이 되고 있다. 지금까지 알려진 것처럼 양반·중인·평민·노비 등 도식적인 4분법에 기초하여 신분 구조를 설명하는 편의주의적 사고에 불과하다. 왜냐하면 조선은 애초에 혈통의 귀천에 의해서 양인(良人)과 천인(賤人)으로만 신분이 구분되어 있었기 때문이다.

그 혈통이라는 것도 유무죄를 기준으로 선대조 이후에 가계상 무죄한 집안 출신은 하자 없는 자유평민으로 인정하였고, 반대로 범죄인의 후예는 타인의 소유물이 되는 천인으로 간주하였다.

고대 사회 이후 관습처럼 굳어져 왔던 치죄(治罪)의 한 방편이 농업 생산과 인간의 노동력이 산업 활동의 전부였던 시대상의 필요와 연결되어 형성된 사회 구조였다.

다만, 오늘날에는 대표적 악법으로 여기는 연좌제의 성격을 띠고 있어서 한번 노비가 되면 혈통에 의한 세습이 강요되었다. 그래서 양인과 노비의 혼혈과 상호 이동을 철저히 막았으나, 노비의 처우는 고려조 이전보다는 상당히 개선되었고, 적극적인 변정(辨整) 사업에 의해 상당수가 양인으로 환원되기도 하였다. 그러나 노비와 대칭 관계인 양인 계층 내에서는 또 다른 혈통에 의한 신분 구별은 원칙적으로 존재하지 않았다. 양인 내의 신분 분화는 혈통에 의한 것이 아니라 직업의 귀천에 따른 사회적 계급 질서라고 보아야 한다.

즉, 양인과 노비의 경계는 불변의 것이었지만, 양인 내에서의 신분 차이는 자신의 능력에 따라 이동이 가능했다. 따라서 천인인 노비를 제외하고 양인 자체 내에서 양반과 중인, 평민으로 신분 구조를 고착시켜 관찰하는 것은 불합리한 것이다.

사실 양반이라는 어원은 초기 문무 관료들을 통칭하는 개념에 불과하였고, 중인도 17세기 이후 향리나 기술직에 근무하는 사람들의 별칭이지 결코 신분제도상의 형태는 아니었다.

또, 양반과 일반 양인도 신분상 대칭 관계라기보다는 관직이 있느냐 없느냐의 차이에 불과한 것이었다. 그러므로 양 계층을 일률적으로 지배계층과 피지배계층으로 구분하는 것은 극히 자의적인 발상일 뿐이다.

조선시대의 양인 계층은 관료를 배출하고 군역을 담당하여 국가를 유지해 주는 인력의 모집단(母集團)이었으며, 양반은 양인 중에서 비교적 지적으로 우수한 집단의 관료나 유학자들을 지칭하는 말 이상의 것은 아니었다. 다만 이렇듯 직업상의 구분에 불과하던 것이 중·후반기 이후 혈연 중심의 집단으로 그 의미가 변질되어 간 것은 사실이다.

결국 양천제에 기초한 신분 구조가 동요, 붕괴되면서 조선의 몰락도 시작되었지만, 시각을 달리하면 봉건적 사회 형태인 양천의 경계가 유명무실화되고 반상(班常)의 계급사회로 진행되어 간 것은 사회적 진보라고 볼 수도 있다.

어쨌든 조선이 상정한 사회 구조는 노비의 존재를 논외로 한다면 근대적 평등 이념에 기초한 선진된 형태로 출발하였음을 알 수 있다.

그러나 왕조시대였기 때문에 필연적으로 직역(職域)에 따른 계층적 분화가 이루어져 갔고, 그 역할에 대한 질적인 차이에서 출발한 분화가 차츰 혈연 위주의 불합리한 형태로 변질되어 가고 말았다.

통치 이념으로서 성리학의 존재

조선의 건국이념이자 통치철학으로 삼았던 성리학은 중국에서 유사 이래 면면히 이어져 온 도덕사상이 시대를 거치면서 유교적 관념으로 가다듬어지다가 남송시대에 와서 주희가 집성·정리하여 철학적 체계를 세운 것으로 일명 주자학 또는 정주학이라고 한다.

성리학은 중국에서 주자 생존 시에는 학문을 위한 학문이라며 도외시되었으나, 원대(元代)에서 관학으로 채택하고 과거의 교재로 사용되면서

번성하기 시작하였다.

성리학이 우리나라에 들어온 것은 고려 25대 충렬왕을 수행하여 원나라에 다녀온 안향이 『주자전서』를 입수하여 연구하기 시작한 것이 계기가 되었다.

그 후 여말 신진 사대부들이 구신(舊臣) 세력에 대항하여 사회를 개혁하는 이론적 기반으로 성리학을 집중 연구하면서 조선의 통치 이념으로까지 발전되었다.

성리학은 우리나라에 유입되면서 합리적이고 인성론적인 철학 사상으로 발전하여 독특한 학통을 세웠고, 이러한 도학적 의리 정신은 각종 사화를 거치면서도 면면히 계승되었다.

성리학의 이론적 구조를 간단히 살펴보면 리(理)와 기(氣)의 개념을 통하여 우주의 생성과 구조, 인간 심성의 내용, 생활 자세 등에 대한 근본을 탐구하는 형이상학적인 실천 철학이었다.

또한 대칭되는 '리'와 '기'의 공존으로 인하여 발생하는 모순적인 질서를 명분과 분수라는 통제적 개념으로 조화시켜 나가야 한다는 주장을 담고 있어서 봉건적 가치관을 충실히 대변해 주고 있기도 하다.

즉, 인간은 근본적으로 '리'를 본성으로 하는 주체적 존재이기는 하지만, 외양의 형체를 이루고 있는 '기'의 작용으로 인하여 선악과 우열의 차이가 드러나고, 이렇게 상이한 인간들을 이끌어가기 위해서는 사회적 명분이 제대로 지켜져야 한다고 보는 것이 그 이론의 요체이다.

따라서 군신, 부자, 부부, 주종, 반상이 각자 자신의 위상에 따른 명분에 의하여 상명하복의 질서를 잘 지켜야 한다는 것이다.

이러한 성리학적 사상에 기초하여 조선은 양천(良賤)이 엄격히 구분되는 신분사회를 구축하였고, 가부장을 중심으로 한 가족제도가 정착되었으며, 충효가 절대 선이 되었다. 성리학은 봉건사회의 기반인 신분적 지배 질서를 이론적으로 뒷받침한 통치 이데올로기로서의 역할을 한 것이다.

그러나 인륜과 도리를 강조하는 성리학적 이념은 조선시대 전 계층에 뿌리를 내려 도의적 사회 풍토를 진작시킬 수 있었으며, 오늘날 우리에게까지 이어온 가치 체계가 된 것도 사실이다. 오히려 요즈음은 인륜과 도리가 실종되어 우리가 반드시 되찾아야 할 정신유산이 되어버린 실정이다.

그렇지만 실천 이념으로서 성리학은 16세기 후반으로 넘어가면서 재야에 남아 학문으로서만 깊이 몰두하는 사조가 대두되어, 불필요한 이론 논쟁에 매달리는 경향이 생겼다.

이에 편승하여 지금의 시각으로는 허례허식처럼 보이는 예학이 왕성하게 발흥하기도 하였다.

조선에서 예에 대한 의식이 고취된 것은 가례(家禮)의 적극적 보급에서부터 비롯되어 『삼강행실도』나 『국조오례의』 등이 발간된 후 일종의 국민 윤리 차원에서 권장되었고, 향교와 향약을 통하여 지방사회 곳곳에 파급되었다. 즉, 가족 관계에서부터 국가 대사에 이르기까지 계통과 질서를 바르게 세우는 일이 가장 중요한 사회 규약이고, 이것이 곧 예라는 의식이 지배하였다.

따라서 집안에서의 사소한 일의 처리 방법과 상호간 호칭까지도 상술한 책들이 간행되고 많은 예학자들이 탄생하기도 하였다.

이렇게 성리학적 가치 체계가 점차 관념 철학으로 변형되면서 백성들의 일거수일투족까지 구속하는 교조적 형태로 고착되어 갔고, 정치 세력에게는 불요불급한 당쟁의 요인을 제공하였으며, 사회적으로는 시대적 상황 변화에 신축적으로 대응하지 못하는 경직성을 초래하는 원인이 된 것 또한 사실이다.

중앙집권적인 통치 체계

조선의 지배 질서와 통치 체제는 기본 법전인 『경국대전』에 잘 드러나 있다. 실제에 있어서는 왕과 관료 사이에 정치권력의 장악을 둘러싼 갈등이 연속되기는 하였지만, 기본적으로 왕을 권력의 정점에 두고 재상이 행정과 정치의 중심에 서 있었으며, 권력기구는 통합적이고도 등차적으로 계층화되고 기능별로 분권화된 전문 관료체제라고 볼 수 있다.

먼저 관료 체계를 살펴보면 중앙직과 지방직으로 구분하여 각각 문·무관으로 나뉘어 있었다.

중앙은 의정부와 6조의 체계로 편성되었으며, 각각 그 직능에 따라 정사를 분담하였다. 조선 정치의 독특한 특징으로 대간의 기능 강화를 들 수 있는데, 이는 왕권의 독주와 권신의 대두를 방지하여 관료 체제의 안정과 균형을 도모하는 데 그 목적이 있었다.

대간은 관리를 규찰하는 사헌부와 국왕에 대한 간쟁을 담당하는 사간원으로 나뉘었다가 세조 때에 홍문관의 가세로 3사 체제를 갖추게 되었다. 지방 행정조직은 전국을 8도로 구획하고 그 아래 부, 목, 군, 현을 두었고, 관찰사와 수령은 중앙에서 파견되고 실무는 토착 향리가 처리하였다.

또한 상피제를 도입하여 고향으로는 발령하지 않고, 지방관들의 토착화를 방지하기 위하여 임기제를 실시하였다. 관찰사의 임기는 360일이었고, 수령은 1,800일이었다. 이러한 형태로만 본다면 조선의 정치 체제가 현대적 의미에 상당히 근접된 모습을 하고 있었다는 것을 알 수 있다. 따라서 조선은 명분상으로는 왕정이지만, 실제적으로는 관료 중심 정치 체제가 확립되었던 것이다.

다음으로 군사 제도를 살펴보자. 기본적으로 양인 개병주의에 입각한 군역을 바탕으로 생업과 병사 역할을 병행하는 농병 일치의 군사 조직으로 구성되었다.

즉, 16세 이상부터 60세까지의 양인 남자는 현역 군인이 되거나 군무 비용을 충당해 주는 보인(保人)이 되어야 했다.

군사 조직은 궁궐의 수비와 한성의 방어를 담당하는 5위를 중앙군으로 하고, 지방은 진관 체제라는 지역 단위 방어 체제를 기본으로 하여 육군과 수군으로 나누어 편성한 후, 중앙에서 파견된 행정 관리가 대부분 군사 지휘도 병행하였다.

이렇게 평시에는 농사를 짓다가 징발되면 복무지로 나가 근무하던 체제가 임진왜란을 겪으면서 무력함이 드러나자 조선 후기에는 모병제에 의한 직업군인 제도인 5군영으로 개편되기도 하였다.

이와 같이 조선은 중앙집권적 관료 중심 통치 체제를 확립하였으며, 각 기관에 필요한 관리를 양성하기 위해 교육과 고시 제도가 마련되어 이를 뒷받침하였다.

교육 제도로는 인문교육을 위해 서울에 4부 학당을 두고 지방에는 향교가 설치되었으며, 중앙에 국립대학 격인 성균관이 있었다.

학생들은 군역이 면제되었는데, 농번기에는 농사일을 돕고 농한기에는 기숙사인 재(齋)에 거처하면서 교육을 받았다. 또한 사설 교육기관인 서당이 전국 각지에서 초등교육을 담당하고 있었고, 중기 이후에는 서원이 설립되어 지방의 인재들을 양성하였다.

관리 등용을 위한 고시로서 과거 제도는 문과·무과·잡과의 3종류가 있었다.

문관 채용 시험은 소과인 생진과와 대과인 문과 두 단계로 시행되었는데, 소과는 200명을 뽑아 성균관에 입학하거나 대과에 응시할 자격을 주었고, 대과에서는 33명을 선발하여 전시(殿試)를 거쳐 등급을 결정하고 관리로 등용하였다. 무과에서도 각 지역의 병영에서 초시(初試)를 실시하여 200명을 뽑고, 병조에서 복시(覆試)를 통하여 28명을 선발한 후에 전시를 거쳐 임용하였다.

기술직 관원들도 역과·의과·음양과·율과를 통하여 선발하는 등 관리 임용을 위한 고시 제도가 정기, 부정기적으로 부단히 실시되어 완벽한 국가 체제 확립을 위한 기반을 조성하였다.

이처럼 중앙집권적인 관료 체제가 확립되었다는 것은 그만큼 국가 지배력이 강화되었고, 행정 기능이 보다 능률적이고 전문화되었다는 것을 의미한다.

그러나 이렇게 잘 정비된 것 같은 통치 체제도 16세기 중반 이후 점차 이완되어 가다가 왜란과 호란을 거치면서 그 질서가 밑바탕부터 와해되어 조선의 쇠락을 재촉하는 원인이 되기도 하였다.

효율적 통치를 위하여 3년마다 호구 조사를 해서 인구를 계측하였고, 조사된 호적대장을 호조와 본거지에 각각 비치하였다. 호적대장에는 신분과 직역을 파악할 수 있는 내용뿐 아니라 동거 가족과 노비의 현황까지 기재하도록 하여 정확한 호구 파악을 위한 노력을 철저히 하였다.

이와 같이 잘 정비된 통치 체제 형태만 보면 조선은 근세 국가의 모습이었음을 인정하여야 한다. 따라서 일반적으로 조선을 폐쇄적이고 체제 자체의 모순으로 발전이 정체된 사회였던 것으로 매도하는 것은 타당하지 못하다.

사림의 대두와 붕당에 대한 이해

조선은 초기 건국 과정의 어수선한 정국이 안정되고 각종 제도가 정비되면서, 새로운 질서가 정착되어 가고 있었다.

특히 세종 이후 집현전을 통해 많은 관료 예비군이 양성되고 있었고, 지방에서도 향교나 향약을 기반으로 학문을 닦은 관직 대기자들의 수가 급속히 늘어나고 있었다.

그러나 관직의 수는 한정되어 있었기 때문에, 수요 공급의 불일치 현상으로 관직을 획득하기 위한 지식 계층의 반목과 대립이 자연히 발생하게 되었다.

또한 관직은 그 자체의 의미만을 가진 것이 아니고 경제적 특권까지 보장되는 것이었으므로, 그 경쟁의 양상은 사뭇 치열할 수밖에 없었다. 중앙 정계는 그동안 여러 가지 국가적 대변혁 과정에서 공훈을 세운 세력들이 실권을 장악하고 공신전 등의 세습을 통하여 경제적 실익까지 차지하고 있어서 이에 소외된 인물이나 신흥 관료들은 불만을 가지게 되었다. 마치 고려 말 대농장을 겸병하고 있던 구신 세족과 신흥 사대부 사이의 대립을 다시 보는 듯한 상황이 발생되고 있었다.

결국 조선 중기 이후 이러한 대립 때문에 많은 사화가 발생했는데, 이는 현재의 실권 장악 세력과 권력 지향적인 신흥 세력 간의 갈등이었고, 중앙의 대지주와 지방의 중소지주의 대립으로서 지배 계층 내의 균열이 발생한 셈이었다.

지금까지는 당시 권력 중심에 있던 훈구파 인물들을 보수 성향 세력으로, 새로이 대두되던 사림을 개혁 추진 세력으로 인식하는 경향이 있지만, 이는 극히 일방적인 구분이다. 일반적으로 기득권층은 보수 성향이요, 신진 세력층은 개혁 성향이라는 선입관을 바탕으로 이루어진 발상이겠으나, 실상은 그 반대일 수도 있다.

당시 기존 세력은 중앙 집권 체제를 지향하고 제도 개선을 통한 실용적 정치 경향을 가지고 있었던 반면, 사림 세력은 향촌 자치를 주장하고 도덕과 의리를 강조하며 학문과 여론을 중요시하는 이상적 정치 체제 구현을 추구하였다.

토착 양반 세력인 사림들이 현실비판적인 경향을 가지게 된 것은 기존 질서가 정착되면서 모순도 함께 드러나고 있었던 데다 훈구 세력이 권세를 이용하여 자신들의 사유 토지를 확대하는 과정에서 사림들의 경제적 기반까지 상당 부분 침해하였기 때문이다. 결국 두 세력은 정치·사회·경제적으로 사사건건 대립하기에 이르렀다.

두 세력 간의 싸움은 초기에는 사림의 패배로 이어졌다. 당시 실권이 훈구 대신들에게 있었으므로, 자신들의 입지를 붕괴시키려는 사림에 적극적으로 맞섰기 때문이다.

그러나 향촌 사회에서 확고한 기반을 형성하고 있던 사림들은 숱한 사화를 거치면서도 꾸준히 세력을 확장하여 16세기 말에 이르러서는 마침내 중앙 정치 무대의 주도권을 장악하게 되었다.

사실 사림(士林)이라는 말은 '선비들의 숲'이라는 뜻 그대로 영남지방을 중심으로 기반을 구축하였던 신진 토착 학자층을 자칭하는 것이지, 무슨 사상과 정책 내용을 담고 있었던 것은 아니었다. 그리고 사림의 등장과 끈끈한 계승, 그리고 권력 전면으로의 부상은 그 당시 서원과 향약 등을 통하여 상호 연결되고 양성된 지방의 인재가 엄청나게 늘어났다는 반증이었으며, 당시의 조선 교육체계가 뚜렷이 확립되었음을 의미하기도 한다. 이러한 사림의 세력 강화 과정에서 자연히 이해관계를 같이하는 사람들끼리 붕당을 조성하게 되었고, 서로의 세력 확장을 위하여 사림 상호 간에 또 다른 경쟁을 하게 되었다.

이것이 조선 중·후반기의 정치적 특성을 대변하는 당쟁의 시발이었다.

처음의 붕당은 상호 비판과 견제 기능을 통하여 정치 발전과 참여의 폭을 확대시키는 순기능적 역할이 강했다. 또한 붕당 정치는 군주의 독점적 통치 형태에서 신하들이 중심이 된 통치 체계로 그 권력 중심이 이동되었음을 의미하기도 했다.

이러한 관점에서 보면 조선 붕당은 현재의 정당제도 형태와 흡사하므로, 종래의 단순한 정쟁 차원의 부정적 인식은 개선되어야 한다.

그러나 시간이 지남에 따라 붕당은 세밀한 문제에까지 서로 다투면서 계속 분화되어 갔고, 정치적 갈등의 내용도 예송 논쟁과 같은 비생산적인 부분에 치중되어 가다가 결국은 자기 당파의 이익과 학벌 또는 지방색으로까지 연결되어 국가와 사회 발전의 걸림돌이 되고 말았다.

따라서 사림의 대두는 조선 정치사에 있어서 일대 전환점이 되는 것이고, 그 후 붕당의 형성과 정쟁의 과정도 사림의 대두에서부터 예고된 것이었으며, 왕권과 신권의 대립에서 신권의 강화를 의미하기도 한다.

그러므로 사림의 대두를 단순히 집권층의 보수·부패에 따른 반작용으로 등장한 것이라는 종래의 단편적 인식도 바뀌어야 한다.

사림의 등장은 오히려 사회·정치·경제적 입지 쟁탈을 위한 여러 세력의 경쟁 과정으로 이해되어야 하며, 사림 세력의 성장은 지배 계층이 교체되었다는 관점에서 파악되어야 한다.

어쨌든 사림의 등장은 성리학의 이념적 성장을 촉진했으며, 조선의 독특한 의리학적 경향의 학풍을 진행시켜서 조선 창건의 반대파였던 최영이나 정몽주 등과 세조 대의 성삼문 등도 복권되어 만고의 충신으로 추앙받는 계기가 되었다.

그런 차원에서 사림의 대두는 붕당의 탄생과 명멸의 시발점이 되었고, 이후 당쟁의 순기능과 역기능이 극명하게 대비되면서 말기의 파행적 족벌 중심 세도정치 시대로 전변되기까지 조선 정치의 중요한 특징이 된 것이다.

농업 위주의 경제 질서

조선은 애초부터 중농 정책을 표방하여 산업 활동 자체가 농업 위주로 편제되고 상공업은 자유로운 발달이 제약되었다. 즉 농업 이외의 다른 분야의 산업적 가치를 미처 인식하지 못한 전근대적 사회였던 것이다. 당시 백성의 대부분이 농업에 종사하고 있던 자급자족 경제 시대였기 때문이기도 했으며, 국가 재정 확보 차원에서도 토지를 바탕으로 한 농업 이외에 다른 세수 조달 방법이 존재하지 못했던 까닭이기도 했다.

그로 인하여 농업 기술은 꾸준히 개선되어 갈 수 있었는데, 고려 때까지의 노동 생산성 위주인 조방농법(粗放農法)에서 토지 생산성 위주의 집약농법(集約農法)으로 점차 발전되어 갔다.

조선 중·후반기로 가면서 토지 제도의 기본인 과전법이 붕괴되고 많은 농지를 소유한 부농이 등장하여 지주·전호(佃戸)제가 성립되기도 하고 임금 노동자를 고용하는 형태가 발생하기도 했지만, 조선의 토지 정책은 기본적으로 직접 경작을 하는 농민을 중시하는 것이었다.

그러나 중세의 신분적 계급 질서로 인하여 힘있는 자가 토지를 겸병하는 현상이 계속되면서 일반 농민의 생활은 점차 피폐해졌고, 후기에는 인권 의식의 태동과 함께 농민 항쟁의 주원인이 되었다.

민족사에 있어서 비로소 민중이 자신의 역량을 드러내고 역사의 무대에 주인공으로 등장하는 시점이 조선의 농정 문란과 지배계급의 도덕적 해이 상태와 맞물려 있었다.

여기서 조선의 토지 제도 근간이 국유제인가 사유제인가 하는 문제부터 먼저 검토해 보자.

국유론을 주장하는 대표적인 그룹은 주로 일본 사학자와 유물론자들인데, 전자의 주장에는 일제의 토지 침탈을 정당화할 의도가 내재되어 있었고, 후자는 '아시아에서 최고 지주는 국가'라는 마르크스의 명제에 입각하여 토지 국유를 전제하고 일반 농민들의 예속적 지위를 검증하려는 발상에서 비롯되었다.

그러나 조선의 농업 생산과 국가 경영의 기반이 되었던 농민은 토지를 소유한 자작농으로 보아야 하며, 이러한 자작농의 창출이야말로 여말의 전제 개혁 목표 중 하나였으며, 조선 개국을 통한 사회 변혁의 당위성을 확보할 수 있는 계기가 될 수 있었다.

『조선 경국전』에 "서민으로 공역을 지는 자는 모두 토지를 갖게 되었다"고 기술된 점을 미루어 보아도 토지 사유는 짐작되는 일이다.

또 6결 소유자를 표준 농민으로 보고 그 이하인 자는 국가 보호대상자로 취급하는 사례를 통해서도 토지 소유 형태의 일단을 사유제로 추론할 수 있다.

또 조선의 토지 정책인 과전법이 표방하는 내용은 토지에 공개념을 도입하여 토지 겸병을 막고자 하는 것이지, 토지의 개인 소유 자체를 인정하지 않은 것은 아니었다. 그리고 전제 개혁을 통하여 통제하려던 소유권 자체도 대지주의 그것이었지, 일반 소농의 소유권까지 박탈하려던 것은 아니다. 그렇기 때문에 과전법의 도입이 사회 개혁적인 의미를 가질 수 있었던 것이고, 이에 대하여 일반 농민은 지지하고 대지주인 고려 구신 세력은 반대했던 것이다. 그리고 관리에 대한 과전의 배분이라는 것도 수조권을 준 것이지 토지 자체를 준 것은 아니었다. 즉, 개인의 토지 소유를 원칙적으로 박탈시키고 토지를 모두 국유화하지는 않은 것이 분명하다.

다음으로 토지에 기반을 둔 조선의 조세 제도에 대하여 살펴보자. 조세의 형태는 전세(田稅), 공납(貢納), 역(役)으로 구분할 수 있다.

전세는 농토에 부과되는 세금으로 시대에 따라 세액의 변화가 있었으며, 재정 수입이 줄어들자 각종 부가세가 계속 늘어나 농민의 부담은 더욱 커지게 되었다.

공납은 각 지방의 특산물을 바치게 한 것인데, 후에 저장이나 운반 등에 문제가 많자 곡물로 대신 셈을 하는 방납(防納) 제도가 도입되었으나 중간 대행자의 농간으로 백성들의 고통이 더욱 커져서 대동법이 실시되는 계기가 되었다.

역에는 국가 토목 사업에 동원되는 요역과 군사 의무를 지는 군역이 있었는데, 16세기에 와서 역의 부담을 지는 대신 군포로 대납하는 제도가 생기기도 했다. 그러나 군포 대납은 원래의 의도와는 달리 지방관 토색질의 방편이 되어 백성들의 원성이 높았다. 이러한 조세 제도도 결국 농토에 집중된 것이므로 농업을 위주로 하는 조선의 산업 질서를 극명하게 보여주는 것이며, 여타 산업은 원시적 상태에 머물러 있다가 후반기에 와서야 겨우 발전의 기미를 보였다.

신축성 있는 대외정책 기조

한 국가의 대외정책은 내부의 정치·사회적 문제 못지않게 국가 운영과 발전에 중요하다.

그 시대 대부분의 국가가 그러했듯이 조선도 주변 민족과 국가에 대하여 때로는 힘으로 대응하기도 하고, 때로는 선린 관계를 유지하기도 하는 등 신축적으로 대처하였다.

그 시절의 세계관이라는 것이 중국 대륙과 바다 건너 일본 정도에 머무르고 있을 뿐이어서 그 외의 국가와는 교류가 거의 없었다. 따라서 조선의 대외관계는 명·청과의 관계와 북방 민족의 처리 문제, 그리고 일본에 대한 정책 변화에 집중되어 있었다.

명에 대하여는 대국으로 인정하고 조공(朝貢) 외교를 통하여 우호 증진에 최대의 노력을 기울여서 독립국으로서의 자조적 위치를 보장받으려 했다.

그러나 처음부터 무조건 사대의 자세로만 일관했던 것은 아니다. 개국 직후 요동 정벌 추진에서도 알 수 있듯이 중국에 대하여도 '힘과 선린'의 양면 정책으로 대응했으나, 점차 명의 힘이 강해지자 국가 실익상 충돌을 피하기 위해 상국의 예를 갖춘 것으로 보아야 한다. 힘의 열세에 따른 부득이한 자위적 조치라는 현실적 요인이 강하다는 것이다.

어쨌든 양국 간에는 초기의 갈등을 제외하고는 우호적 관계를 통하여 상호 간에 많은 사절이 교환되고 문물의 교류가 활발해져서, 양국의 사회 문화적 발전에 커다란 기여를 하였다.

북방지역 이민족에 대하여도 화친과 무력 제압이라는 양면 자세로 대응하여 귀화를 장려하고 국경 무역도 허락하였지만, 때로는 대규모 병력을 동원하여 토벌하기도 했다.

활발한 북방 경영으로 국경선이 확장되자 남부지방의 주민을 북쪽으로 대거 이주시켜 개발을 장려하였으며, 이로 인해 한반도의 남북 간 인구 비례가 비로소 비슷해졌고 국토의 균형 있는 발전이 이루어졌다.

고려 말 이래 남부 연해지역에 침입하여 약탈을 일삼던 일본에 대하여는 초기에 강력한 토벌 정책으로 임하다가 점차 화친을 유도하여, 삼포를 개항하고 제한된 무역을 허가하였다.

그러나 이러한 기본적인 조선 외교 관계는 두 차례의 왜란과 호란을 겪으면서 변화하였다. 그 당시 조선은 사림의 등장 이후 국론이 분열되고 통치 체제가 해이해진 결과, 자연히 국방력도 크게 약화되어 있었다.

임진란 당시에도 조선은 별다른 대비책이 없는 상태에서 대규모 외침을 당하여 속수무책으로 무너져 가다가, 이순신의 수군이 분발하고 자발적인 백성들의 의병 활동이 각지에서 일어나는 한편 명나라의 지원군이 전쟁에 참여하여 겨우 왜군을 막아낼 수 있었다.

왜란 이후로는 일본의 잘못을 탓하면서도 이전보다는 격상된 외교 관계를 유지해 나갔다. 따라서 400여 명 가량의 통신사를 수시로 파견하여 정식 외교 통로를 개설하였고, 일본은 조선으로부터 선진 학문이나 기술을 수입하였다.

왜란은 국내적으로 보면 기강이 해이해져 가던 통치 질서를 급격히 무너지게 만들었으며, 국제적으로 조선과 명의 국력이 약화된 틈을 타 만주족이 대두되는 계기가 되었다.

왜란을 겪은 조선이 그 내상을 채 치유하기도 전에 발생한 호란은 조선 스스로 자초한 일면이 크다.

중국의 명·청 교체기에 현실을 직시하고 중립적인 외교를 통하여 사태를 예의주시하면서 힘의 이동 방향에 따라 외교의 중심을 다시 구축해야 했는데도, 조선은 문화적 우월감이나 명에 대한 대의명분만을 앞세워 친명배금 정책을 강화했기 때문이다.

그러나 군사력의 현격한 열세로 조선은 청의 침입에 일거에 무너지고, 명이 망하자 오랑캐라고 치부해 오던 대상에게 조공을 바쳐야 하는 처지로 전락하고 말았다.

왜란 후의 일본과는 달리 삼전도의 치욕을 치른 청에 대하여는 현실적으로 어쩔 수 없이 조공관계를 유지하고 있었지만, 내심 깊은 적개심과 함께 문화적 우월감까지 겹쳐서 북벌론이 고개를 들기도 하였다. 그러나 당시 조선의 국력으로는 결행하기 힘든 문제였다.

이후 청은 중국 대륙을 평정한 후 자신의 본거지였던 만주 지방에 관심을 기울이고 조선에 대하여 국경에 경계를 명백히 하자는 요구를 하여 백두산 정계비를 세우고, 압록강과 두만강을 양국 간 경계선으로 정하기도 하였다.

이러한 대규모 외침 이후 조선 사회는 점점 더 동요하고 와해되어 갔으며, 양란 전의 민중 항쟁은 관리의 탐학에 대항하여 자연발생적으로 일어난 소규모 항쟁에 불과했으나, 양란 이후로는 의병 활동을 통하여 대규모 전투를 겪으면서 얻게 된 실전 경험을 바탕으로 신분적 구속의 해방과 왜곡된 통치 질서의 해체를 주장하는 방향으로 전개되었다.

‖ 부록 ‖

조선 인물 연표
조선시대 주요 관청의 관장 업무
조선시대 관직표

조선 인물 연표

구분	이성계	정도전	황희	장영실	김종서
출생사망	1335-1408 (74세, 병사)	1342-1398 (57세, 척살)	1363-1452 (90세, 노사)	생사불상	1390-1453 (64세, 척살)
재위왕	충숙-공양 (고려 8대)	충혜-공양 (고려 7대) 태조, 정종 (조선 2대)	공민-공양 (고려 4대) 태조-문종 (조선 5대)	미상	공양 (고려 1대) 태조-단종 (조선 6대)
본관	전주	봉화	장수	아산	순천
자·호	군진, 송헌	종지, 삼봉	구부, 방촌		국경, 절재
형제관계	차남	장남	미상	외아들	미상
출생지	화령부	영주	개성	동래	순천
결혼	한씨	미상	미상	미상	미상
성격	대담, 유연, 침착	강하고 날카로움	온유, 강직, 조심성	치밀, 침착	대담, 강직
스승		이색			
등과		20세	27세		16세
첫 관직	천호	충주사록	복안궁녹사	상의원별좌	사간원 우정언
최고위직	태조	판의홍삼군 부사	영의정	상호군	좌의정
당파 경향	시대개혁	재상중심 왕도정치	청빈		왕실 정치 간여 반대
동료	정도전, 조준	남은, 심효생	맹사성, 류관	이천, 김빈	황보인, 정분
반대파	최영, 정몽주	방원			수양대군
주요공적	조선 창건	조선경국전 제정	정치안정	과학기술 창달	6진 개척
주요작품		불씨잡변	방촌집	자격루	제승방략
주요사건	위화도 회군	조선 창건	무구·무질 형제 탄핵	간의대 설치	고려사 개수
최대위기	왕자의 난	왕자의 난	세자 교체 반대	왕의 가마 파손	계유정난

구분	성삼문	김시습	조광조	이황	이이
출생사망	1418-1456 (39세, 처형)	1435-1493 (59세, 병사)	1482-1519 (38세, 사사)	1501-1570 (70세, 병사)	1536-1584 (49세, 병사)
재위왕	태종-세조 (5대)	세종-성종 (6대)	성종-중종 (3대)	연산-선조 (5대)	중종-선조 (4대)
본관	창녕	강릉	한성	진성	덕수
자·호	근보, 매죽헌	열경, 매월당	효직, 정암	경호, 퇴계	숙헌, 율곡
형제관계	장남	미상	미상	막내	3남
출생지	홍주(홍성)	한성	한성	예안	강릉
결혼	미상	18세, 남씨	18세, 한씨	21세, 허씨	22세, 노씨
성격	명랑, 담백	자대, 비타협적	부지런하고 검소, 단정	공손, 온유, 선량, 단정	심성이 깨끗, 자대
스승		이계전	김굉필	이우	
등과	21세		29세	34세	29세
첫 관직	집현전 학사		조지서 사지	승문원 관리	승문원 권지
최고위직	예방승지		대사헌	예문관 대제학	이조판서
당파 경향	단종 복위 추진	세조 찬탈 반대	사림 대표		중립적
동료	하위지, 박팽년	유자한	김정, 김식	권철, 이언적	정철, 성혼
반대파	한명회, 신숙주	정창손, 서거정	남곤, 심정		허엽, 이준경
주요공적	훈민정음 연구	고대소설 개척	정치개혁	성리학 집대성	주기론 대성
주요작품	성근보집	금오신화	정암집	심경후론	성학집요, 격몽요결
주요사건	계유정난	세조 왕위 찬탈	중종반정	사단칠정 논쟁	동서 분당
최대위기	단종 복위계획 발각	죽음	기묘사화		

구분	정철	이순신	허준	허초희	김육
출생사망	1536-1593 (58세, 병사)	1545-1598 (54세, 전사)	1546-1615 (70세, 병사)	1563-1589 (27세, 병사)	1580-1658 (79세, 노사)
재위왕	중종-선조 (4대)	인종-선조 (3대)	명종-광해 (3대)	명종-선조 (2대)	선조-효종 (4대)
본관	연일	덕수	양천	양천	청풍
자·호	계함, 송강	여해, 충무		경번, 난설헌	백후, 잠곡
형제관계	막내	3남	2남	3녀	장남
출생지	한성	한성 건천동	경기 양천	강릉	한성 마포
결혼	17세, 문화 유씨	21세, 상주 방씨	미상	김성립	25세, 파평 윤씨
성격	호오 분명, 급격, 낭만적	강직, 단정, 용감, 치밀	적극적	다정다감, 낭만적	군세고 단정함
스승	기대승, 김인후, 양송천	방진	양예수	류성룡, 이달	성혼
등과	26세	32세	29세		26세
첫 관직	성균관 전적	동구비보 권관	내의원 의관		의금부 도사
최고위직	좌의정	삼도수군 통제사	보국숭록대부		영의정
당파 경향	서인	야전군인			서인한당
동료	율곡, 박순	류성룡, 이원익	정작, 정예남		조익, 이시백
반대파	허엽, 이발, 이산해	원균, 윤근수			정인홍, 김집
주요공적	가사문학	왜란 승리	한의학 집대성	규방문학	대동법 실시
주요작품	관동별곡, 사미인곡	난중일기	동의보감	한시	잠곡집
주요사건	기축옥사	임진왜란	임진왜란		병자호란
최대위기	광해군 건저의 건	모함, 백의종군	선조 죽음		청금록 삭제사건

구분	송시열	이익	박지원	정약용	홍경래
출생사망	1607-1689 (83세, 사사)	1681-1763 (83세, 노사)	1737-1805 (69세, 병사)	1756-1830 (75세, 병사)	1780-1812 (33세, 전사)
재위왕	선조-숙종 (6대)	숙종-영조 (3대)	영조-순조 (3대)	영조-헌종 (4대)	정조-순조 (2대)
본관	은진	여주	반남	나주	남양
자·호	영보, 우암	자신, 성호	중미, 연암	송보, 다산	
형제관계	3남	막내	막내	4남	미상
출생지	옥천 구룡촌	평안 운산	한성 야동	마재(양주)	용강
결혼	19세, 이씨	미상	16세, 전주 이씨	15세, 홍씨	미상
성격	원칙주의, 과격	맑고 깨끗함, 단정, 검소	비타협적, 의지가 강함	사회비판적	대담, 의기
스승	김장생, 김집	유형원	이보천, 이양천	권철신	유학권
등과	27세			34세	
첫 관직	경릉참봉		선공감감역	부사정	
최고위직	영중추부사		양양부사	형조참의	
당파 경향	서인노론	실용주의	북학파(노론)	실학파(남인)	혁명의식
동료	송준길, 이유태		홍대용, 유언호	이승훈, 이벽	우군칙, 이희저
반대파	윤휴, 윤선도, 허적		이동직, 유한준	서용보, 홍명주	
주요공적	북벌 추진	실학 기초 완성	이용후생이론	실학 집대성	민중의식 고취
주요작품	주자대전차의, 주자어류소분	곽우록	열하일기	경세유표, 목민심서	
주요사건	예송논쟁	균역법 시행	서양함대 출몰	수원성 축조	신유사옥
최대위기	원자 책봉 반대	형의장세	신유사옥	신유사옥	정주성 농성

구분	김정희	김병연	김대건	김옥균	전봉준
출생사망	1786-1856 (71세, 노사)	1807-1863 (56세, 병사)	1822-1846 (25세, 처형)	1851-1894 (44세, 암살)	1854-1895 (45세, 처형)
재위왕	정조-철종 (4대)	순조-철종 (3대)	순조-헌종 (2대)	철종-고종 (2대)	철종-고종 (2대)
본관	경주	안동	김해	안동	
자·호	원춘, 추사	성심, 난고		백온, 고균	
형제관계	장남	2남	미상	장남	장남
출생지	충남 예산	양주	용인	공주	태인
결혼	15세, 한산 이씨	미상		미상	미상
성격	강직	해학, 비판적	남성답고 씩씩함	대담, 조급, 교제적	도량이 크고 기개가 높음
스승	박제가		칼레리, 드프레스	박규수, 유대치	
등과	34세			22세	
첫 관직	세자시강원 설서			성균관 전적	
최고위직	이조참판			호조참판	
당파 경향	풍양조씨 지지		천주교 신부	개화파	농민 대변
동료	조인영, 김경연		최양업, 최방제	박영효, 서광범	김개남, 손화중
반대파	안동 김씨			민씨 일파	민씨 일파
주요공적	서예, 금석학	한시	조선 최초의 신부	개화운동	민중 항일의식 고취
주요작품	금석과안록	한시		갑신일록	
주요사건	홍경래의 난	홍경래의 난	기해박해	임오군란	갑신정변
최대위기	윤상도의 옥사	죽음	서해답사 중 체포	갑신정변 실패	농민전쟁 후 체포

조선시대 주요 관청의 관장 업무

관청명	관장업무	별호
의정부議政府	국사를 상의하는 최고기관으로 백관을 관리하고 서정庶政을 공평하게 하며 음양을 순리롭게 하고 국토를 정리하는 사무	도당都堂 황각黃角
의금부義禁府	왕명을 받들어 죄인을 다스림. 주로 반역죄, 모역죄 등 대죄大罪와 사헌부에서 제기한 사건을 다룸	순군巡軍 의용義勇
포도청捕盜廳	조선 왕조 중기 이후에 도둑이나 기타 범죄자를 잡기 위하여 설치함. 좌우청左右廳의 둘이 있었음	
사헌부司憲府	정사를 논하고 백관을 감찰하며 기강을 바로 세움	백부柏府 상대霜臺
중추부中樞府	군무의 최고기관이었으나 세조 때부터는 실무가 없었고 문무 당상관을 우대하기 위한 명예청名譽廳이 되었다.	
이조吏曹	관리의 임명·공훈·승진·징계·성적 등에 관한 사무	천관天官 동전東銓
호조戶曹	호구戶口·부역·공물貢物·전곡錢穀·재정에 관한 사무	지관地官
예조禮曹	예악禮樂·제사·외교·학교·과거 등에 관한 사무	춘관春官 남관南官
병조兵曹	무관의 제수·군무·병기·의장, 서울의 성문과 민가의 경비에 관한 사무	하관夏官 병관兵官
형조刑曹	법률·소송·노예 등에 관한 정책 수립과 그에 관한 사무	추관秋官 계관季官
공조工曹	산림·소택沼澤·건축·공예 등에 관한 사무	동관冬官 수부水府
승정원承政院	왕명의 출납을 맡음. 왕이 내리는 교서나 신하들이 올리는 모든 문서는 이곳을 거침	은대銀臺 후원喉院
사간원司諫院	왕에게 간언을 하며 간쟁諫錚 및 논박論駁을 맡음	미원薇院
경연經筵	학식과 덕망이 높은 신하가 왕 앞에서 경적과 사서를 강론하던 곳	분사分司
홍문관弘文館	궁중의 경서와 사적史籍을 관리하고 문서를 처리하며 왕의 자문을 맡음	옥당玉堂 옥서玉署
예문관禮文館	왕의 칙명과 고서를 기록·정리하는 사무	문한서文翰署

관청명	관장업무	별호
춘추관春秋館	예문춘추관을 태종 원년에 춘추관으로 독립시킴. 논의論議·교명教命·국사國史 등에 관한 사무	사관史館
성균관成均館	국가의 최고학부로 유학의 진흥과 문묘 등에 관한 사무	태학太學 국학國學
교서관校書館	경적의 인쇄와 향축香祝·인전印篆 등을 맡음	예각藝閣 내서內書
승문원承文院	외교에 관한 문서를 맡음	괴원槐阮
세자시강원世子侍講院	왕세자에게 경서와 사적을 강의하며 도의를 가르치는 임무를 맡음	춘방春坊
상서원尙瑞院	옥새·병부·마패·절節과 부월斧鉞에 관한 사무	지인방知印房
오위도총부五衛都摠府	오위의 군무를 총합하던 관청이었으나 중종 때 비변사備邊司의 설치와 임진왜란 이후 오위병제가 무너짐에 따라 실권 없는 기관이 됨	
오위五衛	군부의 조직으로 의흥위義興衛, 中衛, 용양위龍驤衛, 左衛, 호분위虎賁衛, 右衛, 충좌위忠佐衛, 前衛, 충무위忠武衛, 後衛를 말함	
훈련원訓鍊院	군졸의 재주를 시험하고 무예의 연습, 병서와 전진戰陣의 강습을 맡음	
관찰사觀察使	왕명을 받아 그 도의 교화·풍속·재정·군정 등의 행정 및 사법 사무를 통할하고 관하 관리들의 감독·출척黜陟을 맡음	감사監司

조선시대 관직표

구분 / 품계	정1품	종1품	정2품	종2품	정3품	종3품	정4품	종4품	정5품	종5품	정6품	종6품	정7품	종7품	정8품	종8품	정9품	종9품
의정부	영의정 좌우의정	좌우찬성	좌우참찬				사인		검상						사록			
의금부		(판사)	(지사)	(동지사)						도사								
사헌부				대사헌		집의	장령		지평		감찰							
한성부			판윤	좌우윤		서윤				판관			참군					
승정원					승지								주서					
사간원					대사간	사간			헌납		정언							
홍문관	(영사)		(대제학)	(제학)	대제학 부제학 직제학	전한	응교	부응교	교리	부교리	수찬	부수찬	박사		저작		정자	
성균관			(지사)	(동지사)	대사성	사성	사예		직강		전적		박사		학정		학록	학유
춘추관	(영사)		(지사)	(동지사)	(수찬관)		(편수관)	(편수관)	(기주관)	(기주관)	(기사관)		(기사관)		(기사관)		(기사관)	
군기시					정	부정	첨정		별좌		별제	주부	직장		봉사		부봉사	참봉
관상감					정	부정	첨정		판관		별제	교수, 주부	직장	직장	봉사	봉사	부봉사	참봉
사역원					정	부정	첨정		판관		별제	교수, 주부	주부		봉사	봉사	부봉사	참봉
경연	(영사)		(지사)	(동지사)	(참찬관)		(시강관)	(시독관)	(시독관)		(검토관)		(사경)		(설경)		(전경)	
세자 시강원	(사)	(이사)	(빈객)	(부빈객)	(보덕)		(필선)		(문학)		(사서)		(설서)					
내수사									전수	별좌	별제	별제		전회		전곡		전화
전설사																		
내시부				상선	상온, 상다	상약	상전	상제	상호	상노	상촉		상원	상설	상제	상문	상배	상원
의빈																		
훈련원			(지사)		도정	부정		첨정		판관		주부	참군			봉사		훈도
5위					상호군	대호군	호군	부호군	사직	부사직	사과	부사과	사정	부사정	사맹	부사맹	사용	부사용
지방군현				병사	목사, 부사	도호부사		군수		현령, 도사		현감, 찰방						부사용

한 권으로 읽는
조선인물실록

초판 1쇄 인쇄 · 2021년 7월 01일
초판 1쇄 발행 · 2021년 7월 06일

지은이 · 김형광
펴낸이 · 김형성
펴낸곳 · (주)시아컨텐츠그룹
편 집 · 강경수
디자인 · 이종헌
인쇄제본 · 정민문화사

주 소 · 서울시 마포구 월드컵북로5길 65 (서교동), 주원빌딩 2F
전 화 · 02-3141-9671
팩 스 · 02-3141-9673
이메일 · siaabook9671@naver.com
등록번호 · 제406-251002014000093호
등록일 · 2014년 5월 7일

ISBN 979-11-88519-27-9 (03910)